中华传世藏书 【图文珍藏版】

王陽明全集

〔明〕王阳明⊙原著　马昊宸⊙主编

线装书局

查明岑邦相疏七年七月十九日

准兵部咨，该本部题，节奉钦依："岑邦佐仍武靖知州，岑邦相着王守仁再查明白具奏，钦此。"钦遵。照得先该臣等具题前事，内一件"仍立土官知州以顺土夷之情"。臣等议得岑氏世有田州，久结于人心，岑猛虽没，诸夷莫不愿得复立其后。议于开设流官知府之外，就于该府四十八甲之内，割其八甲，降设田州，立岑猛之子一人，始授以署州事吏目。三年之后，地方宁靖，效有勤劳，则授以为判官。六年之后，地方宁靖，效有勤劳，则授以为同知。九年之后，地方宁靖，效有勤劳，则授以为知州。使承岑氏之祀而隶之流官知府。

当时臣等通拘该府大小土目及乡老人等审问，岑猛之子，应该承立者何人。乃众口一词，以为岑猛四子，长子岑邦佐，系正妻张氏所出，次子岑邦彦，系庶妾林氏所出，三子岑邦辅，系外婢所生，四子岑邦相，系次妾韦氏所出。猛嬖溺林氏，而张氏失爱，故邦佐自幼出继武靖，而以邦彦承袭官职。今邦彦既死，应该承立者莫宜于邦佐。

臣等当看得武靖地方正当瑶贼之冲，而邦佐自幼出继，该州之民信服归戴已久，况其才力，足能制御各瑶。近日该州土目人等，又相继恳恳来告，愿得复还邦佐。今欲改立一人，亦未有可以代邦佐者。臣恐一失武靖各目之心，则于地方又多生一事。莫若仍还邦佐于武靖，一以御地方之患，一以顺各夷之情。至于田州新立，不过苟以无绝岑氏之祀，此其才否优劣，固有不必深论者。因论以邦佐出继武靖既久，朝廷事体已定，不可复还，宜立其次者，岑邦辅则可。于是各目人等又众口一词，以为邦辅名虽岑猛外婢所生，其实来历不明，阖府之民，皆不欲立。惟邦相则次妾所生，实系岑猛的亲骨血。况其质貌厚重谨实，众心归服，立继岑氏，庶不绝其真正一脉。臣等议得仍立土官者，专为不绝岑氏之后，以顺诸夷之情也。今众心若此，亦合俯顺。故当时直断邦辅谓非岑猛之子，而止谓岑猛之子存者二人，亦所以正名慎始，杜日后之纷争也。但具奏之时，因本内事体多端，文以繁琐，若再加详说，诚恐有渎圣听，故遂简略其词。

今蒙朝廷明见万里，洞彻细微，复命臣等查奏。闻命惶惧，无所措躬。因思岑邦辅尚存，当时奏内不曾详开所以不立邦辅之故，而直言岑猛之子存者二人，果系情节脱落，事体欠明。臣等疏漏之罪，万死有不容赦者矣。臣等近复通拘该府土目乡老人等再加审问，而众口一词，执说如前，陈请益笃。臣等反覆思惟，其事诚亦必须如此，而后稳帖无弊。故仍照原议上请。盖此等关系地方之事，臣等言虽或有所不敢尽，而心已无所不用其极，必求事出万全，永久无患，然后乃敢具奏。伏乞圣明宥其疏漏万死之诛，仍敕该部俯从原议，立岑邦相于田州，以曲顺各夷之情。其岑邦辅者，听其以官族名目随住。如此，则名正事成，而人心允服，实地方之幸，臣等之幸。

奖励赏赍谢恩疏 七年九月二十日

准兵部咨，为奏报平复地方事，该臣题，该本部覆题，节奉圣旨："王守仁受命提督军务，莅任未久，乃能开诚布恩，处置得宜，致令叛夷畏服，率众归降，罢兵息民，其功可嘉。写敕差行人赍去奖励，还赏银五十两，紵丝四表里，布政司买办羊酒送用，钦此。"随于本年九月初八日，该行人冯恩赍捧敕书并前项彩币银两等项到，于广州府地方奉迎入城，当除望阙谢恩，钦遵收领外，臣时卧病床褥，已余一月，扶疾兴伏，感激惶惧，颠顿昏眩，莫知攸措。已而渐复苏息，伏自念思恩、田州数万赤子，皆畏死逃生，本无可诛之罪。而前此当事者议欲剿灭，故皆汹汹思乱，既已陷之必死之地，而无复生全之心矣。仰赖皇上好生之仁，轸念远夷，惟恐一物不得其所，特遣臣来勘处。臣亦何能少效一筹，不过宣扬深仁，敷昭神武，而旬月之间，遂皆回心向化，舍死投生，面缚来归。是皆皇上圣德格天，至诚所感，不疾而速，是以绥之斯来，动之斯和，有莫知其所以然而然者，此岂臣等知谋才力能致毫发于其间哉？今乃误蒙洪恩，重颁大赏，且又特遣行人赍敕远临，事尤出于常格之外。臣亦何功，而敢当此？臣亦何人，而敢望此？祇受之余，战悚惶惑，徒有感泣，惟誓此生鞠躬尽瘁，竭犬马之劳，以图报称而已。臣病日亟，自度此生恐不复能奔走阙廷，一睹天颜，以少罄其蝼蚁葵藿之诚，臣不胜刻心镂骨，感激恋慕之至！

乞恩暂容回籍就医养病疏 七年十月初十日

臣以忧病，跧伏田野，六年有余。蒙陛下赐之再生之恩，锡之分外之福，每思稽首阙廷，一睹天颜，以申其蝼蚁感激之诚，遂其葵藿倾戴之愿。既困疾病，复畏讥谗，六年之间，瞻望太息，竟未敢一出门庭。夫蒙人一顾之恩，尚必思其所以为酬，受人一言之知，亦必图其所以为报，何况君臣大义，天高地厚之恩！上之所以施于其下者，如雨露之沾濡，无时或息，而下之所以承乎其上者，乃如顽石朽株，略无生动，此虽禽兽异类，稍有知觉者，亦不能忍于其心。是以每一念及，则哽咽涕下，徒日夜痛心惕骨，行吁坐叹而已。

迩者缪蒙陛下过采大臣之议，授以军旅重奇。自知才不胜任，病不任劳，辄乃触冒上陈辞谢。又蒙温旨眷覆，慰谕有加。伏读感泣，不复能顾其他，即日矢死就道。既而沿途备访其所以致此变乱之由，熟思其所以经理斡旋之计，乃甚有牴牾矛盾者。而其事势既已颠覆破漏，如将倾之屋，半溺之舟，莫知所措。其惟恐付托不效，以孤陛下生成之德，以累大臣荐举之明，于是始益日夜危惧，而病亦愈甚。乃不意到任以来，旬月之间，不折一矢，不戮一卒，而两顽民帖然来服，千里之内，去荆棘而行成坦途。其间虽有数处强大贼巢，素为广西众贼之渊薮根株，屡尝征讨而不克者，亦就湖广撤回之兵而乘其取道之便，用两广新附之民而鼓其报效之勇，财力不至于大费，小民不及于疲劳，遂皆歼厥渠魁，荡平巢穴，而远近略已宁靖，是皆陛下好生之至德昭格于上下，不杀之神武幽赞于神明，是以不言而信，不怒而威，阴宥默相，以克有此。固非愚臣意望之所敢及，岂其知谋才力为能办此哉？窃自喜幸，以为庶得藉此以免于覆败之戮，不为诸臣荐扬之累足矣。而臣之病势乃日益增剧，百疗无施。臣又思之，是殆功过其事，名浮其实，福逾其分，所谓小人而有非望之获，必有意外之灾者也。

臣自往年承乏南赣，为炎毒所中，遂患咳嗽之疾，岁益滋甚。其后退伏林野，虽得稍就清凉，亲近医药，而病亦终不能止，但遇暑热，辄复大作。去岁奉命入广，与旧医偕行，未及中途，而医者先以水土不服，辞疾归去。是后，既不敢轻用医药，而风气益南，炎毒益甚。今又加以遍身肿毒，喘嗽昼夜不息，心恶饮食，每日强吞稀粥数匙，稍多辄又呕吐。当思恩、田州之役，其时既已力疾从事，近者八寨既平，议于其中移卫设所，以控制诸蛮，必须身亲相度，方敢具奏。则又冒暑舆疾，上下岩谷，出入茅苇之中，竣事而出，遂尔不复能兴。今已舆至南宁，移卧舟次，将遂自梧道广，待命于韶、雄之间。

新任太监、总兵，亦皆相继莅任，各能守法奉公，无地方骚扰之患，两省巡按等官，又皆安靖行事，创涤往时烦苛搜刻之弊，方务安民。今日之两广，比之异时，庶可谓无事矣。臣虽病发而归，亦可以无去后之忧者。

夫竭忠以报国，臣之素志也；受陛下之深恩，思得粉身碎骨以自效，又臣近岁之所日夜切心者也。病日就危，尚求苟全以图后报，而为养病之举，此臣之所大不得已也。惟陛下鉴臣一念报主之诚，固非苟为避难以自偷安，而悯其濒危垂绝不得已之至情，容臣得暂回原籍就医调治，幸存余息，鞠躬尽瘁，以报陛下，尚有日也。臣不胜恳切哀求之至！

卷十六　别录八

公移一 提督南赣军务征横水桶冈三浰

巡抚南赣钦奉敕谕通行各属 正德十二年正月

　　节该钦奉敕谕："江西、福建、广东、湖广各布政司地方交界去处，累有盗贼生发。因地连各境，事无统属，特命尔前去巡抚江西南安、赣州，福建汀州、漳州，广东南雄、韶州、惠州、潮州各府，及湖广郴州地方；安抚军民，修理城池，禁革奸弊，一应地方贼情，军马钱粮事宜，小则径自区画，大则奏请定夺。但有盗贼生发，即便严督各该兵备守御守巡，并各军卫有司设法剿捕，选委廉能属官，密切体访，及签所在大户，并被害之家；有智力人丁，多方追袭，量加犒赏；或募知因之人，阴为乡导；或购贼徒，自相斩捕；或听胁从并亡命窝主人等，自首免罪。其军卫有司官员中政务修举者，量加旌奖；其有贪残畏缩误事者，径自拿问发落。尔风宪大臣，须廉正刚果，肃清奸弊，以副朝廷之委任。钦此。"钦遵。

　　照得抚属地方，界连四省；山溪峻险，林木茂深，盗贼潜处其间，不时出没剽劫：东追则西窜，南捕则北奔，各省巡捕等官，彼此推调观望，不肯协力追剿；遂至延蔓日多。当职猥以菲才，滥膺重寄，大惧职业隳废，仰负朝廷委托。为照前项地方，延袤广远，未能遍历其间；绥抚之方，随时殊制；攻守之策，因地异宜；若非的确询访，难以臆见裁度。为此仰钞案回司，著落当该官吏，照依案验内事理，即行本司该道分巡、分守、兵备、守备等官，并所属大小衙门各该官吏，公同逐一会议：要见即今各处城堡关隘，有无坚完；军兵民快，曾否操练；某处贼方猖獗，作何擒剿；某处贼已退散，作何抚缉；某贼怙终，必须扑灭；某贼被诱，尚可招徕；何等人役，堪为乡导；何等大户，可令追袭；军不足恃，或须别募精强；财不足用，或可别为经画；某处或有闲田，可兴屯以足食；某处或多浮费，可节省以供军；何地须添寨堡，以断贼之往来；何地堪建城邑，以扼贼之要害；姑息隐忍，固非久安之图；会举夹攻，果得万全之策；一应足财养兵弭寇安民之术，皆宜心悉计虑，折衷推求。山川道路之险易，必须亲切画图；贼垒民居之错杂，皆可按实开注；近者一月以里，远者一月以外，凡有所见，备写揭帖，各另呈来，以凭采择。非独以匡当职之不逮，亦将以验各官之所存，务求实用，毋事虚言。

各该官吏俱要守法奉公，长廉远耻，祛患卫民，竭诚报国。毋以各省而分彼此，务须协力以济艰难，果有忠勇清勤绩行显著者，旌劝自有常典，当职不敢蔽贤；其或奸贪畏缩志行卑污者，黜罚亦有明条，当职亦不敢同恶。深惟昧劣，庶赖匡襄，凡我有官，各宜知悉。

选拣民兵

照得府属地方，界连四省；山谷险隘，林木茂深，盗贼所盘，三居其一；乘间劫掠，大为民害。本院缪当巡抚，专以弭盗安民为职。钦奉敕谕，一应军马钱粮事宜，得以径自区画。莅任以来，甫及旬日，虽未偏历各属，且就赣州一府观之，财用耗竭，兵力脆寡，卫所军丁，止存故籍；府县机快，半应虚文；御寇之方，百无足恃，以此例彼，余亦可知。夫以羸卒而当强寇，犹驱群羊而攻猛虎，必有所不敢矣。是以每遇盗贼猖獗，辄复会奏请兵；非调土军，即倩狼达，往返之际，辄已经年；糜费所须，动逾数万；逮至集兵举事，即已魍魉潜形，曾无可剿之贼；稍俟班师旋旅，则又鼠狐聚党，复皆不轨之群。良由素不练兵，倚人成事；是以机宜屡失，备御益弛，征发无救乎疮痍，供馈适增其荼毒，群盗习知其然，愈肆无惮。百姓谓莫可恃，竟亦从非。

夫事缓则坐纵乌合，势急乃动调狼兵，一皆苟且之谋，此岂可常之策？古之善用兵者，驱市人而使战，假吕戍以兴师。岂以一州八府之地，遂无奋勇敢战之夫？事豫则立，人存政举。近据江西分巡岭北道兵备副使杨璋呈，将所属各县机快，通行拣选，委官统领操练，即其处分，当亦渐胜于前。但此等机快，止可护守城郭，堤备关隘；至于捣巢深入，摧锋陷阵，恐亦未堪。为此案仰四省各兵备官，于各属弩手、打手、机快等项，挑选骁勇绝群，胆力出众之士，每县多或十余人，少或八九辈；务求魁杰异材，缺则悬赏召募。大约江西、福建二兵备，各以五六百名为率；广东、湖广二兵备，各以四五百名为率。中间若有力能扛鼎，勇敌千人者，优其廪饩，署为将领。召募犒赏等费，皆查各属商税赃罚等银支给。各县机快，除南赣兵备已行编选外，余四兵备仍于每县原额数内拣选精壮可用者，量留三分之二；就委该县能官统练，专以守城防隘为事；其余一分拣退疲弱不堪者，免其著役，止出工食，追解该道，以益召募犒赏之费。所募精兵，专随各兵备官屯扎，别选素有胆略属官员分队统押。教习之方，随材异技；器械之备，因地异宜；日逐操演，听候征调。各官常加考校，以核其进止金鼓之节。本院间一调遣，以习其往来道途之勤。资装素具，遇警即发，声东击西，举动由己；运机设伏，呼吸从心。如此，则各县屯戍之兵，既足以护防守截；而兵备募召之士，又可以应变出奇。盗贼渐知所畏而格心，平良益有所恃而无恐，然后声罪之义克振，抚绥之仁可施，弭盗之方，斯惟其要。本院所见如此，其间尚有知虑未周，措置犹缺者，又在各官酌量润色，务在尽善，期于可久；亮爱民忧国之心既无不同，则拯溺救焚之图自不容缓。案至，即便举行，或有政务相妨，未能一一亲诣，先行各属，精为选发。先将召募所得姓名，及措置支费银粮，陆续呈报。事完之日，通造文册，以凭查考。

十家牌法告谕各府父老子弟

本院奉命巡抚是方，惟欲剪除盗贼，安养小民。所限才力短浅，智虑不及；虽挟爱民之心，未有爱民之政；父老子弟，凡可以匡我之不逮，苟有益于民者，皆有以告我，我当商度其可，以次举行。今为此牌，似亦烦劳。尔众中间固多诗书礼义之家，吾亦岂忍以狡诈待尔良民。便欲防奸革弊，以保安尔良善，则又不得不然，父老子弟，其体此意。自今各家务要父慈子孝，兄爱弟敬，夫和妇随，长惠幼顺，小心以奉官法，勤谨以办国课，恭俭以守家业，谦和以处乡里，心要平恕，毋得轻意忿争，事要含忍，毋得辄兴词讼，见善互相劝勉，有恶互相惩戒，务兴礼让之风，以成敦厚之俗。吾愧德政未敷，而徒以言教，父老子弟，其勉体吾意，毋忽。

轮牌人每日仍将告谕省晓各家一番。

十家牌式

某县某坊

某人某籍

某人某籍

某人某籍

某人某籍

某人某籍

某人某籍

某人某籍

某人某籍

某人某籍

某人某籍

右甲尾某人

右甲头某人

明代家具图

此牌就仰同牌十家轮日收掌，每日酉牌时分，持牌到各家，照粉牌查审：某家今夜少某人，往某处，干某事，某日当回；某家今夜多某人，是某姓名，从某处来，干某事；务要审问的确，乃通报各家知会。若事有可疑，即行报官。如或隐蔽，事发，十家同罪。各家牌式：

某县某坊民户某人。

某坊都里长某下，甲首军户则云，某所总旗小旗某下。匠户则云，某里甲下，某色匠。客户则云，原籍某处，某里甲下，某色人，见作何生理，当某处差役，有寄庄田在本县某都，原买某人田，亲征保住人某某。若官户则云，某衙门，某官下，舍人，舍余。

若客户不报写庄田在牌者，日后来告有庄田，皆不准。不报写原籍里甲，即系来历不明；即须查究。

　　男子几丁

某某项官，见任，致仕，在京听选，或在家。　某某处生员，吏典。

某治何生业，成丁，未成丁，或往何处经营。　某见当某差役。

某有何技能，或患废疾。　　　　　　　　　某

某　　　　　　　　　　　　　　　　　　　某

见在家几丁　若人丁多者，牌许增阔，量添行格填写。

一妇女几口

一门面屋几间系自己屋，或典赁某人屋。

一寄歇客人某人系某处人，到此作何生理，一名名开写浮票写帖，客

　　去则揭票；无则云无。

案行各分巡道督编十家牌

照得本院巡抚地方，盗贼充斥；因念御外之策，必以治内为先。顾莅事未久，尚昧土俗；永惟抚缉之宜，懜然未有所措。访得所属军民之家，多有规图小利，寄住来历不明之人，同为狡伪欺窃之事；甚者私通畲贼，而与之传递消息；窝藏奸宄，而为之盘据夤缘；盗贼不靖，职此其由。合就行令所属府县，在城居民，每家各置一牌；备写门户籍贯，及人丁多寡之数，有无寄住暂宿之人，揭于各家门首，以凭官府查考。仍编十家为一牌，开列各户姓名，背写本院告谕，日轮一家，沿门按牌审察动静；但有

面目生疏之人，踪迹可疑之事，即行报官究理。或有隐匿，十家连罪，如此庶居民不敢纵恶，而奸伪无所潜形。为此，仰钞案回道，即行各属府县，著落各掌印官，照依颁去牌式，沿街逐巷，挨次编排，务在一月之内了事。该道亦要严加督察，期于著实施行，毋使虚应故事。仍令各将编置过人户姓名造册缴院，以凭查考；非但因事以别勤惰，且将旌罚以示劝惩。

告谕各府父老子弟

告谕父老子弟，今兵荒之余，困苦良甚，其各休养生息，相勉于善。父慈子孝，兄友弟恭，夫和妇从，长惠幼顺，勤俭以守家业，谦和以处乡里，心要平怒，毋怀险谲，事贵含忍，毋轻门争。父老子弟曾见有温良逊让、卑己尊人而人不敬爱者乎？曾见有凶狠贪暴、利己侵人而人不疾怨者乎？夫嚣讼之人争利而未必得利，求伸而未必能伸，外见疾于官府，内破败其家业，上辱父祖，下累儿孙，何苦而为此乎？此邦之俗，争利健讼；故吾言恳恳于此。吾愧无德政，而徒以言教，父老其勉听吾言，各训戒其子弟，毋忽。

剿捕漳寇方略牌正月

据福建、广东布、按二司，参议等官张简等各呈剿捕事宜，已经行仰遵照案验施行。所有方略，恐致泄露，不欲备开案内。为此另行牌仰广东岭东、福建汀、漳等处兵备佥事顾应祥、胡琏，密切会同守巡纪功赞画等官，于公文至日，便可扬言。

本院新有明文，谓：天气向暖，农务方新，兼之山路崎岖，林木荟翳，若雨水洊至，瘴露骤兴，军马深入，实亦非便。莫若于要紧地方，量留打手机兵，操练堤备。其余军马，逐渐抽回；待秋收之后，风气凉冷，然后三省会兵齐进。或宣示远近，或晓谕下人，此声既扬，却乃大响军士，阳若犒劳给赏，为散军之状；实则感激众心，作兴士气；一面亦将不甚紧关人马抽放一处两处，以信其事；其实所散人马，亦可不远，而复预遣间谍，探贼虚实；有间可乘，即便赍糗，衔枚连夜速发，当此之时，却须舍却身

王阳明手书《大怀山诗》（局部）

家，有死无生，有进无退，若一念转动，便成大害；劲卒当前，重兵继后，伺至其地，鼓噪而入。仍戒当先之士，惟在摧锋破阵，不许斩取首级；后继重兵，止许另分五六十骑，沿途收斩；其余亦不得辄乱行次，违者就便以军法斩首。重兵之后，纪功赞画等官各率数队，相继而进，严整行伍，务令鼓噪之声连亘不绝，使诸贼逃逐山谷者闻之，不得复聚。若贼首未尽，探其所如，分兵速蹑，不得稍缓，使贼复得为计。已获渠魁，其余解散党与，平日罪恶不大，可招纳者，还与招纳；不得贪功，一概屠戮。乘胜之余，尤要肃旅如初；遇敌不得恃胜懈弛，恐生他虞。归途仍将已破贼巢，悉与扫荡，经过寨堡村落，务禁摽掠，宜抚恤者，即加抚恤；宜处分者，即与处分；毋速一时之归，复遗他日之悔。本院奉命而来，专以节制四省

沿边军职为务。即今进兵，一应机宜，悉宜禀听本院，庶几事有总领，举动齐一。授去方略，敢有故违，悉以军法论处。各官知会之后，即连名开具遵依揭帖，密切回报。

案行广东福建岭兵官进剿事宜

据福建、广东按察司等衙门备呈到院。看得：两省剿捕事宜，设施布置，颇已详备；诚使诸将齐心，军士用命，并举夹攻，已有必克之势。但事干各省，举动难一，顿兵既久，变故旋生，则谋算机宜，旬日顿异，亦难各守初议，执为定说。

照得福建军务，整缉既久；兼有海沧、演城、政和诸处打手，足可济事；诸将咸有以功赎罪之心，意气颇锐，当道亦皆协谋并力，期收克捷之功，利在速战；若当集谋之始，掩贼不备，奋击而前，成功可必。今即旷日持久，声势彰闻，各巢贼党，必有连络纠合，阻阱设械以御我师；其为奸党，当亦日加险密，至于今日，已为持久之师，且宜示以宽懈，待间而发；而犹执其乘机之说，张皇于外，以坚贼志，是谓知吾卒之可击，而不知敌之未可击也。

广东之兵，集谋稍缓，声威未震，意在倚重狼达土军，然后举事，利于持久，是亦慎重周悉之谋；谋贼闻之，虽相结聚，尚候土兵之集，以卜战期，其备必犹懈弛。若因而形之以缓，乘此机候，正可奋怯为勇，变弱为强，而犹执其持重之说，必候土军之至，以坐失事机；是徒知吾卒之未可击，而不知敌之正可击也。

善用兵者，因形而借胜于敌；故其战胜不复，而应形于无穷；胜负之算，间不容发，乌可执滞。除江西南赣地方，凡通贼关隘，已行兵备副使杨璋委官堤备截杀，及将进剿方略，各另差人封付福建佥事胡琏，广东佥事顾应祥，会同守巡等官，密切遵依行事外。仰钞案回司，即行各官，务要同心协德，乘间而动，毋得各守一见，縻军偾事；一应举止，不必呈禀，以致误事。领军等官，随机应变，就便施行，一面呈报。如复彼此偏执，失误军机，定行从重参拿，决不轻贷。其军马钱粮、纪功给赏等项，已行有成规，不再更定。

案行漳南道守巡官戴罪督兵剿贼

据福建漳南道右参政艾洪等呈："准左参政陈策、副使唐泽手本，该三司遵依议委各职，随军纪功，运谋经略，依蒙前诣南靖县小溪中营住扎，查理军情，审验功次。大约贼众以四分为率：一分就擒，一分听抚，俱已审验查处明白；一分远逐广东境界，一分深藏本处山谷。狼子野心，绝岩峻岭，易以计破，难以兵碎，必须通将调募见在官军二万二千余名，再加议处，减冗兵以省费，留精兵以守险，待贼饥疲，随加抚剿，庶几军饷不缺，农业不废。节据各哨委官连日禀报，各贼恃居险阻，公然拒敌官军，不听招抚，合无继处本省钱粮，以坚自守之谋，催请广东狼兵，以助夹攻之计"等因。随据参政陈策等呈："据镇海卫指挥高伟呈，指挥覃桓，县丞纪镛，被大伞贼众突出，马陷深泥，被伤身死"等因到院。簿查先据参政陈策等呈，已经批各官酌量事机，公同会议如是：贼虽据险而守，尚可出其不趋，掩其不备，则用邓艾破蜀之策，从间道以出奇。若果贼已盘据得地，可以计困，难以兵克，则用充国破羌之谋，减冗兵以省费。务在防隐祸于显利之中，绝深奸于意料之外，万全无失，佥谋皆同，然后呈来定夺去后。

今据前因，参照指挥高伟既奉差委督哨，自合与覃桓等相度机宜，协谋并进；若乃孤军轻率，中贼奸计，虽称督兵救援，先亦颇有斩获，终是功微罪大，难以赎准。广东通判陈策，指挥黄春，千百户陈洪、郑芳等，既与覃桓等面议夹攻，眼见摧毁，略不应援，挫损军威，坏事匪细，俱属违法。各该领兵守备、兵备、守巡等官，督提欠严，亦属有违，合就通行参究；但在紧急用人之际，姑且记罪，查勘督剿。

及查添调狼兵一节，案查该省节呈：兵粮预备已久，惟俟克日进攻。今始成军而出，一遇小挫，辄求济师；况动调狼兵，往返数月；非但临渴掘井，缓不及事，兼据见在官兵二千有余，数已不少；兵贵善用，岂在徒多；况称粮饷缺久，正宜减兵省费，安可益军匮财。

除广东坐视官员，及应否动调狼兵另行查议外。仰钞案回道，查勘指挥覃桓，县丞纪镛，是否领兵夹攻，被伤身死；各官原领军兵若干，见在若干，其指挥仲钦，推官胡宁，道知事曾瑶，知县施祥等缘何不行策应，是否畏避退缩？俱要备查明白，从实开报。其覃桓等所统军兵，就仰高伟管领，戴罪杀贼，立功自赎。仍仰福建布政司作急查处，堪以动支银两，就呈镇巡衙门知会，差官领解军前接济，一面备数呈来，以凭查考，不许稽迟，致误军机。各该官员俱要奋勇协心，乘机进剿，毋顿兵遥制，以失机宜；毋坐待狼兵，以自懈弛；务须连营犄角，以壮我军之威；更休迭出，以蓄我军之锐；多方以误贼人之谋，分攻以疲贼人之守，扫荡巢穴，靖安地方，则东隅可收于桑榆。大捷不计其小挫，事完之日，通查功罪呈来，以凭酌量参奏。

案行领兵官搜剿余贼

据福建左参政陈策，副使唐泽会案呈："准漳南道参政艾洪，佥事胡琏手本，督据委员指挥徐麒等呈称，督领军兵，黏踪追贼，至象湖山贼寨，连营拒守，遵奉本院密谕，佯言犒众退兵，俟秋再举，密切部勒诸军，乘懈奋击云云。除将擒斩功次，审验监候枭挂外，呈乞照详"等因到院。

卷查先准兵部咨前事，已经备行福建、广东二督，漳南、岭东二道守巡、兵备、守备等官，钦遵调兵上紧相机剿抚，并将进兵方略，行仰各官密切遵照施行，敢有故违，悉以军法论处去后。

续据福建布、按二司，守巡漳南道右参政等官艾洪等呈："据委指挥高伟呈称，督同指挥等官覃桓等领兵克期夹攻，不意大伞贼众突出，陷入深泥，被伤身死；广东官兵在彼坐视，不行策救。"呈详到院。参看得各官顿兵日久，老师费财，致此败衄；显是不奉节制，故违方略，正行查勘参提间。随据广东按察司等衙门佥事顾应祥等官会呈前事，开称："约会福建官兵克期进攻间，爪探福建官军被大伞贼徒杀死指挥覃桓等情，各职随即统兵策应，当获贼人一名，审系贼首罗圣钦，执称余贼潜入箭灌巢内。率领官兵直抵地名白上村，遇贼交战，斩获贼级，俘获贼属"等因，呈报前来。

看得：象湖、箭灌最为峻绝，诸巢贼首，悉遁其间；贼之精悍，尽聚于此。自来兵卒所不能攻，今各官虽有前挫，随能密遵方略，奋勇协力，竟破难克之寨，以收桑榆之功，计其大捷，足盖小挫。但象湖虽破，而可塘犹存；贼首颇已就擒，而余孽尚多逃遁；若不乘此机会速行剿扑，剗草存根，恐复滋蔓；狡兔入穴，获之益难。除将功次另行查奏外，为此仰钞案回道，查照先行方略，乘此胜锋，急攻可塘；破竹之势，不可复缓。仍一面分兵搜斩余猾，毋令复聚为奸；罪恶未稔，可招纳者，还与招纳，毋纵贪功，一概屠戮；务收一篑之功，勿为九仞之弃。

本院即日自漳州起程前来各营督战，仍与各官备历已破诸贼巢垒，共议经久之策。钞案。

奖励福建守巡漳南道广东守巡岭东道领兵官

据福建参政陈策、艾洪，副使唐泽，佥事胡琏，都指挥佥事李胤，广东参议张简，佥事顾应祥，都指挥佥事杨懋各呈称："据委官知府通判等官钟湘、徐玑等，率领军兵夹攻象湖、可塘、箭灌、大伞等处贼巢，前后擒斩贼首詹师富、罗宗旺等共计一千五百余名颗，及俘获贼属牛马器械等数"到院。看得：象湖、箭灌诸寨，皆系极险最深贼巢，自来官兵所不能下，今各官乃能运谋设策，协力夹攻，旬月之间，擒斩贼首，扫荡巢穴，谋勇显著，功劳可嘉。除将功次查奏外，通合先行奖励。为此牌仰汀州府上杭县，即便动支商税银两，买办彩段银花羊酒，委官分投领赏，备用鼓乐，迎送各官处，用旌勤劳，以明奖励之典。其余领哨有功官员知府钟湘等，就行该道照依定去赏格，酌量轻重，径自支给官钱，买办花红等项，一体赏劳。仍具由回报，以凭查考。

告谕新民

尔等各安生理，父老教训子弟，头目人等抚缉下人，俱要勤尔农业，守尔门户，爱尔身命，保尔室家，孝顺尔父母，抚养尔子孙，无有为善而不蒙福，无有为恶而不受殃，毋以众暴寡，毋以强凌弱，尔等务兴礼义之习，永为良善之民。子弟群小中或有不遵教诲，出外生事为非者，父老头目即与执送官府，明正典刑，一则彰明尔等为善去恶之诚，一则剪除莨莠，免致延蔓，贻累尔等良善。

吾今奉命巡抚是方，惟欲尔等小民安居乐业，共享太平。所恨才识短浅，虽怀爱民之心，未有爱民之政。近因督征象湖、可塘诸处贼巢，悉已擒斩扫荡，住军于此，当兹春耕，甚欲亲至尔等所居乡村，面问疾苦；又恐跟随人众，或至劳扰尔民，特遣官赍谕告，及以布匹颁赐父老头目人等，见吾勤勤抚恤之心。余人众多，不能遍及，各宜体悉此意。

钦奉敕谕切责失机官员通行各属

照得本院于本年六月十五日节该钦奉敕："近该巡按福建监察御史程昌奏，今年正月内，被漳州南靖地方流贼杀死领军指挥覃桓，县丞纪镛，射死军人打手一十五名。参称指挥高伟、参政陈策、艾洪、副使唐泽、佥事胡琏、都指挥李胤失机误事，俱各有罪。及称尔膺兹重寄，责亦难辞等因，下兵部议谓：前项贼情，自去年七月已敕彼处抚巡等官，相机抚剿，日久未见成功；今反堕贼计，丧师失事；欲将高伟、陈策等姑免提问，各令住俸，戴罪杀贼；并降敕切责，令尔立效赎罪。朕皆从之。敕至，尔宜亲诣潮、漳二府地方，申严号令，详审机宜，督同守巡领军等官，调集官军民快打手人役，儹运粮饷，指授方略，随贼向往，设法剿捕。其福建、广东、江西官员，悉听尔节制，有急督令互相策应，约会夹攻，不许自分彼此，执拗误事；如有不用令，及迟误供军者，宜照原奉敕内事理，径自拿问施行。事有应与两广并江西巡抚等官议处者，公同计议而行；务要处置得宜，贼徒殄灭，以靖地方，钦此。"钦遵外。

照得本院于本年正月十六日抵赣莅事，当据福建参政陈策、佥事胡琏等呈："为急报贼情事，已经密具方略，行各官遵照，约会广东官兵，克期夹攻；随据各官呈称，指挥覃桓，县丞纪镛，在广东大伞地方，遇贼突出，抵战身死；又称象湖、可塘等寨，系极高绝险，自来官兵所不能攻，乞添调狼兵俟秋再举等因"到院。参看各官顿兵不进，致此败衄，显是不奉节制，故违方略，正宜协愤同奋，因败求胜，岂可辄自退阻，倚调狼兵，坐失机会。本院即于当日选兵二千，自赣起程，进军汀州，一面督令各官密照方略，火速进剿，立功自赎，一面查勘失事缘由，另行参奏闻。

随据各官续呈，遵奉本院纸牌密谕，佯言犒众班师，乘贼怠弛，衔枚直捣，攻破象湖等寨。又经行令各官，乘此胜锋，速攻可塘，破竹之势，不可复缓，仍一面分兵搜擒余猾，毋令复聚为奸。本院亦自汀州进军上杭，期至贼寨，亲自督战。随据各官复呈，为捷音事，开称："攻破贼巢三十余处，擒斩首从贼人一千四百二十余名颗，俘获贼属五百七十余名口，烧毁房屋二千余间，夺获牛马赃仗无算；即今余党，悉愿听抚，出给告示，招抚得胁从贼人一千二百三十五名，家口二千八百二十八名口；乞要班师等因。"已经具本奏报去后。

今奉敕谕切责，不胜惶恐待罪，然犹幸其因人成事，偶获收功，愧虽难当，罪或可免。随又访得，各贼徒党，尚多逃遁诸巢，余蘖又复萌芽，果尔则忧患方兴，罪累日重，深思其故，恐是各官急于成功，不能扫荡，或是惮于久役，为此隐瞒。本院闻此，实切惭惧，即欲遵奉敕谕事理，亲至漳州体勘查处。但今南赣盗贼猖獗，方奉钦依来剿，师期紧迫，军马钱粮，必须调度，势难远出。又前项事情，出于传闻，未委虚的，合行查勘。为此仰钞捧回司，照依备奉敕谕，及查照先今案验内事理，即委本司公正堂上官一员，会同守巡该道官，亲诣漳州地方，督同知府等官，将已破贼巢，逐一查勘，前项强贼，曾否尽绝，所获贼首，是否真正，徒党有无逃遁，余孽有无萌芽，是否各官苟且隐瞒，惟复别贼，各另生发。若贼首果已擒获，巢穴果已扫荡是实，取具各官不致遗患重甘结状，具由呈来。如或有所规避欺蔽，俱要明白声说，以凭参施行。若有脱漏残党，或是别项流贼，乘间啸聚，事出意外，亦要从实开报，就将防剿机宜，作急议处停当；相机行事，一面呈来定夺。无得畏难推咎，以致贻患地方，国典具存，取罪愈大，俱无违错迟延。

兵符节制五月

先据该道具呈，计处武备，以便经久事。议将原选听调人役，如宁都杀手廖仲器之属，尽行查出，顶补各县选退机兵，通拘赣城操演，以备征调，已经批仰施行去后。看得习战之方，莫要于行伍；治众之法，莫先于分数；所据各兵既集，部曲行伍，合先预定。为此仰钞案回道，照依定去分数，将调集各兵，每二十五人编为一伍，伍有小甲；五十人为一队，队有总甲；二百人为一哨，哨有长、协哨二人；四百人为一营，营有官、有参谋二人；一千二百人为一阵，阵有偏将；二千四百人为一军，军有副将、偏将无定员，临阵而设。小甲于各伍之中选材力优者为之，总甲于小甲之中选材力优者为之，哨长于千百户义官之中选材识优者为之。副将得以罚偏将，偏将得以罚营官，营官得以罚哨长，哨长得以罚总甲，总甲得以罚

中华传世藏书

小甲，小甲得以罚伍众。务使上下相维，大小相承，如身之使臂，臂之使指，自然举动齐一，治众如寡，庶几有制之兵矣。编选既定，仍每五人给一牌，备列同伍二十五人姓名，使之连络习熟，谓之伍符。每队各置两牌，编立字号，一付总甲，一藏本院，谓之队符。每哨各置两牌，编立字号，一付哨长，一藏本院，谓之哨符。每营各置两牌，编立字号，一付营官，一藏本院，谓之营符。凡遇征调，发符比号而行，以防奸伪。其诸缉养训练之方，旗鼓进退之节，要皆逐一讲求，务济实用，以收成绩。事完，备造花名手册送院，以凭查考发遣。

预整操练

案照先经批仰将听调人役，查拘操演，以备征调。即今兵威士气，已觉渐有可观；但诸色人内尚有遗才，亦合通拘操演。看得龙南等县捕盗老人叶秀芳等部下兵众，亦多经战阵；况各役向化日久，皆有竭忠报效之心。但其勇力虽有，而节制未谙；向慕虽诚，而情意未洽；一时调用，亦恐兵违将意，将拂士情，信义既未交孚，心志岂能齐一。为此仰钞案回道，通将所属向化义民人等，悉行查出，照依先行定去分数，行令各选部下骁勇之士，多者二三百人，少者一百人，或五十人，顺从其便，分定班次。各役若无别故，自行统领，或有事故相妨，许今推选亲属为众所服者代领，前来赣城，皆于教场内操演。除耕种之月，放令归农，其余农隙，俱要轮班上操。仍于教场起盖营房，使各有栖息之地；人给口粮，使皆无供馈之劳；效有功勤者，厚加犒赏；违犯约束者，时与惩戒。如此则号令素习，自然如身、臂、手指之便；恩义素行，自然兴父兄子弟之爱；居则有礼，动则有威，以是征诛，将无不可矣。

选募将领牌

看得所属地方，盗贼充斥，一应抚剿事宜，各该兵备等官，既以地方责任，势难频来面议；若专以公文往来，非惟事情不能该悉，兼恐机宜多致泄漏。为此牌仰郴州兵备道即于所属军卫有司官，或义官耆老，推选素有胆略，才堪将领，熟知贼寨险夷，备晓盗情向背，忠慎周密，可相信任者一二人前来军门，凡遇地方机务，即与密切商度，往来计议，庶事可周悉，机无疏虞。

批留岭北道杨璋给由呈

据副使杨璋呈给由事。看得朝廷设官，本因保障；臣子尽职，匪专给由。副使杨璋才力精敏，识见练达，久在军中，习知戎务。见今盗贼猖炽，方尔请兵会剿，一应军马钱粮，皆倚赞画，方有次第。若因给由，遽尔轻动，更代之人，岂免事多，生疏交承之际，必至弊乘间隙，遂有出柙之虞，何益噬脐之悔。仰本官勿以循例给由为急，惟以效忠尽职为先，益展谋猷，仍旧供职。地方安靖，足申体国之勤，懋绩彰闻，岂俟天曹之考。仍行抚按衙门知会。呈缴。

批广东韶州府留兵防守申

看得本院募兵选士，欲弭盗安民，正恐地利不能齐一，措置或有未周，故期各官酌量润色，务求尽善可久。今据该府各县所呈，非惟不能弭盗，而适以启盗；非徒不能安民，而又以扰民；此岂本院立法之初意哉？行仰各县掌印官，务体本院立法不得已之意，各要酌量事势，通融审处，苟无不尽之心，自无难处之事，兵法谓："守则不足，攻则有余。"今各县所留之兵，止于防守；而兵备所选之士，将以剿袭。防守之兵，虽老弱皆可以备数；而张威剿袭之士，非精锐不可以摧锋而陷阵。况各县所留尚有三分之二，而兵备所取止得三分之一，其于大势未便亏损。今取三分之一，而遂以为地方不复可守，假使原数止此，亦将别无措置之方耶？又况剿袭之兵既集，则兵威日振，声东击西，倏来忽往，贼将瞻前顾后，自然不敢轻出；各县防守愈易为力，此于事理亦皆明白易见。各官类皆狃于因循，惮于振作，惟知取私便之为利，而不知妨大计之为害。宜各除去偏小之见，共为公溥之谋。若复推调迟延，夹攻在迩，已经奏有成命，苟误军机，定以军法从事。

咨报湖广巡抚右副都御史秦防贼奔窜 八月

准巡抚湖广都御史奏咨云云，已经一体钦遵施行。续据江西岭北道副使杨璋看得朱广寨等处，系桂阳、乐平二县界内贼奔要路，今夹攻在迩，要行各道预发精兵把截。又经备行广东、湖广各官，起集骁勇机快，父子乡兵，选委素有能干官员统领，各于贼行要路，昼夜严加把截，或遇前贼奔逃，就便详察险易，相机截捕。或先于朱广、鱼黄贼所潜逃诸山寨，多张疑兵，使贼不敢奔往。务要虑出万全，不得堕贼奸汁。各道仍须分投爪探，出奇设伏，先事预防，但得贼中虚实，差人飞报军门。大抵防寇如水，四面提防既固，但有一处渗漏，必致并力溃决。贼所奔逃，尚恐不止前项诸处，仍行各道，再加询访，但有罅隙，即便行文知会，互相关防，必使皆无蚁穴之漏，庶可全收草剃之功。

今准前因，为照前项各贼，屡经夹攻，狡猾有素，今闻大举，预将妻子搬寄，此亦势所必有。照得咨开，龚福全、李斌，皆已搬送妻子，近往桶冈亲识人家。除行岭北道密行擒拿，一面行文湖广各官，将前项窝户姓名，密切知会，或住近桂阳，或住近上犹，就仰各该守把官兵，相机剿捕外，拟合咨报云云。

钦奉敕谕提督军务新命通行各属九月

正德十二年九月十一日节该钦奉敕谕：

江西南安、赣州地方，与福建汀、漳二府，广东南、韶、潮、惠四府，及湖广郴州桂阳县壤地相接，山岭相连，其间盗贼不时生发，东追则西窜，南捕则北奔，盖因地方各省，事无统属，彼此推调，难为处置。先年以此之故，尝设有都御史一员，巡抚前项地方，就令督剿盗贼。但责任不专，类多因循苟且；不能申明赏罚，以励人心；致令盗贼滋多，地方受祸。今因尔所奏，及该部复奏事理，特改命尔提督军务，常在赣州或汀州住扎，仍往前各处抚安军民，修理城池，禁革奸弊，一应军马钱粮事宜，俱听便宜区画，以足军饷，但有盗贼生发，即便严督各该兵备、守备、守巡，并各军卫有司，设法调兵剿杀，不许踵袭旧弊，招抚蒙蔽，重为民患。其管领兵快人等官员，不拘文职武职，若在军前违期，并逗留退缩者，俱听以军法从事。生擒盗贼，鞫问明白，亦听就行斩首示众。斩获贼级，行令各该兵备、守备官即时纪验明白，备行江西按察司造册奏缴，查照南方剿杀蛮贼事例，升赏激劝，仍要选委廉能官员，密切体访，或佥所在大户，并被害之家，及素有智力人丁，多方追袭，量加粮赏。或募知因之人，阴为乡导；或购令贼徒，自相斩捕；或许令胁从并亡命窝主人等，自行出首免罪；皆听尔随宜处置，不必执定一说。其应捕人员，尤要严加戒约，不许妄拿平人，及容贼挟仇攀引，因而吓诈财物，扰害良善。军卫有司官员中政务修举者，量加奖劝；其有贪残畏缩误事者，文职五品以下，武职三品以下，径自拿问发落。事有应与各该镇巡官计议者，亦须计议而行。尔为风宪大臣，受兹新命，尤宜廉能刚果，肃清积弊，以副朝廷委任之意，如违责亦有所归焉。尔其钦承之，毋忽故敕。钦此。

钦遵拟合通行。为此仰钞捧回司，照依案验备奉敕谕内事理，并行该道守巡、兵备、守备等官，及府卫等官，及府、卫、所、县大小衙门一体钦遵施行。都司呈镇守布政司巡抚，按察司呈巡按衙门各查照施行。

咨报湖广巡抚右副都御史秦夹攻事宜

准巡抚湖广都御史秦咨内开："夹攻江西，该分哨道，并把截之路，及各该官军，不无追剿往来过境，必须各给旗号识别，以防错误；凡遇贼势纵横，及攻坚去处，各领哨官即便发兵策应，同舟共济。"又称："各省窝贼之家，今既各有指实，必须从长计处，绝其祸本，以收全功。烦为参酌行止，并将合行事宜咨报，以凭转行各该领兵等官遵守等因"，准此。

先该本院访得大庾、南康、上犹三县近附，贼巢良民村寨甚多，往年大征，不曾分别善恶，给与良民旗号，及拨兵护守；以致狼、土、官兵贪功妄杀，玉石不分。亦有一二良民村寨，给与旗号，拨兵护守；又被不才领兵官员，并良民寨主，受贼重贿，及将有名贼首隐藏其家，事定仍复还巢，至今贻患。及有吉安府龙泉、万安、泰和三县，并南安府所属大庾等三县居民，无籍者往往携带妻女，入畲为盗；行劫则指引道路，征剿则通报消息，尤为可恶。即今闻有大兵夹攻，俱各潜行回家，遇有盘诘，辄称被虏逃归，因而得脱诛戮。若不通行挨究，将来事定，仍复入巢，地方之患，何时可已？就预行上犹等三县，著落当该掌印官员，查出附近贼巢居民村寨通计若干，图画申报，以凭每寨给与良善旗号，临期拨兵护守，仍取各寨主并地方总甲甘结在官。如有应剿贼徒来投，希图隐匿者，许其擒斩送官，照例重赏；容隐者，事发，一寨之人通行坐以奸细重罪。其大庾、龙泉等六乡，各给告示晓谕乡村里老人等，但有平昔入畲为盗，即今潜出，许其举首，亦行照例给赏；容隐事发，本家并四邻一体坐罪。如此庶良善免于玉石俱焚，而盗贼得以根株悉拔。俱经牌仰该道遵照施行外。

又据委官知府等官季斅等呈称，依奉本院方略，分兵于上犹、南康等处防遏，被贼两次纠众出攻南安，俱幸我兵克捷。即今贼势略已衰败，若乘此机会，直捣其巢，旬月之间，可期扫荡云云。本院看得三省夹攻事宜，集兵有先后，期约有迟速，如上犹、大庾之贼，江西先与湖广夹攻，止今广东之兵于仁化把截。候广东兵力已齐，听湖广、广东约会夹攻，江西之兵止于大庾把截。通候广东、湖广夹攻已毕，广东之兵移于惠州，江西之兵移于龙南，又行约会夹攻。如此庶先后有序，事机不失，兵力不竭，粮饷可省。又经移咨贵院查照施行外。

今准前因，看得官军过境，必须各给旗号识别，以防错误。攻坚去处，必须各领哨官即便发兵策应，庶得成功。持论既极公平，所处又甚详悉。

除行领哨等官遵照施行外，惟守备指挥李璋所呈窝贼之家，传闻之言，未必皆实，已行该道再行查访，务求的实，拔绝祸源。其进攻次第，惟桶冈一处，该与湖广之兵会合；若长流坑、左溪等处，皆深入南安府所属三县腹心之内，见今不次拥众奔冲，势难止遏。本院欲将前项贼巢，以次相机剿扑；候贵治之兵齐集，会合夹攻桶冈。如此则江西腹心之害已除，而二省夹攻之举，得以并力从事。拟合移咨前去，烦为查照定处，咨报施行。

征剿横水桶冈分委统哨牌

据守把金坑等处领兵县丞舒富等申称："探得各畬贼首闻知湖广士兵将到，集众劫掠，猖炽日甚，凿山开垦，为佣益坚。又闻于桶冈后山，陡绝崖壁，结构飞梯，自此直入范阳大山，延袤千里，自来人迹所不能到，今皆搬运粮谷，设有机隘，意在悉力拒战，战而不胜，即奔入此中，截断飞梯，虽有十万之众，亦无所施其力，乞要急为区处等因"到院。随将各畬擒获贼徒，备细研审，亦与所呈略同。

照得先经具题，及备行两省，将各处贼巢以次攻剿；先约湖广官兵，会攻上犹诸贼，未报。但南赣兵力，自来疲弱，为贼所轻，必资湖广士兵，然后行事。贼见士兵未至，必以为夹攻尚远。虽若出其不意，奋兵合击，先以一哨急趋其后，夺其隘口，贼既失势，殆可尽歼。若必俟土兵之至，果如各官所呈，陷贼计中，老师费财，复为他日之患，追悔何及。本院节准兵部咨，题奉钦依："南赣地方贼情，著都御史王守仁自行量调官军，设法剿捕"；及近奉敕谕云云，"俱听军法从事。钦此。"钦遵。除监督守巡官员外，令分投先往上犹、大庾等处调度催督外，本院身督中军，直捣横水大巢。所据各哨官兵，合就分委督发，依期进剿。

一，仰赣州府知府邢珣，统领后开官兵，自上犹石坑进，由上稍、石溪入磨刀坑，过白封龙，一面分兵搜茶潭、鸾井、杞州坑，正兵经过朱坑、早坑入杨梅村，攻白蓝、横水，与都司许清，指挥谢昶、姚玺，知县王天与等兵会合，共结为一大营；及各选精锐，用乡导兵引，赍干粮三日，四搜附近各山寨，如茶潭、鸾井、杞州坑、寨下等处：多方爪探，务期尽绝，互相援应，毋致疏虞。左溪诸贼既尽，然后分哨起营过背乌坑、穿牛角窟，逾梅伏坑，过长流坑，涉果木口，搜芒背、上思顺，过乌地，入上新地、中新地、下新地，攻桶冈峒诸贼，与知府唐淳，指挥余恩、谢昶等兵合势夹击，贼既败散，遂会各营连络犄角，为一大营；各营精锐，开合纵横，分布搜扒，必噍类无遗，候有班师期日，方许回兵。领哨各官及兵快人等，敢有临阵退缩，违犯号令者，仰遵照本院钦奉敕谕内事理，听以军法从事。本官务要竭忠效命，益展才猷，严督诸军，奋勇前进，荡除群丑，以靖地方。如或怠忽乖缪，致有疏虞，国典且存，罪难轻贷。本院即日进屯南康，亲临督战，一应进止机宜，密切差人俱赴营所禀白。牌候事完日缴。

计开：

安远县新民义官某某等名下打手八百名。乾字营哨长赵某某等名下机兵四百名，弓箭手一队，铳手八名，乡导二十名。火药八十斤。地图一张，军令八十张。号色布一千五百件。兵旗大小九十面。令字蓝绢大旗一面。（奇兵搜扒用为先导，寻常皆卷，遇各营兵始开。）令字黄绢大旗一面。（正兵行动用为先导，寻常皆卷，遇各营兵始开。）

军令：失误军机者斩。临阵退缩者斩。违犯号令者斩。经过宿歇去处，敢有搅扰居民，及取人一草一木者斩。扎营起队，取火作食，后时迟慢者照军法治；因而误事者斩。安营住队，常如对敌，不许私相往来，及辄去衣甲器仗，违者照军法治；因而误事者斩。凡安营讫，非给有各队信牌，及非营门而辄出入者皆斩。守门人不举告者同罪。其出营樵牧汲水方便，而擅过营门外者杖一百。军中呼号奔走惊众者斩。虽遇贼乘暗攻营，将士辄呼动者斩。军中卒遇火起，除奉军令救火人外，敢有喧呼，及擅离本队者斩。军中守夜巡夜之人每夜各有号色，号色不应者，即便收缚。军中不许私议军机，及妄言祸福休咎，惑乱众心，违者皆斩。凡入贼境哨探，可往而畏难不往，托故推调，及回报不实者斩。军行遇敌人往冲，及有埋伏在傍者，不许辄动，即便整队向贼牢把，相机杀剿，违者斩。军行遇贼众乞降，恐有奸谋，即要驻军严备，一面飞禀中军，令其远退，自缚来投，不许辄与相近；遇有自称官吏，及地方里老来迎接者，亦不许辄与相近，即便驻军严备，一面飞禀中军，审实发落，违者皆斩。贼使入营，及来降之人，将士敢与私语，及问贼中事宜，凡漏泄军情者斩。凡临阵对敌，一队失，全伍皆斩。邻队不救，邻队皆斩。贼败追奔，不得太远，一听号令：闻鼓方进，闻金即止，违者斩。贼巢财物，并听杀贼已毕，差官勘验给赏，敢有临阵擅取者斩。乘胜逐贼，不许争取首级；路有遗下金银宝物，不许低头拾取，违者皆斩。

一，仰统兵官汀州府知府唐淳，统领后开官兵，前往南安府，自百步桥、浮江、合村等处进屯聂都；会同把隘推官徐文英将点集守把乡夫，于内选取堪为乡导者一百名，分引哨路，进袭上关，破下关，乃分兵为三哨：中一大哨逾相见岭，扑密溪，径攻左溪。右一小哨从下关分道搜丝茅坝，复从中大哨于密溪进攻左溪。左一小哨自密溪搜羊牯脑山，复自密溪从中大哨进攻左溪。三哨复合为一，与本院会于横水，遂会同守备郏文，知府季敩，指挥余恩，县丞舒富等兵五营犄角合为一大营；乃各选精锐，用乡导分引，赍干粮二三日，四搜山寨，多方爪探，务期尽绝，互相援应，毋致疏虞。左溪诸贼既尽，听候本院再授方略，然后分哨起营，复自密溪回关田。推官徐文英仍于关田厚集营阵，以待奔窜遗贼，勿轻散动。本官自关田率兵由古亭进屯上保，复自上保历茶坑，由十八磊依期进于木坳，攻桶冈诸贼，与知府邢珣，指挥余恩等兵合势夹击。贼既败散，遂会各营连络犄角为一大营；各选精锐，开合纵横，分布搜扒，必使噍类无遗，候有班师之日，方许回兵。领哨各官及兵快人等敢有临阵退缩违犯号令者，仰既遵照本院云云。

计开　云云下同

一，仰南安府知府季敩，统领后开官兵，自南安府石人背进破义安，分兵搜朱雀坑，入西峰；分兵搜狐狸坑，进船厂；分兵搜李家坑，屯稳下；分兵搜李坑，遂逾狗脚岭，搜阴木坑，攻左溪；与本院会于横水，遂兴守备郑文、知府邢珣、唐淳、指挥余恩、县丞舒富等兵合连为一大营；乃各选精锐，赍干粮三日，用乡导分引，四搜附近山寨，多方爪探，务期尽绝，互相援应，毋致疏虞。左溪诸贼既尽，然后分哨起营，过密溪，搜羊牯脑，逾相见岭，历上关，下关、关田，经古亭，分屯上保、茶坑，断胡芦洞等处贼路，四面设伏，以待桶冈奔贼，为都指挥许清之继，探候缓急，相机应援，必使根株悉拔，噍类无遗，候有班师期日，方许回兵。领兵各官及兵快人等敢有临阵退缩违犯号令者，仰即遵照本院云云。

一，仰江西都司都指挥佥事许清，统领后开官兵，自南康进破溪湖，扒新地，袭杨梅坑，攻白蓝；与本院会于横水，遂与知府邢敩等兵会合共结为一大营；乃各选精锐，用乡导分引，赍干粮二三日，四搜附近各山寨，多方爪探，务期尽绝，互相援应，毋致疏虞。横水诸贼既尽，听候本院再授方略，然后分哨起营，自横水穿牛角窟，搜川坳、阴木潭会左溪，入密溪，过相见岭，历下关、上关、关田、上华山、过鳞潭，屯左泉，分断西山界、胡芦洞等贼路，四面设伏，以待桶冈奔贼。仍归屯横水，控制诸巢，遥与知府季敩相机应援。必使根株悉拔，噍类无遗，候有班师日期，方许回兵。领哨各官及兵快人等敢有临阵退缩违犯号令者，仰即遵照本院云云。

一，仰守备南、赣二府地方，以都指挥体统行事，指挥使郁文，统领后开官兵，前往南安府，自石人坑度汤瓶岭破义安上西峰，过铅厂破苦竹坑，剿长河洞，搜狐狸坑攻左溪，与本院会于横水，遂兴知府唐淳、季敩、指挥余恩、县丞舒富等兵营连络为一大营；乃各选精锐，用乡导分引，赍干粮二三日，四搜附近山寨，如天台巷、狮子山、丝茅坝等处，多方爪探，务期尽绝，互相援应，毋致疏虞。左溪附近诸贼既尽，听候本院再授方略，然后分哨起营，自左溪过密溪，分兵搜丝茅坝，会下关，入关田，过古亭，逾上保，搜茶坑，屯于十八磊，分兵断下章，设伏以待桶冈奔贼，为知府唐淳之继。使人探候消息，相机应援，必使远近各贼噍类无遗，候有班师期日，方许回兵。领兵各官及兵快人等敢有临阵退缩违犯号令者，仰即遵照本院云云。

一，仰赣州卫指挥余恩，统领后开官兵，自上犹、官隘逾独孤岭，至营前，进金坑，屯过步，破长流坑，分兵入梅伏坑，破牛角窟，扑川坳、阴木潭，与正兵合攻左溪，与本院会于横水，遂与县丞舒富、知府唐淳、季敩、守备郁文等兵连络为一大营；乃各选精锐，赍干粮二三日，用乡导分引，四搜附近各山寨，多方爪探，务期尽绝，互相援应，毋致疏虞。左溪诸贼既尽，听候本院再授方略，然后分哨起营，过密溪，搜羊牯脑，逾相见岭，历下关、上关、关田、上华山、鳞潭、网夹里，从左溪入西山界，攻桶冈诸贼，与知府邢珣、唐淳、指挥谢昶等兵合势夹击。贼既败散，遂会各营连络犄角为一大营，各选精锐，开合纵横，分布搜扒，必使噍类无遗，候有班师期日，方许回兵。领兵各官及兵快人等敢有临阵退缩违犯号令者，仰即遵照本院云云。

一，仰宁都县知县王天与，督同典史梁仪，统领后开官兵，自上犹、官隘、员坑过琴江口，由白面寨至长潭，经杰坝屯石玉，分兵搜樟木坑。正兵自黄泥坑过大湾入员分与本院会于横水，遂与知府邢珣、都司许清等兵会合四营，共结为一大营；乃合选精锐，用乡导分引，赍干粮二三日，四搜附近各山寨，多方爪探，务期尽绝，互相援应，毋致疏虞。横水等处诸贼既尽，听候本院再授方略，然后分哨起营，过背乌坑、牛角窟、梅伏坑，涉长流渡、果木口，搜芒背、上思顺，入乌地，经上新地，中新地，分屯下新地，分兵搜扒，断绝要路，四面设伏，以待桶冈之贼，为知府邢珣之继。使人探候缓急，乃与县丞舒富声息相接应援，必使噍类无遗，候有班师期日，方许回兵。领兵各官及兵快人等敢有临阵退缩违犯号令者，仰即遵照本院云云。

一，仰南康县县丞舒富，统领后开官兵，自上犹、营前、金坑进屯过步，破长流坑，径攻左溪，与本院会于横水，遂与知府邢珣、唐淳、季斅、守备郁文等兵合四营，共结为一大营；乃分选精锐，赍干粮，用乡导分引，四搜附近贼巢，如鳖坑、箬坑、赤坑、观音山、奄场、仙鹤头、源陂、左溪等处。诸贼既尽，听候本院再授方略，然后分哨起营，复自长流坑过果木口，搜芒背，搜铁木里，徇上池，遍搜东桃坑、山源、竹坝泉、大王岭、板岭诸巢，遂屯锁匙龙外，四面埋伏，以待桶冈奔贼。仍与知县王天与声息相接，彼此相机应援，必使噍类无遗，候有班师期日，方许回兵。领兵各官及兵快人等敢有临阵退缩违犯号令者，仰即遵照本院云云。

一，仰吉安府知府伍文定，统领后开官兵，前去屯札稳下，会同守备郁文并谋协力，搜剿稽芜等处贼巢；进屯横水，听候本院再授方略，然后进攻桶冈诸峒。本官仍须详察地理险易，相度机宜，协和行事，毋得尔先我后，力散势分，致失事机。国典具存，决不轻贷。其领哨各官及兵快人等敢有临阵退缩违犯号令者，许即以军法从事。军中一应事宜，亦应随宜应变，应呈报者，仍呈军门施行。

一，仰广东潮州府程乡县知县张戬，统领部下新民、打手、乡夫人等，搜剿稽芜、黄径坳、新地等处贼巢，进屯横水，听候本院再授方略，然后进攻桶冈诸峒。本官仍须详察云云。

一，仰中军营参随官。

案行分守岭北道官兵戴罪剿贼

参看稽芜、大山不系进兵隘路，若使郁文、季敩等遵依本院方略，直趋左溪，与诸军连营合势，兵威既振，然后分兵四剿，则稽芜等巢自然闻风而靡。今乃不遵约束，顿兵僻路，以攻险绝坚小之寇，反致损威挫锐，非但有乖节制，抑且违误师期；若使各哨官兵皆若季敩等后期不进，则左溪、横水贼巢根本腹心之地，何由攻破；诸军何由得有今日之胜。论情定罪，俱合处以军法。但今各营皆已乘胜追逐，贼徒四散奔溃，正系紧关搜节之际，姑今戴罪剿绝，以赎前辜。为此仰钞案回道，速督各官，分投把截搜剿；俱要励志奋勇，毋徒退缩以自全，毋以小挫而自馁，务奋渑池之翼，以收桑榆之功。如复仍前畏缩违误，军令具存，难再容恕。仍将阵亡千户刘彪，及被伤兵夫人等，查验纪录，量加优恤。

搜剿余党牌

照得本院于本月十二日亲督诸军进破横水等巢，诸军皆奋勇敢死，夺险陷阵，贼乃大败，擒斩功次数多，良已可嘉。但闻余党往往复相啸聚，千百为群，设栅阻险，复为抗拒官兵之备；所据各兵进攻之日，攀崖缘壁，下上险阻，夜困已极，兼之阴雨，连日瘴雾，咫尺不辨，故且容令各兵暂尔休息。今天气渐开，兵力已苏，若不乘此破竹之势，疾速急击，使诸贼声势复得连络，用力益难。为此牌仰该道官吏，严督各营官兵，星夜速进，务在三日之内扫荡余孽，必使噍类无遗。敢有狃于一胜，怠忽因循，逗遛不进，致误军机者，仰即遵照敕谕事理，当时以军法从事。该道亦要身督各官，奋勇前进，毋亏一篑，务在万全。

奖励湖广统兵参将史春牌

据副使杨璋呈称：遵奉本院牌案，监督各营官兵，照依二省刻定日期，于十一月初十日午时攻破桶冈大峒，贼徒皆已擒斩，巢穴悉已扫荡。但湖广官兵未知，恐仍复前来，非但无贼可剿，抑且徒劳远涉，乞将湖广官兵留屯彼地，免其过境，实为彼此两便等因到院。

看得桶冈天险，先经夹剿，围困半年，终不能下；乃今一鼓而破，斯固诸将用命，军士效力；实亦湖广兵威大震，有以慑服其心，故破巢之日，不敢四散奔溃，以克收兹全功。访得湖广统兵参将史春，纪律严明，行阵肃整，故能远扬威武，致兹克捷，虽兵不接刃而先声以张，相应差官奖励。为此牌差千户高睿赍领后开花红礼物，前去湖广郴州亲送本官营内，传布本院奖励之意，以彰本官不显之功。

设立茶寮隘所

照得抚属上犹等县所辖桶冈天险，四面青壁万仞，中盘二百余里，连峰参天，深林绝谷，不睹日月，贼众屯据其间，东出西没，游劫殆遍，人民遭其荼毒，地方受其扰害，先年亦尝用兵夹剿，坐困数月，不能俘其一卒，竟以招抚为名而罢。近该本院奉命征剿，伏赖天威，悉已扫荡。但恐官兵撤后，四方流贼，乘间复聚；必须于紧关去处，设立隘所，分拨军兵，委官防御，庶使地方得以永宁。

本院见屯茶寮，亲督知府邢珣、唐淳等遍历各处险要，相视得茶寮正当桶冈之中，自来盗贼据以为险，西通桂东、桂阳，南连仁化，乐昌，北接龙泉、永新，东入万安、兴国，堪以设隘保障。当因湖广官兵未至，各营屯兵坐候，因以其暇，责委千户孟俊等督领兵夫，先行开填基址，伐木立栅，起盖营房。见今规模草创已具，本院即欲移营上犹，必须委官督工，庶几垂成之功不致废弛。及照茶寮既设隘所，就合摘拨官兵防御，查得皮袍洞隘兵，原非紧要，合改移茶寮，及于邻近上保、古亭、赤水、鲜潭、金坑编选隘夫，兼同防守，庶一劳永逸，事可经久。为此仰钞案回道，坐委能干县官一员，前去茶寮督工完造，务要坚固永久，不得因循迟延。一面查照本院钦奉敕谕："随宜处置事理"，即将原拨守把皮袍洞隘官兵，尽数移就茶寮住扎；一面于上保、赤水、古亭、鲜潭、金坑等寨，量丁多寡，每寨抽选精壮者一二百名，兼同防御。其合用匠作工食等项，行令上犹、南康、大庾三县量支宫钱给用，完日具数，及起拨官兵数目，一并回报查考。仍呈抚镇巡按衙门知会。

牌行招抚官 正德十三年二月

据县丞舒富禀称："横水等处新民廖成、廖满、廖斌等前来投招；随又招出别山余党唐贵安等一百四十二名□，俱称原系被胁无辜，乞要安插，照例粮差"等因到院。照得横水、桶冈诸贼，已经本院亲调官兵，将贼首蓝天凤等悉已擒剿，奏捷去后。近准兵部咨，奏奉敕旨："横水、桶冈等处贼首谢志山、蓝天凤、萧贵模等，既已擒剿，地方宁靖。有功官兵俱升一级，不愿升者，照例给赏。此后但有未尽余党，务要曲加招抚，毋得再行剿戮，有伤天地之和。其横水建立县治，俱依所奏施行。"备咨准此。除查照通行外。

看得新民廖成等诚心投抚，意已可嘉；又能招出余党，非但洗其既往之罪，亦当录其图新之功。况今奉有敕旨，方欲大普弘仁，而廖成等投顺，适当其时，相应量加升赏，一以见朝廷之宽仁，一以励将来之向化。为此牌仰县丞舒富，即将新民廖成授以领哨义官，廖满、廖斌等各与巡捕老人名目，令其分统招出新民，编立牌甲，听候调遣杀贼，更立新效，以赎旧愆；就于横水新建县城内立屋居住，分拨田土，令其照例纳粮当差。本官务加抚恤，毋今失所，有亏信义。仍仰谕各新民俱要洗心涤虑，永为良善，毋得听信仇家恐吓，妄生惊疑，自取罪累。及照见今晨时已逼，新民人等牛具田种，尚未能备，今特发去商税银一百两，就仰本官置买耕牛晨器，分给各民，督令上紧趁时布种。其有见缺食用者，亦与量给盐米。一应抚安绥来之策，有可施行，俱仰本官悉心议处。呈来。

批留兵搜捕呈

看得乐昌等处贼徒，构怨连年，流毒三省；今兵备金事王大用等，乃能身历险阻，设谋调度，数月之内，致此克平，论厥功劳，良可嘉尚。除具本奏报，及一面先行犒奖外。以据各哨贼徒穴巢，虽已底定，而漏殄难保必无；况闻湖兵撤后，各该巢穴，多复啸聚；河源、龙川诸处残贼，亦复招群集党，连结渐多；逆其将来，必复炽盛。今虽役久兵疲，且宜班师息众，但留兵搜捕，亦不可苟。毋谓斩木之不蘖，死灰之不然，苟涓涓之不塞，将江河之莫御。其狼兵既已罢散，难复追留。若机快乡兵之属，暂令归休，即可起集为轮番迭出之计，务使搜剿之兵，若农夫之耘耨，庶几盗贼之种，如莨莠之可除。该道仍备行搜捕各官，务体此意，悉拔根苗，无遗后患。批。呈缴。

批将士争功呈

据兵备金事王大用呈，乐昌县知县李增缉获大贼首李斌等，审议明白。续据湖广永州府推官王瑞之呈称，广东差人邀夺等情，已拘知县见在人役，追出原得获李斌金簪银两荷包见在，显是湖广兵快计擒，不得妄报掩饰。

看得迩者大征之举，湖广实首其谋，江、广亦协其力，既名夹攻，事同一体，湖兵有失，是亦广兵之罪，广人有获，斯亦湖人之功。况今贼首既擒，则湖广领哨之官亦复何咎；虽云因虞得鹿，而广东计诱之人亦非无功；但求共成厥事，何必已专其伐，矧各呈词，亦无相远；就如湖广各官所呈，即广人乘机捕获之功居然自见；就如广东各官所呈，则湖官运谋驱逐之劳亦自不掩；获级者匹夫之所能，争功者君子之大耻。仰该道备行湖广守巡等官，彼此同心易气，各自据实造册。

告谕浰头巢贼 正德十二年五月

本院巡抚是方，专以弭盗安民为职。莅任之始，即闻尔等积年流劫乡村，杀害良善，民之被害来告者，月无虚日。本欲即调大兵剿除尔等，随往福建督征漳寇，意待回军之日剿荡巢穴。后因漳寇即平，纪验斩获功次七千六百有余，审知当时倡恶之贼不过四五十人，党恶之徒不过四千余众，其余多系一时被胁，不觉惨然兴哀。因念尔等巢穴之内，亦岂无胁从之人。况闻尔等亦多大家子弟，其间固有识达事势，颇知义理者。自吾至此，未尝遣一人抚谕尔等，岂可遽尔兴师剪灭；是亦近于不教而杀，异日吾终有憾于心。故今特遣人告谕尔等，勿自谓兵力之强，更有兵力强者，勿自谓巢穴之险，更有巢穴险者，今皆悉已诛灭无存。尔等岂不闻见？

王阳明手书《矫亭说》（局部）

夫人情之所共耻者，莫过于身被为盗贼之名；人心之所共愤者，莫甚于身遭劫掠之苦。今使有人骂尔等为盗，尔必怫然而怒。尔等岂可心恶其名而身蹈其实？又使有人焚尔室庐，劫尔财货，掠尔妻女，尔必怀恨切骨，宁死必报。尔等以是加人，人其有不怨者乎？人同此心，尔宁独不知；乃必欲为此，其间想亦有不得已者，或是为官府所迫，或是为大户所侵，一时错起念头，误入其中，后遂不敢出。此等苦情，亦甚可悯。然亦皆由尔等悔悟不切。尔等当初去从贼时，乃是生人寻死路，尚且要去便去；今欲改行从善，乃是死人求生路，乃反不敢，何也？若尔等肯如当初去从贼时，拚死出来，求要改行从善，我官府岂有必要杀汝之理？尔等久习恶毒，忍于杀人，心多猜疑。岂知我上人之心，无故杀一鸡犬，尚且不忍；况于人命关天，若轻易杀之，冥冥之中，断有还报，殃祸及于子孙，何苦而必欲为此。我每为尔等思念及此，辄至于终夜不能安寝，亦无非欲为尔等寻一生路。惟是尔等冥顽不化，然后不得已而兴兵，此则非我杀之，乃天杀之也。今谓我全无杀尔之心，亦是诳尔；若谓我必欲杀尔，又非吾之本心。尔等今虽从恶，其始同是朝廷赤子；譬如一父母同生十子，八人为善，二人背逆，要害八人；父母之心须除去二人，然后八人得以安生；均之为子，父母之心何故必欲偏杀二子，不得已也；吾于尔等，亦正如此。若此二子者一旦悔恶迁善，号泣投诚，为父母者亦必哀悯而收之。何者？不忍杀其子者，乃父母之本心也；今得遂其本心，何喜何幸如之；吾于尔等，亦正如此。

闻尔等辛苦为贼，所得苦亦不多，其间尚有衣食不充者。何不以尔为贼之勤苦精力，而用之于耕农，运之于商贾，可以坐致饶富而安享逸乐，放心纵意，游观城市之中，优游田野之内。岂如今日，担惊受怕，出则畏官避仇，入则防诛惧剿，潜形遁迹，忧苦终身；卒之身灭家破，妻子戮辱，亦有何好？尔等好自思量，若能听吾言改行从善，吾即视尔为良民，抚尔如赤子，更不追咎尔等既往之罪。如叶芳、梅南春、王受、谢钺辈，吾今只与良民一概看待，尔等岂不闻知？尔等若习性已成，难更改动，亦由尔等任意为之；吾南调两广之狼达，西调湖、湘之土兵，亲率大军围尔巢穴，一年不尽至于两年，两年不尽至于三年。尔之财力有限，吾之兵粮无穷，纵尔等皆为有翼之虎，谅亦不能逃于天地之外。

呜呼。吾岂好杀尔等哉？尔等苦必欲害吾良民，使吾民寒无衣，饥无食，居无庐，耕无牛，父母死亡，妻子离散；吾欲使吾民避尔，则田业被尔等所侵夺，已无可避之地；欲使吾民贿尔，则家资为尔等所掳掠，已无可贿之财；就使尔等今为我谋，亦必须尽杀尔等而后可。吾今特遣人抚谕尔等，赐尔等牛酒银两布匹，与尔妻子，其余人多不能通及，各与晓谕一道。尔等好自为谋，吾言已无不尽，吾心已无不尽。如此而尔等不听，非我负尔，乃尔负我，我则可以无憾矣。呜呼。民吾同胞，尔等皆吾赤子，吾终不能抚恤尔等而至于杀尔，痛哉痛哉。兴言至此，不觉泪下。

进剿浰贼方略

照得抚属龙川县地名浰头积年老贼池大鬓等，不时纠众突出河源、翁源、安远、龙南、信丰等处，攻打城池，杀掳人口。先年亦尝征剿，皆因预失防御，以致漏网；后虽阳为听招，其实阴图不轨，班师未几，肆出劫掠，数年以来，民受荼毒，控告纷纭，有不忍言；若不趁时计剿，地方何以宁谧？为此仰钞案回道，会同分守守备等官，即行该府知府陈祥，速将合用粮饷等项，一面从长议处，一面即于所属选集精壮骁勇曾经战阵机快兵壮人等三千名，少或二千名，各备锋利器械，编成队伍，坐委素能谋勇官员统领。一面密行龙川、河源等附近贼巢等县，亦各选募惯战杀贼兵快二千名，委官分押督同近巢、知因、被害、义官、新民、头目人等，分截要路；就仰知府陈祥总督诸军，亲至贼巢去处，指画方略，克期进剿。仍行先取知因乡导数十人，令其备将贼巢道路险易，画图贴说：要见某处平坦，人马可以直捣；某处险阻，可以把截；某处系贼必遁之路，可以设伏邀击；某处贼所不备，可以问道扑掩。各要一一详察停当，务尽机宜，具由连图差人马上赍报。以凭差官赍执令旗令牌，克期并力进攻，必使根株悉拔，噍类无遗，以靖地方。

克期进剿牌正德十三年正月

案照浰头老贼池大鬓等，不时纠众攻打城池，杀掳人口，屡征屡叛，近年以来，阴图不轨，恶焰益炽。除将贼首池仲容设计擒获外，其余在巢贼党，若不趁机速剿，不无祸变愈大，地方何由安息。本院已先密切分布哨道，行仰知府陈祥统领典史姚思衡，驿丞何春，巡检张行，报效生员陈经世，新民卢琢等官军，从何平入攻热水巢，五花障巢，钱石障巢，直捣中浰大巢。知府邢珣统领知县王天与，典史梁仪，并老人叶秀芳、黄启济，义官吴明等官兵，从太平入攻芳竹湖巢，白沙巢，黄田坳巢，中村巢，直捣上浰大巢。指挥姚玺统领新民梅南春等兵，从乌虎镇入攻淡方巢，石门由巢，直捣岑冈大巢。指挥余恩统领百长王受、黄金巢等兵，从龙子岭入攻溪尾巢，塘涵洞巢，古地巢，空背巢，直捣下浰大巢。千户孟俊统领义官陈英、郑志高、新民卢琢等官兵，从和平入攻平地水巢，大门山巢，黄狗坳巢，直捣中浰大巢。推官危寿统领义民叶芳，百长孙洪舜等官兵，从南步入攻脱头石巢，镇里寨巢，羊角山巢，直捣中浰大巢。知府季敩兵，从信丰县黄田冈入攻新山径巢，古地巢。县丞舒富兵，从信丰县乌径入攻旗岭巢，顿冈巢。及行仰守备指挥郁文、监督指挥姚玺、余恩、千户孟俊等三哨官兵，分路进剿。本院亦自行督领帐下随征官属兵快人等，从冷水直捣下洌大巢，亲自督战，刻期俱于本年正月初七日寅时四路并进外。牌仰兵备副使杨璋，不妨本道事务，遵照本院钦奉敕谕事理，前去军前，纪验功次，处置粮饷，及行催督各哨官兵，依期进剿，所获功次，务要审验明白，从实纪录。仍候巡按纪功御史至日复实，照例造册奏缴。及造清册一本，送院查考。其军中一应进止机宜，俱仰密切呈来定夺。

批汀州知府唐淳乞休申

据知府唐淳申称："患病乞赐放归。"看得知府唐淳，沉勇多智，精敏有为，兼之持守能谨，制事以勤。近因本院调委领兵征剿南安诸贼，效劳备至，斩获居多，虽克捷之奏已举，而赏功之典未颁。况汀州所属，多系新民，投招未久，反侧无常，正赖本官威怀缉抚，以为保障；纵有微疾，不便起居，即其才能，岂妨卧治。仰该府即行本官，不妨养病照旧管事，安心职务，善求药饵，务竭委身之忠，勿动乞休之念。申缴。

告谕

告谕百姓，风俗不美，乱所由兴。今民穷苦已甚，而又竞为淫侈，岂不重自困乏。夫民习染既久，亦难一旦尽变，吾姑就其易改者，渐次诲尔：吾民居丧不得用鼓乐，为佛事，竭赀分帛，费财于无用之地，而俭于其亲之身，投之水火，亦独何心。病者宜求医药，不得听信邪术，专事巫祷。嫁娶之家，丰俭称赀，不得计论聘财妆奁，不得大会宾客，酒食连朝。

亲戚随时相问，惟贵诚心实礼，不得徒师虚文，为送节等名目，奢靡相尚。街市村坊，不得迎神赛会，百千成群。凡此皆靡费无益。有不率教者，十家牌邻互相纠察；容隐不举正者，十家均罪。

尔民之中岂无忠信循理之人，顾一齐众楚，寡不胜众，不知违弃礼法之可耻，而惟虑市井小人之非笑，此亦岂独尔民之罪，有司者教导之不明与有责焉。至于孝亲敬长、守身奉法、讲信修睦、息讼罢争之类，已尝屡有告示，恳切开谕，尔民其听吾诲尔，益敦毋怠。

仰南安赣州印行告谕牌

照得有司之政，风俗为首，习俗侈靡，乱是用生。本院近因地方多盗，民遭荼毒，驱驰兵革，朝夕不遑，所谓救死不赡，奚暇责民以礼义哉？今幸盗贼稍平，民困渐息，一应移风易俗之事，虽亦未能尽举，姑先就其浅近易行者开道训诲。为此牌仰本府官吏，即将发去告谕，照式翻刊，多用纸张，印发所属各县，查照十家牌甲，每家给与一道。其乡村山落，亦照屯堡里甲分散，务遵依告谕，互相戒勉，共兴恭俭之风，以成淳厚之俗。该府仍行各县，于城郭乡村推选素行端方、人所信服者几人，不时巡行晓谕，各要以礼优待，作兴良善，以励末俗，毋得违错。

禁约榷商官吏

照得商人比诸农夫固为逐末，然其终岁弃离家室，辛苦道途，以营什一之利，良亦可悯。但因南赣军资无所措备，未免加赋于民，不得已而为此，本亦宽恤贫民之意。奈何奉行官吏，不能防禁奸弊，以致牙行桥子之属，骚扰客商，求以宽民，反以困商，商独非吾民乎？除另行访拿禁约外。仰钞案回道，即便备行收税官吏，今后商税，遵照奏行事例抽收，不许多取毫厘；其余杂货，俱照旧例三分抽一，若资本微细，柴炭鸡鸭之类，一概免抽。桥子人等止许关口把守开放，不得擅登商船，假以查盘为名，侵凌骚扰，违者许赴军门口告，照依军法拿问。其客商人等亦要从实开报，不得听信哄诱，隐匿规避，因小失大，事发照例问罪，客货入官。及照船税一事，亦被总甲侵扰，今后官府合行船只，俱要实价给顾，就行抽分厂查给票帖，以防诈伪。该道仍将应抽、免抽逐一查议则例，呈来。

批赣州府赈济石城县申

看得所申赈济，既该府议许中户籴买，下户给散，准如所议施行。今出籴之数止及二千，而坐济之民不知几许，附郭者得遂先获之图，远乡者必有不霑之惠，近日赣县发仓，其弊可见。仰行知县林顺会同先委县丞雷仁先，选该县殷实忠信可托者十数辈，不拘生员耆老义民，各给斗斛，候远乡之民一至，即便分曹给散。仍选公直廉明之人数辈在旁纠察，如有夤缘顶冒，即时擒拿，昭议罚治，庶几小民得蒙救急之惠，而远乡可免久候之难。

议处河源余贼

看得河源等处贼情，本院屡经批仰该道会同守巡等官，从长计议，相机剿捕。今复据呈，看得贼势渐盛，民患日深，该道既以兵力劳备，势未能克，即须会同守巡守备等官，或亲至贼巢，或于附近贼巢处所屯札，选差知因通贼晓事人役，赍执告示榜文，权且抚谕各贼，委曲开譬。或姑赐以牛酒、银布、耕具、种子之类，令其收众入巢，趁时耕作，因使吾民亦得暂免防截之役，及时尽力农亩；一面选兵励士，密切分布哨道，候收敛已毕，各巢亦积有粮米，然后的探虚实，克期并举，出其不趋，掩其不备，是乃籍兵于民，因粮于贼，非独可以稍纾目前之急，亦因得以永除日后之患矣。今若兵力不足，既未能剿，又不从权抚插，任其出没往来，则非惟民不安生，穷困愈甚；抑且贼亦失其农业，衣食不给，若非掳掠，何以为生？是所谓益重吾民之苦，而愈长群贼之奸，兵粮日耗，后欲图之，功愈难矣。仰该道会同守巡守备等官，上紧议处施行回报，毋复徒事往复，致酿后艰。其各该官司兵快人等，不论或抚或剿，俱要时时操练整束，密切提备，不得纵弛，致有疏虞。

告谕父老子弟正德十四年二月

顷者顽卒倡乱，震惊远迩，父老子弟甚忧苦骚动。彼冥顽无知，逆天叛伦，自求诛戮，究言思之，实足悯悼。然亦岂独此冥顽之罪，有司者抚养之有缺，训迪之无方，均有责焉。虽然，父老之所以倡率饬励于平日，无乃亦有所未至欤？今倡乱渠魁，皆就擒灭；胁从无辜，悉已宽贷；地方虽已宁复，然创今图后，父老所以教约其子弟者，自此不可以不预。故今特为保甲之法，以相警戒联属，父老其率子弟慎行之。务和尔邻里，齐尔姻族，道义相劝，过失相规，敦礼让之风，成淳厚之俗。本院奉命抚巡兹土，属有哀疚，未遑匍匐来问父老疾苦，廉有司之不职，究民之利弊而兴除之；故先遣谕父老子弟，使各知悉。方春，父老善相保爱，督子弟，及时农作，毋惰。

行龙川县抚谕新民

先据推官危寿并龙川县各申：依奉本院钧牌，将新民卢源、陈秀坚、谢凤胜等安插和平，及拨田地耕种；并拘仇家当面开释，各安生理，毋相构害缘由。近访得各民因闻广东征剿从化等贼，自生疑惑，东逃西窜，致令和平居民因而惊扰，似此互相扇惑，地方何时宁靖。本当拿究为首之人，绑赴军门，斩首示众；但念各民意亦无他，姑且记罪晓谕。为此牌仰龙川县掌印官，即将投城居民，谕以前项听抚新民，俱已改恶从善；止因广东调兵征剿，居民素怀仇隙者，因而假此恐吓，致令东奔西窜；各民意在避兵，本非叛招出劫，尔等毋得妄生惊疑。及差人拘集新民卢珂、陈秀坚等，谕以广东官兵征剿，各有界限，尔等缘何轻信恐吓，妄自惊窜，俱各着令回原村寨，安居乐业，趁此春和，各务农作。仍谕卢源、陈秀坚、谢凤胜等，各要严束手下甲众，各念死中得生之幸，悔罪畏法，保尔首领。如或面从心异，外托惊惧之名，内怀反复之计，自求诛戮，悔后何及。

优奖致仕县丞龙韬牌

访得赣县致仕县丞龙韬，平素居官清谨，迨其老年归休，遂致贫乏不能自存，薄俗愚鄙，反相讥笑。夫贪污者乘肥衣轻，扬扬自以为得志，而愚民竞相歆羡；清谨之士，至无以为生，乡党邻里，不知以为周恤，又从而笑之；风俗薄恶如此，有司者岂独不能辞其责。孟子曰："使饥饿于我土地，吾耻之。"是亦有司者之耻也。为此牌仰赣州府官吏，即便措置无碍官银十两，米二石，羊酒一付，掌印官亲送本官家内，以见本院优恤奖待之意。仍仰赣县官吏，岁时常加存问，量资柴米，毋令困乏。

呜呼。养老周贫，王政首务，况清谨之士，既贫且老，有司坐视而不顾，其可乎？远近父老子弟，仍各晓谕，务洗贪鄙之俗，共敦廉让之风。具依准，并措送过。缴牌。

卷十七 别录九

公移二巡抚江西征宁藩

牌行赣州府集兵策应正德十四年六月十八日

照得本院奉敕前往福建公干，于六月初九日自赣州启行，由水路十五日至丰城县地名黄土脑，节据知县顾佖等并沿途地方总甲等禀报，江西城省突然变乱，抚巡三司等官俱遭拘执杀害，远近军民，甚是惊惶，再三阻遏本院，且勿前进。本院原未带有官军，势难轻进，欲驰还赣州起兵，则地里相去益远。已暂回吉安府就近住扎，一面调集兵粮，号召义勇，一面差人分投爪探的确另行外。为此牌仰本府官吏，照牌事理，并行附近卫所，各行所属，起集父子乡兵、军余人等，昼夜加谨，固守城池，以保不测。仍仰知府邢珣查将贮库钱粮，尽数开具印信手本，先行呈报，毋得隐匿。一面行取安远等县原操不论上下班次官兵，各备锋利器械，通到教场，日逐操练，重加犒饷，选委谋勇官员管领，听候本院公文一至，即刻就便发行。敢有违误，定以军法处治，决不轻贷。

咨两广总制都御史杨共勤国难

节该钦奉敕:"福州三卫军人进贵等胁众谋反,特命尔暂去彼处地方,会同查议处置,参奏定夺。钦此。"钦遵。于六月初九日自赣启行,于本月十五日行至丰城县地名黄土脑。据知县顾佖等禀称:"本月十四日,宁府将巡抚孙都御史、许副使等官杀死,巡按及三司府县大小官员不从者俱被执缚,各衙门印信尽数收去,库藏搬抢一空,声言直取南京,一面分兵北上。"各官竞阻本职,不宜轻进。本职自顾单旅危途,势难复进,方尔回程。随有兵卒千余,已夹江并进来追,偶遇北风大作,本职亦张疑设计,整舟安行,兵不敢逼,幸而获免。

本月十八日回至吉安府。据知府伍文定等禀称:"地方无主,乞留暂为区画。"远近居民,亦皆遮拥呼号。随又据临江府并新淦、丰城、奉新等县,各差人飞报宁府遣兵四出攻掠,拘收印信等因。本职奉有前旨,欲遂径往福建,但天下之事,莫急于君父之难。若彼顺流东下,万一南都失备,为彼所袭,彼将乘胜北趋,动摇京辅,如此则胜负之算,未有所归。此诚天下安危之大机。虑念及此,痛心寒骨,义不忍舍之而去,故遂入城,抚慰军民,督同知府伍文定等调集兵粮,号召义勇,定谋设策,收合涣散之心,作起忠义之气,牵其举动而使进不得前,捣其巢穴而使退无所据,庶几叛逆可擒,大难可靖。

本职自惟弱劣多病,屡疏乞休,况地方之责,亦非本职原任。今兹扶疾赴闽,实亦意图便道归省,适当君父之急,不忍失此事机,姑复暂留,期纾国难。除具奏外,为照前项事情,系国家大难,存亡所关。虽经起调吉安等府兵快，非惟武艺无素，尤恐兵力不敷，必须添调兵马，方克济事。

照得南、韶、惠、潮等府，各有惯战精兵，堪以调用，拟合移咨督发，为此合咨贵院，烦为选取骁勇精壮兵快夫款打手人等大约四五千名，各备锋利器械，选委谋勇胆略官员，或就委岭南道兵备佥事王大用监统，给与各兵行粮，不分昼夜，兼程前来，共勤国难。谅贵院素秉忠孝之节，久负刚大之气，闻此必将奋袂而起，秉钺长驱，当在郭汾阳之先，肯居祖士远之后哉。纷扰之中，莫罄恳切，惟高明速图之！

案行南安等十二府及奉新等县募兵策应 六月二十六日

切照叛逆天下之大恶，讨贼天下之大义。国家优礼藩封，恩德隆重，乃敢辄萌异图，以干宪辟，上逆天道，下犯众怒，灭亡之期，计日可待。本院职任虽非专责，危难安忍坐视，仗顺伐逆，鼓率忠义，豪杰四起，发谋协力。除行吉安等府县，起调兵快，防守地方，及行广东、福建、湖广等处各调兵策应外，照得本省所属各府、州、县、卫、所，见今巡、抚、都、布、按等衙门俱各缺官，事无统束，拟合通行。为此仰抄案回府，即行所属县分并卫所衙门，各起调官军乡兵，固守城池，保障地方。仍一面分调兵快，散布关隘，严加把截；一面选募骁勇精兵，大县约四五千名，小县约二三千名以上，各备锋利器械，供给粮草，择委能干勇力官员管领操练，其各项钱粮费用，听将在官钱粮动支，随申本院查考。其滨江去处，多备船只，听候本院差官赍捧旗牌至日，即刻依期启行进攻。仍选差惯便人役，多方探听消息，不时飞报，以凭区画。此系守土官员切责，而臣子效忠致身，正在今日，各宜奋发义气，鼓动军民，共成灭贼之功，以输报国之念，毋得迟违观望，失误军机，自取罪戾。

宽恤禁约

照得江西省城，近遭变乱，各府州县，兵戈骚动，供億劳费，兼值天时亢旱，秋成无望，人民窘迫，言之痛心，中间恐有无赖之徒，乘机窃发，惊扰地方，理合宽恤禁约。但巡抚衙门见今缺官，本院驻军境内，不容坐视，合就权宜处置通行。为此除一面奏闻外，仰抄案回府，照依案验内事理，并行所属各县官员，务须轸念地方，痛恤民隐，凡一应不急词讼工役，俱各停止。其军事合用兵夫粮草，各官俱要持廉秉公，亲自编派，毋得因而科扰，及听信下人，受财作弊。仍严加晓谕军民人等，务要各守本分，安居田里，不许扇惑搬移，妄生事端。大户毋逼债负，小民毋激仇嫌。乡落居民各自会推家道殷实、行止端庄一人，充为约长，二人副之，将各人户编定排甲，自相巡警保守，各勉忠义，共勤国难。敢有抗违生事、惊扰地方者，就便拿解赴官，治以军法。约长若有乘机侵害众户，及受财不举，许被害之人告发重治。仍仰各县将前项宽恤禁约事宜，翻刻告示，发仰乡村张挂晓谕，俟巡抚官员到日，再行议处，俱无违错。

奖瑞州府通判胡尧元擒斩叛党 六月二十七日

据瑞州府通判胡尧元报称："擒获从叛仪宾李蕃，斩获叛党九十四名。"等因，看得逆贼称乱，天怒人怨，诛灭非久，然今势焰正张，本官乃能独奋忠勇，首挫贼锋，远近闻之，义气自倍，合行奖劳，以励人心。为此牌仰瑞州府官吏，即行动支官钱，买办花红羊酒，委官率领官吏师生送至本官，用见本院奖劝之意。其余有功人员，分别等第，量加犒赏，被伤兵夫，给与汤药，阵亡者，厚恤其家。候功成之日，通行造册申报升赏。仍一面起调骁勇精兵，固守城池，听候本院调发，毋得违误。

策应丰城牌

据丰城县知县顾佖禀称："本县起调乡兵，固守城池，惟恐兵力不敷，必须请兵策应，庶保无虞。"等因，看系地方重务，已经调发龙泉、安福、永新等县，并吉安千户所机快军兵，陆续前去策应。照得发去官兵，必须选委谋勇胆略官员统领，庶几调度得宜。为此仰通判杨昉，即将后开军兵名数，督同千户萧英监统，协同知县顾佖等，计议攻守方略，相度险夷要害，远斥堠以防奸，勤训练以齐众，探知贼人入境，即便设奇布伏，以逸待劳，击其不意，务在先发制人，毋令乘间抵隙。军兵人等，务要严为约束，毋令侵扰，敢有违犯退缩，许以军法从事，各官尤要同心并力，协和行事，共效忠贞之节，以纾国家之难，如或执拗参错，观望逗留，违犯节制，致有疏虞，军令具存，决难轻贷。

调取吉水县八九等都民兵牌

访得吉水县八九等都民人王益题、曾思温、易弘爵、王昭隆等各户下人丁，素习武勇，人多尚义，前任知县周广曾经起调征进，皆系骁勇惯战之人，今兹逆党倡乱，民遭荼毒，应合调取，以赴国难。为此访差致仕县丞龙光赍牌前去吉水县，着落当该官吏，即将各户义兵，照数调集，各备锋利器械，编成行伍，佥选百长总小甲管领，就该县查支官钱，给与口粮，暂且就屯本县，操演武艺，听本院指日东下，随军进剿。

照得江西一省人民，久被宁府毒害，侵肌削骨，破家荡产，冤困已极，控诉无门。今其恶贯满盈，天假义兵，为民除暴，尚闻愚昧之徒，阻避宁府威势，不敢举动。殊不知宁府未叛之前，尚为亲王，人不敢犯。今逆谋既著，即系反贼，人人得而诛之，复何所惮！尔等义民，正宜感激忠义，振扬威武，为百姓报仇泄愤，共立不世之勋，以收勤王之绩，毋得稽迟观望，自取军法重究。差去官员不许假此扰害，妄生事端，体访得出，罪不轻贷。

预备水战牌

案照已经行仰起调军马前来策应，日久尚未见到。近据探报，逆党南下，将攻南都。计此时南都必已有备，各逆党进无所获，必退保九江，如此，则水战之具为急，不可不备。为此牌仰福建布政司即行选募海沧打手一万名，动支官库不拘何项银两，从厚给与衣装行粮，各备锋利器械，就仰左布政使席书，兵备金事周期拥自行统领，星夜前赴军门，相机前进，并力擒剿。仍行巡抚等衙门，同心协力，后先监督应援。

此系叛逆谋危宗社，天下荼毒，所关呼吸存亡，旦暮成败，间不容发，非比寻常贼情，不得迟违观望，有亏臣节。呜呼！主忧臣辱，主辱臣死，凡有血气，孰无是心。况各官忠义自任，刚大素闻，必将奋臂疾驱，有不容已。兵快及领兵人等，敢有违犯节制有误军机者，仰即遵照本院钦奉敕谕事理，许以军法从事，无得姑息。

咨都察院都御史颜权宜进剿 七月初五日

节该钦奉云云。除具题及咨南京兵部知会外，为照前项事情，系国家大难，安危所关。已经起调吉安等府兵快前去征剿，并备行湖广、广东、福建各调兵策应外，照得南畿系朝廷根本重地，今宁王谋逆构乱，举兵北行，图据南都，必得四面合攻，庶克有济。及照贵院奉命行勘前事，即今逆迹已露，别无可勘事情，合咨前去，烦为随处行令所属，选取骁勇精兵，及民间忠义约二三万名，选委谋勇官员分领，会约邻近省郡，合势刻期进讨，仍烦贵院亲督兼程前来，共勤国难。谅贵院平日忠义存心，刚直自许。况今奉命查勘宁藩，正可权宜行事，号召远迩，主忧臣辱，主辱臣死，他复何言。纷扰之中，莫罄恳切，惟高明速图之！

权处行粮牌

据抚州府申称："建昌、抚州、广信、饶州四府，正德十三年兑军粮米，不下十余万石，原蒙拨在龙窟，听与抚州、建安、铅山、广信、饶州五所军旗交兑。因运船阻冻回迟，于今年六月始行较斛开兑，其已兑者装载军船，未兑者仍在民艘，不意十五日省城有变，遂行停兑，至十八日逆党乘机劫夺，各船顺流放至饶州河下，得天惊扰。但今江河梗塞，难以兑运，节奏明文，动调大军，征讨叛逆。要将兑军淮粮，暂留以备军饷。"申详到院。

查得先据吉安等府申称，为各府官军将临，欲将官库纸米赃罚等银，并京库等银，及将兑淮粮米，从权给支借用等情，已经批仰依拟查取去后。

今申前因，拟合准行，为此仰府官吏即行掌印官，查将见在饶州湾泊兑军淮粮，准从权宜，坐委能干官员无分雨夜督运江西省城，听候支给各兵行粮，毋违时刻，候事平之日，备造印信文册缴报查照，仍令委官前去查照，免致下人因而侵欺未便。

牌行吉安府敦请乡士夫共守城池 七月初八日

照得宁府反叛，本院调兵进剿，即日启行，各府县掌印正官，既该统兵前进，所据各该府县城池，虽已行委各佐贰官防守，但艰危之际，事变不测，必须历练老成之人，相与维持镇定，庶几人心不致惊疑，政务有所倚赖。为此案行吉安府官吏，通行各县署印官员，径自以礼敦请老成乡宦，众所推服者一二员在城，以备紧急，协同行事。该府城池，关系尤重。查得致仕按察使刘逊素有才望，忠义奋激，就仰该府请至公馆，仍仰署印官待以宾师之礼，托以咨决之事，一应军机事宜，咨禀计议而行，以安人心，以济大事。仍行本官务以国家大难为心，尽心竭力，共图殄贼，毋以休致自嫌。谅朝廷报功之典，当亦自不相负。如误大事，咎亦有归，通天违错。

牌行各哨统兵官进攻屯守 七月十七日

仰一哨统兵官吉安府知府伍文定，即统部下官军兵快四千四百二十一员名，进攻广润门；就留兵防守本门，直入布政司屯兵，分兵把守王府内门。

仰二哨统兵官赣州府知府邢珣，即统部下官军兵快三千一百三十余员名，进攻顺化门；就留兵防守本门，直入镇守府屯兵。

仰三哨统兵官袁州府知府徐琏，即统部下官军兵快三千五百三十员名，进攻惠民门；就留兵防守本门，直入按察司察院屯兵。

仰四哨统兵官临江府知府戴德孺，即统部下官军兵快，新、喻二县三千六百七十五员名，进攻永和门；就留兵防守本门，直入都察院提学分司屯兵。

仰五哨统兵官瑞州府通判胡尧元、童琦，即统部下官军兵快四千员名，进攻章江门；就留兵防守本门，直入南昌前卫屯兵。

仰六哨统兵官泰和县知县李楫，即统部下官军兵快一千四百九十二员名，夹攻广润门；直入王府西门，屯兵守把。

仰七哨统兵官新淦县知县李美，即统部下官军兵快二千员名，进攻德胜门；就留兵防守本门，直入王府东门，屯兵守把。

仰中军营统兵官赣州卫都指挥余恩，即统部下官军兵快四千六百七十员名，进攻进贤门；直入都司屯兵。

仰八哨统兵官宁都知县王天与，即统部下官军兵快一千余员名，夹攻进贤门；留兵防守本门，直入钟楼下屯兵。

仰九哨统兵官吉安府通判谈储，即统部下官军兵快一千五百七十六员名，夹攻德胜门；直入南昌左卫屯兵。

仰十哨统兵官万安县知县王冕，即统部下官军兵快一千二百五十七员名，夹攻进贤门；就守把本门，直入阳春书院屯兵。

仰十一哨统兵官吉安府推官王暐，即统部下官军兵快一千余员名，夹攻顺化门；直入南、新二县儒学屯兵。

仰十二哨统兵官抚州通判邹琥、知县傅南乔，即统部下官兵三千余员名，夹攻德胜门；就留兵防守本门，随于城外天宁寺屯兵。

承委官员，务要竭忠奋勇，擒剿叛逆，以靖国难。如或退缩观望，违犯节制，定以军法论处。军兵人等敢有临阵退缩者，就仰本官遵照本院钦奉敕谕事理，就于军前斩首示众。牌候事完日缴。

告示在城官兵 七月十八日

照得宁王造谋作乱，神人共愤，法所必诛，在城宗支郡王仪宾皆被逼胁，如钟宁王无罪削爵，建安王父子俱死，军民人等或覆宗灭族，或荡家倾产，或勒取子女，皆恨入骨髓，敢怒而不敢言，今日之事，岂其本心。本院仰仗朝廷威灵，调集两广并本省狼达汉土官兵二十余万，即日临城，亦无非因民之怨，惟首恶是问。告示至日，宗支郡王仪宾各闭门自保，商贾买卖如故，军民弃甲投戈，各归生理，无得惊疑。该府内臣校尉把守人员开门出首，或反兵助顺，擒斩首恶，一体奏闻升赏。其有怀奸稔恶、从逆不悛者，必杀不赦。凡我良善军民，即便去恶从善，毋陷族灭，故示。

示谕江西布按三司从逆官员

照得宁王悖逆天道，造谋作乱，杀戮大臣，都、布、按三司官员，各悚于暴虐，保其妻子，以致临难之际不能自择。或俯首幽囚，或甘心降伏，贪生畏死，反而事仇，《春秋》之义，虽严于无将之诛，而志图兴复者，尚不忍于峻绝。探得各官见今在城团门自讼者有之，临城巡间者有之，出入府库运筹划策者有之，此皆大义未分，孤立无助，揆之法理，固不容诛，推之人情，实为可悯。即今本院统集狼达汉土官军二十余万，后先临城，各官果能去逆归顺，尚可转祸为福。故今特遣牌谕，兵临之日，仰各开门出首，仍一面将本院发去告示给散张挂，抚谕良善百姓。宗支仪宾人等，各闭门自保，毋轻出街市，横遭杀戮，该府把守内臣校尉人等，亦各谕以大义，俾知背逆向顺，尚可免死。投甲释戈，蓬头面缚，候本院临审定夺。敢有从恶不悛，执迷不悟，拒敌官兵者，必杀无赦。仍具改正缘由，亲赍投首，以凭施行，毋得迟违，自取族灭。牌具依准缴来。

告示七门从逆军民 七月二十一日

督府示谕：省城七门内外军民杂役人等，除身犯党逆不赦另议外。其原被宁府迫胁，伪授指挥、千、百户、校尉、护卫及南昌前卫一应从乱杂色人役家属在省城者，仰各安居乐业，毋得逃窜。有能寄声父兄子弟改过迁善，擒获首恶，诣军门报捷者，一体论功给赏；逃回报首者，免其本罪。仍仰各地方将前项人役一名名赴合该管门官处开报，令各亲属一名，每五日一次打卯，其有收藏军器，许尽数送官，各宜悔过，毋取流亡。

牌行江西二司安葬宁府宫眷

照得宁王造反，称兵向阙，行委伪官万锐等把守省城，音信不通。本院所行告示，负固不纳，以致讨贼安民之义，俱未知悉。及至统兵攻城，该府官眷，一闻铳炮震响，闭门缢死，烧焚宫室。虽宁王背逆，罪在不赦，而朝廷惇睦之仁，何所不至。本院已同宗支，并原任布、按二司，及吉安等府知府等官伍文定等亲赴该府验看，未焚库藏，已封号讫。所据各宫眷身尸，相应埋葬。为此合行案仰布、按二司，即便启知建安王选委各郡王府老成内使火者三四员，会同南昌府南、新二县官，措置棺木，以礼安葬，毋得违错不便。

手本南京内外守备追袭叛首七月二十三日

本年七月二十日，准钦差南京内外守备揭帖内开："烦念南京根本重地，宗庙陵寝所在，作急整点精锐军兵数万名，择将统领，星夜兼程前来，粘踪追袭，攻击其后，保固根本重地。所统官军，烦沿途经过去处，应付廪给口粮马匹草料，事宁之日，获功官军，具奏升赏，请勿迟延。"等因。

卷查先为飞报地方谋反重情事，照得本院奉敕前往福建地方公干，行至丰城县，闻宁府谋反，遂返吉安住扎。看系谋危宗社重情，随即具题，并行吉安、赣州等府起调官兵，俟衅而发。及咨南京兵部，并巡抚应天都御史李，烦为通行在京大小衙门，会谋集议，作急缮完城守，简练舟师，设伏沿江。旁檄列郡，先发操江之兵，声义而西，约会湖、湘，互为犄角。本院亦砥钝策驽，牵蹑其后，以义取暴，以直加曲，不过两月之间，断然一鼓可缚，去后。

续据本院爪探人役回报，宁王已下南京，留有逆党内官，驱胁官民人等一万余员名，固守城池，虐焰昌炽，阻绝往来等因。又经节催府县兵快，分布哨道，亲自统领，刻期于七月二十日寅时直抵省城进攻，仍被逆党砌塞城门，分兵固拒。当幸官兵用命，奋勇攻破城门，各贼遂皆奔溃，当即分兵擒搜，及差人分投爪探叛首向往的确，并发官兵前去追袭外，今准前因，合用手本前去，烦为查照施行。

咨两广总督都御史杨停止调集狼兵

案照本院看得前项事情，系国家大难，存亡所关，虽调各府兵快，非惟武艺无素，尤恐兵力不敷，即随备咨钦差总督右都御史杨，烦为选取骁勇兵快大约三五千名，就委岭南道兵备佥事王大用监统，给与各兵行粮，兼程前来，共勤国难；及行广东布政司，转行各道，并呈镇守抚按等衙门一体查照知会去后。节据知县顾似等，报宁王已下南京，留有逆党内官，驱胁官民人等一万余员名，固守城池，阻绝往来等情。随该本院催督所调兵快，分有哨道，亲自统领，刻期于七月二十日寅时直抵省城进攻；仍被逆党砌塞城门，分兵固拒。当幸官兵用命，奋勇攻破城门，各贼遂皆奔溃，随即分兵搜擒外。今照前项事情，见该钦命京边官军二十余万前来会剿，及本院见统官兵五万余员名，俱在江西省城，即今分遣委员监督前去约会，并势追袭。所据原调广东土汉狼兵人等，未审曾否齐集？但今南赣、吉安、南昌等处沿江人民，俱各畏惧狼兵，悉皆惊惶。及又访得狼达土兵，曾受宁王赃物，私许助谋效力。今调各兵，本以为国除害，惟恐返为民害，不无有误大事，拟合停止。为此合行移咨贵院，烦为查照，希将起调兵快停留本省应用施行。

牌行抚州知府陈槐等收复南康九江 七月二十四日

照得宁王谋反，兴兵向阙，南康、九江见被攻破，分留逆党，据守二府城池，意图西扼湖兵之应援，南遏我师之追蹑，仰赖宗社威灵，克复省城，除遣知府伍文定等分布哨道，邀击宁贼，务在得获外，所据逆党占据府县，应合分兵剿复。为此牌仰知府陈槐等各选精兵，身自统领，星夜前去南康、九江地方，相机行事，务要攻复城池，平靖反侧。仍将地方人民加意赈恤，激以忠义，抚以宽仁，权举有司之职，以理庶事。查处仓库之积，以足军资。一面分兵邀诱宁贼，毋令东下，并差人爪探飞报军门。各官务要同心并力，协和行事，毋得人怀一心，彼此参错，致误事机。兵快人等敢有违犯节制者，仰照本院钦奉敕谕事理，以军法从事。一应事机，呈禀往复，虑有稽缓，俱听一面从宜区画，一面呈报军门。仍备查名官弃城逃走，致贼焚掠屠戮之故，具由申报，以凭参拿究治。

犒赏福建官军

据福建按察司整饬兵备兼管分巡漳南道佥事周期雍呈称："依奉本院案验，起取上杭等处军兵，共五千余名，分委指挥刘钦、知县邢暄等，及起取漳州府海沧打手三千余名，行委通判李一宁等管领。本道躬亲统督，先后启行前来。"等因到院。

案照先为飞报地方谋反重情事，看系国家大难，存亡所关，随即备咨南京兵部，及巡抚两广、湖广等衙门，并福建三司等官选取骁勇兵快，选委谋勇官员监统，兼程前来，共勤国难，去后。

今据前因，看得逆贼已经成擒，余党悉渐殄灭，除将各该官兵先行发回外，切照福建漳南相距江西省城，约计程途有一千七八百里之遥。该道乃能不满旬月，调集各军兵快八千员名之众，首先各省而至。足见本官勇略多谋，预备有素，忠义之诚，足以感激人心，敏捷之才，足以综理庶务，故一呼而集，兼程赴难。除另行旌奖外，及照调来官兵，冲冒炎暑，远赴国难，忠义既有可嘉，劳苦尤为足悯，合加犒赏，以励将来。为此除将支出官银，差官领赍该道；仰抄案回司，即将原调领兵官员，并军兵乡夫人等酌量犒赏，用见本院奖劳之心，以为将来忠勤之劝。

仍仰该道备查各兵，原系操练者，照旧在班操练，以备紧急调用。添募者，省令回还田里，各安生业，务为良善之民，共飨太平之福，毋得分外为非，致招身家之累。备行巡按衙门知会。

释放投首牌

据吴国七、林十一等口称："闵念四等落水身死。"今访得闵念四等见在宁州界上，告要投招。前者已曾发有告示，许令胁从新民，俱准投首免死，给照复业生理。近日朝廷降有黄榜，亦准投首免死。今闻各地方居民，不体朝廷及本院好生之意，辄便起兵剿杀，激使不敢出身投首，反使朝廷及本院失信于人，本当绑拿重究，姑且再行诚谕，为此牌仰宁州知州汪宪探访前项一起投首之人，是否闵念四等正身，若果有投首真情，即便带领前赴军门发落，准与杨子桥等一例释放，给与执照，各自复业当差。如或聚众不散，星夜飞报军门，以凭发军剿灭，俱毋违错。

牌仰沿途各府州县卫所驿递巡司衙门慰谕军民

照得先因宁王谋反，请兵征剿。续该本院亲督各哨于七月二十日攻复省城，二十四等日在鄱阳湖连日与贼大战，至二十六日遂将宁王俘执，及其谋党李士实等，贼首林十一等，俱已前后擒获，余党荡平，地方稍靖，已于本月三十日具本奏捷讫。近因传报京军复来，愚民妄相逃窜，往往溺水自缢，本院亲行抚谕，尚未能息。殊不知朝廷出兵，专为诛剿宁贼，救民水火之中，况统兵将帅，皆系素有威望，老臣宿将，纪律严明，远近素所称服，纵使复来，亦必自无扰害。况今宁贼已擒，地方已靖，京军岂有无事远涉之理，愚民无知，转相惊惑，深为可悯。诚恐沿途一带居民，亦多听信传闻不实之言，而北来京军，尚或未知宁王已就擒获，合行差官沿途晓谕军民，及一面迎候北来官兵，烦请就彼回转。除将宁王反逆党与，本院亲自量带官兵，径从水路解赴京师外。仰沿途军卫有司驿递等衙门，照牌事理，即行抄牌备出告示，晓谕远近乡村军民人等，使知宁贼已擒，京军已转，免致为疑，酿成他变。差去官员，仍仰程程护送，同与迎候京军，坚请就彼回转，以免沿途百姓供给之苦。仍谕以本院押解贼犯，量带官兵，皆自备行粮廪给，沿途经过有司等衙门，止备人夫牵拽船只，及略供柴

王阳明塑像

草，给付各兵烧用。其他一无所扰，不得因此科害里甲军民。差去官员，昼夜前进，毋得在途迟滞。抄牌官吏，各俱依准，候本院经过日缴。

案行江西按察司停止献俘呈

据江西按察司呈："奉钦差提督军务御马监太监张札付内开：'会同钦差提督军务平贼将军充总兵官左都督朱，议得止兵息民，不为无见，但照

奔溃党恶，见该各属日报啸聚流劫，亦非已靖。党恶闵念四等，又系职等行文之后，拿获之数，亦或尚多。抚按守臣，当此新乱之余，正宜留心抚绥地方，听候勘明解京，良由不知前因，固执一见，辄要自行获解，私请回师。再照妃媵系宗藩眷属，外官押解，恐有妨碍，设或越分擅为，咎归何人？职等体念民力不堪供给军饷，责令将官将所领官兵分布各府住扎听掣，当职止带合用参随执打旗号等项人员，径趋江西，公同巡抚等官查验巢穴，及遍给告示晓谕，抚安地方；一面具请定示另行，除差委锦衣卫都指挥佥事马骥前来外，札仰本司各该官吏，照依札付内事理，即便遵照钧帖内事理，备行巡抚都御史王等，将已获贼犯留彼，听候明旨钦遵施行。"等因，备呈到院。

卷查先为飞报地方谋反重情事云云，本职将宁王并其逆党，亲自量带官兵，径赴水路，照依原拟日期启行，解赴京师，已至广信地方，今准前因，为照前项逆党，俱已擒获；其余胁从，遵照钦降黄榜事例，俱已许令投首解散；宗藩眷属，俱系取到各将军府内便管伴监守，保无他嫌。今钦差提督赞画机密军务御用监太监张，及钦差提督军务御马太监张，钦差提督军务平贼将军充领兵官左都督朱，忧国爱民之心，素闻远近，况号令严明，秋毫无犯。今来体勘逆贼巢穴果已破平，百姓贫困颠连，必能大加抚谕安辑，以仰布朝廷怀惠小民之仁。本职纵使复回省城，亦安能少效一筹，不过往返道途，违误奏过程期，有损无益，为此仰抄案回司，着落当该官吏，照依案验内事理，即便备呈前去，烦请径自查照施行。

咨兵部查验文移

照得本职已将宁王宸濠并其党与及宫眷人等，照依原拟具奏日期起程亲自解赴阙下间。随据南康府申，并江西按察司呈，各"奉钦差提督军务御马监太监张札付内开：'访得宸濠已该本职擒获，克复省城等语，未曾亲到江西，又无堪信文移，止是见人传说，遽难凭据；况系宗藩人众，中间恐有拨置同谋，逆党未尽'等因。及节准钦差提督赞画机密军务御用监太监张揭帖开称："将各犯委的当人员，用心防守，调摄饮食，献俘阙下，会官封记库藏，俱候按临地方区画。"等因。又准钦差提督军务充总兵官安边伯朱手本开称："即查节次共擒斩叛贼级若干，内各处原奏报有名若干，无名若干，有名未获漏网并自首及得获马骡器械等项各若干，连获官军卫所职役姓名，备查明白，俱各存留江西省城，听候审验；仍查余党有无奔溃，及曾否殄灭尽绝缘由，通行开报，以凭回报。"等因各到职。

为照宸濠并其同谋党与，俱已擒获，余孽亦就诛戮，虽有胁从，数亦不多，皆非得已，随即遵奉钦降黄榜，晓谕俱赴所在官司投首解散，其库藏等项，该本职会同多官，于未准揭帖之先，眼同封贮在官，听候命下定夺。官军兵快，擒斩功次，见该原经奏留两广监察御史谢源、伍希儒查造奏缴。及照宸濠并各重犯宫眷人等，见解广信地方，设若往返，恐致疏虞，及违误本职奏报原拟日期，除照旧督解前赴阙下献俘，以照圣武，及具揭帖各另回覆外。

今照前因，照得本职缪当军旅重奇，地方安危所关，三军死生攸系，一应事机，若非奉有御宝敕旨，及兵部印信咨文，安敢轻易凭信；今前项各官文移，既非祖宗旧章成宪，就便果皆出于上意，亦须贵部行有知会公文，万一奸人假托各官名目，乘间作弊，致有不测变乱，本职虽死，亦何所及？除奉钦差总督军务威武大将军总兵官后军都督府太师镇国公朱钧帖，曾奉朝旨，相应遵奉，其余悉遵旧章施行外。缘前项各官文移，未委虚的，俱合备行咨报贵部，为此备抄揭帖，粘连咨请查验施行。

案行浙江按察司交割逆犯暂留养病 十月初九日

照得当职先因患病，具本乞休间，奉敕扶病前往福建公干。六月十五日，行至江西丰城地方，适遇宁王兴兵作乱，看系君父大难，义不忍去，复回吉安府，督同知府伍文定等起调兵夫，招集义勇，扶病亲行统领，于七月二十日攻复省城，本月二十四五六等日于鄱阳湖连日大战，擒获宁王宸濠，及逆党李士实、刘养正、王春等，贼首吴十三、凌十一、闵念四、吴国七、闵念八等，先后具本奏报外，随闻大驾南征，礼当解赴军门。又因宸濠连日不食，虑恐物故，无以献俘奏凯，彰朝廷讨贼之义，兼之合省内外，人情汹汹，或生他变，当具本题知，于九月十一日启行，将宸濠及逆党宫眷解赴军门。当职力疾，沿途医药，亲自押解，行至广信地方，又奉钦差总督军务钧帖："备仰照依制谕内事理，即便转行所属司、府、卫、所、州、县、驿、递等衙门钦遵施行。"等因，遵依通行间，续准钦差提督军务御马太监张照会，及准钦差总督军务充总兵官安边伯朱手本，各遣官邀回本职，并将所解宸濠等逆犯回省听候会审。

本职看得，既奉总督军门钧帖，自合解赴面受节制，若复退还省城，坐待驾临，恐涉迟谩，且误奏过程期。又复扶病日夜前进，行至浙江杭州府地方，前病愈加沉重，不能支持，请医调治间，适遇钦差提督赞画机密军务御用监太监张，奉命前来江西体勘宸濠等反逆事情，及查理库藏、宫眷等事，当准钧帖开称："宸濠等，待亲临地方，覆审明白，具奉军门定夺。"等因。

为照本职先因父老祖丧，累疏乞休，未蒙俞允，随扶病赴闽，意图了事，即从彼地冒罪逃归，旬日之前，亦已具奏，不意行至中途，遭值宁王反叛，此系国家大变，臣子之义，不容舍之而去；又阁省巡抚地方等官，无一人见在，天下事机，间不容发，故复忍死暂留，为牵制攻讨之图，候命师既至，地方稍靖，即从初心，死无所避。臣区区报国血诚，上通于天，不辞灭宗之祸，不避形迹之嫌，冒非其任，以勤国难，亦望朝廷鉴臣此心，不以法例绳缚，使得少申乌鸟之私等情，具奏外。今照前事，本职自度病势日重，猝未易愈，前进既有不能，退回愈有不可。若再迟延，必成两误。除本职暂留当地，请医调治，俟稍痊可，一面仍回省城，或仍前进，沿途迎驾，一面具本乞恩养病另行外。所据原解逆犯，合就查明交割，带回省城，听候驾临审处通行。为此仰抄案回司，着落官吏备呈钦差提督军务赞画机密军务御用监太监张，烦请会同监军御史，公同当省都、布、按三司等官，将见解逆首宸濠及逆党刘吉等各犯，并宫眷马匹等项，逐一交查明白，仍请径自另委相应官员兵快人等管押，带回省城，从宜审处施行。仍备呈兵部查照知会，抄案依准，并行过日期，先行呈来。

告谕军民 十一月十五日

告谕军民人等，尔等困苦已极，本院才短知穷，坐视而不能救，徒含羞负愧，言之实切痛心。今京边官军，驱驰道路，万里远来，皆无非为朝廷之事，抛父母，弃妻子，被风霜，冒寒暑，颠顿道路，经年不得一顾其家。其为疾苦，殆有不忍言者，岂其心之乐居于此哉？况南方卑湿之地，尤非北人所宜，今春气渐动，瘴疫将兴，久客思归，情怀益有不堪。尔等居民，念自己不得安宁之苦，即须念诸官军久离乡土，抛弃家室之苦，务敦主客之情，勿怀怨恨之意，亮事宁之后，凡遭兵困之民，朝廷必有优恤。今军马塞城，有司供应，日不暇给，一应争斗等项词讼，俱宜含忍止息，勿辄告扰，各安受尔命，宁奈尔心。本院心有余而力不足，聊布此苦切之情于尔百姓，其各体悉无怨。

钦奉诏书宽宥胁从

节该伏睹诏书："朕亲统六师，正名讨罪，除首恶宸濠，并同谋有名逆贼不赦外，其余胁从之徒，尽行宽宥释放，钦此。"钦遵。

照得先因宁府作乱，该本院出给告示，官兵临城之日，惟首恶是问，宗支郡王仪宾人等，各闭门自保，商贾买卖如故，军民弃甲投戈，各归生理，毋得惊疑，其有怀奸稔恶不悛者，必杀无赦。胁从人等，但能赴官投首，即与释放免罪等情，已经发仰远近张挂晓谕外。后宸濠既擒，被胁之徒，前后赴官投首，不下千余，皆经查审释放。其间尚有欲赴首官司，多被地方拦阻。本院随又督解逆犯出外，以是一向迟疑，未即出投。续该钦差提督军务各衙门临省，前项被胁之人，始各赴官投首，就与本院事体一同，即是去恶从善之民。近访得有等无籍之徒，用言扇惑，乘机诈害，致使惊疑，未安生理。除访拿究问外，仰按察司抄捧回司，即便大书出给告示，发仰人烟辏集去处，常川张挂晓谕，自破城以后，但有被胁旗校军民人等，改恶迁善，已经赴官投首，验有执照者，皆系良善，俱仰遵照前项诏书内事理，尽行宽宥释放，各安生理，毋得信人恐吓，自生猜疑。地方里邻总甲人等，敢有怀挟私仇，罗织扰害，诳言扇惑，诈骗财物者，仰即赴院告理，以凭拿问发遣。仍取各首到官姓名，并给过告示晓谕缘由呈报。

批追征钱粮呈

据江西布政司呈，看得江西一省，重遭大患，民困已极，屡经奏免粮税，日久未奉明旨。近因南科奏停，随复部使催督，一以为蠲免，一以为追征，非惟下民无所遵守，亦且官府难于施行。今该司议谓兑淮起运，系京储额数，而王府禄米，亦岁月难缺，要行所属先纳兑淮，次及京库折银，次及南京仓米，次及王府禄米，其余俱候明降等因。此亦深睹民患，欲济不能，委曲调停，计出无奈，仰司即如所议，备行各该府州县查照施行。后有恩旨，当亦止免十五年以后钱粮，其十四年以前拖欠，必须带征，终有不免，莫若速了为便，各府州县宜以此意备晓下民，姑忍割肉之痛，以救燃眉之急。

呜呼！目击贫民之疾苦而不能救，坐视征求之急迫而不能止，徒切痛楚之怀，曾无拯援之术，伤心惨目，汗背赧颜，此皆本院之罪，其亦将谁归咎！各府州县官务体此意，虽在催科，恒存抚字，仍备出告示，使各知悉。此缴。

再批追征钱粮呈

据江西布政司呈，看得本省十四年以前，一应钱粮，已经给事等官奉奏明旨："果系小民拖欠，俱准暂且停征，还着各该官司设法赈济，毋视虚文。"此朝廷之深仁厚德，悯念穷民，诚爱恻怛之所发，小民莫不欢欣鼓舞，臣子所当遵守奉行。乃今停征之令甫下，而催并之檄复行，赈济之仁未布，而箠挞之苦已加，法令如此，有司何以奉行，下民何所取信？夫为人臣者，上有益于国，下有益于民，虽死亦甘为之。今日所行，上使朝廷失信于民，下使百姓归怨于上，重贫民之困，益地方之灾，纵使钱粮果可立办，忍心害理，亦不能为。况旬月之间，而欲追并了绝，便使神输鬼运，亦于事势不能，徒使敛怨殃民，何益于事。除本院身为巡抚，不能为国为民，自行住俸待罪外。仰布政司行各该府县官，以理劝化小民，且谕以今日之举，非关朝廷失信，实由京储缺乏，司国计者势不得已，兴起其忠君亲上之心，勉令渐次刻期完纳，果克济事，两月之后，亦未为迟。其各该官员，本非其罪，不必住俸，革去冠带。行令照旧尽心职业，勿因事变之难，有灰爱民之志。后有违慢之戮，本院自当其罪。仍呈提督漕运行督粮官及巡按衙门知会。此缴。

批南昌府追征钱粮呈

据南昌府所申凋弊征求之苦，本院缪当斯任，实切忧惭！部堂诸公，非无恤民之念，但身司国计，不得不以空乏为虞；在外有司，非无国计之忧，但目击民瘝，不能不以抚恤为重。若使平民尚堪朘削，一时忍痛并征，以输国用，岂非臣子之心。但恐徒尔虐民，无济国事，非徒无济，兼恐生虞，斟酌调停，事在善处。仰布政司会同二司各官，将该府所申事理，即加酌议，或先征新粮，将旧粮减半带征；或尽其力量可及，分作几限，令民依期逐渐办纳。但可通融调摄，皆须悉心议处，务使穷民不致重伤，而国用终亦无损。一面备行各该府县查照施行，一面具由呈来，以凭咨奏。此缴。

褒崇陆氏子孙 正德十五年正月

据抚州府金谿县三十六都儒籍陆时庆告，看得宋儒陆象山先生兄弟，得孔孟之正传，为吾道之宗派，学术久晦，致使湮而未显，庙堂尚缺配享之典，子孙未沾褒崇之泽，仰该县官吏将陆氏嫡派子孙差役，查照各处圣贤子孙事例，俱与优免。其间有聪明俊秀堪以入学者，具名送提学官处，选送学肄业。务加崇重之义，以扶正学之衰，俱依准缴。

告谕安义等县渔户

告谕安义县等渔户，及远近军民人等，地方不幸，近遭大变，加以师旅征输，人民困苦已极，府官思欲休养赈恤而无由。近闻渔户人等曾被宁王驱胁者，虑恐官府追论旧恶，心不自安，往往废弃生业，询其所以，皆由仇家煽动，意在激使为恶，因而陷之死地，以快其愤。不知朝廷已屡有榜文，凡被宁贼驱胁者，一概释而不问。况访得安义等处渔户，各系诗礼大家，素敦良善，虽或间有染于非僻，及为王府所胁诱者，然乡里远近，自有公论，善恶终不可混。

近据通判林宽禀称："各户痛惩既往，已将渔船拆卸，似此诚心改行，亦复何所忧惧。"为此特仰南康府通判林宽，将本院告谕，真写翻刊，亲赍各户，逐一颁谕，务使舍旧图新，各安生理，不得轻信人言，妄有疑猜，自求罪累。其素敦诗礼良善者，愈加劝勉，务益兴行礼让，讲信修睦，以为改恶从善者之倡。族党之中，果有长恶不悛，不听劝谕者，众共拘执送官，明正典刑，以安善类，毋容莨莠，致害嘉禾。若旧虽为显恶，今能诚心改化者，亦不得怀记旧仇，搜求罗织，激使为非，事发究竟，责有所归。

呜呼！吾民同胞，不幸陷于罪戮，恻然尚不忍见，岂有追寻旧恶，必欲置之死地之理？本院旧在南赣，曾行十家牌式，军民颇安，盗贼颇息。除各该地方行分巡分守官编置外，前项渔户人等，就仰通判林宽照式逐一编置，务在着实举行，以收成效，特兹告谕，各宜知悉。

批按察使伍文定患病呈

据江西按察使呈，看得按察使伍文定茂著戎功，新膺宪命，当其众难交攻，尚以一身独任，偶兹微恙，岂妨供职？谅本官自切百姓疮痍之忧，岂遑一身痛痒之顾。仰该司即行本官，照旧管事，果有疾患，一面调理，毋得再呈辞，致旷职业。缴。

批临江府耆民建立生祠呈

据临江府清江县耆民董惟谦等呈立知府戴德孺生祠，看得知府戴德孺素坚清白之守，久著循良之政，今其去任，而郡民建祠报德，此亦可见天理之在人心，自不容已。仰该府县官俯顺民情，量行拨人看守，非徒激励后人，俾有所兴，且以成就民德，使归于厚。缴。

批吉安府救荒申

据吉安府申，备卢陵县申，看得所申要将陈腐仓谷，赈给贫民。此本有司之事，当兹灾患，正宜举行。但诚于爱民者，不徒虚文之举，忠于谋国者，必有深长之思，故目前之灾，虽所宜恤，而日后之患，尤所当防，以今事势而观后患，决有难测。近据崇仁县知县祝鳌申，要将预备仓谷，凶荒之时则倍数借给，以济贫民；收成之日则减半还官，以实储蓄。颇有官民两便，已经本院批准照议施行。看得各县事体，不甚相远，此议或可通行，仰布政司再加裁酌议处施行。各属遇灾地方，凡积有稻谷者，俱查照此议而行。仍仰各该掌印官，务要身亲给散，使贫民得实惠之沾，官府无虚出之弊乃可。其一应科派物料等项，当兹兵乱之余，加以水灾，民不聊生，岂堪追并，仰布政司酌量缓急，分别重轻，略定征收先后之次，备行各属，以渐而行，庶几用一缓二之意，少免医疮剜肉之苦，通仰该司定议施行回报。

批抚州府同知汪嵩乞休呈

据抚州府同知汪嵩呈，看得同知汪嵩久存恬退，遇难复留，以尽报国之忠，仍坚归田之请，出处得宜，诚可嘉尚。但本官政素获民，年未甚老，已经勉留照旧供职，而本官称疾愈笃，求退益恳，仰府再行查看，如果病势难留，准令就彼致仕，该府以礼起送还乡，仍行备原籍官司，岁时以礼优待，务奖恬退，以励鄙薄。此缴。

批提学佥事邵锐乞休呈

据江西按察司呈，看得提学佥事邵锐，求归诚切，坚守《考槃》之操，而按察使伍文定挽留恳至，曲尽《缁衣》之情，是亦人各有志，可谓两尽其美。然求归者，虽亦明哲保身，使皆洁身而去，则君臣之义或几乎息；

挽留者虽以为国惜贤，使皆觍颜在位，则高尚之风亦日以微。况本院自欲求退而未能，安可沮人之求退。仰该司备行本官，再加酌量，于去就之间，务求尽合于天理之至，必欲全身远害，则挂冠东门，亦遂听行所志。若犹眷顾宗国，未忍割情独往，且可见危受命，同舟共艰，稍须弘济，却遂初心，则临难之义，既无苟免于抢攘之日，而恬退之节，自可求伸于事定之余。兴言及此，中心怆切！

礼取副提举舒芬牌

照得当职奉命提督军务，兼理巡抚，深虑才微责重，无以仰称任使，合求贤能，以资赞翼。访得福建市舶提举司副提举舒芬志行高古，学问深醇，直道不能趋时，长才足以济用，合就延引，以匡不及。为此牌仰福建布政司官吏，即行泉州府，措办羊酒礼币，赉送本官，用见本院优礼之意。仍照例起关应付，前赴军门，以凭谘访。本官职任，就委别官暂替。

南赣乡约

咨尔民，昔人有言："蓬生麻中，不扶而直；白沙在泥，不染而黑。"民俗之善恶，岂不由于积习使然哉！往者新民盖常弃其宗族，畔其乡里，四出而为暴，岂独其性之异，其人之罪哉？亦由我有司治之无道，教之无方。尔父老子弟所以训诲戒饬于家庭者不早，薰陶渐染于里闬者无素，诱掖奖劝之不行，连属叶和之无具，又或愤怨相激，狡伪相残，故遂使之靡然日流于恶，则我有司与尔父老子弟，皆宜分受其责。呜呼！往者不可及，来者犹可追。故今特为乡约，以协和尔民，自今凡尔同约之民，皆宜孝尔父母，敬尔兄长，教训尔子孙，和顺尔乡里，死丧相助，患难相恤，善相劝勉，恶相告戒，息讼罢争，讲信修睦，务为良善之民，共成仁厚之俗。呜呼！人虽至愚，责人则明；虽有聪明，责己则昏。尔等父老子弟，毋念新民之旧恶而不与其善，彼一念而善，即善人矣；毋自恃为良民而不修其身，尔一念而恶，即恶人矣。人之善恶，由于一念之间，尔等慎思吾言，毋忽！

一，同约中推年高有德为众所敬服者一人为约长，二人为约副，又推公直果断者四人为约正，通达明察者四人为约史，精健廉干者四人为知约，礼仪习熟者二人为约赞。置文簿三扇，其一扇备写同约姓名，及日逐出入所为，知约司之；其二扇一书彰善，一书纠过，约长司之。

一，同约之人，每一会，人出银三分，送知约，具饮食，毋大奢，取免饥渴而已。

一，会期以月之望，若有疾病事故不及赴者，许先期遣人告知约；无故不赴者，以过恶书，仍罚银一两公用。

一，立约所于道里均平之处，择寺观宽大者为之。

一，彰善者，其辞显而决，纠过者，其辞隐而婉；亦忠厚之道也。如有人不弟，毋直曰不弟，但云闻某于事兄敬长之礼，颇有未尽，某未敢以为信，姑案之以俟。凡纠过恶皆例此。若有难改之恶，且勿纠，使无所容，或激而遂肆其恶矣。约长副等，须先期阴与之言，使当自首，众共诱掖奖劝之，以兴其善念，姑使书之，使其可改；若不能改，然后纠而书之；又不能改，然后白之官；又不能改，同约之人执送之官，明正其罪；势不能执，戮力协谋官府清兵灭之。

一，通约之人，凡有危疑难处之事，皆须约长会同约之人与之裁处区画，必当于理济于事而后已。不得坐视推托，陷人于恶，罪坐约长约正诸人。

一，寄庄人户，多于纳粮当差之时躲回原籍，往往负累同甲。今后约长等劝令及期完纳应承，如蹈前弊，告官惩治，削去寄庄。

一，本地大户，异境客商，放债收息，合依常例，毋得磊算；或有贫难不能偿者，亦宜以理垦宽；有等不仁之徒，辄便捉锁磊取，挟写田地，致令穷民无告，去而为之盗。今后有此告，诸约长等与之明白，偿不及数者，劝令宽舍；取已过数者，力与追还；如或恃强不听，率同约之人鸣之官司。

一，亲族乡邻，往往有因小忿投贼复仇，残害良善，酿成大患。今后一应对殴不平之事，鸣之约长等公论是非；或约长闻之，即与晓谕解释。敢有仍前妄为者，率诸同约呈官诛殄。

一，军民人等，若有阳为良善，阴通贼情，贩买牛马，走传消息，归利一己，殃及万民者，约长等率同约诸人指实劝戒，不悛，呈官究治。

一，吏书、义民、总甲、里老、百长、弓兵、机快人等，若揽差下乡，索求赍发者，约长率同呈官追究。

一，各寨居民，昔被新民之害，诚不忍言。但今既许其自新，所占田产，已令退还，毋得再怀前仇，致扰地方，约长等常宜晓谕，令各守本分，有不听者，呈官治罪。

一，投招新民，因尔一念之善，贷尔之罪。当痛自克责，改过自新，勤耕勤织，平买平卖，思同良民，无以前日名目，甘心下流，自取灭绝。约长等各宜时时提撕晓谕，如蹈前非者，呈官征治。

一，男女长成，各宜及时嫁娶。往往女家责聘礼不充，男家责嫁妆不丰，遂致愆期。约长等其各省谕诸人，自今其称家之有无，随时婚嫁。

一，父母丧葬，衣衾棺椁，但尽诚孝，称家有无而行。此外或大作佛事，或盛设宴乐，倾家费财，俱于死者无益。约长等其各省谕约内之人，一遵礼制。有仍蹈前非者，即与纠恶簿内书以不孝。

一，当会前一日，知约预于约所，洒扫张具于堂，设告谕牌及香案南向。当会日，同约毕至，约赞鸣鼓三，众皆诣香案前序立，北面跪听约正读告谕毕，约长合众扬言曰："自今以后，凡我同约之人，祗奉戒谕，齐心合德，同归于善。若有二三其心，阳善阴恶者，神明诛殛。"众皆曰："若有二三其心，阳善阴恶者，神明诛殛。"皆再拜，兴，以次出会所，分东西立，约正读乡约毕，大声曰："凡我同盟，务遵乡约。"众皆曰："是。"乃东西交拜。兴，各以次就位，少者各酌酒于长者三行，知约起，设彰善位于堂上，南向置笔砚，陈彰善簿；约赞鸣鼓三，众皆起，约赞唱："请举善！"众曰："是在约史。"约史出就彰善位，扬言曰："某有某善，某能改某过，请书之，以为同约劝。"约正遍质于众曰："如何？"众曰："约史举甚当！"约正乃揖善者进彰善位，东西立，约史复谓众曰："某所举止是，请各举所知！"众有所知即举，无则曰："约史所举是矣！"约长副正皆出就彰善位，约史书簿毕，约长举杯扬言曰："某能为某善，某能改某过，是能修其身也；某能使某族人为某善，改某过，是能齐其家也；使人人若此，风俗焉有不厚？凡我同约，当取以为法！"遂属于其善者；善者亦酌酒酬约长曰："此岂足为善，乃劳长者过奖，某诚惶怍，敢不益加砥砺，期无负长者之教。"皆饮毕，再拜会约长，约长答拜，兴，各就位，知约撤彰善之席，酒复三行，知约起，设纠过位于阶下，北向置笔砚，陈纠过簿；约赞鸣鼓三，众皆起，约赞唱："请纠过！"众曰："是在约史。"约史就纠过位，扬言曰："闻某有某过，未敢以为然，姑书之，以俟后图，如何？"约正遍质于众曰："如何？"众皆曰："约史必有见。"约正乃揖过者出，就纠过位，北向立，约史复遍谓众曰："某所闻止是，请各言所闻！"众有所闻，即言，无则曰："约史所闻是矣！"于是约长副正皆出纠过位，东西立，约史书簿毕，约长谓过者曰："虽然姑无行罚，惟速改！"过者跪请曰："某敢不服罪！"自起酌酒，跪而饮曰："敢不速改，重为长者忧！"约正副史皆曰："某等不能早劝谕，使子陷于此，亦安得无罪！"皆酌自罚。过者复跪而请曰："某既知罪，长者又自以为罚，某敢不即就戮，若许其得以自改，则请长者无饮，某之幸也！"趋后酌酒自罚。约正副咸曰："子能勇于受责如此，是能迁于善也，某等亦可免于罪矣！"乃释爵。过者再拜，约长揖之，兴，各就位，知约撤纠过席，酒复二行，遂饭。饭毕，约赞起，鸣鼓三，唱："申戒！"众起，约正中堂立，扬言曰："呜呼！凡我同约之人，明听申戒，人孰无善，亦孰无恶。为善虽人不知，积之既久，自然善积而不可掩；为恶若不知改，积之既久，必至恶极而不可赦。今有善而为人所彰，固可喜；苟遂以为善而自恃，将日入于恶矣！有恶而为人所纠，固可愧；苟能悔其恶而自改，将日进于善矣！然则今日之善者，未可自恃以为善；而今日之恶者，亦岂遂终于恶哉？凡我同约之人，盍共勉之！"众皆曰："敢不勉。"乃出席，以次东西序立，交拜，兴，遂退。

旌奖节妇牌

访得吉水县民人陈文继妻黄氏，庐陵县生员胡尧妻曾氏，俱各少年守制，节操坚厉，远近传扬，士夫称叹，当兹风俗颓靡之时，合行旌奖，以励浇薄。为此仰府官吏即行吉水、庐陵二县掌印官，支给无碍官钱，买办礼仪，前去各家，盛集乡邻老幼之人，宣扬本妇志节之美，务使姻族知所崇重，里巷知所表式，用奖贞节，以激偷鄙。仍备述各妇节操志行始末，及将奖励过缘由，同依准随牌缴报，以凭施行。

兴举社学牌

看得赣州社学乡馆，教读贤否，尚多淆杂。是以诗礼之教，久已施行，而淳厚之俗，未见兴起。为此牌仰岭北道督同府县官吏，即将各馆教读，通行访择。务学术明正，行止端方者，乃与兹选。官府仍籍记姓名，量行支给薪米，以资勤苦。优其礼待，以示崇劝。以各童生之家，亦各通行戒饬，务在隆师重道，教训子弟，毋得因仍旧染，习为偷溥，自取愆咎。

颁定里甲杂办

据龙南县申称："先年里甲使用，俱系丁粮分派，照日应当，以致多寡不均。要将正德十六年里甲通行查审，除逃绝人丁外，将一年使用，春秋祭祀，军需岁报，使客夫马等项，俱于丁粮议处，每石出银若干，陆续称收贮库。推举老人，公同里长，使用注簿，倘有余剩，照多寡给还。"等因到院。簿查，先该赣州府知府盛茂，同知夏克义议过赣县里长额办杂办，已经批仰岭北道再加酌议。

续据副使王度呈称："查算本县额办使用，该银三千七百三十一两七分二厘四毫九丝；原辖里长一百一十里内除十里逃绝，止有一百里；十六年分每粮一石算一分，人丁二丁算一分，一年丁粮共该一千一百二十六分半，每分该出银三两三钱一分二厘一毫一丝一忽；合行该县印钤收银文簿一扇，将各都该办银两，分为二次查追贮库；又置文簿二扇，一写本县支出数目，一发支用人役注附；每月选有行止老人二名，公同直日里长，赴县支领；每月备具用过揭帖三本，一送都察院，一分巡道，一本府，各不时稽察，年终羡余，并听上司查处，以补无名征需，府县不得擅支。仍将各里该纳分数，刷印告谕，遍张乡村晓谕；如有官吏额外科派，及收银人役多取火耗秤头，并里甲恃顽不办，许各呈告，以凭拿问，呈乞照详。又经批仰照议即行该县，永永查照，仍备刻告示，遍行晓谕；及多行刷印，颁给各里收照，以妨后奸。"

今申前因，看与本院新定则例相同，及照宁都等九县，及南安所属大庾等县事体民情，当不相远，合就通行查编。为此仰抄案回道，即便速行各县，俱查本院近定规则，各照丁粮多寡，派编银两，追收贮库，选委行止端实老人，公同该日里长支用，置簿稽察，刊榜晓谕，禁约事宜，悉照原议施行。敢有违犯者，就便拿问。呈详通取各县派定过缘由，类报查考。

批江西布政司设县呈

据江西布政司呈将新淦县知县田韦杰建言设县缘由。看得近来各处设县，皆因穷山绝谷，盗贼盘据，人迹罕通，声教不及，不得已而为权宜之计。若腹裹平衍，四通五达之区，止宜减并，不贵增添。盖增一县，即增一县之事，官吏供给，学校仓库，囹狱差徭，一应烦费，未易悉举。且又有彼此推避之奸，互相牵制之患，计其为利，不偿所害。古人谓省吏不如省官，省官不如省事，凡今作事，贵在谋始。仰布政司再行会同二司各官从长计议，设县之外，果无别策，可以致理，具议呈夺。缴。

议处官吏禀俸

照得近来所属各州、县、卫、所、仓、场等衙门大小官吏，以赃问革者相望，而冒犯接踵，究询其由，皆云家口众多，日给不足。俸资所限，本以凉薄，而近例减削，又复日甚。加有上下接应之费，出入供送之繁，穷窘困迫，计出无聊。中间亦有甘贫食苦、刻励自守者，往往狼狈蓝缕，至于任满职革，债负缠结，不得去归其乡。夫贪墨不才，法律诚所难贷，而其情亦可矜悯！夫忠信重禄，所以劝士，在昔任人，既富方谷，庶民在官，禄足代耕，此古今之通义也。朝廷赋禄百司，厚薄既有等级，要皆使各裕其资养，免其内顾，然后可望以尽心职业，责以廉耻节义。今定制所限，既不可得而擅增，至于例所应得，又从而裁削之，使之仰事俯育，且不能遂；是陷之于必贪之地，而责之以必廉之守，中人之资，将有不能，而况其下者之众乎？所据前项事理，非独人情有所未堪，其于政体，亦有所损，合行会议查处，参酌事理轻重，及查在外官员，自二品至九品，并杂职吏胥等俸米，除本色外，其折色原例，每石作银若干，于何年月裁减，作银若干，应否复旧，或量行加增，务要议处停当，呈来定夺施行。

咨六部伸理冀元亨

照得湖广常德府武陵县举人冀元亨，忠信之行，孚于远迩；孝友之德，化于乡间。本职往年谪官贵州，本生曾从讲学。近来南赣，延之教子，时因宁藩宸濠潜谋不轨，虐焰日张，本职封疆连属，欲为曲突从薪之举，则既无其由；将为发奸摘伏之图，则又尤其实。偶值宸濠饰诈要名，礼贤求学，本职因使本生乘机往见宸濠，冀得因事纳规，开陈大义，沮其邪谋；如其不可劝喻，亦因得以审察动静，知其叛逆迟速之机，庶可密为御备。本生既与相见，议论大相矛盾，宸濠以本职所遣，一时虽亦含忍遣发，而毒怒不已，阴使恶党，四出访缉，欲加陷害。本生素性愿恪，初不之知，而本职风闻其说，当遣密从间道潜回常德，以避其祸。后宸濠既败，痛恨本职起兵攻剿，虽反噬之心无所不至；而天理公道所在，无因得遂其奸。乃以本生系本职素所爱厚之人，辄肆诋诬，谓与同谋，将以泄其仇愤。且本生既与同谋，则宸濠举叛之日，本生何故不与共事，却乃反回常德，聚众讲学？宸濠素所同谋之人如李士实、刘养正、王春之流，宸濠曾不一及，而独口称本生与之造始，此其挟仇妄指，盖有不待辩说，行道之人皆能知者。但当事之人，不加详察，辄尔听信，遂陷本生一至于此。

本生笃事师之义，怀报国之忠，蹈不测之虎口，将以转化凶恶，潜消奸宄，论心原迹，尤当显蒙赏录。乃今身陷俘囚，妻子奴虏，家业荡尽，宗族遭殃。信奸人之口，为叛贼泄愤报雠，此本职之所为痛心刻骨，日夜冤愤不能自已者也。本职义当与之同死，几欲为之具奏伸理，而本生虽在拘囚，传闻不一，或以为既释，或以为候旨。兼虑当事之人，或不见谅，反致激成其罪，故复隐忍到今。又恐多事纷纭之日，万一玉石不分，竟使忠邪倒置，徒以沮义士之志，而快叛贼之心，则本职后虽继之以死，将亦无以赎其痛恨！为此合行具咨贵部，烦请咨询鉴察，特赐扶持，分辨施行。

奖励主簿于旺

看得近来所属下僚，鲜能持廉守法。访得兴国县主簿于旺，独能操持清白，处事详审，近委管理抽分，纤毫无玷，奸弊铲革，抚属小官之内，诚不多见，相应奖励，以劝其余。为此牌仰官吏即便支给商锐银两，买办花红、彩缎、羊酒各一事。并将本院发去官马一匹，带鞍一付，备用鼓乐，差官以礼送付本官，用见本院奖励之意。

申谕十家牌法

本院所行十家牌谕，近来访得各处官吏，类多视为虚文，不肯着实奉行查考，据法即当究治，尚恐未悉本院立法之意，故今特述所以，再行申谕。

凡置十家牌，须先将各家门面小牌挨审的实，如人丁若干，必查某丁为某官吏，或生员，或当某差役，习某技艺，作某生理，或过某房出赘，或有某残疾，及户籍田粮等项，俱要逐一查审的实。十家编排既定，照式造册一本留县，以备查考。及遇勾摄及差调等项，按册处分，更无躲闪脱漏。一县之事，如视诸掌。每十家各今挨报甲内平日习为偷窃，及喇唬教唆等项不良之人。同具不致隐漏重甘结状，官府为置舍旧图新簿，记其姓名。姑勿追论旧恶，令其自今改行迁善。果能改化者，为除其名。境内或有盗窃，即令此辈自相挨缉。若系甲内漏报，仍并治同甲之罪。又每日各家照依牌式，轮流沿门晓谕觉察。如此即奸伪无所容，而盗贼亦可息矣。十家之内，但有争讼等事，同甲即时劝解和释，如有不听劝解，恃强凌弱，及诬告他人者，同甲相率禀官，官府当时量加责治省发，不必收监淹滞。凡遇问理词状，但涉诬告者，仍要查究同甲不行劝禀之罪。又每日各家照牌互相劝谕，务令讲信修睦，息论罢争，日渐开导，如此则小民益知争斗之非，而词讼亦可简矣。

凡十家牌式，其法甚约，其治甚广。有司果能着实举行，不但盗贼可息，词讼可简，因是而修之，补其偏而救其弊，则赋役可均；因是而修之，连其伍而制其什，则外侮可御；因是而修之，警其薄而劝其厚，则风俗可淳；因是而修之，导以德而训以学，则礼乐可兴。凡有司之有高才远识者，亦不必更立法制，其于民情土俗，或有未备。但循此而润色修举之，则一邑之治真可以不劳而致。今特略述所以立法之意，再行申告。言之所不能尽者，其各为我精思熟究而力行之，毋徒纸上空言搪塞，竟成挂壁之虚文，则庶乎其可矣！

申谕十家牌法增立保长

先该本院通行抚属，编置十家牌式，为照各甲不立牌头者，所以防胁制侵扰之弊。然在乡村，遇有盗贼之警，不可以无统纪，合立保长督领，庶众志齐一。为此仰抄案回司，即行各道守巡兵备等官，备行所属各府州县，于各乡村推选才行为众信服者一人为保长，专一防御盗贼。平时各甲词讼，悉照牌谕，不许保长干与，因而武断乡曲。但遇盗警，即仰保长统率各甲设谋截捕。其城郭坊巷乡村，各于要地置鼓一面，若乡村相去稍远者，仍起高楼，置鼓其上，遇警即登楼击鼓。一巷击鼓，各巷应之，一村击鼓，各村应之。但闻鼓声，各甲各执器械齐出应援，俱听保长调度，或设伏把隘，或并力夹击。但有后期不出者，保长公同各甲举告官司，重加罚治。若乡村各家皆置鼓一面，一家有警击鼓，各家应之，尤为快便。此则各随财力为之，不在牌例之内，俱仰督令各县即行推选增置，仍告谕远近，使各知悉。各府仍要不时稽察，务臻实效，毋得虚文搪塞，查访得出，定行究治不贷。

颁行社学教条

先该本院据岭北道选送教读刘伯颂等，颇已得人。但多系客寓，日给为难，今欲望以开导训诲，亦须最资勤苦，已经案仰该道通加礼貌优待，给薪米纸笔之资。各官仍要不时劝励敦勉，令各教读务遵本院原定教条尽心训导，视童蒙如己子，以启迪为家事，不但训饬其子弟，亦复化喻其父兄；不但勤劳于诗礼章句之间，尤在致力于德行心术之本；务使礼让日新，风俗日美，庶不负有司作兴之意，与士民趋向之心，而凡教授于兹土者，亦永有光矣。仍行该县备写案验事理，揭置各学，永远遵照去后。今照前项教条，因本院出巡忙迫，失于颁给，合就查发，为此牌仰本道府，即将发去教条，每学教读给与二张，揭置座右，每日务要遵照训诲诸生。该道该府官员亦要不时亲临激励稽考，毋得苟应文具，遂令日就废弛。

清理永新田粮

据参议周文光呈，看得江西田粮之弊，极于永新，相传已非一日。今欲清理丈量，实亦救时切务，但恐奉行不至，未免反滋弊端，依议定委通判谭储，推官陈相，指挥高睿，会同该县知县翁玑设法丈量。该道仍要再加区画，曲尽物情，务仰各官秉公任事，正己格物，殚知竭虑，削弊除奸，必能一劳永逸，方可发谋举事。如其虚文塞责，则莫若熟思审处，以俟能者。事完之日，悉照该道会议造册，永永遵守施行。缴。

批宁都县祠祀知县王天与申

据宁都县申，看得知县王天与旧随本院征剿横水、桶冈诸贼，屡立战功。后随本院讨平宁藩，竟死勤事。况其平日居官，政务修举，威爱兼行。仰该县即从士民之请，建祠报祀，用伸士夫之公论，以慰小民之遗思。

晓谕安仁余干顽民牌正德十五年二月

照得安仁、余干各有梗化顽民数千余家，近住东乡，逃避山泽，沮逆王化，已将数年，即其罪恶，俱合诛夷无赦。但本院抚临未及，况查本院新行十家牌谕，各官因各民顽梗，尚未编查，若遽行擒剿，似亦不教而杀。为此牌仰抚州府同知陆俸，督同东乡县知县黄堂，及安仁县知县汪济民、余干县知县马津亲诣各民村都，沿门挨编，推选父老弟子知礼法者晓谕教饬，令各革心向化，自求生路，限在一月之内，仇者释其怨，愤者平其心，逋者归其负，罪者伏其辜，具由呈来，仍旧以良善。若过限不改，不必再加隐忍姑息，徒益长奸纵恶，即便密切指实申来，以凭别有区处施行。

告谕顽民十二月十五日

告谕安仁、余干、东乡等县父老子弟，自本院始至江西，即闻三县间有顽梗背化之民数千家，其时本院方事剿平闽、广、湖、彬诸蛮寇，且所治止于南赣，政教有所未及。自去岁征讨逆藩，朝廷复有兼抚是方之命，随因圣驾南巡，奔走道路，故亦未遑经理。今复还省城，备询三司府县各官，及远近士夫军民，皆谓尔民梗化日久，积恶深重，已在必诛无赦。夫朝廷威令，雷厉风行于九夷八蛮之外，而中土郡县之民，乃敢悖抗若此，不有诛灭，以示惩戒，亦将何以为国？欲即发兵剿捕，顾其间尚多良善，恐致玉石无辨，且前此有司所以处之，亦有未善，何者？

安仁、余干里分，本少于东乡，而地势又限以山谷，顾乃割小益大，以启尔民规避之端。其失一矣。既而两邑之民徭赋不平，争讼竞起，其时若尽改复旧，亦有何说。顾又使其近东乡者归安仁，近安仁者附东乡，以益尔民纷争之谤。其失二矣。及尔等抗拒之迹既成，尚当体悉尔等中间或有难忍之怨，屈抑不平之情，亦须为之申泄断理，或惩或戒，使两得其平。若终难化谕者，即宜断然正以国法。顾乃惮于身任其劳，一切惟事姑息，欲逃租赋，遂从而免其租赋；欲逃逋债，遂从而贷其逋债。于彼则务隐忍之政，而听其外附；于此又信一偏之词，而责其来归。纪纲不立，冠履倒置，长奸纵恶，日增月炽，以成尔民背叛之罪，而陷之必死之地。其失三矣。

然尔等罪恶，皆在本院未临之前。自本院抚临以来，尚未曾有一言开谕尔等。况查本院新行十家牌谕，以弭盗息讼，劝善纠恶，而各该县官又因尔等特顽梗化，皆未曾编查晓谕，尔等皆未知悉，其间或有悔创自新之愿，亦未可知。若遽行擒剿，是亦不教而杀，虽尔等在前之恶，受此亦不为过，然于吾心终有所未尽也。近日抚州同知陆倬来禀，尔等尚有可悯之情，各怀求生之愿，故特委同陆倬亲赍本院告谕，往谕尔等父老子弟，因而查照本院十家牌式，通行编排晓谕，使各民互相劝戒纠察，痛惩已往之恶，共为维新之民。

尔等父老子弟，其间知识明达者，盍亦深思熟虑之。世岂有不纳粮，不当差，与官府相对背抗，而可以长久无事终免于诛戮者乎？世岂有恃顽树党，结怨构仇，劫众拒捕，不伏其辜，而可以长久无事终免于诛戮者乎？就使尔等各有子弟奴仆，与尔抗拒背逆若此，尔等当何以处之？夫宁王宸濠挟奸雄之资，借宗室之势，谋为不轨，积十余年，诱聚海内巨寇猾贼，动以万计，夺其财力甲兵之强，自以为无敌于天下矣，一旦称乱举事，本院奉朝廷威令，兴一旅之师，不旬日而破灭之，如虏匹雏。尔辈纵顽梗凶悍，自以为孰与宸濠？吾若声汝之罪，不过令一偏裨，领众数百，立齑粉尔辈如几上肉耳。顾念尔等皆吾赤子，其始本无背叛之谋，止因规利争忿，肆恶长悖，日迷日陷，遂至于此。夫父母之于子，岂有必欲杀之心。惟其悖逆乱常之甚，将至于覆宗灭户，不得已而后置之

明代随形端砚

法。苟有改化之机，父母之心，又未尝不欲生全之也。前此官府免尔租税，蠲尔债负，除尔罪名，而遂谓尔可以安居复业，是终非所以生汝。吾今则不然，不免尔相赋，不蠲尔债负，不除尔罪名，尔能听吾言，改恶从善，惟免尔一死，限尔一月之内，释怨解仇，逃税者输其赋，负债者偿其直，有罪者伏其辜，吾则待尔如故。尔不听吾言，任汝辈自为之，吾心既无不尽，吾可以无憾矣！尔后无悔。

批江西都司掌管印信

看得三司各官推举该卫所掌印金书等官，颇已得宜。俱依议，仰行按

察司将本院原发贮库印信，看验明白，照议给领掌官。兹当该卫改革之初，仍行各官务在图新更始，端本澄源，共惟同心同德之美，以立可久可大之规，不独显功业于当时，必欲垂模范于来裔，上不负庙堂之特选，而下可副诸司之举任。其或庸碌浮沉，甚至欺公剥下，岂徒败其身名，亦难免于刑宪。其余空闲各官，观其才识，皆可器使。但以阙少人多，未及尽用。各官惟务持身励志，藏器待时，但恐见用而无才，勿虑有才而未用，若果囊中之锥，无不脱颖而出。毋谓上人不知，辄自颓靡，是乃自弃，非人弃汝矣。俱仰备行各官查照施行。

牌行崇义县查行十家牌法

看得新开崇义县治，虽经本院委官缉理，经画大略，规模已具，终是草创之初，经制未习。该县官员若不假以威权，听其从宜整理，则招徕安习之功，亦未可责效。除行守巡兵备等衙门外。牌仰知县陈瓒上紧前去该县，首照十家牌谕，查审编排，连属其形势，辑睦其邻里，务要治官如家，爱民如子，一应词讼、差徭、钱粮、学校等项，俱听因时就事，从宜区处。应申请者申请，应兴革者兴革，一务畜众安民，不必牵制文法。大抵风土习尚虽或有异，而天理民彝则无不同，若使为县官者果能殚其心力，悉其聪明，致其恻怛爱民之诚，尽其抚辑教养之道，虽在蛮貊，无不可化。况此中土郡县之区，向附新民，本多善类，我能爱之如子，彼亦焉有不爱我如父者乎？夫仁慈以惠良善，刑罚以锄凶暴，固亦为政之大端。若此新民之中，及各县分割都图人户，果有顽梗强横不服政化者，即仰遵照本院钦奉敕谕事理，具由申请，即行擒拿，治以军法。毋容纵恣，益长刁顽。

牌谕都指挥冯勋等振旅还师

牌谕都指挥冯勋、通判林宽、典史徐诚等，本月二十一日，据知县熊价所禀，已知安义叛贼略平，所漏无几，俟余党一尽，各官即行振旅而还。就将所擒叛贼，通行牢固绑缚，分领解赴军门。各官在途，务要肃整行伍，申严纪律，禁缉军兵，不得犯人一草一木，今差参随官詹明赉执各官原领令旗令牌，监军而回。但有违令侵扰于人者，即行斩首示众。其夺命当先，被杀被伤义勇之士，及获功人役，各官务要从公从实开报，以凭优恤给赏。不得互分彼此，辄有偏私轻重。但能推功让美者，勤劳虽微，亦在褒赏。若有争功专利者，功绩虽茂，亦从摈抑。其奉新兵快，往年从征，多犯禁令，今既效有勤劳，尤宜保全始终，毋蹈前非，自取军法重罪。知县熊价，不必解贼，且可在县抚安被扰军民，令各安居乐业。既行申严十家牌谕，互相保障，仍量留九姓义勇，分班守县，候事体定帖，以渐散回。

批瑞州知府告病申

看得知府胡尧元，始以忠义，兴讨贼之功；继以刚果，著及民之政；虽获上之诚，或有未孚；而守身之节，初无可议。据中告病情由，亦似意有所为，大抵能絜矩者，必推己及人；当大任者，在动心忍性。仰布政司即行本官，照旧尽心管理府事，毋因一朝之忿，遂忘三反之功，事如过激，欲抗弥卑，理苟不渝，虽屈匪辱。此缴。

赈恤水灾牌

据南康、建昌、抚州、宜黄等县申称：非常水灾，乞赐大施赈恤，急救生灵流移等情。看得横水非常，下民昏垫，实可伤悯！但计府县所积无多，实难溥赈，其地方被水既广，而民困朝不谋夕，若候查实报名，造册给散，未免旷日迟久，反生冒滥。已行二府各委佐贰官，及行所属被水各县掌印等官，用船装载谷米，分投亲至被水乡村，验果贫难下户，就便量行赈给。

为照南昌所属，水灾尤剧，但居民稠杂，数多顽梗，非守巡临督于上，或致腾踊纷争。为此仰分守巡南昌官吏，即便分督该府县官于预备仓内米谷，用船装运，亲至被水乡村，不必扬言赈饥，专以踏勘水灾为事，其间验有贫难下户，就便量给升斗，暂救目前之急。给过人户，略记姓名数目，完报查考，不必造册扰害。所至之地，就督各官申严十家牌谕，通加抚慰开导，令各相安相恤。仍督各官俱要视民如子，务施实惠，不得虚文搪塞，徒费钱粮，无救民患，取罪不便。

仰湖广布按二司优恤冀元亨家属

照得湖广常德府武陵县举人冀元亨，忠信之行，孚于远迩云云，已经备咨六部院寺等衙门详办去后。今照冀元亨该科道等官，交章申暴。各该官司，办无干碍，先已释放。不期复染虐痢身故。该部司属官员，及京师贤士大夫莫不痛悼，相与资给衣棺。本院亦已具舟差人扶柩归葬。但恐本生原籍官司，一时未知详悉，仍将家属羁监，未免枉受淹禁。除将本生节义，另行具本奏请褒录外。拟合通行，为此牌仰抄案回司，即行常德府速将举人冀元亨家属，通行释放。财产等项，亦就查明给还收管。仍将本生妻子，特加优恤，使奸人知事久论定之公，而善类无作德降殃之惑。其于民风土习，不为无补矣。

批江西按察司故官水手呈

看得佥事李素，处心和易，居官清谨，生既无以为家，死复无以为殓，寡妻弱妾，旅榇万里，死丧之哀，实倍恒情。该司议欲加拨长夫水手护送，非独僚友之情，实亦惇廉周急之义，准议行令各府佥拨长夫水手，照例起关，差人护送还乡。

仰南康府劝留教授蔡宗兖

据南康府儒学申，看得教授蔡宗兖，德任师儒，心存孝义，今方奉慈母而行，正可乐英才之化。况职主白鹿，当宋儒倡道之区；胜据匡庐，又昔贤栖隐之地。偶有亲疾，自可将调，辄兴挂冠之请，似违奉檄之心。仰布政司备行南康府掌印官，以礼劝留，仍与修葺学宫，供给薪水，稍厚养贤之礼，以见崇儒之意。缴。

批江西布政司礼送仕官呈

据江西布政司呈："查勘新建知县李时，告送佥事李素丧归云南，任内无碍。"缘由。看得知县李时所呈，量才能而知止，已见恬退之节。因友丧而求去，尤见交谊之敦。既经查勘明白，亦合遂其高致。仰司即行该府听，令本官以礼致仕，动支无碍官银，置备彩帐羊酒，从厚送钱。加拨长夫水手，资送还乡。该司仍将本官致仕缘由，行原籍官司，用彰行谊之美，以为风俗之劝。缴。

卷十八 别录十

公移三总督两广平定思田征剿八寨

钦奉敕谕通行嘉靖六年十月初三日

嘉靖六年七月初十曰，节该钦奉敕谕：

先该广西田州地方逆贼岑猛为乱，已令提督两广等官、都御史姚镆等督兵进剿，随该各官奏称，岑猛父子悉已擒斩，巢穴荡平，捷音上闻，已经降敕奖励，论功行赏，及将该设流官添设参将等事条陈，又经该部议拟覆奏施行去后。续该各官复奏，恶目卢苏倡乱复叛，王受攻陷思恩，又经切责各官计处不审，行令将失事官员戴罪督兵剿捕，及调江西畬兵，湖广永、保二司土兵，并力剿杀，务收全功；并敕巡按御史石金纪功外，但节据石金所奏前项地方，卢苏、王受结为死党，互相依倚，祸孽日深，将来不可收拾；又参称先后抚臣举措失当，姚镆等攘夷无策，轻信寡谋，图田州已不可得，并思恩胥复失之，要得通行查究追夺。朕以事难遥度，姚镆等前功难泯，后有疏虞，得旨切责之后，能自奋励，平寇有功，亦未可知，难遽别议。乃下兵部议奏，以各官先后所论事宜，意见不同；且兵连两广，调遣事干邻境地方，必得重臣前去，总制督同议处，方得停当。今特命尔提督两广，及江西、湖广等处地方军务，星驰前去彼处，即查前项夷情，田州因何复叛，思恩因何失守，督同姚镆等斟酌事势，将各夷叛乱未形者，可抚则抚，反形已露者，当剿则剿，一应主客官军，从宜调遣，主副将官及三司等官，悉听节制，治以军法，明示威信，务要计处合宜。仍令彻史石金随军纪验功次，从实开报，以凭升赏。贼平之后，公同计处，应设土官流官，何者经久利便；并先今抚镇等官，有功有过，分别大小轻重，明白奏闻区处。凡用兵进止机宜，及一应合行之事，敕内该载未尽者，悉听便宜从长处置；事体十分重大者，具奏定夺。朕以尔勋绩久著，才望素隆，特兹简任，尔务以体国为心，闻命就道，竭忠尽力，大展谋猷，俾夷患殄除，地方安靖，以纾朕西南之忧；仍须深虑隙顾，事出万全，一劳永逸，以为广人久远之休，毋得循例辞避，以孤众望。尔钦哉。故谕钦此。

钦遵。照得当爵猥以菲才，滥膺重寄，多病之余，精力既已减耗；久废之后，事体又复阔疏；大惧弗堪，有负委托。及照两广之与江西、湖广，虽云相去辽远；而壤地相连，士夫军民，往来络绎；传闻既多，议论有素，况在无嫌之地，是非反得其真；且处傍观之时，区画宜有其当；合行谘询，以辅不逮。除委用职官，及调遣军马临时相机另行外，拟合通行。为此仰抄捧回司，照依案验备奉敕谕内事理，即行本司掌印佐贰及各道分巡兵备守备等官，并所属大小衙门各该官吏，凡有所见，勿惮开陈；其间或抚或剿，孰为得宜；设土设流，孰为便利；与凡积弊宿蠹之宜改于目前，远虑深谋之可行于久远者，备写揭帖，各另呈来，以凭采择。各该官吏俱要守法奉公，长廉远耻，祛患卫民，竭忠报国。毋以各省而分彼此，务在协力以济艰难，果有忠勇清勤绩行显著者，旌劝自有常典，当爵不敢蔽贤；其或奸贪畏缩志行卑污者，黜罚亦有明条，当爵亦不敢同恶；深惟昧劣，庶赖匡襄，凡我有司，各宜知悉。仍行镇守抚按等衙门知会，一体钦遵施行。

湖兵进止事宜 十月

据广西桂林道右参政龙诰、佥事申惠会禀："原调永、保二司宣慰官舍土兵共六千余员名，八月自辰州府起行，九月尽可到省城，各职即日起程前去全州、兴安等处接应督押；为照大兵进止，自有机宜；今未奉节钺抚临，莫知适从；查得旧规，兵至即发哨径趋宾州听遣；如至宾州而未用，恐接境思、田二府不无致生疑变，合无将各兵前赴梧州府屯扎，听候军门抚临调度"等因。照得本年八月二十四日先准兵部咨，该本爵看得，先任总督巡抚都御史姚，已蒙钦准致仕，而本爵又以扶病就医，听候辞本命下，未即起程；况湖兵未至，秋暑尚深，遥计贼情正在懈弛，机有可乘，事宜从便，已经行仰各该失事带罪立功守巡参将，及各领兵督哨等官，务要相度机宜，若各叛目诚心投抚，中间尚有可怜之情，朝廷岂以必杀为事，且宜从权抚插，听候本爵督临查处；若是阳投阴叛，谲诈反覆，度其事势，终难曲全，则宜密切相机乘间行事，务在获厥渠魁，不得滥加无罪，各官务要协和行事，既无参错牴牾有乖共济之义，亦无贪功轻率仰戾好生之仁，又经行仰各遵照施行去后。

今据前因，看湖兵既至，势难中止；非徒无事漫行，有失远人之信；亦且师老财费，重为地方之忧；但闻诸道路，传诸商旅，皆谓各目投抚之诚，今已甚切；致乱之情，尚有可原；且朝廷以好生为德，下民无必死之仇，是以本爵尚尔迟疑，欲候督临，乃决进止。顾传闻未真，兵难遥度，各官身亲其事，必皆的知；况原任总督虽已致政，尚在统领，老成慎重，当无随策；若果事在不疑，即宜乘机速举，一劳永逸，以靖地方；如其尚有可生之道，亦且毋为必杀之谋，匪曰姑息，将图久安。及照各处流贼，素为民患，非止一巢，若用声东击西之术，则湖兵之来，未为徒行；各官俱密切慎图，务出万全。本爵亦已扶病昼夜速进，军中事宜，从便施行；一面呈禀抚镇巡按等衙门一体通行知会，俱毋违错。

牌谕安远县旧从征义官叶芳等 十一月

往年本爵提督南、赣、汀、漳等处军务，因地方盗贼未平，身亲军旅，四出剿除；尔叶芳等乃能率领兵夫，来随帐下奋勇杀贼，效劳为多。后遭宁藩之变，尔叶芳又能坚辞贼贿，一闻本爵起调牌到，当即统领曾德礼等，及部下兵众，昼夜前来，远赴国难，一念忠义，诚有可嘉，备历辛苦，立有战功，赏未酬劳，予心慊慊，尝欲表奏尔一官，以励忠勤；随因本爵守制还家，未及举行。今兹奉命总制四省军务，复临是境，看得旧时从征军士，多被忌功之徒，百般屈抑，心殊为之不平。念尔叶芳，旧劳未酬，合就先行奖励；故特差典史张缙将带花红羊酒，亲至尔家，用旌尔功。尔其益谨礼法，以缉下人，益殚忠勤，以报上德，省谕部下之人，务要各安生理，各守家业。人惟不为善，未有为善而不获善报者；人惟不为恶，未有为恶而不受恶殃者。闻尔所居之地，傍近各寨新民；虽云向化，其间尚多与尔为仇，尔宜高尔墙垣，严尔警备，以戒不虞。尔等尝与杜柏、孙洪舜等不和，各宜消释，讲信修睦，安集地方。吾所以惓惓诲谕尔等者，实念尔等辛勤从我日久，吾视尔等不啻如父子，虽欲已于言，情有所不容已也。吾今以军机重务，即赴两广，不得久留赣城，尔等但体吾教戒之意，各安室家，不必远来候见，徒劳无益。其曾德礼等，俱各谕以此意。

批南康县生员张云霖复学词

看得张云霖原系本院檄召起兵从征人数，立有功次，已经核实造报，皆本院所亲知；后因忌功之徒，搜求罗织，遂令此生屈抑至此，言之诚为痛愤。仰分巡岭北道即兴查审教官费廷芳招案，有无干涉；功赏银两，曾否收给；仍行提学道收送复学，则有功之士，不至于抱冤愤；而本生仗义勤王之节，庶亦不负其初心矣。（批赣县生员雷瑞词同。）

放回各处官军牌 十二月二十五日

照得先因田州等处变乱，前任军门抽拨两省官军及差官，取调左右两江土官目兵前赴南宁等处驻扎，听候征剿。今照各夷皆来告，要诚心向顺，已渐有平复之机，且各处城池边隘缺人防守，往往来告盗贼乘间窃发，亦不可不为之虑。况今春气萌动，东作方兴，各兵屯顿日久，霜眠草宿，劳苦万端，应合放回。为此牌仰本官即将军门原调各处官军机兵打手，及土官目兵尽数撤散，放回休息，及时农种，防守城池。惟湖广永、保二司士兵，姑留听候，俟沿途夫马粮草完备，然后发回。各具由回报，毋得违错。

犒谕都康等州官男彭一等 十二月二十八日

看得广西某州县官孙族某，官男头目某等，统领土兵前来南宁宾州地方，屯哨日久，劳苦良多；即今岁暮天寒，各兵远离乡土，岂无室家之念，故今特加犒劳，通放归复业安生。本族官目务要严整行伍，经过地方，毋得侵扰人家一草一木，有犯令者，即时照依军法斩首。到家之后，仰本州县官仍要爱惜下人，辑和邻境，毋得恃强凌弱，倚众暴寡，越理逾分，自取罪累，遵守朝廷法制，保尔土地人民。牌仰本州县官执照遵守，到家之日，俱依准回报。

札付永顺宣慰司官舍彭宗舜冠带听调

据湖广永顺等处军民宣慰使司领征官带舍把彭明伦、田大有等呈称："统兵土舍彭宗舜系致仕宣慰彭明辅嫡生次男，伊兄彭宗汉身故，本舍应该袭替；嘉靖五年宗汉奉征田州，蒙军门札付冠带杀贼；惟本舍见统目兵听用，又自备家丁三千报效，窃恐未授官职，军威无所瞻肃；呈乞比照故兄彭宗汉事体授职便益"等因，到爵。

为照军旅之政，非威严则不肃；等级之辨，非冠带无以章。今官舍彭宗舜于常调之外，自备家丁，随父报效，不避艰险，勤劳王事，固朝廷之所嘉与，况又勘系应袭次男，今以土舍领兵，于体统未肃，合就遵照敕谕便宜事理，给与冠带，以便行事。除事宁另行具奏外。为此札仰官舍彭宗舜先行冠带，望阙谢恩，仍须秉节持身，正己律下，申严约束，而使兵行所在，无犯秋毫；作兴勇敢，而使兵威所加，有如破竹。务竭忠贞，以图报称，功成之日，具奏旌赏，国典具存。先具冠带日期，依准缴报。仍行本省镇巡衙门知会，毋得违错。

批广西布按二司请建讲堂呈

据参政汪必东、佥事吴天挺呈请建讲堂号舍，以便生员肄业事。看得感发奋励，见诸生之有志；作兴诱掖，实有司之盛心。不有藏修之地，难成讲习之功，况境接诸蛮之界，最宜用夏变夷，而时当梗化之余，尤当敷文来远，虽亦俎豆之事，实关军旅之机，准如所议，动支军饷银两，即为起盖，务为经久之计，毋饰目前之观。完日，开数缴报。

批立社学师耆老名呈嘉靖七年正月

据思明府申称："要令土人谭劫、苏彪加以社学师名号；乡老黄永坚加以耆老名号。"看得教民成俗，莫先于学。然须诚爱恻怛，实有视民如子之心，乃能涵育薰陶，委曲开导，使之感发兴起；不然则是未信而劳其民，反以为厉己矣。据本县所申，是亦良法，但须行以实心，节用爱民，施为有渐，不致徒饰一时之名，务垂百年之泽始可。该道守巡官仍加劳来匡直，开其不逮。备行该府查照施行。

议处江古诸处瑶贼

节据各道哨守官兵呈报，照得广西府江、古田、洛容诸处瑶贼，日来势益猖炽，皆由近年以来，大征之举既为虚文，而雕剿又复绝响，是以为彼所窥，肆无忌惮。今思、田事体渐就平息，湖兵西归有日，正可相机行事。为此牌行左布政严纮，密切会同参政龙诰，按察使钱宏，副使李如圭、翁素，将各稔恶贼巢，务访的确；密拘知因乡道，备询我兵所由道路险夷远近，及各贼巢所在，议谋既定，即可迎约湖兵决机行事；要在声东击西，后发先至，但诛其罪大恶极者一处两处，其余且可悉行宽抚，容令改恶从善，务在去暴除残，惩一戒百，不必广捕多杀，致令玉石无分，惊疑远迩，后难行事。若其事势连络广远，关系重大，亦且不宜轻动。本院尚驻南宁，彼中事机，势难遥度，谅各官平日素有深谋沉勇，秉义奋功，一切机宜，自能周悉。近报划平之获，已见用心之勤，尚须后效，一并奏请。凡有申禀，密切封来。

批岭西道立营防守呈二月

据佥事李香呈称："顾募打手，立营防守缘由。"看得所议既得其要略，但屯兵固不可分，而合兵又不宜顿，必须该道及统兵官时将屯聚之兵，督率于贼盗出没要害往来巡视操演；因而或修复营堡，或开通道路，或戒饬反侧瑶寨，或抚安凋弊民村，巡行惯熟，远近不疑；择其长恶不悛者，间行雕剿，惩一戒百。如农夫之植禾，必逐渐而耕耨；如园丁之去草，必以次而芟除。庶屯聚之兵，无坐食之患，而有日新之功矣。仰备行各官查照施行。

犒送湖兵

照得先该军门奏调湖广永顺、保靖二宣慰司土官目兵前来征剿田州等处。今照各夷自缚归降，地方平靖。为照宣慰彭明辅、彭九霄虽未及冲冒矢石，摧坚破敌；然跋涉道途，间关山海，不但劳苦之备尝，且其勤事之忠，赴义之勇，不战而胜，全师以归，隐然之功，亦不可掩；所据宴劳之礼，相应照旧举行。其沿途该用廪给口粮等项，亦合计算总支；庶免阻滞，及省偏州下邑之扰。为此牌仰本官行会左参政龙诰，佥事吴天挺，参议汪必东督行南宁府，于赏功彩缎金银花枝银两内照依开数支出，赍送各宣慰，并给赏各舍目收领，以慰其劳。仍将永、保二司官舍头目人等合用廪给口粮等项，查取见在确数各有若干，亦行南宁府查自本府起，至梧州府止，计算几县，每驿扣算该银若干，就于军饷银内支给；又自梧州起，至桂林府止，查算县驿若干，亦就行该府支银应付；又自桂林府起，照前计算至全州止，银两亦行该府查给。其各州县止是应付人夫，再不许别项科派于民。仍通行南宁、浔州、梧州、平乐、桂林、全州各查照单内预行整办犒劳，下程听候各官舍目到彼，分送犒劳给赏施行。

批岭西道抚处盗贼呈

看得各处盗贼，全在抚处得宜，绥柔有道，使之畏威怀德，岁改月化，自然不敢为恶，乃为善策；虽雕剿之举，亦不得已而后一行。至于待其猖獗肆恶，然后悬金以购首级之获，掩袭以求斩捕之多，抑亦末矣。今后该道官务思抚处绥柔之长策，如驾舟之舵，御马之辔，操持有要，而运动由己；若舍舵与辔而广求驾御之术，虽极功巧习熟，终亦不免倾跌之虞。一应赏罚，量功大小以为多寡；军门原有旧规，军职累功升级，亦有见行事例；临阵退缩，仰遵敕谕事理，当时以军法从事。俱仰查照施行。缴。

禁革轻委职官

据广东布政司呈参："广州左等四卫掌印指挥王冕、海信、杜隆、冯凝，千户陆宗等，百户刘恺等，不修职业，委弃城池，远出经旬，肆无忌惮，应合参问。"参看擅离职役，律有明条；今各处军卫有司官往往辄因私事，弃职远出；或因上司经由，过为趋诣，越境送迎，往回动经旬月，上下相安，恬不为异，仰布政司通行禁革究治。今后不系紧急军机重务，其余问候申请等项，虽亦公事，势有轻缓者；上役吏胥差使，不许轻委职官，非但廪给夫马，骚扰道途，劳费不少；抑且城池库狱，一有亏失，贻累匪轻。各该衙门首领官今后俱要置立文簿，凡遇掌印佐贰及带俸等官公事出入，俱要开记月日；因某事到某处送迎，或承何衙门到某处差委，某年月日回任，岁终缴报本院，以凭查究。

大抵天下之不治，皆由有司之失职；而有司之失职，独非小官下吏偷惰苟安侥悻度日，亦由上司之人，不遵国宪，不恤民事，不以地方为念，不以职业经心，既无身率之教，又无警戒之行，是以荡弛日甚，亦宜分受其责可矣。仰布政司备行各该守巡、各兵备、守备及府、州、县、卫、所等大小衙门，仰各查照施行。该卫掌印等官姑记未究。其陆宗、刘恺遵照本院钦奉敕谕事，先行提究，以警其将来。此缴。

分派思田土目办纳兵粮四月

照得思恩、田州二府，各设流官知府治以土俗；其二府原旧甲分城头，除割田州八甲分立土官知府，以存岑氏之后。其余悉照旧规，不必开图立里；但与酌量分析，各立土目之素为众所信服者以为土官巡检，属之流官知府，听其各以土俗自治，照旧办纳兵粮，效有勤劳，递加升授；其袭授调发，必皆经由于知府；其官职土地，皆得各传其子孙。除具题外。为照各甲城头，既已分析，若不先令各自暂行分管，诚恐事无统纪，别生弊端。为此牌仰田州府土目龙寄等遵照后开甲分，每岁应该纳办官粮，查照开数，依期完纳，出办一应供役征调等项事情，悉听知府调度约束。本目仍要守法奉公，正己律下，爱养小民，保安境土，毋得放纵恣肆，逾分干纪，自取罪累，后悔无及，候奏请命下，仰各钦遵施行。

计开：

凌时甲　每年纳夏税秋粮米八十八石八斗七升七合。每调出兵三百八十四名。每年表笺用银三钱二分。须知一本，赴广西用银一钱一分。须知二本，赴京用银八钱八分。每年纳官猪等例银一十三两。每年纳官禾四十担，重一百斤。每年供皂隶禾七担。

完冠岽陶甲。

案行广西提学道兴举思田学校

照得田州新服，用夏变夷，宜有学校；但疮痍逃窜之余，尚无受廛之民，即欲建学，亦为徒劳；然风化之原，终不可缓云云。除具题外，拟合就行。为此仰抄案回道，著落当该官吏备行所属儒学遵照，但有生员，无拘廪增，愿改田州府学，及各处儒生愿附籍入学者，各赴告本道，径自查发，选委教官一员，暂领学事，相与讲肆游息，或兴起孝弟，或倡行乡约，随事开引，渐为之兆，俟休养生息一二年后，该府建有学校，然后将各生徒通发该学肄业，照例充补增廪，以次起贡，俱无违错。

揭阳县主簿季本乡约呈四月

据揭阳县主簿季本呈为乡约事。足见爱人之诚心，亲民之实学，不卑小官，克勤细务，使为有司者，皆能以是实心修举，下民焉有不被其泽，风俗焉有不归于厚者乎。但本官见留军门听用，该县若无委官相继督理，未免一暴十寒；况本院近行十家牌谕，虽经各府县编报，然访询其实，类是虚文搪塞；且编写人丁，惟在查考善恶，乃闻加以义勇之名，未免生事扰众，已失本院息盗安民之意。访得潮州府通判张继芳持身端确，行事详审，仰该府掌印官将发去牌式，再行晓谕所属，就委张继芳遍历属县，督令各该县官勤加操演，务要不失本院立法初意。仍先将牌谕所开事理，再四绸绎，必须明白透彻，真如出自己心，庶几运用皆有脉络，而施为得其调理。该县乡约仰委县丞曹森管理，毋令废堕。

赈给思田二府

照得近因思、田二府攘乱，该前总镇等官奏调三省汉土官军兵快人等前来南宁府屯住防守，军民大小，男不得耕，女不得织，而湖兵安歇之家，骚扰尤甚；今虽地方平靖，湖兵已回，然疮痍未起，困苦未苏，况自三月已来，天道亢旱，种未入土，民多缺食，诚可悯念。已经行仰同知史立诚遍查停歇湖兵之家，开报相应量行赈给。为此牌仰南宁府著落当该官吏，专委同知史立诚即将十名以上七十一家，各给米二石，咸鱼二十斤；五名以上三百五十六家，各给米一石三斗，咸鱼十三斤；五名以下四百五十四家，各给米一石，咸鱼十斤；就于该府军饷米鱼内支给开报。其余大小军民之家，谕以本院心虽无穷，而钱粮有限；各宜安心生理，勤俭立家，毋纵骄奢，毋习游惰，比之丰亨豫大之日虽不足，而方之兵戈扰攘之时则有余矣。

牌行灵山县延师设教六月

看得理学不明，人心陷溺，是以士习日偷，风教不振。近该本院久驻南宁，该府及附近各学师生前来朝夕听讲，已觉渐有奋发之志；但穷乡僻邑，本院既未暇身至其地，则诸生亦何由耳闻其说，合行委官，遍行训告。

看得原任监察御史，今降合浦县丞陈逅，理学素明，志存及物，见在军门，相应差委。除行本官外。为此牌仰灵山县当该官吏，即便具礼敦请本官于该县学安歇，率领师生，朝夕考德问业；务去旧染卑污之习，以求圣贤身心之功。该县诸生应该赴试者，临期起送；不该赴试者，如常朝夕听讲。或时出与经书策论题目，量作课程；不得玩易怠忽，虚应故事，须加时敏之功，庶有日新之益。该县仍要日逐供给薪米之类。候该县掌印官应朝之日，本官不妨训迪诸生，就行兼署该县印信。

牌行委官陈逅设教灵山

看得理学不明云云。除行廉州府及所属县外，牌仰本官即便前去该府及所属县，行各掌印官召集各该县师生，遍行开导训告，各行立志敦本，求为身心之学，一洗旧习之陋，度量道里，折中处所，于灵山县儒学住歇，令各县师生可以就近听讲。其诸生该赴试者，临期起送；不该赴试者，如常朝夕聚会，考德问业，毋令一暴十寒，虚应文具。亦或时出经书策论题目，量作课程；就与讲析文义，以无妨其举业之功。大抵学绝道丧之余，人皆骇于创闻，必须包蒙俯就，涵育薰陶，庶可望其改化；诚本官平日素能孜孜汲引，则此行必能循循善诱。该县掌印官应朝之日，本官不妨训迪诸生，就行兼署该县印信，待后县官应朝回日，方许交还。

牌行南宁府延师设教

看得理学不明，人心陷溺，是以士习益偷，风教不振。近该本院久住南宁，与该府县学师生朝夕开道训告，颇觉渐有兴起向上之志；本院又以八寨进兵，前往贵州等处调度，则兴起诸生，未免又有一暴十寒之患。看得原任监察御史，今降揭阳县主簿季本，久抱温故知新之学，素有成己成物之心，即今见在军门，相应委以师资之任。除行本官外，仰南宁府掌印官即便具礼率领府县学师生敦请本官前去新创敷文书院，阐明正学，讲析义理。各该师生务要专心致志，考德问业，毋得玩易怠忽，徒应虚文。其应该赴省考试者，扣算程期，临时起送；不该赴试者，仍要如常朝夕质疑问难。或时出与经书题目，量作课程；务加时敏之功，以求日新之益，该府县仍要日逐量送柴米供给。

牌行委官季本设教南宁

看得理学不明，人心云云。除行该府掌印官率属敦请外，仰本官就于新创敷文书院内安歇。每日拘集该府县学诸生，为之勤勤开诲，务在兴起圣贤之学，一洗习染之陋。其诸生该赴考试者，临期起送；不该赴试者，如常朝夕聚会。考德问业之外，或时出与经书论策题目，量作课程；就与讲析文义，以无妨其举业之功。大抵学绝道丧之余，未易解脱旧闻旧见。必须包蒙俯就，涵育薰陶，庶可望其渐次改化。谅本官平素最能孜孜汲引，则今日必能循循善诱。诸生之中有不率教者，时行夏楚，以警其惰。本院回军之日，将该府县官员师生查访勤惰，以示劝惩。

批岭东道额编民壮呈六月

据岭东道巡守官呈："议将各额编民壮存留，照旧守城；并追工食，雇募打手调用。"看得本院自行十家牌式，若使有司果能著实举行，则处处皆兵，家家皆兵，人人皆兵，防守之备既密，则追捕之兵自可以渐减省，以节民财，以宽民力。但今有司类皆视为虚文，未曾实心修举；一旦遂将额设民壮三分减，则意外不测之虞，果亦有如各官所呈者。合且姑从所议，将各民壮照旧存留，备行该道所属查照施行。仍仰各官务要用心举行十家牌式，不得苟且因循，惟事支吾。目前徒倚繁难自弊之术以为上策，反视易简久安之法以为迂缓。噫。果有爱民之诚心，处官事如家事者，其忍言者之谆谆，而听之乃尔其藐藐耶？凡我各官戒之敬之。此缴。

裁革文移

据布政司呈："今后但有牌案行属者，则于备仰语后止令奉行官吏具遵行过缘由回报。"看得近来官府文移日烦，如造册依准等项，果系徒劳徒费，虚文无补，本院欲革此弊久矣，因军务纷剧，未及举行；据呈前因，可谓先得我心之同然者。自今事关本院，除例该奏报及仓库钱粮金帛赃罚纸价预备稻谷等项，仍于每岁终开项共造手册一本，送院查考外；其余一应不大紧要文册，及依准等项，通行裁革，务从简实，以省劳费。凡我有官皆要诚心实意，一洗从前靡文粉饰之弊，各竭为德为民之心，共图正大光明之治，通备行各该衙门查照施行。缴。

批右江道调和寨目呈

据副使翁素呈，湖润寨目兵径赴镇安取调，准议备出印信下帖，给与该府该司；各永永执照，以杜后争。湖润既已自知原属镇安，自此必益洪事大之职；镇安既欲自求仍统湖润，自此必益施字小之仁；须要诚心协和，庶可永绝祸患。若徒追胁矫诬于一时，终必反覆变乱于日后，此自取灭亡，后悔何及。仰各知悉遵照毋违。此缴。

批南宁府表扬先哲申

据南宁府申称："北门外高岭原有庙宇，以祠宋枢密使狄武襄公青，经略使余公靖，枢密直学士孙公沔，邕州太守忠壮苏公缄，推官忠愍谭公必缘，年久倾颓，止存基址。今思、田既平，所宜修复，以系属人心，以耸示诸夷。"看得表扬先哲，以激励有位，此正风教之首；况旧基犹存，相应修复，准支在库无碍官银，重建祠宇；其牌位祭物等项，照旧修举；完日具由回报。此缴。

批增城县改立忠孝祠申

据增城县申称："参得广东参议王纲，字性常，洪武年间因靖潮寇，父子贞忠大孝，合应崇祀；于城南门外天妃庙改立忠孝祠。"看得表扬忠孝，树之风声，以兴起民俗，此最为政之先务；而该县知县朱道澜乃能因该学师生之请，振举废坠，若此则其平日职业之修，志向之正，从可知矣。仰行该县悉如所议施行，其神像牌位及祭物等项；俱听从宜酌处。完日具由回报。此缴。

批参政张怀奏留朝觐官呈

据左参政张怀所呈，悯念兵荒，欲留府县正官，足见留心地方。但今岁应朝事体颇重，朝廷励精图治，必有维新之政；各该正官正宜一行，以快观感；似难通行奏留，仰各照例依期起程。况该道守巡既得贤能官员，各肯忧劳尽心；若此各府州县虽无正官，其各佐贰亦必警戒修省，自堪驱策。其间果有阘冗不才，不任委寄者，该道即行别委相应官员署管。仰即通行查照施行，毋再疑滞。缴。

经理书院事宜八月

据参事吴天挺呈称："将南宁城东西二壕花利，通收府库；支与书院师生应用，剩银修理，仍置教官私宅号房，以为定规。"看得所呈事宜，足见该道官留心学校，兴起士习之美意，俱准照议施行。但事无成规，难垂久远，而管理非人，终归废坠。该道仍须置立文簿，将区处过事宜逐件开载，给付该府县学及管理书院官各收一本存照，相继查考举行，以防日后埋没侵渔之弊。仍于各教官内推举学行端方、堪为师范者呈来定委，专管书院诸务，训励诸生，庶几法立事行，人存政举，而今日书院之设为不虚矣。仍行提督学校官知会，一体查督举行；及备行该府县学官吏师生查照施行，俱毋违错。此缴。

牌行南宁府延师讲礼八月

照得安上治民，莫善于礼，冠婚丧祭诸仪，固宜家谕而户晓者，今皆废而不讲，欲求风俗之美，其可得乎？况兹边方远郡，土夷错杂，顽梗成风，有司徒事刑驱势迫，是谓以火济火，何益于治？若教之以礼，庶几所谓小人学道则易使矣。近据福建莆田儒学生员陈大章前来南宁游学，进见之时，每言及礼。因而扣以冠婚乡射诸仪，果亦颇能通晓。看得近来各学诸生，类多束书高阁，饱食嬉游，散漫度日。岂若使与此生朝夕讲习于仪文节度之间，亦足以收其放心，固其肌肤之会，筋骸之束，不犹愈于博弈之为贤乎。为此牌仰南宁府官吏即便馆谷陈生于学舍，于各学诸生之中，选取有志习礼及年少质美者，相与讲解演习。白此诸生得于观感兴起，砥砺切磋，修之于其家，而被于里巷，达于乡村，则边徼之地，自此遂化为邹鲁之乡，亦不难矣。诸生讲习已有成效，该府仍要从厚措置，礼币以申酬谢。仍备由差人送至广西提督学校官以次送发各府州县，一体演习。其于风教，要亦不为无补。

札付同知林宽经理田宁

照得思、田二府平复，议将田宁府改设流官，见今无官管理。看得化州知州林宽才识通敏，干办勤励；本爵巡抚江西，知其可用，近因改建府治，修复城垣，已经委令经理；即若升以该府同知，而使久于其职，必有可观；已经具题奉有明旨。

续该本院看得南宁自宣化县至于田宁，逆流十日之程，其间错以土夷村寨，奸弊百出，本爵近因躬抚南宁思龙诸图，乡民拥道控告，愿立县治，因为经理。相度得村名那久者，宽平深厚，江水萦迴，居民千余家，竹树森翳，且向武各州道路皆经由其傍，亦为四通之地，堪以设立县治，属之田宁；亦足以镇据要害，消沮盗贼，又经具题外。

为照新升知府张钺尚未到任，合就札仰本官即便管理府事，抚绥目民；其修筑城垣廨宇，及那久新立县治等项事宜，公同各该委官用心督理，务在修筑坚固，工程早完，以图经久。候知府张钺到任，仰本官专督思龙县治，务要清查所割图里钱粮明白，毋令奸民飞诡影射，致贻纷争。本官素有才识，志在建功立业，况奉新命，擢佐专城，远近土目人等侧耳注目，思有维新之政，本官务要竭心殚力，展布才猷，以仰答朝廷之恩，俯慰下民之望，中无负于辕门之委托。如其因循玩偈，隳事废功，不但声名毁辱，抑且罪责难逃。

和田玉鱼化龙玉佩

札付同知桂鳌经理思恩

照得思、田二府平复，已经具题将柳州府同知桂鳌经理思恩府事，休劳息困，当有所济。续该本爵看得岑溽新移府治，皆斩山绝壁，如处戈矛剑戟之中，况瘴雾昏塞，薄午始开。本爵近因督剿八寨，亲往相度，看得地名荒田，宽衍膏腴，可以建府治。而上林县地名三里者，乃在八寨之间，其地多良田茂林，村落相望，堪以移设凤化县治，量筑城垣廨宇，招抚逃亡，可以成一方之保障；仍将上林一县，通割以属思恩，似于事势为便等因，又经具题外。

为照署掌府印，迁筑府城，新创县治，及盖廨宇等项，皆不可缺人督理，合就札仰本官即便星驰前去思恩府署掌印信，抚绥目民其迁筑府城于荒田，移设县治于三里，及创建廨宇等项一应事宜，公同各该委官用心督理云云。如其因循玩愒，隳事废功，岂徒身名毁辱，兼亦罪责难逃。

牌行南昌府保昌县礼送故官

照得保昌县县丞杜洞，久在军门，管理军赏，清介自持，贤劳茂著，郡属之中，实为翘然；今不幸病故，使人检其行囊，萧然无以为归殡之资，殊可伤悼。今寻常故官小吏，无洞一日之劳者，犹且有水手殡殓之例；况洞从征恶寇，跋涉险阻，冲冒瘴毒，又且平日才而且贤，所渭以死勤事者矣。焉可以不从厚待之，是贤不肖略无所辨也。为此牌仰本府官吏，即于库贮无碍官钱内给与水夫二名，棺殓银十两，就行照例起关，应付船只脚力，查照家属名数，给与口粮，务要从厚资送还乡开报。及仰保昌县官吏，即便金拨长行水手二名，棺殓银二十两，及将本官应得俸粮马夫银两，照数支给，交付伊男；及差的当人役，护送还乡，毋致稽误。

调发土兵 十月

照得各州土兵，征调频数，本非良法，非但耗费竭财，抑且顿兵剉锐；必须各州轮年调发，一以省供馈之费，一以节各兵之劳，庶几土人稍有休息之期，而官府亦获精锐之用。已经行仰该司遵照备行南丹州官族莫振亨，即就拣选勇敢精锐目兵三千名，躬亲统领，照依克定日期前赴广西省城听调杀贼，果能输忠报效，立有奇功，即与具奏准袭该州官职，自今八月初一日为始，至下年八月初一日止，却调东兰州土兵依期更替。自今各州目兵军门，断不轻易调发，致令奔疲劳苦；亦决不姑息隐忍，纵令骄惰玩驰。但有稽抗迟误，违犯节制，轻则量行罚治，重则拿究，革去冠带，又重则贬级削地，又重则举兵诛讨，断不虚言，通行各土官兵目知悉，俱仰改心易虑，毋蹈前非，自贻后悔去后。

今据所呈，为照本院军令既出，难再轻改，失信下人。但本官呈称雕剿缺兵，固亦一时权宜，况称原系本州先年自愿报效，不在秋调之数，亦合姑从所请，暂准取调。为此牌仰本官即便会同镇守太监付伦，行仰该州土官韦虎林，照数精选目兵，前赴省城，听各官调遣剿贼；待三两月间事毕，随即撤放回州，遵照军门批行事理，依期更班听调，不许久留失信。其所呈雕剿事宜，悉听会同三司掌印守巡兵备等官依拟施行。事完之日，通将获过功次，用过钱粮数目，开报查考，俱毋违错。仍行总镇总兵镇巡等衙门知会。

犒奖儒士岑伯高

照得思、田之乱，上廑九重，命将出师，动调四省军马钱粮，汹汹两年，功未告成，而变日不测。本院前来勘处，是固仰赖皇上好生之仁格于天地，至诚动物，不疾而速，是以宣布威德，而旬月之间诸夷即尔革心向化，翕然来归。然而奔走服役，固有效劳于下者，其间乃有深谋秘计之士，潜开默导，以会合事机，其功隐而难见，此惟主将知之，功成行赏，是所谓首功者也。

照得儒士岑伯高素行端介，立心忠直，积学待时，安贫养母。一毫无所苟取，而人皆服其廉；一言不肯轻发，而人皆服其信；游学横州、南宁之间，远近士夫，及各处土官土夷，莫不闻风向慕，仰其高节。本院抚临之初，即用此生，使之深入诸夷，仰布朝廷之德，下宣本院之诚，是以诸夷孚信之速，至于如此，本生实与有力焉。当时平复奏内，即欲具列本生之功；而事变方息，深谋秘计，未欲张布于诸夷，但本生志在科第发身，不肯异途苟进，坚辞力请，本院不欲重违雅志，遂尔未及奏列。今思、田既已大定，凡有微劳于兹役者，莫不开列；而本生之功泯然未表，其于报功励忠之典，诚有未当。仰抄案回司即于军饷银内动支一百两，及置买彩币羊酒礼送本生，以见本院慰赏犒劳之意。仍仰遵本院钦奉敕谕便宜事理，给与军功冠带，以荣其身。该司仍备给札付执照，并行原籍官司，以礼优待，免其杂泛差徭，明朝廷赏功之典，彰军门激励之道，既以遂其养母之愿，且以遂其高尚之心；是后本生志求科第，其冠带自不相妨。仍行两广总镇总兵镇巡等衙门知会。

征剿八寨断藤峡牌 七年三月（以下俱征八寨）

据留抚田州、思恩等处地方右布政使林富，原任副总兵都指挥同知张祐连名呈称：田州、思恩平复，居民悉已各安生理，土夷亦皆各事农耕，地方实已万幸；惟八寨瑶贼云云。合就仰遵敕谕事理，量拨官兵，协同卢苏、王受等土兵，分路进剿。除差官舍赍捧令旗令牌分投督押土兵，本院亲至宾州、思恩等处相机调度，面授方略外。为此牌仰右布政使林富、副总兵张祐即便督领官军，督发土目卢苏、王受等兵夫，从公尧、思恩取路进剿后开寨分，务要声言各贼累年杀害良民，攻劫州县乡村之罪，歼厥渠魁，及其党与罪恶显著者，明正天讨，以绝祸根。除临阵擒斩外，其余胁从老弱，一切皆可宥免。今兹之举，惟以定乱安民为事，不以黩武多获为功；各官务要仰体朝廷忧悯困穷之心，俯念地方久遭盗贼屠戮之苦，督各官兵目兵人等，务歼真正恶目，一洗民冤，永除民患，以靖地方。仍禁兵马所过乡村，毋得侵扰民间一草一木，有犯令者，仰即遵本院钦奉敕谕事理，当即处以军法，俱毋有违节制方略，自取罪戾。

牌行领兵官

牌行左参将署都指挥佥事张经，会同该道守巡守备官，及湖广督兵佥事汪溱，都指挥谢珮，督永顺宣慰彭明辅，统兵进剿牛肠诸贼云云。及监都保靖宣慰彭九霄，统兵进剿六寺、磨刀等寨诸贼云云。未至信地三日之前，停军中途，候约参将张经，与同守巡各官集议，先将进兵道路之险易远近，各巢贼徒之多寡强弱，及所过良民村分之经由往复，面同各乡道人等逐一备细讲究明白，务要彼此习熟通晓，若出一人。然后克定日时，偃旗息鼓，寂若无人，密至信地，乘夜速发，务使迅雷不及掩耳，将各稔恶贼魁，尽数擒剿，以除民害，以靖地方。除临阵斩获外，其余胁从老弱，一切皆可宥免。今兹之举，惟以定乱安民为事，不以多获首级为功；各官务要仰体朝廷忧悯困穷之心，俯念地方久罹荼毒之苦，仍要禁约军民人等，所过良民村分，毋得侵扰一草一木，有犯令者，当以斩首示众。本官既有地方责任，兼复素怀忠义，当兹委用，务竭心力，大展才猷，以祛患安民。一应机宜，牌内该载不尽者，听公同各官计议从便施行，一面呈报。事完之日，通将获过功次，开报纪功御史衙门纪验，以凭奏报。仍密行总镇镇巡等衙门知会，俱毋违错。

戒谕土目五月

案照先经行委副总兵张祐处，率督官土目兵人等进剿思恩八寨瑶贼，今据头目卢苏、王受等禀报，皆已攻破各寨，斩获贼级，虽未日久，苦亦无多；且又未见获有真正首恶，中间恐有容隐脱放情弊，合行戒谕督促。为此牌仰本官上紧亲行督谕各头目及士兵人等，俱要协力齐心，竭忠报效，务图剿灭，以绝祸根，庶可以表明各目尽忠图报之真心：若是少有纵容，复留遗孽，亦是徒劳一场，不足为功，适足为罪，非惟不能仰报朝廷再生之恩，其于本院所以惓惓恳恳，不顾利害是非，务要委曲成就尔等之意亦辜负矣。牌至，即以此意勉谕各目各兵，此举非独为除地方之害，亦为尔等建子孙久长之业，尽此一番辛苦，便可一劳永逸矣。发去良民，其榜可给则给，可止则止，一应事机，俱仰相机而行。其号色等项，已付思、田报效人役径自带回分表，亦宜知悉。

追捕逋贼

据同知桂鏊禀报："领兵土目卢苏、王受等，各已屯兵八寨，斩获贼首贼从数多，巢穴悉已破荡，即今方在分兵四路搜剿。"及称："附近上林县一十八村，俱搬移上山躲住。又访得铁坑、那埋二堡贼村，界连迁江、洛春、高径、大潘、思卢、北三、向北夷僮村分，今皆逃往潜住。又访得八寨贼徒，我兵未进之前，陆续出劫乡村，今皆不敢回巢，散入宾州禄里，并贵县凉伞、垒纸等夷僮村分藏躲，合行分兵搜捕"等因。

看得八寨瑶贼，稔恶多年，攻劫乡村，杀害人民，掳掠财畜，百姓怨恨，痛入骨髓；今恶贯满盈，民怨神怒，巢穴破荡，分崩离析，如失林之枭，投置之兔，迷魄丧魂，正可搜猎而尽，是乃上天欲亡此贼之秋，若不乘此机会，奉行天讨，以雪百姓之冤，以舒神人之怒，以除地方之祸，存其遗孽，复为他日根芽，此岂为民父母之心乎？及访得平日哨守八寨官兵人等，往往与贼交通者；据法俱应明正典刑，今且姑未拿究，容其杀贼报效，立功自赎。除各差官督剿外。为此牌仰指挥程万全，督率迁江所土官指挥黄禄、千户黄瑞、百户凌显等，各起集管下土兵人等，前去北三、思卢等处搜捕各贼。仍行晓谕各良善向化村寨，务将逃躲各贼，尽数擒斩，以泄军民之愤，获功解报，一体给赏。若是与贼通谋，容留隐蔽，访究得出，国宪难逃。如是各贼果有诚心悔罪，愿来投抚立功报效者，亦准免其一死，带来军门抚谕安插。各官务要尽忠竭力，上报国恩，下除民患，副军门之委托，立自己之功名。仍督平日与贼交通之人，令其向道追捕，痛加惩改，及此机会，立功自赎；果能奋不顾身，多获真正恶贼，非但免其既往之罪，抑且同受维新之赏。若犹疑贰观望，意图苟免，定行斩首示众，断不虚言，本院数日之后，亦且亲临地方，躬行赏罚，仰各上紧立功，毋自取悔。

牌行委官林应骢督谕土目五月

看得田州、思恩领兵头目卢苏、王受等所领目兵，皆系骁勇惯战之人；今又各为身家子孙之计，自愿出力报效，立功赎罪，既已攻破贼巢，分屯其地，则其搜捕溃散之贼，当如探囊取物，数日可尽。今已半月有余，尚未见有成功，气势日见委靡，此必军中收有贼巢妇女等项，贪恋女色财物，不肯割舍脱离，奋勇杀贼，苟且偷安，遂致兵气日衰，军威不振，若诸贼闻此消息，乘此懈怠，掩袭不备，我军必致挠败。如此则是各目此举，本欲立功而反败事；本欲赎罪而反增罪；非惟不能仰报朝廷之德，抑且有损军门之威矣。正名定罪，后悔何及。

为此牌仰原任户部郎中、今降徐闻县县丞林应骢，赍执令旗令牌，会同总兵监军等官，公同署田州府事知州林宽，身督头目卢苏等，阅视各营，但有收得贼巢妇女财物者，通行搜出，俱各开纪名数，别立老营一所，选委老成头目，另拨谨实小心兵夫，昼夜管守。将各贪恋女色财物、不肯奋勇杀贼头目兵夫，姑且免其罚治，责令即出搜山，果能多有擒斩，旬日之内功成班师，仍将前项妇女财物，照名给还，亦不追失前罪。若有贪恋女赃，违犯军令，仍前不肯效力者，仰即遵照军门号令，当时斩首示众，断毋姑息容忍，致败三军大事。

盖前日之招抚，专以慈爱恻怛为念者，乃是本院怜悯两府之民无罪而就死地，乃是父母爱子之心，惟恐一民不遂其生也。至于今日用兵，却须号令严明，有功必赏，有罪必戮者，乃是本院欲安两府之民，使之立功赎罪，以定其良家，而因以除去地方之恶，是乃帅师行军之道，不如此不足以取胜而成功也。差去旗牌官员务要星火催督，毋事姑息，若旬日之后，再无成功，本院亲临分地，定先将监军督军等官明正军法；其推托避事，不肯奋勇杀贼头目，通行斩首，决不虚言。

牌委指挥赵璇留剿余贼六月

牌仰指挥赵璇，前去督哨副总兵张祐处，查审各寨稔恶瑶贼，曾否剿绝；各兵见在何处，闻已出屯三里，仰就各营士兵目夫，凡有疾病老弱者，俱令在营将息调理；其精壮骁勇目兵，仍仰本官务要三四日，或五六日，督令入山巡剿一番，出意外之奇，以示不测之武，须候各山果无潜遁之奸，各巢已无复归之贼，俟军门牌至，方许回兵。仍谕土目卢苏、王受等，以如此炎毒大气，如此暑雨连绵，各兵久在山中，辛勤劳苦，本院非不倦倦忧念；但一则欲为尔等立功，一则欲为地方除害，心虽不忍久劳尔等，而势有所不能已也。尔等其务体本院之意，再耐旬日之苦，以成百年之功，毋得欲速一时，致贻后悔。事完之日，通至宾州，本院亲行犒赏，就领牌札，仰各知悉。

牌行副总兵张祐搜剿余巢七月

访得上林相近地方如渌茅等村，皆系阳招阴叛，与八寨诸贼里应外合，积年流毒地方，即其罪恶，尤有甚于八寨诸贼，若不剿灭，终遗祸根。为此今差指挥赵璇，赍牌前去督哨副总兵张祐处计议，仰即密召领兵头目卢苏、王受等，令各挑选精兵一千，或一千五百，以搜巡八寨为名，当日乘夜速发，分道夹剿后开各贼村分，务要歼除党与，荡平巢穴。若是各贼奔窜大名深山，各兵就可留屯其地，食其禾米六畜，分兵探贼向往追捕。本院先曾发有武缘乡兵，分搜大名诸山，遥计此时，各贼正回山下各村躲住，及今往剿，正合事机。仰谕各目，务要潜机速发，不得迟留隔宿，必致透漏消息，徒劳无功。发兵进剿之后，一面差人飞报。

计开：

绿茅。 通亲。 绿小。 批头。 罗煖。

其余各巢，不能尽开，须要量其罪恶大小，可剿则剿，可抚则抚，相机而应。

犒劳从征土目八月

照得思、田二府头目卢苏、王受等率领部下兵夫，自备衣粮，征剿八寨瑶贼，渠魁殄灭，群党削平，即今地方宁靖，旋师奏凯，实由各目兵夫不避炎蒸，奋勇效劳。但进兵以来，妨废一年耕种，况今青黄不接之时，部下兵夫家属，未免缺乏，相应量为赈给，以慰人心。为此牌仰同知挂鏊即便会同南宁府掌印官，将该府军饷粮米鱼盐内照依开数支给各头目收领。但念思恩南宁道里相去隔远，粮米搬运不便，合就于武缘县见贮军饷米内支给，与各领用，以见本院体恤之心。仍开给散过数目缴报查考，毋得违错。

绥柔流贼 五月

接左江道参议等官汪必东等呈称："古陶、白竹、石马等贼，近虽诛剿，然尚有流出府江诸处者，诚恐日后为患，乞调归顺土官岑璋兵一千名，万承、龙英共五百名，或韦贵兵一千名，住扎平南、柱平冲要地方。"及该府知府程露鹏等亦申："量留湖兵，及调武靖州狼兵防守"等因。

始观论议，似亦区画经久之图；徐考成功，终亦支吾目前之计。盖用兵之法，伐谋为先；处夷之道，攻心为上；今各瑶征剿之后，有司即宜诚心抚恤，以安其心；若不服其心，而徒欲久留湖兵，多调狼卒，凭藉兵力以威劫把持，谓为可久之计，则亦末矣。殊不知远来客兵，怨愤不肯为用，一也。供馈之需，稍不满意，求索訾詈，将无柢极，二也。就居民间，骚扰浊乱，易生仇隙，三也。困顿日久，资财耗竭，适以自弊，四也。欲借此以卫民，而反为民增一苦；欲借此防贼，而反为吾招一寇；各官之意，岂不虞各贼乘间突出，故欲振扬兵威，以苟幸目前之无事，抑亦不睹其害矣。前岁湖兵之调，既已大拂其情，乃今复欲留之，其可行乎？

夫刑赏之用当，而后善有所劝，恶有所惩；劝惩之道明，而后政得其安。今稔恶各瑶，举兵征剿，刑既加于有罪矣；然破败奔窜之余，即欲招抚，彼亦未必能信。必须先从其傍良善各巢，加厚抚恤，使为善者益知所劝，而不肯与之相连相比，则党恶自孤，而其势自定。使良善各巢传道引谕，使各贼咸有回心向化之机，然后吾之招抚可得而行，而凡绥怀御制之道，可以次而举矣。

夫柔远人而抚戎狄，谓之柔与抚者，岂专恃兵甲之盛，威力之强而已乎？古之人能以天地万物为一体，故能通天下之志。凡举大事，必须其情而使之，因其势而导之，乘其机而动之，及其时而兴之；足以为之但见其易，而成之不见其难，此天下之民所以阴受其庇，而莫知其功之所自也。今皆反之，岂所见若是其相远乎？亦由无忠诚恻怛之心以爱其民；不肯身任地方利害为久远之图；凡所施为，不本于精神心术，而惟事补苴掇拾，支吾粉饰于其外，以苟幸吾身之无事，此盖今时之通弊也。

合就通行计处，仰抄案回道，即行知府程云鹏，公同指挥周胤宗，及各县知县等官，亲至已破贼巢各邻近良善村寨，以次加厚抚恤，给以告示，犒以鱼盐，待以诚信，敷以德恩。喻以朝廷所以诛剿各贼者，为其稔恶不悛；若尔等良善守分村寨，我官府何尝轻动尔等一草一木，尔等各宜益坚向善之心，毋为彼所扇惑摇动。从而为之推选众所信服，立为酋长，以连属之；优其礼待，厚其犒赏，以渐绥来调习，使之日益亲附。又喻以稔恶各贼，彼若不改，一征不已，至于再，再征不已，至于三，至于四五，至于六七，必使灭绝而后已。此后官府若行剿除，尔等但要安心乐业，无有惊疑。若各贼果能改恶迁善，实心向化，今日来投，今日即待以良善，即开其自新之路，决不追既往之恶；尔等即可以此意传告开喻之，我官府亦未尝有必欲杀彼之心。若彼贼果有相引来投者，亦就实心抚安招来之，量给盐米，为之经纪生业，亦就为之选立酋长，使有统率，毋令涣散。一面清查侵占田土，开立里甲，以息日后之争；禁约良民，毋使乘机报复，以激其变。如农夫之植嘉禾而去莨莠，深耕易耨，芸苗灌溉，专心一事，勤诚无惰，必有秋获。夫善者益知所劝，则助恶者日衰；恶者益知所惩，则向善者益众；此抚柔之道，而非专有恃于兵甲者也。

至于本院近行十家牌谕，诚亦弭盗安民之良法，而今之有司概以虚文抵塞，莫肯实心推求举行，虽已造册缴报，而尚不知其间所属何意，所处地方。该道仍要用心督责整理，诚使此法一行，则不待调发，而处处皆兵，不待屯聚，而家家皆兵；不待蓄养，而人人皆兵；无馈运之劳，而粮饷足；无关隘之设，而守御固；习之愈久，而法愈精；行之弥广，而功弥大；其前项区处摘调之兵，有虚名而无实用；可张皇于暂时，而不可施行于永久者，劳逸烦简，相去远矣。惟有□该府议欲散撤雇倩机快等项，调取武靖州土兵，使之就近防守一节，区画颇当。然以三千之众，而常在一处屯顿坐食，亦未得宜；必须分作六班，每五百名为一班，每两个月日而更一次；若有雕剿等项，然后通行起调，然必须于城市别立营房，毋使与民杂处，然后可免于骚扰嫌隙。盖以十家牌门之兵，而为守土安民之本；以武靖起调之兵，而备追捕剿截之用；此亦经权交济相须之意，合就准行。仰该道仍将行粮等项，再议停当，备行该州土目人等遵照奉行。自今以后，免其秋调各处哨守等役，专在浔州地方听凭守备参将调用，凡遇紧急调取，即要星驰赴信地，不得迟违时刻。守巡各官仍要时加戒谕抚辑，毋令日久玩弛，又成虚应故事。

本院疏才多病，精力不足，不能躬亲细务；独其忧患地方，欲为建立久安长治一念，真切自不能已，是以不觉其言之叨叨。各官务体此意，毋厌其多言，而必务为绸绎；毋谓其迂远，而必再与精思；务竭其忠诚，务行其切实，同心协德，共济时艰。通行总镇、总兵、镇巡等衙门知会。仍行三司各道守巡守备等官，事有相类者，悉以此意推而行之。发去鱼盐，或有不足，再行计处定夺。

告谕村寨

近年牛肠等寨，积年稔恶，是以举兵征剿。尔等良善村寨，我官府自加抚恤，决无侵扰，各宜益坚为善之心，共享太平之乐。其间平日纵有罪犯，从今但能中心改过，官府决不追论旧恶，毋自疑沮，或为彼所扇惑，自取灭亡，后悔无及。就使已剿余党，果能悔罪自新，官府亦待以良善，一体抚恤。若是长恶不悛，一剿、十剿至于百剿，必加殄灭，断不虚言。尔等各寨，为善为恶，日后自见，各宜知悉。

议立县卫

看得八寨瑶贼，稔恶为患，巢穴连络千里，实为广西众贼之渊薮。近该本院进剿，扫荡巢穴，若不及今设置军屯卫县，据其心腹要害，以厄塞各贼呼吸之咽喉，断绝各贼牵引之脉络，不过数年，又将屯聚生息，祸根终未剪除。本院身亲督调各兵，看得周安堡正当八寨之中，而三里堡亦当八寨之隘，俱各山势回抱，堪以筑立城郭，移卫设县；但未经广询博访，详审水土之善恶，民情之逆顺，中间有无利害得失，拟合再行查访。为此牌仰分巡右江道兵备副使翁素，会同该道分守官，即便督同同知桂鳌，指挥孙网等，带领高年知识，亲至其地，经营相度；若果风气包完，水土便利，即行料理规制，景定方向，各另画图贴说。仍要咨访父老子弟通晓贼情，习知民俗者；即今移立卫县，其于四远贼巢果否足能控制，民情有无便益妨损，务在人心乐顺，足为经长永久之计，然后备由呈来，以凭会奏。就将筑立城垣合用木石、砖灰、人夫、匠作、料价、工食等项，议估停当，具揭呈来，以凭先行一面委官分督办理，及时兴工，毋得忽意苟且，玩愒迟延，致误事机。

抚恤来降 八月

据参将张经呈称："武靖州耕守黄璋等一十四名，被十冬总甲黄邓护等妄捏窝贼，乞行释放，仍给榜谕。"看得本院屡经牌仰该道该府等官，将各向化良善村寨，加意抚恤怀柔，以收其散亡之势，而坚其向善之心，庶使远近知劝，而恶党自孤。各官略不体承本院勤勤恳恳之意，肆志妄行，轻信十冬奸民之言，辄便推求往事，为之报复旧仇，沮抑归向之望，惊疑反侧之心，听其所为，必成激变，后虽寸斩奸民之骨，固亦何救地方之患？所据违法各官，即合治以军法，姑且记罪，再行饬谕，仰将见监黄璋、李举等一十四名，即行释放；仍加慰谕，令其复业宁家。其十冬黄邓护等监候本院抚临，解赴军门发落。今后仍要备细开谕该府该县十冬里老人等，各要守法安分，务以宁靖地方为重，不得乘机挟势，侵剥新旧投抚之人，协取财物，泄愤报怨，及至酿成变乱，却又贻累地方，劳烦官府；今后有违犯者，体访得出，或被人告发，决行拿送军门，治以军法，断不轻恕。仍将发去告示，即行刊刻，给赴十冬里老人等遵照奉行。具遵行过缘由缴报。

批广东市舶司提举 故官水手呈

看得广东市舶司提举已故钱邦用，平日果系清白自守，足称廉能，仍今客死远乡，情殊可悯。仰广州府即与量拨水手，起关资送还乡。其原领文凭，发该门转缴。此缴。

卷十九 外集

阳明先生存稿序

黄绾

古人之文，实理而已。理散两间，韫诸人心，无迹可见，必俟言行而彰。言行，人之枢机，君子慎之，而实理形焉。

古者左史记言，右史记事，此其载籍之初，文之权舆乎？故文之为用，以之撰天地而天地为昭，以之体万物而万物为备，以之明人纪而人纪为明，以之阐鬼神而鬼神为显，以之理庶民而庶民为从，以之考三王而三王为归，以之俟后圣而后圣为存；所以经纬天地，肇率人纪，纲维万物，探索阴阳，统贯古今，变通幽明，而不可废者也。

阳明先生夙负豪杰之资，始随世俗学文，出入儒、老、释之间，中更窜谪流离之变，乃笃志为学，久之深有省于孟子"良知"之说，《大学》"亲民"之旨，反身而求于道，充乎其自得也。故其发于言行也，日见其宏廓深潜，中和信直，无少偏戾。故其见于文也，亦日见其浩博渊邃，清明精切，皆足以达其志而无遗。或告之君父，或质之朋友，或迪之门生，或施之政事，或试之军旅，以至登临之地、燕处之时，虽一声一欬之微，亦无往而非实理之形。由此不息，造其精以极于诚，是故其用之也，天地可以经纬，人纪可以肇率，万物可以纲维，阴阳可以探索，古今可以统贯，幽明可以变通。

惜乎。天不慭，遗不获，尽见行事，大被斯世，其仅存者唯《文录》《传习录》、《居夷集》而已，其余或散亡及传写讹错。抚卷泫然，岂胜斯文之慨？及与欧阳崇一、钱洪甫、黄正之率一二子侄，检粹而编订之，曰《阳明先生存稿》。洪甫携之吴中，与黄勉之重为厘类，曰《文录》、曰《别录》，刻梓以行，庶传之四方，垂之来世，使有志之士知所用心，则先生之学之道为不亡矣。

王阳明先生全集序

徐元文

苏子瞻作《韩文公庙碑》，谓其气浩然独存。朱子叙《王梅溪集》，亦谓其得阳德刚明之气。余尝推论其说，以为天地所以运化无穷者，阴阳二气而已。人生而禀乎阳者，为刚健，为光明，为君子；禀乎阴者，为柔暗，为邪僻，为小人。此固若黑白之不容混，枘凿之不相入，体之为学术，发之为文章，措之为事功，亦各异趋，不可同也。孔子尝致慨于刚之未见矣。又孟子曰："吾善养我浩然之气。"盖刚者浩然之正气也。既有是气，又必养以充之。非是，则入于欲，入于欲，则学术、文章、事功之际虽或各有成就，然所谓客气而非正气也。考诸近代，若前明北地李献吉之才，始忤刘瑾，其后不能不屈于欲，与宁庶人交通，几陷大逆，其文章亦自崛强而不能进于古，殆亦客气使然也。是时姚江王文成公亦忤刘瑾，投荒万里之外，卒不自摧，挫后累任督抚，削平大寇。宁庶人之变，内通嬖幸，外结守臣，声生势张，动摇社稷。公经略措置，亲冒矢石，不逾时而荑夷底定。由是嫉媚横兴，谗口噂沓。又能屏营惕息，深自敛退；处九三惕若之时，而不失乎刚健中正之体，惟其养之有素，故能措之皆得当。或乃谓其权诡纵横，抑何诬也。公少好读书，沉酣泛滥，穿穴百家，其文章汪洋浑灏，与唐宋八家抗行，归安茅顺甫定为有明第一，宋金华而下不论也。与北地同时者，茶陵李文正、新安程文敏，倡明古学，招致海内人士翕然归之。公屹起东南，以学术事功显而文章稍为所掩。顺甫出而公之文始有定论，几几乎轶茶陵、新安而上之，虽北地余焰未息，而学者知所向往。韩子云："其皆醇也，而后肆焉。"公之文可谓醇而肆者矣。先在南荒时，究心《理窟》，一日忽省于格物致知之旨，此又孟子知言之学也，故能吐其所得，作为文辞。论者虽谓其杂于佛氏，然要不可谓尤其本者也。公五世孙天钧重辑而刻之，属序于余，故谨论其大略如此。康熙乙丑春三月昆山徐元文谨撰。

王文成公文集原序

马士琼

古今称绝业者曰"三不朽"，谓能阐性命之精微，焕天下之大文，成天下之大功。举内圣外王之学，环而萃诸一身，匪异人任也。唐、宋以前无论已，明兴三百年，名公钜卿间代迭出，或以文德显，或以武功著，名勒旗常，固不乏人，然而经纬殊途，事功异用，俯仰上下，每多偏而不全之感。求其文起八代之衰，道济天下之溺，忠犯人主之怒，勇夺三军之气，所云参天地，关盛衰，浩然而独存者，惟我文成夫子一人而已。夫子上承世德家学渊源，少而慧齐，长而敦敏，诸如子史百家、《阴符》韬略，年甫弱冠，博览无遗。又能兼总条贯，置身于金声玉振之林。自释褐成进士，即以讲学为己任，日与甘泉、龙溪诸公反复究论，苦心提撕，如《传习录》《大学或问》诸篇，惟以正心诚意立其纲。知行合一明其旨，一时执经问业者几遍天下。虽在迁谪流离、决胜樽俎之际，依然坐拥皋比，讲学不辍，俾理学一灯，灿然复明，上接尧、舜、周、孔之心传，近续濂、洛、关、闽之道统，继往开来，直欲起一世之聋聩而知觉之。迄今读夫子《语录》，有云"破山中贼易，破心中贼难"，其望道未见之心，振箨发蒙之念，虽历千古而如见也，非天下之至德，其孰能与于此？武宗嗣统，年在冲龄，貂珰擅柄，流毒缙绅。端揆如刘、谢二公，及费、傅、方、胡诸君子，或罢归，或远戍，正气销沮，实繁有徒。而公以新进儒生，不避斧钺，申救言官，批鳞极谏。伊时逆阉丧志，誓不甘心，纵为鬼为蜮，一任鸱张；朝餐九子之烟霞，夕泛钱塘之雪棹，优游自得，何坦如也。即至播迁绝域，无不履险如夷，殆曰天意，夫岂人谋。未几，安化狂逞于始，宸濠继叛于后；破南康，陷九江，围皖城，欲顺流而捣金陵；江之西，江之南，裂焰横飞，人心风鹤，此乾坤何等时也。响非夫子捧抚闽之命，便宜行事，驻节吉安，勤王首倡，则宗社颠危，总不可问。卒赖以牵制之机，行间谍之计，进攻南昌，狐兔失穴，鄱湖一战，鲸鲵授首；旱已握胜算于一心，真足砥中流而击楫者矣。后此南赣之役，顽民向化；两粤之役，苗峒格心；所与运筹调度者，不过文士属吏。初不专恃兵威，总以昭宣德化，金戈所指，告厥成功，非天下之神武，其孰能与于此？至若措辞运藻，含英咀华，固曰抒写性情，亦以阐扬义蕴。夫子笔具扛鼎，闳中肆外，诸如牌文符檄类，皆以至诚之念发为文章。置腹推心，贤愚洞见；中孚所格，信及豚鱼；即尾大如安宣慰，桀骜如卢受诸人，莫不回心革面伏辕军门。语云："文之不宣，行之不远。"益于此而征之。区区登高作赋，遇物能鸣，又属公之绪余所不屑与春华秋实逐艳争绮者也，非天下之至文，其孰能与于此？虽然，琼窃因之而有感矣。言夫子之功，功在社稷；言夫子之德，德在觉民。即锡以茅土，隆以师保，谁曰不宜。然能裭逆瑾之奸魂，而不能销比匪之猜忌；能宣力于屏翰之中，而不能立身于庙堂之上；终使鞠躬尽瘁，殁而后已，此忠臣志士之所以兴悲而后之凭吊者，不能无遗憾焉。卒之穆庙登极，进谥复爵，神宗继统，配享庙廷，正气以伸，公论以定。彼若彬若宁及新都、永嘉辈，久矣与草木同朽腐耳。视夫子之屈在一时，伸在万世者，其得失又当何如也。小子琼六世祖大宗伯紫岩公与太夫子大冢宰龙山公共直讲幄，同官南都，节义文章，谊存胶漆，家传九老一图，手泽依然，音容宛在，而先高祖越藩汝砺公、大参汝翼公，又与文成夫子同举制科，两世年谱，一时称盛。琼不肖，不能仰承先志，滥竽滕邑，败绩辕下。庚申岁，而公五世嫡孙天翁，继琼来宰是邦，云雷奕叶，敛合延津，回忆先宗伯图卷后序有云："同僚之谊，交承之雅，有兄弟之情焉。"不图巧合百八十年以后，符契若此，亦足异也。所有夫子《集要三编》一书，先君子丹铅点阅，垂为世宝，而天翁亦以兵燹后旧板残缺，遍购不得，琼即以原本应之，并取卓吾先生年谱，合为全书，缺者补之，讹者正之，校对载余，始登剞劂。是役也，琳琅钟簴，仍复故观，云汉日星，载瞻遗范，不特天翁继述之孝思得以展尽，即小子琼私淑先型，益切羹墙之愿。从此正心诚意之学，良知良能之念，施于一家，扩之四海，则大地皆红炉，而人心无歧路，谓为王氏之球图也，可谓为天下万世之振铎也。可敢备述渊源而并及之，谨序。时康熙乙丑岁蜀果晋城后学马士琼敬书。

阳明先生集要序

林钎

性命者，务华之所逃，胆壮于摽玄，而气怯于担荷，将但使劳士鼓行，偾辕败辙，则又数数也。正心诚意之谈，朱即便与宋祚，然濂、洛、关、闽，后世宗之勿替，岂非根本之地不宜少主人翁哉。夫孟子所谓尽心，知性，知天，立命，实与《中庸》之"至诚尽人物性"，"参赞化育"之语互相发明，则又何疑？王文成先生之直指良知，不可以印合圣真，开引来学乎？是镜是灯，即光即照，拭之燃之，完其固有，得一万毕，信非虚也。而先生以是出之经济，其所条画区处，种种合宜，节节奏效，人视以为震世奇勋。若以灵光一点，澹然周应，左右逢源，则固寻常穿衣噢饭事耳。更何需播弄其精魂，雕琢其章句，以吾心之日星江河，役之于涓流爝焰也者。余幸得先生全编焚香山寺中，敬阅返照，恍见先生之所以示人，即人人所自有而知，何以非良，良知何以不致？孟子不言失其本心耶？《中庸》不言不诚无物耶？诚之至，心之尽，人世应为之事业，不可从穿衣吃饭做耶？因书数言，以质之四明施公祖。盖四明公莅闽漳八年，其冰心石书，福庇于兹土者，意学问渊源有所从出宛肖，而是编即四明公转别时取以示余者，乃今知之矣。性无歧分，身有前后，且得不重美姚江哉。

闽九皋居士后学林钎盥书于退思精舍。

阳明先生文集跋

俞嶙

开辟以来，有物孳乳，字之曰道。道之自传者曰大极，四圣人奉为易祖以志不祧。道之以人传者曰心性、曰仁义、曰礼乐、曰文章，建枸不一，总为定世符焉。人之以道传者曰见知、曰闻知，其正统闰位，如帝王师相之叶，应有主有辅，顾知从何来，又从何往。司兵刑者可进，司礼教者可疑，非廓目缒心，光射蝱轮，勇贯石羽，谁与卜千秋之定案哉？自玄鸟乙发祥，而帝命敬敷，天锡桓拨，发乡虞廷下，而兴日跻恭默，金声玉振，相应教铎，总萃一门，天纵大成，如太极之不可祧，非二氏所得剿。窃困源，固亶厚，已迨尼山，高弟三千七十，而后世明君察相，乃能跻子与氏于端木、颛孙之上，配之为四。若奠方，若定时，仰钻不拔，嗣是而五之六之，岂遂无人从祀两庑足矣。左持圣灯，右操王钺，严统以杜篡，其在斯欤。吾姚阳明先生出，而高弟若龙溪先生独昌言曰："颜渊死而圣人之道亡。"是果亡欤？否欤？端木氏以天不可阶赞先圣，岂曾孟有阶？颜虽瞠乎后于绝尘，而实无阶欤。阳明先生直提孩始，禀承子与，昌明良知，是镜是灯，即光即照，扫尽阶梯，得一万、毕乃世，卒未闻以位置子与氏者位置吾阳明子，烟海悠悠，将谁与正之？且功在社稷，震主惊人，智侔阴符，出天入地，而皆出自触之不动之中，不难其唾手以奏肤功，而难其弱龄之时，出居庸以商备御，聚果核以列阵图，功成之后，忠、泰无所用其□罗，续纶无所施其附会，灵光一点，固不待龙场石椁时，豁然而终身用之不穷，虽欲指为伪为异，而无声无臭，天良具足，四海晏如，彼凫短鹤长，何足以云。先儒有言，后人当志颜子之志，学伊尹之学。尹于绝无师承时，而卓然有任，曰子天民之先觉，提先觉后人自知觉，但一觉之惟从觉来，故却幣受幣，放桀放储，如龙蛇五化，不可方物。然则志颜学伊，惟阳明先生足兼之。世人不知体用合一之学，而曰世尚虚玄，考亭救之以实，世矜帖括，先生救之以虚，夫良知而恶得云救哉？良知而云救，则曰太极、曰心性，皆不足以生两仪，而悬日月矣。余谓考亭学曾，其格物自省也，其定论一贯也。世无孔子，而止以程先生学颜其致知卓尔也，其易地禹、稷也，宛然一伊而进于孟。然则道以知传，知以道印胎于良，孩于觉，壮于见孳子闻，虽子与氏一则曰无有，再则曰无有，正闰之绪，概可观已。今天下南面称师，自名理学者，如适沧瀣而不望斗杓与。波上下东西，易而曾不知返，能无生心害政之忧。余姪仲高与余蠡测圣谛嚅哜义蕴者，盖自其童试以至今，筮仕百粤垂二十余稔，无不时出所得，抵掌快心，每能以身著理，以理著才，其于先生直见为性无歧。分身有先复，故甫莅政而即有兹集之刻，问序于余。余何能知阳明先生，而纵心活泼泼之地，仰面斯昭昭之天，稍有称说，总不敢启榛途而投锦阱，因以告千百世之知阳明先生者，庶几于雍容樽俎之间，庚桑檀社之会，更思所以位置之，或于余姪是编有厚望焉。姚江后学俞长民谨跋。

王文成公文集序

潘之彪

自古贤人君子，秉川疑岳峙之资，以其文章事业，卓然树重立于当时者，代不数人，顾其人既往，而其精神历久而长存者，惟恃此简编，以附不朽，而莫为之后，虽美弗章，则甚矣作者难，述者亦不易也。吾于王天钧年兄之重修《阳明先生集》，不能无感焉。夫余姚名胜甲两浙，于山有秘图、四明之龙嵸，于水有舜江之潀荡，故其人物多淳泓卓荦，如严子陵、嵇叔夜、虞仲翔诸君子，后先相望，或以节气，或以博赡，显名当代，求其以文章而归之理学，事功而出之性天者，惟阳明先生一人而已。先生天资绝伦，弱冠谒娄一齐，知圣学宗旨。其立朝也，以刑部主政，历官都御史，累建奇勋，如平茶寮，征岑猛党，夷其八寨，后录平宸濠功，袭封伯爵，载在青史，斑斑可考已。先生少喜任侠，工词章，中年体验圣学，卓然以斯道为己任。其教人也，以致良知为主。平生著述甚富，如《传习录》及《文录》，皆盛行于世。万历十二年与陈白沙先生同从祀孔庙，岂非一代伟人哉。顾久而弥光者，人也；远而易湮者，言也。先生文集流传将二百年，非有贤后人以似续其间，焉知其不流于漫灭？天钧为先生五代孙，任胜县，恺悌有声，于退食之暇，呕呕蒐先生《文集》，考订而重梓之。夫滕以冲疲之地，簿书鞅掌，方补苴罅漏之不暇，而天钧独留心斯事，先德之弗坠，表章之力也。方今圣天子购求遗书，博徵海内先贤名迹。斯编成，上之中秘，颁之天下，天下学士大夫读先生书，想见先生之为人，藏之名山，传诸其人，此物此志也夫。云阳后学潘之彪撰。

阳明文集纪略

王贻乐

先文成阳明公《全集》，旧有《传习录》《文录》《别录》《外集》《续编》《附录》《世德纪》，共三十八卷，嗣值兵燹之余，原板散轶，仅存李卓吾先生手评《道学钞》，及大司马峨云先伯续刻论学诸篇而已。迨历年既久，藏板又失其半。嗟嗟。先人之事功理学文章著述岂可使之日沦湮没乎。乐志切缵承，亟欲购辑其全，其如闻见未广，蒐罗未获，何及？庚申岁，乐来牧滕阳，得晤旧尹书湖马君，历叙世谊，追念先徽，每以是集未全为憾，书湖遂出所藏一集以示。乐乘政余，即互为参考，正讹补阙，分别类序，合成一部，共计一十六卷，付之剞劂，栽余告竣。虽论诸《全书》尚多阙略，而较诸所存，稍称裒益，倘后之人更能采辑而补全之，是又乐之所深望也。五世孙贻乐敬识。

王文成公文钞序

朱彝尊

由孔子而前为之君师者，圣人继起，由孔子而后逾千载，无有焉，岂千载之人无一可入圣人之域者哉？则儒者之遇也。夫伯夷之隘，柳下惠之不恭，孟氏以为君子不由，至论圣人，则以百之师归之。盖生民以来未有盛于孔子，其余为清、为任、为和，道之至者，统谓之圣。后世儒者之论，务求其全。世无孔子，千载无一圣人焉，宜也。荀卿、扬雄，吾无论矣。唐之韩愈，明圣人之学于举世不讲之时，儒者犹訾之不已，以为守道不笃，致有大颠往来之书。自昔言虚无清净者，宗老氏，言神仙者，首苌弘。而孔子或问以礼，或问以乐，彼潮州之书果足为韩子玷与？呜呼。大道之不明，释、老之言充塞乎天下。幸而有讲圣贤之学者，其门人弟子同异之辨，复纷呶不置，举同室之人，日事争斗，我道无全人，无惑乎异学之日盛矣。文成王先生揭良知之学，投荒裔，御大敌，平大难，文章卓然成一家之言，传所称三不朽者，盖兼有之。世儒讲学率寓之空言，先生则见诸行事者也。议者或肆诋諆，谓近于禅学。夫弃去人伦事物之常而谓之学者，禅也，使禅之学能发于事业，又何病乎禅也邪？因辑其文之尤者若干篇，以示同好。

外集一

赋诗

赋骚七首

太白楼赋 丙辰

岁丙辰之孟冬兮，泛扁舟余南征。凌济川之惊涛兮，览层构乎任城。曰太白之故居兮，俨高风之犹在。蔡侯导余以从陟兮，将放观乎四海。木萧萧而乱下兮，江浩浩而无穷；鲸敖敖而涌海兮，鹏翼翼而承风；月生辉于采石兮，日留景于岳峰；蔽长烟乎天姥兮，渺匡庐之云松。慨昔人之安在兮，吾将上下求索而不可。蹇余虽非白之俦兮，遇季真之知我。羌后人之视今兮，又乌知其不果？吁嗟太白公奚为其居此兮？余奚为其复来？倚穹霄以流盼兮，固千载之一哀！

昔夏桀之颠覆兮，尹退乎莘之野；成汤之立贤兮，乃登庸而伐夏。谓鼎俎其要说兮，维党人之挤诉。曾圣哲之匡时兮，夫焉前枉而直后！当天宝之末代兮，淫好色以信谗。恶来妹喜其猖獗兮，众皆狐媚以贪婪。判独毅而不顾兮，爰命夫以仆妾之役。宁直死以顾颔兮，夫焉患得而局促。开元之绍基兮，亦遑遑其求理。生逢时以就列兮，固云台麟阁而容与。夫何漂泊于天之涯兮？登斯楼乎延仁。信流俗之嫉妒兮，自

太白楼

前世而固然。怀夫子之故都兮，沛余涕之浸浸。庙堂之偃蹇兮，或非情之所好。唯不合于斯世兮，恣沉酣而远眺。

进吾不遇于武丁兮，退吾将颜氏之箪瓢。奚曲蘖其昏迷兮，亦夫子之所逃。管仲之辅纠兮，孔圣与其改行。佐璘而失节兮，始以见道之未明。睹夜郎之有作兮，横逸气以徘徊；亦初心之无他兮，故虽悔而弗摧。吁嗟其谁无过兮，抗直气之为难。轻万乘于褐夫兮，固孟轲之所叹。旷绝代而相感兮，望天宇之漫漫。去夫子其千祀兮，世益隘以周容。媒妇妾以驰骛兮，又从而为之呓痏。贤者化而改度兮，竞规曲以为同。

卒曰：峄山青兮河流泻，风飕飕兮澹平野。凭高楼兮不见，舟楫纷兮楼之下，舟之人兮俨服，亦有庶几夫子之踪者！

九华山赋 壬戌

循长江而南下，指青阳以幽讨。启鸿蒙之神秀，发九华之天巧。非效灵于坤轴，孰构奇于玄造！涉五溪而径入，宿无相之窈窕。访王生于邃谷，

掏金沙之清潦。凌风雨乎半霄，登望江而远眺。步千仞之苍壁，俯龙池于深窅。吊谪仙之遗迹，跻化城之缥缈。钦钵盂之朝露，见莲花之孤标。扣云门而望天柱，列仙舞于晴昊。俨双椒之辟门，真人驾阳云而独蹻。翠盖平临乎石照，绮霞掩映乎天姥。二神升于翠微，九子邻于积稻。炎�起于玉甑，烂石碑之文藻。回澄秋于枕月，建少微之星旄。覆瓯承滴翠之余沥，展旗立云外之旌纛。下安禅而步逍遥，览双泉于松杪。逾西洪而憩黄石，悬百丈之灏灏。

瀫流舫而萦纡，遗石船于涧道；呼白鹤于云峰，钓嘉鱼于龙沼；倚透碧之峣屼，谢尘寰之纷扰。攀齐云之巉削，鉴琉璃之浩漾。沿东阳而西历，飨九节之蒲草。樵人导余以冥探，排碧云之瑶岛。群峦翳其缪蔼，失阴阳之昏晓。垂七布之沉沉，灵龟隐而复佻。履高僧而屦招贤，开白日之杲杲。试明茗于春阳，汲垂云之渊湫；凌绣壁而据石屋，何文殊螺髻之蟠纠？梯拱辰而北盼，隳遗光于拾宝。缁裳迓于黄匏，休圆寂之幽俏。鸟呼春于丛篁，和云韶之嘤嘤，唤起促余之晨兴，落星河于檐橑；护山嘎其惊飞，怪游人之太早。揽卉木之如濯，被晨辉而争姣。静镜声之剥啄，幽人斸参蕨于冥杳。碧鸡哕于青林，鹇翻云而失皓。隐捣药以樛萝，挟提壶饼焦而翔绕。凤凰承孟冠以相遗，饮沆瀣之仙醮；羞竹实以嬉翱，集梧枝之袅袅。岚欲雨而霏霏，鸣湿湿于薲葆；躐三游而转青峭，拂天香于茫渺。席泓潭以濯缨，浮桃泻而扬缟。淙渐渐而落荫，饮猿猱之捷狡。睨斧柯而升大还，望会仙于云表。悯子京之故宅，款知微之碧桃。倏金光之闪映，睫累景于穹坳。弄玄珠于赤水，舞千尺之潜蛟。并花塘而峻极，散香林之回飙。抚浮屠之突兀，泛五钗之翠涛。袭珍芳于绝巇，袅金步之摇摇。莎罗踯躅芬敷而灿耀，幢玉女之妖娇。搴龙须于灵宝，堕钵囊之飘摇。开仙掌于嵌嵌，散青馨之迢迢。披白云而蹯崇寿，见参错之僧寮。日既夕而山冥，挂星辰于窿嶅。宿南台之明月，虎夜啸而罴嗥。鹿麋群游于左右，若将侣幽人之岑寥。迥高寒其无寐，闻冰壑之洞箫。

溪女厉晴泷而曝术，杂精芩之春苗。邀予觞以玉液，饭玉粒之琼瑶；溢辞予而远去，飒霞裙之飘飘。复中峰而怅望，或仙踪之可招。乃下见阳陵之蜿蜒，忽有感于子明之宿要。逝予将遗世而独立，采石芝于层霄。虽长处于穷僻，乃永离乎尘嚣。彼苍黎之缉缉，固吾生之同胞；苟颠连之能济，吾岂靳于一毛！矧狂胡之越獗，王师局而奔劳。吾宁不欲请长缨于阙下，快平生之郁陶？顾力微而任重，惧覆败于或遭；又出位以图远，将无诮于鹓鹭。嗟有生之迫隘，等灭没于风泡；亦富贵其奚为？犹荣蕣之一朝。旷百世而兴感，蔽雄杰于蓬蒿。吾诚不能同草木而腐朽，又何避乎群喙之啾啾！

已矣乎！吾其鞭风霆而骑日月，被九霞之翠袍。抟鹏翼于北溟，钓三山之巨鳌。道昆仑而息驾，听王母之云璈。呼浮丘于子晋，招句曲之三茅。长遨游于碧落，共太虚而逍遥。

乱曰：蓬壶之藐藐兮，列仙之所逃兮；九华之矫矫兮，吾将于此巢兮。匪尘心之足搅兮，念鞠育之劬劳兮。苟初心之可绍兮，永矢弗挠兮！

吊屈平赋丙寅

正德丙寅，某以罪谪贵阳，取道沅、湘。感屈原之事，为文而吊之。其词曰：

山黯惨兮江夜波，风飕飕兮木落森柯。泛中流兮焉泊？湛椒醑兮吊湘累。云冥冥兮月星蔽晦，冰崚嶒兮霰又下。累之宫兮安在？怅无见兮愁予。高岸兮嵚崎，纷纠错兮樛枝。下深渊兮不恻，穴潏洞兮蛟螭。山岑兮无极，空谷谽谺兮迥寥寂。猿啾啾兮吟雨，熊黑嗥兮虎交迹。念累之穷兮焉托处？四山无人兮骇狐鼠；魑魅游兮群跳啸，瞰出入兮为累奸宄。嫉累正直兮反诋为殃，昵比上官兮子兰为臧。幽业薄兮畴侣，怀故都兮增伤。望九疑兮参差，就重华兮陈辞。沮积雪兮涧道绝，洞庭渺藐兮天路迷。要彭咸兮江潭，召申屠兮使骖。娥鼓瑟兮冯夷舞，聊遨游兮湘之浦。乘回波兮泊兰渚，眷故都兮独延伫。君不还兮郢为墟，心壹郁兮欲谁语！郢为墟兮函崤亦焚，谗鬼逋戮兮快不酬冤。历千载兮耿忠愊，君可复兮排帝阍。望遁迹兮渭阳，箕罹囚兮其佯以狂。艰贞兮晦明，怀若人兮将予退藏。宗国沦兮摧腑肝，忠愤激兮中道难。勉低回兮不忍，溘自沉兮心所安。雄之谀兮谗喙，众狂稚兮谓累扬已。为魑为魅兮为谗媵妾，累视若鼠兮佞颡有泚。累忽举兮云中。龙逶晻霭兮飘风；横四海兮倏忽，驷玉虬兮上冲。降望兮大壑，山川萧条兮济寥廓。逝远去兮无穷，怀故都兮蜷局。

乱曰：日西夕兮沅湘流，楚山嵯峨兮无冬秋。累不见兮涕泗，世愈隘兮孰知我忧！

思归轩赋 庚辰

阳明子之官于虔也，廨之后乔木蔚然。退食而望，若处深麓而游于其乡之园也。构轩其下，而名之曰"思归"焉。

门人相谓曰："归乎！夫子之役役于兵革，而没没于徽缠也，而靡寒暑焉，而靡昏朝焉，而发萧萧焉，而色焦焦焉。虽其心之固嚣嚣也，而不免于呶呶焉，哓哓焉，亦奚为乎！槁中竭外，而徒以劳劳焉为乎哉？且长谷之迢迢也，穷林之寥寥也，而耕焉，而樵焉，亦焉往而弗宜矣。夫退身以全节，大知也；敛德以亨道，大时也；怡神养性以游于造物，大熙也，又夫子之夙期也。而今日之归，又奚以思为乎哉？"则又相谓曰："夫子之思归也，其亦在陈之怀欤？吾党之小子，其狂且简，伥伥然若瞽之无与偕也，非吾夫子之归，孰从而裁之乎？"则又相谓曰："嗟呼，夫子而得其归也，斯土之人为失其归矣乎！天下之大也，而皆若是焉，其谁与为理乎？虽然，夫子而得其归也，而后得于道。惟夫天下之不得于道也，故若是其贸贸。夫道得而志全，志全而化理，化理而人安。则夫斯人之徒，亦未始为不得其归也。而今日之归又奚疑乎？而奚以思为乎？"

阳明子闻之，怃然而叹曰："吾思乎！吾思乎！吾亲老矣，而暇以他为乎？虽然，之言也，其始也，吾私焉；其次也，吾资焉；又其次也，吾几焉。"乃援琴而歌之。歌曰：

归兮归兮，又奚疑兮！吾行日非兮，吾亲日衰兮；胡不然兮，日思予旋兮，后悔可迁兮？归兮归兮，二三子之言兮！

咎言丙寅

正德丙寅冬十一月，守仁以罪下锦衣狱。省愆内讼，时有所述。既出而录之。

何玄夜之漫漫兮，悄予怀之独结。严霜下而增寒兮，瞰明月之在隙。风呶呶以憎木兮，鸟惊呼而未息。魂营营以惝恍兮，目眢眢其焉极！懔寒飚之中人兮，杳不知其所自。夜展转而九起兮，沾予襟之如泗。胡定省之弗遑兮，岂荼甘之如荠？怀前哲之耿光兮，耻周容以为比。何天高之冥冥兮，孰察予之衷？予匪戚于累囚兮，牿匪予之为恫。沛洪波之浩浩兮，造云阪之蒙蒙；税予驾其安止兮，终予去此其焉从？孰瘿瘰之在颈兮，谓累足之何伤？熏目而弗顾兮，惟盲者以为常。孔训之服膺兮，恶评以为直辞。婉娈期巷遇兮，岂予言之未力？皇天之无私兮，鉴予情之靡他！宁保身之弗知兮，膺斧锧之谓何。蒙出位之为愆兮，信愚忠者蹈咺。苟圣明之有裨兮，虽九死其焉恤！

乱曰：予年将中，岁月遒兮！深谷崆峒，逝息游兮；飘然凌风，八极周兮。孰乐之同，不均忧兮。匪修名崇仁之求兮，出处时从天命何忧兮！

守俭弟归曰仁歌楚声为别予亦和之

庭有竹兮青青，上乔木兮鸟嘤嘤；妹之来兮，弟与偕行。竹青青兮雨风，鸟嘤嘤兮西东！弟之归兮，兄谁与同？江云暗兮暑雨，江波渺渺兮愁予；弟别兄兮须臾，兄思弟兮何处？景翳翳兮桑榆，念重闱兮离居；路修远兮崎险，沮风波兮江湖。山有洞兮洞有云，深林窅窅兮涧道曛。松落落兮葛累累，猿啾啾兮鹤怨群。山之人兮不归，山鬼昼啸兮下上烟霏。风袅袅兮桂花落，草萋萋兮春日迟。葺予屋兮云间，荒予圃兮溪之阳；驱虎豹兮无践我藿，扰麋鹿兮无骇我场。解予绶兮钟阜，委予佩兮江湄。往者不可追兮，叹凤德之日衰；将沮溺其耦耕兮，孰接舆之避予。回予驾兮扶桑，鼓予枻兮沧浪。终携汝兮空谷，采三秀兮徜徉。

祈雨辞正德丙子南赣作

呜呼！十日不雨兮，田且无禾；一月不雨兮，川且无波；一月不雨兮，民已为疴；再月不雨兮，民将奈何？小民无罪兮，天无咎民！抚巡失职兮，罪在予臣。呜呼！盗贼兮为民大屯，天或罪此兮赫威降嗔；民则何罪兮，玉石俱焚？呜呼！民则何罪兮，天何遽怒？油然兴云兮，雨兹下土。彼罪曷通兮，哀此穷苦！

归越诗三十五首

弘治壬戌年，以刑部主事告病归越并楚游作。

游牛峰寺四首牛峰今改名浮峰

洞门春霭蔽深松，飞磴缠空转石峰。猛虎踞崖如出柙，断螭蟠顶讶悬钟，金城绛阙应无处。翠壁丹书尚有踪，天下名区皆一到，此山殊不厌来重。

萦纡鸟道入云松，下数湖南百二峰。岩犬吠人时出树，山僧迎客自鸣钟。凌飚陟险真扶病，异日探奇是旧踪。欲扣灵关问丹诀，春风萝薜隔重重。

偶寻春寺入层峰，曾到浑疑是梦中。飞鸟去边悬栈道，冯夷宿处有幽宫。溪云晚度千岩雨，海月凉飘万里风。夜拥苍崖卧丹洞，山中亦自有王公。

一卧禅房隔岁心，五峰烟月听猿吟。飞湍映树悬苍玉，香粉吹香落细金。翠壁年多霜藓合，石床春尽雨花深。胜游过眼俱陈迹，珍重新题满竹林。

又四绝句

翠壁看无厌，山池坐益清。深林落轻叶，不道是秋声。

怪石有千窟，老松多半枝。清风洒岩洞，是我再来时。

人间酷暑避不得，清风都在深山中。

池边一坐即三日，忽见岩头碧树红。

两到浮峰兴转剧，醉眠三日不知还。

眼前风景色色异，惟有人声似世间。

姑苏吴氏海天楼次邝尹韵

晴雪吹寒春事浓，江楼三月尚残冬。青山暗逐回廊转，碧海真成捷径通。风暖檐牙双燕剧，云深帘幕万花重。倚阑天北疑回首，想象丹梯下六龙。

山中立秋日偶书

风吹蝉声乱，林卧惊新秋。山池静澄碧，暑气亦已收。青峰出白云，突兀成琼楼。袒裼坐溪石，对之心悠悠。倏忽无定态，变化不可求。浩然发长啸，忽起双白鸥。

夜雨山翁家偶书

山空秋夜静，月明松桧凉。沿溪步月色，溪影摇空苍。山翁隔水语，酒熟呼我尝。褰衣涉溪去，笑引开竹房。谦言值暮夜，盘餐百无将。露华明橘柚，摘献冰盘香。洗盏对酬酢，浩歌入苍茫。醉拂岩石卧，言归遂相忘。

寻春

十里湖光放小舟，谩寻春事及西畴。江鸥意到忽飞去，野老情深只自留。日暮草香含雨气，九峰晴色散溪流。吾侪是处皆行乐，何必兰亭说旧游？

西湖醉中漫书二首

十年尘海劳魂梦，此日重来眼倍清。好景恨无苏老笔，乞归徒有贺公情。白凫飞处青林晚，翠壁明边返照晴。烂醉湖云宿湖寺，不知山月堕江城。

掩映红妆莫谩猜，隔林知是藕花开。共君醉卧不须到，自有香风拂面来。

九华山下柯秀才家

苍峰抱层嶂，翠瀑绕双溪。下有幽人宅，萝深客到迷。

夜宿无相寺

春宵卧无相，月照五溪花。掬水洗双眼，披云看九华。岩头金佛国，树杪谪仙家。仿佛闻笙鹤，青天落绛霞。

题四老围棋图

世外烟霞亦许时，至今风致后人思。却怀刘项当年事，不及山中一著棋。

无相寺三首

老僧岩下屋，绕屋皆松竹。朝闻春鸟啼，夜伴岩虎宿。

坐望九华碧，浮云生晓寒。山灵应秘惜，不许俗人看。

静夜闻林雨，山灵似欲留。只愁梯石滑，不得到峰头。

化城寺六首

化城高住万山深，楼阁凭空上界侵。天外清秋度明月，人间微雨结浮阴。钵龙降处云生座，岩虎归时风满林。最爱山僧能好事，夜堂灯火伴孤吟。

云里轩窗半上钩，望中千里见江流。高林日出三更晓，幽谷风多六月秋。仙骨自怜何日化，尘缘翻觉此生浮。夜深忽起蓬莱兴，飞上青天十二楼。

云端鼓角落星斗，松顶裂裟散雨花。一百六峰开碧汉，八十四梯踏紫霞。山空仙骨葬金椁，春暖石芝抽玉芽。独挥谈麈拂烟雾，一笑天地真无涯。

化城天上寺，石磴八星躔。云外开丹井，峰头耕石田。月明猿听偈，风静鹤参禅。今日揩双眼，幽怀二十年。

僧屋烟霏外，山深绝世哗。茶分龙井水，饭带石田砂。香细云岚杂，窗高峰影遮。林栖无一事，终日弄丹霞。

突兀开穹阁，氤氲散晓钟。饭遗黄稻粒，花发五钗松。金骨藏灵塔，神光照远峰，微茫竟何是？老衲话遗踪。

李白祠二首

千古人豪去，空山尚有祠。竹深荒旧径，藓合失残碑。云雨罗文藻，溪泉系梦思。老僧殊未解，犹自索题诗。

谪仙栖隐地，千载尚高风。云散九峰雨，岩飞百丈虹。寺僧传旧事，词客吊遗踪。回首苍茫外，青山感慨中。

双峰

凌崖望双峰，苍茫竟何在？载拜西北风，为我扫浮霭。

莲花峰

夜静凉飙发，轻云散碧空。玉钩挂新月，露出青芙蓉。

列仙峰

灵峭九万丈，参差生晓寒。仙人招我去，挥手青云端。

云门峰

云门出孤月，秋色坐苍涛。夜久群籁绝，独照宫锦袍。

芙蓉阁二首

青山意不尽，还向月中看。明日归城市，风尘又马鞍。

岩下云万重，洞口桃千树。终岁无人来，惟许山僧住。

书梅竹小画

寒倚春霄苍玉杖，九华峰顶独归来。柯家草亭深云里，却有梅花傍竹开。

山东诗六首

弘治甲子年起复，主试山东时作。

登泰山五首

一

晓登泰山道，行行入烟霏。阳光散岩壑，秋容淡相辉。云梯挂青壁，仰见蛛丝微。长风吹海色，飘遥送天衣。峰顶动笙乐，青童两相依。振衣将往从，凌云忽高飞。挥手若相待，丹霞闪余晖。凡躯无健羽，怅望未能归。

二

天门何崔嵬，下见青云浮。泱漭绝人世，迥豁高天秋。暝色从地起，夜宿天上楼。天鸡鸣半夜，日出东海头。隐约蓬壶树，缥缈扶桑洲。浩歌落青冥，遗响入沧流。唐虞变楚汉，灭没如风沤。藐矣鹤山仙，秦皇岂堪求？金砂费日月，颓颜竟难留。吾意在庬古，泠然驭凉飗。相期广成子，太虚显遨游。枯槁向岩谷，黄绮不足俦。

三

穷崖不可极，飞步凌烟虹。危泉泻石道，空影垂云松。千峰互攒簇，掩映青芙蓉。高台倚巉削，倾侧临崆峒。失足堕烟雾，碎骨颠崖中。下愚竟难晓，摧折纷相从。吾方坐日观，披云笑天风。赤水问轩后，苍梧叫重瞳。隐隐落天语，阊阖开玲珑。去去勿复道，浊世将焉穷！

四

尘网苦羁縻，富贵真露草！不如骑白鹿，东游入蓬岛。朝登太山望，洪涛隔缥缈；阳辉出海云，来作天门晓。遥见碧霞君，翩翩起员峤。玉女紫鸾笙，双吹入晴昊。举首望不及，下拜风浩浩。掷我《玉虚篇》，读之殊未了；傍有长眉翁，一一能指道。从此炼金砂，人间迹如扫。

五

我才不救时，匡扶志空大。置我有无间，缓急非所赖。孤坐万峰颠，嗒然遗下块，已矣复何求？至精谅斯在。淡泊非虚杳，洒脱无芥蒂。世人闻予言，不笑即吁怪；吾亦不强语，惟复笑相待。鲁叟不可作，此意聊自快。

泰山高次王内翰司献韵

欧生诚楚人，但识庐山高。庐山之高犹可计寻丈，若夫泰山，仰视恍惚，吾不知其尚在青天之下乎，其已直出青天上？我欲仿拟试作《泰山高》，但恐培楼之见未能测识高大，笔底难具状。扶舆磅礴元气钟，突兀半遮天地东；南衡北恒西泰华，俯视区偻谁争雄？人寰茫昧乍隐见，雷雨初解开鸿蒙。绣壁丹梯，烟霏霭霈；海日初涌，照耀苍翠。平麓远抱沧海湾，日观正与扶桑对。听涛声之下泻，知百川之东会。天门石扇，豁然中开；幽崖邃谷，襞积隐埋。中有遁世之流，龟潜雌伏，餐霞吸秀于其间，往往怪谲多仙才。上有百丈之飞湍，悬空络石穿云而直下，其源疑自青天来。岩头肤寸出烟雾，须臾滂沱遍九垓。古来登封，七十二主；后来相效，纷纷如雨；玉检金函无不为，只今埋没知何许？但见白云犹复起封中，断碑无字天外日月磨刚风；飞尘过眼倏超忽，飘荡岂复有遗踪！天空翠华远，落日辞千峰。鲁郊获麟，岐阳会凤；明堂既毁，閟宫兴颂。宣尼曳杖，逍遥一去不复来，幽泉鸣咽而含悲，群峦拱揖如相送。俯仰宇宙，千载相望，堕山乔岳，尚被其光；峻极配天，无敢颉颃。嗟予瞻眺门墙外，何能仿佛窥室堂？也来攀附摄遗迹，三千之下，不知亦许再拜占末行。吁嗟乎！泰山之高，其高不可极。半壁回首，此身不觉已在东斗傍。

京师诗八首

弘治乙丑年改除兵部主事时作

忆龙泉山

我爱龙泉寺，寺僧颇疏野。尽日坐井栏，有时卧松下。一夕别山云，三年走车马。愧杀岩下泉，朝夕自清泻。

忆诸弟

久别龙山云，时梦龙山雨。觉来枕簟凉，诸弟在何许？终年走风尘，何似山中住。百岁如转蓬，拂衣从此去。

寄舅

老舅近何如？心性老不改。世故恼情怀，光阴不相待。借问同辈中，乡邻几人在？从今且为乐，旧事无劳悔！

送人东归

五泄佳山水，平生思一游。送子东归省，莼鲈况复秋。幽探须及壮，世事苦悠悠。来岁春风里，长安忆故丘。

寄西湖友

予有西湖梦，西湖亦梦予。三年成阔别，近事竟何如？况有诸贤在，他时终卜庐。但恐吾归日，君还轩冕拘。

赠阳伯

阳伯即伯阳，伯阳竟安在？大道即人心，万古未尝改。长生在求仁，金丹非外待。缪矣三十年，于今吾始悔！

故山

鉴水终年碧，云山尽日闲。故山不可到，幽梦每相关。雾豹言长隐，云龙欲共攀。缘知丹壑意，未胜紫宸班。

忆鉴湖友

长见人来说，扁舟每独游。春风梅市晚，月色鉴湖秋。空有烟霞好，犹为尘世留。自今当勇往，先与报江鸥。

狱中诗十四首

正德丙寅年十二月，以上疏忤逆瑾，下锦衣狱作。

不寐

天寒岁云暮，冰雪关河迥。幽室魍魉生，不寐知夜永。惊风起林木，骤若波浪汹。我心良匪石，讵为戚欣动！滔滔眼前事，逝者去相踵。崖穷犹可陟，水深犹可泳。焉知非日月，胡为乱予衷？深谷自逶迤，烟霞日悠永。匪时在贤达，归哉盍耕垅！

有室七章

有室如簏，周之崇墉。室如穴处，无秋天冬！

耿彼屋漏，天光入之。瞻彼日月，何嗟及之！

倏晦倏明，凄其以风。倏雨倏雪，当昼而蒙。

夜何其矣，靡星靡粲。岂无白日？窸寐永叹！

心之忧矣，匪家匪室。或其启矣，殒予匪恤。

氤氲其埃，日之光矣，渊渊其鼓，明既昌矣。

朝既式矣，日既夕矣。悠悠我思，曷其极矣！

读易

囚居亦何事？省愆惧安饱。瞑坐玩羲《易》，洗心见微奥。乃知先天翁，画画有至教。包蒙戒为寇，童牿事宜早；蹇蹇匪为节，虩虩未违道。《遁》四获我心，《蛊》上庸自保。俯仰天地间，触目俱浩浩。箪瓢有余乐，此意良匪矫。幽哉阳明麓，可以忘吾老。

岁暮

兀坐经旬成木石，忽惊岁暮还思乡。高檐白日不到地，深夜黠鼠时登床。峰头雾雪开草阁，瀑下古松闲石房。溪鹤洞猿尔无恙，春江归棹吾相将。

见月

屋罅见明月，还见地上霜。客子夜中起，旁皇涕沾裳。匪为严霜苦，悲此明月光。月光如流水，徘徊照高堂。胡为此幽室，奄忽逾飞扬？逝者不可及，来者犹可望。盈虚有天运，叹息何能忘！

天涯

天涯岁暮冰霜结，永巷人稀罔象游。长夜星辰瞻阁道，晓天钟鼓隔云楼。思家有泪仍多病，报主无能合远投。留得升平双眼在，且应蓑笠卧沧洲。

屋罅月

幽室不知年，夜长昼苦短。但见屋罅月，清光自亏满。佳人宴清夜，繁丝激哀管；朱阁出浮云，高歌正凄婉。宁知幽室妇，中夜独愁叹！良人事游侠，经岁去不返。来归在何时？年华忽将晚。萧条念宗祀，泪下长如霰。

别友狱中

居常念朋旧，簿领成阔绝，嗟我二三友，胡然此簪盍！累累囹圄间，讲诵未能辍。桎梏敢忘罪？至道良足悦。所恨精诚眇，尚口徒自蹶。天王本明圣,旋已但中热。行藏未可期,明当与君别。愿言无诡随,努力从前哲!

赴谪诗五十五首

正德丁卯年赴谪贵阳龙场驿作

答汪抑之三首

去国心已恫,别子意弥恻。伊迩怨昕夕,况兹万里隔!恋恋歧路间,执手何能默?子有昆弟居,而我远亲侧;回思菽水欢,羡子何由得!知子念我深,夙夜敢忘惕!良心忠信资,蛮貊非我戚。

北风春尚号,浮云正南驰。风云一相失,各在天一涯。客子怀往路,起视明星稀;驱车赴长阪,迢迢入岚霏。旅宿苍山底,雾雨昏朝弥。间关不足道,嗟此白日微。切磋此良久,愿言毋心违!

闻子赋茆屋,来归在何年?索居间楚越,连峰郁参天。缅怀岩中隐,磴道穷扳缘。江云动苍壁,山月流澄川。朝采石上芝,暮漱松间泉。鹅湖有前约,鹿洞多遗篇。寄子春鸿书,待我秋江船。

阳明子之南也其友湛元明歌九章以赠崔子钟和之以五诗于是
阳明子作八咏以答之

其一

君莫歌九章，歌以伤我心。微言破寥寂，重以离别吟。别离悲尚浅，
言微感逾深。瓦缶易诸俗，谁辩黄钟音？

其二

君莫歌五诗，歌之增离忧。岂无良朋侣？洵乐相邀游。譬彼桃与李，
不为仓困谋。君莫忘五诗，忘之我焉求？

其三

洙泗流浸微，伊洛仅如线；后来三四公，瑕瑜未相掩。嗟予不量力，
跛鳖期致远。屡兴还屡仆，惴息几不免。道逢同心人，秉节倡予敢；力争
毫厘间，万里或可勉。风波忽相失，言之泪徒泫。

其四

此心还此理，宁论己与人！千古一嘘吸，谁为叹离群？浩浩天地内，

何物非同春！相思辄奋励，无为俗所分。但使心无间，万里如相亲；不见宴游交，征逐胥以沦？

其五

器道不可离，二之即非性。孔圣欲无言，下学从泛应。君子勤小物，蕴蓄乃成行。我诵穷索篇，于子既闻命；如何圜中士，空谷以为静？

其六

静虚非虚寂，中有未发中。中有亦何有？无之即成空。无欲见真体，忘助皆非功。至哉玄化机，非子孰与穷！

其七

忆与美人别，赠我青琅函。受之不敢发，焚香始开缄；讽诵意弥远，期我濂洛间。道远恐莫致，庶几终不惭。

其八

忆与美人别，惠我云锦裳。锦裳不足贵，遗我冰雪肠。寸肠亦何遗？誓言终不渝。珍重美人意，深秋以为期。

南游三首 元明与予有衡岳、罗浮之期，赋《南游》，申约也。

南游何迢迢，苍山亦南驰。如何衡阳雁，不见燕台书？莫歌澧浦曲，莫吊湘君祠。苍梧烟雨绝，从谁问九疑。

其二

九疑不可问，罗浮如可攀。遥拜罗浮云，奠以双琼环。渺渺洞庭波，东逝何时还？生人不努力，草木同衰残！

其三

洞庭何渺茫，衡岳何崔嵬！风飘回雁雪，美人归未归？我有紫瑜珮，留挂芙蓉台。下有蛟龙峡，往往兴云雷。

忆昔答乔白岩因寄储柴墟三首

其一

忆昔与君约，玩《易》探玄微。君行赴西岳，经年始来归。方将事穷索，忽复当远辞。相去万里余，后会安可期？问我长生诀，惑也吾谁欺！盈亏消息间，至哉天地机。圣狂天渊隔，失得分毫厘。

其二

毫厘何所辩？惟在公与私。公私何所辩？天动与人为。遗体岂不贵？践形乃无亏。愿君崇德性，问学刊支离。无为气所役，毋为物所疑；恬淡自无欲，精专绝交驰。博弈亦何事，好之甘若饴？吟咏有性情，丧志非所宜。非君爱忠告，斯语容见嗤；试问柴墟子，吾言亦何如？

其三

柴墟吾所爱，春阳溢鬓眉；白岩吾所爱，慎默长如愚。二君廊庙器，予亦山泉姿。度量较齿德，长者皆吾师。置我五人末，庶亦忘崇卑。迢迢万里别，心事两不疑。北风送南雁，慰我长相思。

一日怀抑之也抑之之赠既尝答以三诗意若有歉焉是以赋也

其一

一日复一日，去子日以远。惠我金石言，沉郁未能展。人生各有际，道谊尤所眷。尝嗤儿女悲，忧来仍不免。缅怀沧洲期，聊以慰迟晚。

其二

迟晚不足叹，人命各有常。相去忽万里，河山郁苍苍。中夜不能寐，起视江月光。中情良自抑，美人难自忘。

其三

美人隔江水，仿佛若可睹。风吹蒹葭雪，飘荡知何处？美人有瑶瑟，清奏含太古。高楼明月夜，惆怅为谁鼓？

梦与抑之昆季语湛崔皆在焉觉而有感因记以诗三首

其一

梦与故人语，语我以相思。才为旬日别，宛若三秋期。令弟坐我侧，屈指如有为。须臾湛君至，崔子行相随。肴醑旋罗列，语笑如平时。纵言及微奥，会意忘其辞。觉来复何有？起坐空嗟咨！

其二

起坐忆所梦，默溯犹历历；初谈自有形，继论入无极。无极生往来，往来万化出；万化无停机，往来何时息！来者胡为信？往者胡为屈？微哉屈信间，子午当其屈。非子尽精微，此理谁与测？何当衡庐间，相携玩羲《易》。

其三

衡庐曾有约，相携尚无时。去事多翻覆，来踪岂前知？斜月满虚牖，树影何参差。林风正萧瑟，惊鹊无宁枝。邈彼二三子，怒焉劳我思。

因雨和杜韵

晚堂疏雨暗柴门，忽入残荷泻石盆。万里沧江生白发，几人灯火坐黄昏？客途最觉秋先到，荒径惟怜菊尚存。却忆故园耕钓处，短蓑长笛下江村。

赴谪次北新关喜见诸弟

扁舟风雨泊江关，兄弟相看梦寐间。已分天涯成死别，宁知意外得生还！投荒自识君恩远，多病心便吏事闲。携汝耕樵应有日，好移茅屋傍云山。

南屏

溪风漠漠南屏路，春服初成病眼开。花竹日新僧已老，湖山如旧我重来。层楼雨急青林迥，古殿雪晴碧嶂回。独有幽禽解相信，双飞时下读书台。

卧病静慈写怀

卧病空山春复夏，山中幽事最能知。雨晴阶下泉声急，夜静松间月色迟。把卷有时眠白石。解缨随意濯清漪。吴山越峤俱堪老，正奈燕云系远思！

移居胜果寺二首

江上但知山色好，峰回始见寺门开。半空虚阁有云住，六月深松无暑来。病肺正思移枕簟，洗心兼得远尘埃。富春咫尺烟涛外，时倚层霞望钓台。

胜果寺

病余岩阁坐朝曛，异景相新得未闻。日脚倒明千顷雾，雨声高度万峰云。越山阵水当吴峤，江月随潮上海门。便欲携书从此老，不教猿鹤更移文。

忆别

忆别江干风雪阴，艰难岁月两侵寻。重看骨肉情何限，况复斯文约旧深。贤圣可期先立志，尘凡未脱谩言心。移家便住烟霞壑，绿水青山长对吟。

泛海

险夷原不滞胸中，何异浮云过太空！夜静海涛三万里，月明飞锡下天风。

武夷次壁间韵

肩舆飞度万峰云，回首沧波月下闻。海上真为沧水使，山中又遇武夷君。溪流九曲初谙路，精舍千年始及门。归去高堂慰垂白，细探更拟在春分。

草萍驿次林见素韵奉寄

山行风雪瘦能当，会喜江花照野航。本与宦途成懒散，颇因诗景受闲忙。乡心草色春同远，客鬓松梢晚更苍，料得烟霞终有分，未须连夜梦溪堂。

玉山东岳庙遇旧识严星士

忆昨东归亭下路，数峰箫管隔秋云。肩舆欲到妨多事，鼓枻重来会有云。春夜绝怜灯节近，溪声最好月中闻。行藏无用君平卜，请看沙边鸥鹭群。

广信元夕蒋太守舟中夜话

楼台灯火水西东，箫鼓星桥渡碧空。何处忽谈尘世外？百年惟此月明中。客途孤寂浑常事，远地相求见古风。别后新诗如不惜，衡南今亦有飞鸿。

夜泊石亭寺用韵呈陈娄诸公因寄储柴墟都宪及乔白岩太常诸友

廿年不到石亭寺，惟有西山只旧青。白拂挂墙僧已去，红阑照水客重经。沙村远树凝春望，江雨孤篷入夜听。何处故人还笑语？东风啼鸟梦初醒。

怅望沙头成久坐，江洲春树何青青。烟霞故国虚梦想，风雨客途真惯经！白璧屡投终自信，朱弦一绝好谁听？扁舟心事沧浪旧，从与渔人笑独醒。

过分宜望钤冈庙

共传峰顶树，古庙有灵神，楚俗多尊鬼，巫言解惑人。望裡存旧典，捍御及斯民。世事浑如此，题诗感慨新！

杂诗三首

其一

危栈断我前，猛虎尾我后。倒崖落我左，绝壑临我右。我足复荆榛，雨雪更纷骤。邈然思古人，无闷聊自有。无闷虽足珍，警惕忘尔守。君观真宰意，匪薄亦良厚。

其二

青山清我目，流水静我耳；琴瑟在我御，经书满我几。措足践坦道，悦心有妙理，顽冥非所惩，贤达何靡靡！乾乾怀往训，敢忘惜分晷？悠哉天地内，不知老将至。

其三

羊肠亦坦道，太虚何阴晴？灯窗玩古《易》，欣然获我情。起舞还再拜，圣训垂明明；拜舞讵逾节？顿忘乐所形。敛衽复端坐，玄思窥沉溟。寒根固生意，息灰抱阳精。冲漠际无极，列宿罗青冥。夜深向晦息，始闻风雨声。

袁州府宜春台四绝

宜春台上还春望，山水南来眼未尝。却笑韩公亦多事，更从南浦羡滕王。

台名何事只宜春？山色无时不可人。不用烟花费妆点，尽教刊落尽嶙峋。

持修江藻拜祠前，正是春风欲暮天。童冠尽多归咏兴，城南兼说有温泉。

古庙香灯几许年？增修还费大官钱。至今楚地多风雨，犹道山神驾铁船。

夜宿宣风馆

山石崎岖古辙痕，沙溪马渡水犹浑。夕阳归鸟投深麓，烟火行人望远村。天际浮云生白发，林间孤月坐黄昏。越南冀北俱千里，正恐春愁入夜魂。

萍乡道中谒濂溪祠

木偶相沿恐未真，清辉亦复凛衣巾。簿书曾屑乘田吏，俎豆犹存畏垒民。碧水苍山俱过化，光风霁月自传神。千年私淑心丧后，下拜春祠荐渚蘋。

宿萍乡武云观

晓行山径树高低，雨后春泥没马蹄。翠色绝云开远嶂，寒声隔竹隐晴溪。已闻南去艰舟楫，漫忆东归沮杖藜。夜宿仙家见明月，清光还似鉴湖西。

醴陵道中风雨夜宿泗州寺次韵

风雨偏从险道尝，深泥没马陷车箱。虚传鸟路通巴蜀，岂必羊肠在太行！远渡渐看连暝色，晚霞会喜见朝阳。水南昏黑投僧寺，还理义编坐夜长。

长沙答周生

旅倦憩江观，病齿废谈诵。之子特相求，礼殚意弥重。自言绝学余，有志莫与共；手持一编书，披历见肝衷；近希小范踪，远为贾生恸；兵符及射艺，方技靡不综。我方惩创后，见之色亦动。子诚仁者心，所言亦屡中；愿子且求志，蕴蓄事涵泳。孔圣固惶惶，与点乐归咏；回也王佐才，闭户避邻哄。知子信美才，大构中梁栋；未当匠石求，滋植务培壅。愧子勤绻意，何以相规讽？养心在寡欲，操存舍即纵。岳麓何森森，遗址自南宋；江山足游息，贤迹尚堪踵。何当谢病来，士气多沉勇。

陟湘于迈岳麓是尊仰止先哲因怀友生丽泽兴感伐木寄言二首

其一

客行长沙道，山川郁稠缪。西探指岳麓，凌晨渡湘流；逾冈复陟巘，吊古还寻幽。林壑有余采，昔贤此藏修；我来实仰止，匪伊事盘游。衡云闲晓望，洞野浮春洲。怀我二三友，《伐木》增离忧。何当此来聚？道谊日相求。

其二

林间憩白石，好风亦时来。春阳熙百物，欣然得予怀。缅思两夫子，此地得徘徊。当年靡童冠，旷代登堂阶。高情讵今昔，物色遗吾侪。顾谓二三子，取瑟为我谐。我弹尔为歌，尔舞我与偕。吾道有至乐，富贵真浮埃！若时乘大化，勿愧点与回。陟冈采松柏，将以遗所思；勿采松柏枝，两贤昔所依。缘峰践台石，将以望所期；勿践台上石，两贤昔所跻。两贤去邈矣，我友何相违？吾斯未能信，役役空尔疲。胡不此簪盍，丽泽相遨嬉？渴饮松下泉，饥餐石上芝。偃仰绝余念，迁客难久稽。洞庭春浪阔，浮云隔九疑。江洲满芳草，目极令人悲。已矣从此去，奚必兹山为！恋系乃从欲，安土惟随时。晚闻冀有得，此外吾何知！

游岳麓书事

醴陵西来涉湘水，信宿江城沮风雨。不独病齿畏风湿，泥潦侵途绝行旅。人言岳麓最形胜，隔水溟蒙隐云雾；赵侯需晴邀我游，故人徐陈各传语；周生好事屡来速，森森雨脚何由住！晓来阴翳稍披拂，便携周生涉江去。戒令休遣府中知，徒尔劳人更妨务。橘洲僧寺浮江流，鸣钟出延立沙际。停桡一至答其情，三洲连绵亦佳处。行云散漫浮日色，是时峰峦益开雾。乱流荡桨济倏忽，系樻江边老檀树。岸行里许入麓口，周生道予勤指顾。柳溪梅堤存仿佛，道林林壑独如故。赤沙想像虚田中，西屿倾颓今冢墓。道乡荒趾留突兀，赫曦远望石如鼓。殿堂释菜礼从宜，下拜朱张息游忌。凿石开山面势改，双峰辟阙见江渚；闻是吴君所规画，此举良是反遭忌。九仞谁亏一篑功，叹息遗基独延仵！浮屠观阁摩青霄，盘据名区遍寰宇；其徒素为儒所摈，以此方之反多愧。人云赵侯意颇深，隐忍调停旋修举；昨来风雨破栋脊，方遣圬人补残敝。予闻此语心稍慰，野人蔬蕨亦罗置；欣然一酌才举杯，津夫走报郡侯至。此行隐迹何由闻？遣骑候访自吾寓；潜来鄙意正为此，仓率行庖益劳费。整冠出迓见两盖，乃知王君亦同御。肴羞层叠丝竹繁，避席兴辞恳莫拒。多仪劣薄非所承，乐阕觞周日将暮。黄堂吏散君请先，病夫沾醉须少憩。入舟暝色渐微茫，却喜顺流还易渡。严城灯火人已稀，小巷曲折忘归路。仙宫酣倦成熟寐，晓闻檐声复如注。昨游偶遂实天假，信知行乐皆有数。涉躐差偿夙好心，尚有名山敢多慕！齿角盈亏分则然，行李虽淹吾不恶。

次韵答赵太守王推官

诘朝事虔谒，玄居宿斋沐。积霖喜新霁，风日散清燠。兰桡渡芳渚，半涉见水陆；溪山俨新宇，雷雨荒大麓。皇皇弦诵区，斯文昔炳郁；兴废尚屯疑，使我怀悱懊。近闻牧守贤，经营亟乘屋。方舟为予来，飞盖遥肃肃。花絮媚晚筵，韶景正柔淑。浴沂谅同情，及兹授春服。令德倡高祠，混珠愧鱼目！努力崇修名，迂疏自岩谷。

天心湖阻泊既济书事

挂席下长沙，瞬息百余里。舟人共扬眉，予独忧其驶。日暮入沅江，抵石舟果圮。补敝诘朝发，冲风遂龃龉。暝泊后江湖，萧条旁罾罛。月黑波涛惊，蛟鼍互睥睨。翼午风益厉，狼狈收断汜。天心数里间，三日但遥指。甚雨迅雷电，作势殊未已。溟溟云雾中，四望渺涯涘。篙桨不得施，丁夫尽嗟噫。淋漓念同胞，吾宁忍暴使？饘粥且倾囊，苦且吾与尔。众意在必济，粮绝亦均死。凭陵向高浪，吾亦讵容止。虎怒安可撄？志同稍足倚；且令并岸行，试涉湖滨沚。收舵幸无事，风雨亦浸弛。逡巡缘沚湄，迤逦就风势。新涨翼回湍，倏忽逝如矢。夜入武阳江，渔村稳堪舣。籴市谋晚炊，且为众人喜。江醪信漓浊，聊复荡胸滓。济险在需时，徼幸岂常理？尔辈勿轻生，偶然非可恃！

居夷诗

去妇叹五首

楚人有间于新娶而去其妇者。其妇无所归，去之山间独居，怀绻不忘，终无他适。予闻其事而悲之，为作《去妇叹》。

委身奉箕帚，中道成弃捐。苍蝇间白璧，君心亦何愆！独嗟贫家女，素质难为妍。命薄良自喟，敢忘君子贤？春华不再艳，颓魄无重圆。新欢莫终忏，令仪慎周还。

依违出门去，欲行复迟迟。邻姬尽出别，强语含辛悲。陋质容有缪，放逐理则宜；姑老籍相慰，缺乏多所资。妾行长已矣，会面当无时！

妾命如草芥，君身比琅玕。奈何以妾故，废飧怀愤冤？无为伤姑意，燕尔且为欢；中厨存宿旨，为姑备朝餐。畜育意千绪，仓卒徒悲酸。伊迩望门屏，盍从新人言。夫意已如此，妾还当谁颜！

去矣勿复道，已去还踌躇。鸡鸣尚闻响，犬恋犹相随。感此摧肝肺，泪下不可挥。冈回行渐远，日落群鸟飞。群鸟各有托，孤妾去何之？

空谷多凄风，树木何萧森！浣衣涧冰合，采苓山雪深。离居寄岩穴，忧思托鸣琴。朝弹别鹤操，暮弹孤鸿吟。弹苦思弥切，巉岏隔云岑。君聪甚明哲，何因闻此音？

罗旧驿

客行日日万峰头，山水南来亦胜游。市谷鸟啼村雨暗，刺桐花暝石溪幽。蛮烟喜过青杨瘴，乡思愁经芳杜洲。身在夜郎家万里，五云天北是神州。

沅水驿

辰阳南望接沅州，碧树林中古驿楼。远客日怜风土异，空山惟见瘴云浮。耶溪有信从谁问？楚水无情只自流。却幸此身如野鹤，人间随地可淹留。

钟鼓洞

见说水南多异迹，岩头时有鼓钟声。空遗石壁千年在，未信金砂九转成。远地星辰瞻北极，春山明月坐更深。年来夷险还忘却，始信羊肠路亦平。

平溪馆次王文济韵

山城寥落闭黄昏，灯火人家隔水村。清世独便吾职易，穷途还赖此心存。蛮烟瘴雾承相往，翠壁丹崖好共论。畎亩投闲终有日，小臣何以答君恩？

清平卫即事

积雨山途喜乍晴，暖云浮动水花明。故园日与青春远，敝绵凉思白苎轻。烟际卉衣窥绝栈，（时土苗方仇杀）峰头戍角隐孤城。华夷节制严冠履，漫说殊方列省卿。

兴隆卫书壁

山城高下见楼台，野戍参差暮角摧。贵竹路从峰顶入，夜郎人自日边来。莺花夹道惊春老，雉堞连云向晚开。尺素屡题还屡掷，衡南那有雁飞回？

七盘

鸟道萦纡下七盘，古藤苍木峡声寒。境多奇绝非吾土，时可淹留是谪官。犹记边峰传羽檄，近闻苗俗化衣冠。投簪实有居夷志，垂白难承菽水欢。

初至龙场无所止结草庵居之

草庵不及肩，旅倦体方适。开棘自成篱，土阶漫无级；迎风亦萧疏，漏雨易补缉。灵濑响朝湍，深林凝暮色。群獠环聚讯，语庞意颇质。鹿豕且同游，兹类犹人属。污樽映瓦豆，尽醉不知夕。缅怀黄唐化，略称茅茨迹。

始得东洞遂改为阳明小洞天三首

古洞闷荒僻，虚设疑相待。披莱历风磴，移居快幽垲。营炊就岩窦，放榻依石垒。穹室旋薰塞，夷坎仍洒扫。卷帙漫堆列，樽壶动光彩。夷居信何陋，恬淡意方在。岂不桑梓怀？素位聊无悔。

童仆自相语，洞居颇不恶。人力免结构，天巧谢雕凿。清泉傍厨落，翠雾还成幕。我辈日嬉偃，主人自愉乐。虽无荣载荣，且远尘嚣聒。但恐霜雪凝，云深衣絮薄。

我闻莞尔笑，周虑愧尔言。上古处巢窟，杯饮皆污樽。洴极阳内伏，石穴多冬暄。豹隐文始泽，龙蛰身乃存。岂无数尽楥，轻裘吾不温。邈矣箪瓢子，此心期与论。

谪居绝粮请学于农将田南山永言寄怀

谪居屡在陈，从者有愠见。山荒聊可田，钱镈还易办。夷俗多火耕，仿习亦颇便。及兹春未深，数亩犹足佃。岂徒实口腹？且以理荒宴。遗穗及鸟雀，贫寡发余羡。出耒在明晨，山寒易霜霰。

观稼

下田既宜稌，高田亦宜稷。种蔬须土疏，种蓣须土湿。寒多不实秀，暑多有螟螣。去草不厌频，耘禾不厌密。物理既可玩，化机还默识；即是参赞功，毋为轻稼穑！

采蕨

采蕨西山下，扳援陟崔嵬。游子望乡国，泪下心如摧。浮云塞长空。颓阳不可回。南归断舟楫，北望多风埃。已矣供子职，勿更贻亲哀！

猗猗

猗猗涧边竹，青青岩畔松。直干历冰雪，密叶留清风。自期永相托，云壑无违踪。如何两分植，憔悴叹西东。人事多翻覆，有如道上蓬。惟应岁寒意，随处还当同。

南溟

南溟有瑞鸟，东海有灵禽；飞游集上苑，结侣珍树林；顾言饰羽仪，共舞箫韶音。风云忽中变，一失难相寻。瑞鸟既遭縻，灵禽投荒岑。天衢雨雪积，江汉虞罗侵。哀哀鸣索侣，病翼飞未任。群鸟亦千百，谁当会其心？南岳有竹实，丹溜青松阴。何时共栖息？永托云泉深。

溪水

溪石何落落，溪水何泠泠。坐石弄溪水，欣然濯我缨。溪水清见底，照我白发生。年华若流水，一去无回停。悠悠百年内，吾道终何成！

龙冈新构

诸夷以予穴居颇阴湿，请构小庐。欣然趋事，不月而成。诸生闻之，亦皆来集，请名龙冈书院，其轩曰"何陋"。

谪居聊假息，荒秽亦须治。凿山麓薙林条，小构自成趣。开窗入远峰，架扉出深树。墟寨俯逶迤，竹木互蒙翳。畦蔬稍溉锄，花药颇杂莳。宴适岂专予，来者得同憩。轮奂非致美，毋令易倾敝。

营茅乘田隙，洽旬始苟完。初心待风雨，落成还美观。锄荒既开径，拓樊亦理园。低檐避松偃，疏土行竹根。勿剪墙下棘，束列因可藩。莫撷林间萝，蒙笼覆云轩。素缺农圃学，因兹得深论。毋为轻鄙事，吾道固斯存。

诸生来

简滞动罹咎，废幽得幸免。夷居虽异俗，野朴意所眷。思亲独疚心，疾忧庸自遣。门生颇群集，樽罍亦时展。讲习性所乐，记问复怀腼。林行或沿涧，洞游还陟巘。月榭坐鸣琴，云窗卧披卷。澹泊生道真，旷达匪荒宴。岂必鹿门栖，自得乃高践。

西园

方园不盈亩，蔬卉颇成列。分溪免瓮灌，补篱防豕蹢。芜草稍焚薙，清雨夜来歇。濯濯新叶敷，荧荧夜花发。放锄息重阴，旧书漫披阅。倦枕

中华传世藏书

王阳明全集

《王阳明全集》原典

竹下石，醒望松间月。起来步闲谣，晚酌檐下设。尽醉即草铺，忘与邻翁别。

水滨洞

送远憩蛆谷，濯缨俯清流。沿溪涉危石，曲洞藏深幽。花静馥常阒，溜暗光亦浮。平生泉石好，所遇成淹留。好鸟忽双下，鲦鱼亦群游。坐久尘虑息，澹然与道谋。

山石

山石犹有理，山木犹有枝；人生非木石，别久宁无思！愁来步前庭，仰视行云驰；行云随长风，飘飘去何之？行云有时定，游子无还期。高粱始归燕，题鸡已先悲。有生岂不苦，逝者长若斯！已矣复何事？商山行采芝。

无寐二首

烟灯暖无寐，忧思坐长往。寒风振乔林，叶落闻窗响。起窥庭月光，山空游罔象。怀人阻积雪，崖冰几千丈。

穷崖多杂树，上与青冥连。穿云下飞瀑，准能识其源？但闻清猿啸，时见皓鹤翻。中有避世士，冥寂栖其巅。紧系予亦同调，路绝难攀缘。

诸生夜坐

谪居澹虚寂，眇然怀同游。日入山气夕，孤亭俯平畴。草际见数骑，取径如相求；渐近识颜面，隔树停鸣驺；投辖雁鹜进，携榼各有羞；分席夜堂坐，绛蜡清樽浮；鸣琴复散帙，壶矢交觥筹。夜弄溪上月，晓陟林间丘。村翁或招饮，洞客偕探幽。讲习有真乐，谈笑无俗流。缅怀风沂兴，千载相为谋。

艾草次胡少参韵

艾草莫艾兰，兰有芬芳姿。况生幽谷底，不碍君稻畦。艾之亦何益？徒令香气衰。荆棘生满道，出刺伤人肌；持刀忌触手，睨视不敢挥。艾草须艾棘，勿为棘所欺。

凤雏次韵答胡少参

凤雏生高岩，风雨摧其翼。养疴深林中，百鸟惊辟易。虞人视为妖，举网争弹弋。此本王者瑞，惜哉谁能识！吾方哀其穷，胡忍复相亟？鸱枭据丛林，驱鸟恣搏食。嗟尔独何心？枭凤如白黑。

鹦鹉和胡韵

鹦鹉生陇西，群飞恣鸣游。何意虞罗及？充贡来中州；金绦縻华屋，云泉谢林丘。能言实阶祸，吞声亦何求！主人有隐寇，窃发闻其谋，感君惠养德，一语思所酬。惧君不见察，杀身反为尤。

诸生

人生多离别，佳会难再遇。如何百里来，三宿便辞去？有琴不肯弹，有酒不肯御。远陟见深情，宁予有弗顾？洞云还自栖，溪月谁同步？不念南寺时，寒江雪将暮？不记西园日，桃花夹川路？相去倏几月，秋风落高树。富贵犹尘沙，浮名亦飞絮。嗟我二三子，吾道有真趣。胡不携书来，茆堂好同住！

游来仙洞早发道中

霜风清木叶，秋意生萧疏。冲星策晓骑，幽事将有徂。股虫乱飞掷，道狭草露濡；倾暑特晨发，征夫已先途。淅米石间溜，炊火岩中庐。烟峰上初日，林鸟相嘤呼。意欣物情适，战胜癯色腴。行乐信宇宙，富贵非吾图！

别友

幽寻意方结，奈此世累牵。凌晨驱马别，持杯且为传。相求苦非远，山路多风烟。所贵明哲士，秉道非苟全。去矣崇令德，吾亦行归田。

赠黄太守澍

岁宴乡思切，客久亲旧疏。卧疴闭空院，忽来故人车。入门辩眉宇，喜定还惊吁。远行亦安适，符竹膺新除。荒郡号难理，况兹征索余！君才素通敏，窘剧宜有纡。蛮乡虽瘴毒，逐客犹安居。经济非复事，时还理残书。山泉足游憩，鹿麋能友予。澹然穹壤内，容膝皆吾庐。惟萦垂白念，旦夕怀归图。君行勉三事，吾计终五湖。

寄友用韵

怀人坐沉夜，帷灯暖幽光。耿耿积烦绪。忽忽如有忘。玄景逝不处，朱炎化微凉。相彼谷中葛，重阴殒衰黄。感此游客子，经年未还乡。伊人不在目，丝竹徒满堂，天深雁书杳，梦短关塞长。情好矢无致，愿言觊终偿。惠我金石编，徽音激宫商。驰辉不可即，式尔增予伤！馨香袭肝膂，聊用中心藏。

秋夜

树暝栖翼喧，萤飞夜堂静。遥穹出晴月，低檐入峰影。睂然坐幽独，怵尔抱深警。年徂道无闻，心违迹未屏。萧瑟中林秋，云凝松桂冷。山泉岂无适？离人怀故境。安得驾云鸿，高飞越南景！

采薪二首

朝采山上荆，暮采谷中栗。深谷多凄风，霜露沾衣湿。采薪勿辞辛，昨来断薪拾。晚归阴壑底，抱瓮还自汲。薪水良独劳，不愧食吾力！

倚担青崖际，历斧崖下石。持斧起环顾，长松百余尺。徘徊不忍挥，俯略涧边棘。同行笑吾馁，尔斧安用历？快意岂不能？物材各有适。可以相天子，众稚讵足识！

龙冈漫兴五首

投荒万里入炎州，却喜官卑得自由。心在夷居何有陋？身虽吏隐未忘忧。春山卉服时相问，雪寨蓝舆每独游。拟把犁锄从许子，谩将弦诵止言游。

旅况萧条寄草堂，虚檐落日自生凉。芳春已共烟花尽，孟夏俄惊草木长。绝壁千寻凌杳霭，深崖六月宿冰霜。人间不有宣尼叟，谁信申韩未是刚？

路僻官卑病益闲，空林惟听鸟间关。地无医药凭书卷，身处蛮夷亦故山。用世谩怀伊尹耻，思家独切老莱斑。梦魂兼喜无余事，只在耶溪舜水湾。

卧龙一去忘消息，千古龙冈漫有名。草屋何人方管乐，桑间无耳听《咸英》。江沙漠漠遗云鸟，草木萧萧动甲兵。好共鹿门庞处士，相期采药入青冥。

归与吾道在沧浪，颜氏何曾击柝忙？枉尺已非贤者事，斫轮徒有古人方。白云晚忆归岩洞，苍藓春应遍石床。寄语峰头双白鹤，野夫终不久龙场。

答毛拙庵见招书院

野夫病卧成疏懒，书卷长抛旧学荒。岂有威仪堪法象？实惭文檄过称扬。移居正拟投医肆，虚席仍烦避讲堂。范我定应无所获，空令多士笑王良。

老桧

老桧斜生古驿傍，客来系马解衣裳。托根非所还怜汝，直干不挠终异常。风雪凛然存节概，刮摩聊尔见文章。何当移植山林下，偃蹇从渠拂汉苍。

却巫

卧病空山无药石，相传土俗事神巫。吾行久矣将焉祷？众议纷然反见迂。积习片言容未解，舆情三月或应孚。也知伯有能为厉，自笑孙侨非丈夫。

过天生桥

水光如练落长松，云际天桥隐白虹。辽鹤不来华表烂，仙人一去石桥空。徒闻鹊驾横秋夕，谩说秦鞭到海东。移放长江还济险，可怜虚却万山中。

南霁云祠

死矣中丞莫谩疑，孤城援绝久知危。贺兰未灭空遗恨，南八如生定有为。风雨长廊嘶铁马，松杉阴雾卷灵旗。英魂千载知何处？岁岁边人赛旅祠。

春晴

林下春晴风渐和，高岩残雪已无多。游丝冉冉花枝静，青壁迢迢白鸟过。忽向山中怀旧侣，几从洞口梦烟萝。客衣尘土终须换，好与湖边长芰荷。

陆广晓发

初日瞳瞳似晓霞，雨痕新霁渡头沙。溪深几曲云藏峡，树老千年雪作花。白鸟去边回驿路，青崖缺处见人家。遍行奇胜才经此，江上无劳羡九华。

雪夜

天涯久客岁侵寻，茅屋新开枫树林。渐惯省言因病齿，屡经多难解安心。犹怜未系苍生望，且得闲为白石吟。乘兴最堪风雪夜，小舟何日返山阴？

元夕二首

故园今夕是元宵，独向蛮村坐寂寥。赖有遗经堪作伴，喜无车马过相邀。春还草阁梅先动，月满虚庭雪未消。堂上花灯诸弟集，重闱应念一身遥。

去年今日卧燕台，铜鼓中宵隐地雷。月傍苑楼灯彩淡，风传阁道马蹄回。炎荒万里频回首，羌笛三更谩自哀。尚忆先朝多乐事，孝皇曾为两宫开。

家僮作纸灯

寥落荒村灯事赊，蛮奴试巧剪春纱。花枝绰约含轻雾，月色玲珑映绮霞。取办不徒酬令节，赏心兼是惜年华。何如京国王侯第，一盏中人产十家！

白云堂

白云僧舍市桥东，别院回廊小径通。岁古檐松存独干，春还庭竹发新丛。晴窗暗映群峰雪，清梵长飘高阁风。迁客从来甘寂寞，青鞋时过月明中。

来仙洞

古洞春寒客到稀，绿苔荒径草霏霏。书悬绝壁留僧偈，花发层萝绣佛衣。壶榼远从童冠集，杖藜随处宦情微。石门遥锁阳明鹤，应笑山人久不归。

木阁道中雪

瘦马支离缘绝壁，连峰窅宛入层云。山村树暝惊鸦阵，涧道雪深逢鹿群。冻合衡茅炊火断，望迷孤戍暮笳闻。正思讲习诸贤在，绛蜡清醅坐夜分。

元夕雪用苏韵二首

林间暮雪定归鸦，山外铃声报使车。玉盏春光传柏叶，夜堂银烛乱檐花。萧条音信愁边雁，迢递关河梦里家。何日扁舟还旧隐，一蓑江上把鱼叉。

寒威入夜益廉纤，酒瓮炉床亦戒严。久窖渐怜衣有结，蛮居长叹食无盐。饥豺正尔群当路，冻雀从渠自宿檐。阴极阳回知不远，兰芽行见发春尖。

晓霁用前韵书怀二首

双阙钟声起万鸦，禁城月色满朝车。竟谁诗咏东曹桧？正忆梅开西寺花。此日天涯伤逐客，何年江上却还家？曾无一字堪驱使，谩有虚名拟八叉。

涧草岩花欲斗纤，溪风林雪故争严。连岐尽说还宜麦，煮海何曾见作盐。路断暂怜无过客，病余兼喜曝晴檐。谪居亦自多清绝，门外群峰玉笋尖。

次韵陆金宪元日喜晴

城里夕阳城外雪，相将十里异阴晴。也知造物曾何意？底是人心苦未平！柏府楼台衔倒景，茆茨松竹泻寒声。布衾莫谩愁僵卧，积素还多达曙明。

元夕木阁山火

荒村灯夕偶逢晴，野烧峰头处处明。内苑但知鳌作岭，九门空说火为城。天应为我开奇观，地有兹山不世情。却恐炎威被松柏，休教玉石遂同焚！

夜宿汪氏园

小阁藏身一斗方，夜深虚白自生光。梁间来下徐生榻，座上惭无荀令香。驿树雨声翻屋瓦，龙池月色浸书床。他年贵竹传遗事，应说阳明旧草堂。

春行

冬尽西归满山雪，春初复来花满山。白鸥乱浴清溪上，黄鸟双飞绿树间。物色变迁随转眼，人生岂得长朱颜！好将吾道从吾党，归把渔竿东海湾。

村南

花事纷纷春欲酣，杖藜随步过村南。田翁开野教新犊，溪女分流浴种蚕。稚犬吠人依密槿，闲凫照影立晴潭。偶逢江客传乡信，归卧枫堂梦石龛。

山途二首

上山见日下山阴，阴欲开时日欲沉。晚景无多伤远道，朝阳莫更沮云岑。人归暝市分渔火，客舍空林依暮禽。世事验来还自领，古人先已得吾心。

南北驱驰任板舆，谪乡何地是安居？家家细雨残灯后，处处荒原野烧余。江树欲迷游子望，朔云长断故人书。茂陵多病终萧散，何事相如赋《子虚》。

白云

白云冉冉出晴峰，客路无心处处逢。已逐肩舆度青壁，还随孤鹤下苍松。此身愧尔长多系，他日从龙谩托踪。断鹜残鸦飞欲尽，故山回首意重重。

答刘美之见寄次韵

休疑迁客迹全贫，犹有沙鸥日见亲。勋业已辞沧海梦，烟花多负故园春。百年长恐终无补，万里宁期尚得身。念我不劳伤鬓雪，知君亦欲拂衣尘。

寄徐掌教

徐稚今安在？空梁榻久悬。北门倾盖日，东鲁校文年。岁月成超忽，风云易变迁。新诗劳寄我，不愧《鸟鸣》篇。

书庭蕉

檐前蕉叶绿成林，长夏全无暑气侵。但得雨声连夜静，不妨月色半床阴。新诗旧叶题将满，老茎疏梧根共深。其笑郑人谈讼鹿，至今醒梦两难寻。

送张宪长左迁滇南大参次韵

世味知公最饱谙，百年清德亦何惭！柏台藩省官非左，江汉滇池道益南。绝域烟花怜我远，今宵风月好谁谈？交游若问居夷事，为说山泉颇自堪。

南庵次韵二首

隔水樵渔亦几家？缘冈石路入溪斜。松林晚映千峰雨，枫叶秋连万树霞。渐觉形骸逃物外，未妨游乐在天涯。频来不用劳僧榻，已僭汀鸥一席沙。

斜日江波动客衣，水南深竹见岩扉。渔人收网舟初集，野老忘机坐未归。渐觉云间栖翼乱，愁看天北暮云飞。年年岁晚长为客，闲杀西湖旧钓矶。

观傀儡次韵

处处相逢是戏场，何须傀儡夜登堂？繁华过眼三更促，名利牵人一线长。稚子自应争诧说，矮人亦复浪悲伤。本来面目还谁识？且向樽前学楚狂。

徐都宪同游南庵次韵

岩寺藏春长不夏，江花映日艳于桃。山阴入户川光暮，林影浮空暑气高。树老岂能知岁月，溪清真可鉴秋毫。但逢佳景须行乐，莫遣风霜着鬓毛。

即席次王文济少参韵二首

摇落休教感客途，南来秋兴未全孤。肝肠已自成金石，齿发从渠变柳蒲。倾倒酒杯金谷罚，逼真词格《辋川图》。谪乡莫道贫消骨，犹有新诗了旧逋。

此身未拟泣穷途，随处翻飞野鹤孤。霜冷几枝存晚菊，溪春两度见新蒲。荆西寇盗纡筹策，湘北流移入画图。莫怪当筵倍凄切，诛求满地促官逋。

赠刘侍御二首

蹇以反身，困以遂志。今日患难，正阁下受用处也。知之，则处此当自别。病笔不能多及，然其余亦无足言者。聊次韵。某顿首刘侍御大人契长。

相送溪桥未隔年，相逢又过小春天。忧时敢负君臣义？念别羞为儿女怜。

道自升沉宁有定，心存气节不无偏。知君已得虚舟意，随处风波只晏然。

夜寒

檐际重阴覆夜寒，石炉松火坐更残。穷荒正讶乡书绝，险路仍愁归梦难，仙侣春风怀越峤，钓船明月负严滩。未因谪宦伤憔悴，客鬓远羞镜里看。

冬至

客床无寐听潜雷，珍重初阳夜半回。天地未尝生意息，冰霜不耐鬓毛催。春添哀线谁能补？岁晚心丹自动灰。料得重闱强健在，早看消息报窗梅。

春日花间偶集示门生

闲来聊与二三子，单夹初成行暮春。改课讲题非我事，研几悟道是何人？阶前细草雨还碧，檐下小桃晴更新。坐起咏歌俱实学，毫厘须遣认教真。

次韵送陆文顺佥宪

贵阳东望楚山平，无奈天涯又送行。杯酒豫期倾盖日，封书烦慰倚门情。心驰魏阙星辰迥，路绕乡山草木荣。京国交游零落尽，空将秋月寄猿声。

次韵陆佥宪病起见寄

一赋《归来》不愿余，文园多病滞相如。篱边竹笋青应满，洞口桃花红自舒。荷蒉有心还击磬，周公无梦欲删《书》。云间宪伯能相慰，尺素长题问谪居。

次韵胡少参见过

旋营小酌典春裘，佳客真惭竟日留。长怪岭云迷楚望，忽闻吴语破乡愁。镜湖自昔堪归老，杞国何人独抱忧！莫讶临花倍惆怅，赏心原不在枝头。

雪中桃次韵

雪里桃花强自春，萧疏终觉损精神。却惭幽竹节逾劲，始信寒梅骨自真。遭际本非甘冷淡，飘零须信委风尘。从来此事还希阔，莫怪临轩赏更新。

舟中除夕二首

扁舟除夕尚穷途。荆楚还怜俗未殊。处处送神悬楮马，家家迎岁换桃符。江醪信薄聊相慰，世路多歧漫自吁！白发频年伤远别，彩衣何日是庭趋？

远客天涯又岁除，孤航随处亦吾庐。也知世上风波满，还恋山中木石居。事业无心从齿发，亲交多难绝音书，江湖未就新春计，夜半樵歌忽起予。

淑浦山夜泊

淑浦山边泊，云间见驿楼。滩声回远树，崖影落中流。柳放新年绿，人归隔岁舟。客途时极目，天北暮阴愁。

过江门崖

三年谪宦沮蛮氛，天放扁舟下楚云。归信应先春雁到，闲心期与白鸥群。晴溪欲转新年色，苍壁多遗古篆文。此地从来山水胜，它时回首忆江门。

辰州虎溪龙兴寺闻杨名父将到留韵壁间

杖藜一过虎溪头，何处僧房是惠休？云起峰头沉阁影，林疏地底见江流。烟花日暖犹含雨，鸥鹭春闲欲满洲。好景同来不同赏，诗篇还为故人留。

武陵潮音阁怀元明

高阁凭虚台十寻，卷帘疏雨动微吟。江天云鸟自来去，楚泽风烟无古今。山色渐疑衡岳近，花源欲问武陵深。新春尚沮东归楫，落日谁堪话此心？

阁中坐雨

台下春云及寺门，懒夫睡起正开轩。烟芜涨野平堤绿，江雨随风入夜喧。道意萧疏惭岁月，归心迢递忆乡园。年来身迹如漂梗，自笑迂痴欲手援。

霁夜

雨霁僧堂钟磬清，春溪月色特分明。沙边宿鹭寒无影，洞口流云夜有声。静后始知群动妄，闲来还觉道心惊。问津久已惭沮溺，归向东皋学耦耕。

僧斋

尽日僧斋不厌闲，独余春睡得相关。檐前水涨遂无地，江外云晴忽有山。远客趁墟招渡急，舟人晒网得鱼还。也知世事终无补，亦复心存出处间。

德山寺次壁间韵

乘兴看山薄暮来，山僧迎客寺门开。雨昏碧草春申墓，云卷青峰善卷台。性爱烟霞终是僻，诗留名姓不须猜。岩根老衲成灰色，枯坐何年解结胎?

德山寺

沅江晚泊二首

去时烟雨沅江暮，此日沅江暮雨归。水漫远沙村市改，泊依旧店主人非。草深廨宇无官住，花落僧房自鸟啼。处处春光萧索甚，正思荆棘掩岩扉。

春来客思独萧骚，处处东田没野蒿。雷雨满江喧日夜，扁舟经月住风涛。流民失业乘时横，原兽争群薄暮号。却忆鹿门栖隐地，杖藜壶榼饷东皋。

夜泊江思湖忆元明

扁舟泊近渔家晚，茅屋深环柳港清。雷雨骤开江雾散，星河不动暮川平。梦回客枕人千里，月上春堤夜四更。欲寄愁心无过雁，披衣坐听野鸡鸣。

睡起写怀

江日熙熙春睡醒，江云飞尽楚山青。闲观物态皆生意，静悟天机入窅冥。道在险夷随地乐，心忘鱼鸟自流形。未须更觅羲唐事，一曲沧浪击壤听。

三山晚眺

南望长沙杳霭中，鹅羊只在暮云东。天高双橹哀明月，江阔千帆舞逆风。花暗渐惊春事晚，水流应与客愁穷，北飞亦有衡阳雁，上苑封书未易通。

鹅羊山

福地相传楚水阿，三年春色两经过。羊亡但有初平石，书罢谁笼道士鹅，礼斗坛空松影静，步虚台迥月明多。岩房一宿犹缘薄，遥忆开云住薜萝。

泗州寺

渌水西头泗洲寺，经过转眼又三年。老僧熟认直呼姓，笑我清癯只似前。每有客来看宿处，诗留佛壁作灯传。开轩扫榻还相慰，惭愧维摩世外缘。

再经武云观书林玉玑道士壁

碧山道士曾相约，归路还来宿武云。月满仙台依鹤侣，书留苍壁看鹅群。春岩多雨林芳淡，暗水穿花石溜分。奔走连年家尚远，空余魂梦到柴门。

再过濂溪祠用前韵

曾向图书识面真，半生长自愧儒巾，斯文久已无先觉，圣世今应有逸民。一自支离乖学术，竞将雕刻费精神。瞻依多少高山意，水漫莲池长绿蘋。

外集二

诗

庐陵诗六首正德庚午三月迁庐陵尹作。

游瑞华二首

簿领终年未出郊，此行聊解俗人嘲。忧时有志怀先达，作县无能愧旧交。松古尚存经雪干，竹高还长拂云悄。溪山处处堪行乐，正是浮名未易抛。

万死投荒不拟回，生还且复荷栽培。逢时已负三年学，治剧兼非百里才。身可益民宁论屈，志存经国未全灰。正愁不是中流砥，千尺狂澜岂易摧。

古道

古道当长阪，肩舆入暮天。苍茫闻驿鼓，冷落见炊烟。冻烛寒无焰，泥炉湿未燃。正思江槛外，闲却钓鱼船。

立春日道中短述

腊意中宵尽，春容傍晓生。野塘冰转绿，江寺雪消晴。农事沾泥犊，羁怀听谷莺。故山梅正发，谁寄欲归情？

公馆午饭偶书

行台依独寺，僧屋自成邻。殿古凝残雪，墙低入早春。巷泥晴淖马，檐日暖堪人。雪散小岩碧，松梢挂月新。

午憩香社寺

修程动百里，往往饷僧居。佛鼓迎官急，禅床为客虚。桃花成井落，云水接郊墟。不觉泥尘涩，看山兴有余。

京师诗二十四首正德庚午年十月，升南京刑部主事。辛未年入觐，调北京吏部主事作。

夜宿功德寺次宗贤韵二绝

山行初试夹衣轻，脚软黄尘石路生。一夜洞云眠未足，湖风吹月渡溪清。

水边杨柳覆茅楹，饮马春流更一登。坐久逐忘归路夕，溪云正泻春山青。

别方叔贤四首

西樵山色远依依，东指江门石路微。料得楚云台上客，久悬秋月待君归。

自是孤云天际浮，箧中枯蠹岂相谋。请君静后看羲画，曾有陈篇一字不？

休论寂寂与惺惺，不妄由来即性情。笑却殷勤诸老子，翻从知见觅虚灵。

道本无为只在人，自行自住岂须邻？坐中便是天台路，不用渔郎更问津。

白湾六章宗岩文先生居白浦之湾，四方学者称曰白浦先生，而不敢以姓字。某素高先生，又辱为之僚，因为书"白湾"二字，并诗以咏之。

浦之湾，其白漫漫。彼美君子，在水之盘。

湾之浦，其白弥弥。彼美君子，在水之涘。

云之溶溶，于湾之湄。君子于处，民以为期。

云之油油，于湾之委。君子于兴，施及四海。

白湾之渚，于游以处。彼美君予兮，可以容与。

白湾之洋，于濯以湘。彼美君子兮，可以徜徉。

寄隐岩

每逢山水地，便有卜居心。终岁风尘里，何年沧海浔？洞寒泉滴细，花暝石房深。青壁须留姓，他时好共寻。

香山次韵

寻山到山寺，得意却忘山。岩树坐来静，壁萝春自闲。楼台星斗上，钟声翠微间。顿息尘寰念，清溪踏月还。

夜宿香山林宗师房次韵二首

幽壑来寻物外情，石门遥指白云生。林间伐木时闻响，谷口逢僧不记名。天壁倒涵湖月晓，烟梯高接纬阶平。松堂静夜浑无寐，到枕风泉处处声。

久落泥涂惹世情，紫崖丹壑是平生。养真无力常怀静，窃禄未归羞问名。树隐洞泉穿石细，云回溪路入花平。道人只住层萝上，明月峰头有磬声。

别湛甘泉二首

行子朝欲发，驱车不得留。驱车下长阪，顾见城东楼。远别情已惨，况此艰难秋。分手诀河梁，涕下不可收。车行望渐杳，飞埃越层邱。迟回歧路侧，孰知我心忧。

我心忧以伤，君去阻且长。一别岂得已？母老思所将。奉命危难际，流俗反猜量。黄鹄万里逝，岂伊为稻梁？栋火及毛羽，燕雀犹栖堂。跳梁多不测，君行戒前途。达命谅何滞，将母能忘虞。安居尤阱护，关路非歧岖。令德崇易简，可以知险阻。结茆湖水阴，幽期终不忘。伊尔得相就，我心亦何伤。世艰变倏忽，人命非可常。斯文天未坠，别短会日长。南寺春月夜，风泉闲竹房。逢僧或停楫，先扫白云床。

赠别黄宗贤

古人戒从恶，今人戒从善；从恶乃同污，从善翻滋怨；纷纷嫉娟兴，指谪相非讪。自非笃信士，依违多背面。宁知竟漂流，沦胥亦污贱。卓哉汪陂子，奋身勇厥践。拂衣还旧山，雾隐期豹变。嗟嗟吾党贤，白黑匪难辨。

归越诗五首正德壬申年升南京太仆寺少卿，便道归越作。

四明观白水二首

邑南富岩壑，白水尤奇观；兴来每思往，十年就兹观。停骖指绝壁，涉涧缘危蟠。百源旱方歇，云际犹飞湍。霏霏洒林薄，漠漠凝风寒。前闻若未惬，仰视终莫攀。石阴暑气薄，流触溯回澜。兹游讵盘乐？养静意所关。逝者谅如斯，哀此岁月残。择幽虽得所，避时时犹难。刘樊古方外，感慨有余叹。

千丈飞流舞白鸾，碧潭倒影镜中看。藤萝半壁云烟湿。殿角长年风雨寒。野性从来山水癖，直躬更觉世途难。卜居断拟如周叔，高卧无劳比谢安。

杖锡道中用张宪使韵

山鸟欢呼欲问名，山花含笑似相迎。风回碧树秋声早，雨过丹岩夕照明。雪岭插天开玉帐，云溪环碧抱金城。悬灯夜宿茅堂静，洞鹤林僧相对清。

又用曰仁韵

每逢佳处问山名，风景依稀过眼生。归雾忽连千嶂暝，夕阳偏放一溪晴。晚投岩寺依云宿，静爱枫林送雨声。夜久披衣还起坐，不禁风月照人清。

书杖锡寺

杖锡青冥端，涧壁环天险，垂岩下陡壑，涉水攀绝巘。溪深听喧瀑，路绝骇危栈。扪萝登峻极，披翳见平衍。僧逋寄孤衲，守废遗荒殿。伤兹穷僻墟，曾未诛求免。探幽冀累息，愤时翻意惨。拯援才已疏，栖迟心益眷。哀猿啸春嶂，悬灯宿西崦。诛茆竟何时？白云愧舒卷。

滁州诗三十六首正德癸酉年到太仆寺作。

梧桐江用韵

凤鸟久不至，梧桐生高冈。我来竟日坐，清阴洒衣裳。援琴俯流水，调短意苦长。遗音满空谷，随风递悠扬。人生贵自得，外慕非所臧。颜予岂忘世？仲尼固遑遑。已矣复何事，吾道归沧浪。

林间睡起

林间尽日扫花眠，只是官闲愧俸钱。门径不妨春草合，齐居长对晚山妍。每疑方朔非真隐，始信扬雄误太玄。混世亦能随地得，野情终是爱邱园。

赠熊彰归

门径荒凉蔓草生，相求深愧远米情。千年绝学蒙尘土，何处澄江无月明？坐看远山凝暮色，忽惊废叶起秋声。归途望岳多幽兴，为问山田待耦耕。

别易仲辰州刘易仲从予滁阳，一日问"道可言乎？"予曰："哑子吃苦瓜，与你说不得。尔要知我苦，还须你自吃。"易仲省然有悟。久之辞归，别以诗。

迢递滁山春，子行亦何远。累然良苦心，惝恍不遑饭。至道不外得，一悟失群暗。秋风洞庭波，游子归已晚。结兰意方勤，寸草心先断。末学久仳离，颓波竟谁挽？归哉念流光，一逝不复返。

送守中至龙盘山中

未尽师生六日情，天教风雪阻西行。茅堂岂有春风坐，江郭虚留一月程。客邸琴书灯火静，故园风竹梦魂清。何年稳闭阳明洞，榾柮山炉煮石羹。

龙蟠山中用韵

无奈青山处处情，村沽日日办山行。真惭廪食虚官守，只把山游作课程。谷口乱云随骑远，林间飞雪点衣轻。长思淡泊还真性，世味年来久絮羹。

瑯琊山中三首

草堂寄放瑯琊间，溪鹿岩僧且共闲。冰雪能回草木死，春风不化山石顽。六经散地莫收拾，丛棘被道谁刊删？已矣驱驰二三子，凤图不出吾将还。

狂歌莫笑酒杯增，异境人间得未曾。绝壁倒翻银海浪，远山真作玉龙腾。浮云野思春前动，虚室清香静后凝。懒拙惟余林壑计，伐檀长自愧无能。

风景山中雪后增，看山雪后亦谁曾？隔溪岩犬迎人吠，饮涧飞猱踔树腾。归骑林间灯火动，鸣钟谷口暮光凝。尘踪正自韬笼在，一宿云房尚未能。

答朱汝德用韵

东去蓬瀛合有津，若为风雨动经旬。同来海岸登舟在，俱是尘寰欲渡人。弱水洪涛非世险，长年三老定谁真。青鸾眇眇无消息，怅望烟花又暮春。

送惟乾二首

独见长年思避地，相从千里欲移家。惭予岂有万间庇？借尔刚余一席沙。古洞幽期攀桂树，春溪归路问桃花。故人劳念还相慰，回雁新秋寄彩霞。

簦芨连年愧远求，本来无物若为酬。春城驿路聊相送，夜雪空山且复留。江浦云开庐岳曙，洞庭湖阔九疑浮。悬知再鼓潇湘柁，应是芙蓉湘水秋。

别希颜二首

中岁幽期亦几人？是谁长负故山春？道情暗与物情化，世味争如酒味醇。耶水云门空旧隐，青鞋布袜定何晨？童心如故容颜改，惭愧年年草木新。

后会难期别未轻，莫辞行李滞江城。且留南国春山兴，共听西堂夜雨声。归路终知云外去，晴湖想见镜中行。为寻洞里幽栖处，还有峰头双鹤鸣。

山中示诸生五首

路绝春山久废寻，野人扶病强登临。同游仙侣须乘兴，共探花源莫厌深。鸣鸟游丝俱自得，闲云流水亦何心？从前却恨牵文句，展转支离叹陆沉。

滁流亦沂水，童冠得几人？莫负咏归兴，溪山正暮春。

桃源在何许？西峰最深处。不用问渔人，沿溪踏花去。

池上偶然到，红花间白花。小亭闲可坐，不必问谁家。

溪边坐流水，水流心共闲。不知山月上，松影落衣斑。

龙潭夜坐

何处花香入夜清？石林茅屋隔溪声。幽人月出每孤往，栖鸟山空时一鸣。草露不辞芒履湿，松风偏与葛衣轻。临流欲写猗兰意，江北江南无限情。

送德观归省二首

雪里闭门十日坐，开门一笑忽青天。茅檐正好负暄日，客子胡为思故园？椿树惯经霜雪老，梅花偏向岁寒妍。琅琊春色如相忆，好放山阴月下船。

郎琊雪是故园雪，故园春亦琅琊春。天机动处即生意，世事到头还俗尘。立雪浴沂传故事，吟风弄月是何人？到家好谢二三子，莫向长沮错问津。

送蔡希颜三首 正德癸酉冬，希渊赴南宫试，访予滁阳，遂留阅岁。既而东归，问其故，辞以疾。希渊与予论学琅琊之间，于斯道既释然矣，别之以诗。

风雪蔽旷野，百鸟冻不翻。孤鸿亦何事，嗷嗷溯寒云？岂伊稻粱计，独往求其群？之子眇万钟，就我滁水滨。野寺同游请，春山共攀援。鸟鸣幽谷曙，伐木西涧曛。清夜湛玄思，晴窗玩奇文。寂景赏新悟，微言欣有闻。寥寥绝代下，此意冀可论。

群鸟喧北林，黄鹄独南逝。北林岂无枝？罗弋苦难避。之子丹霞姿，辞我云门去。山空响流泉，路僻迷深树。长谷何盘纡，紫芝春可茹。求志暂栖岩，避喧宁遁世。系予辱风尘，送子愧云雾。匡时已无术，希圣徒有慕。倘入阳明峰，为寻旧栖处。

何事憧憧南北行？望云依阙两关情。风尘暂息滁阳驾，鸥鹭还寻鉴水盟。悟后六经无一字，静余孤月湛虚明。从知归路多相忆，伐木山山春鸟鸣。

赠守中北行二首

江北梅花雪易残，山窗一树自家看。临行掇赠聊数颗，珍重清香是岁寒。

来何匆促去何迟，来去何心莫漫疑。不为高堂双雪鬓，岁寒宁受北风欺。

郑伯兴谢病还鹿门雪夜过别赋赠三首

之子将去远，雪夜来相寻。秉烛耿无寐，怜此岁寒心。岁寒岂徒尔，何以赠远行？圣路塞已久，千载无复寻。岂无群儒迹？蹊径榛茆深。浚流须寻源，积土成高岑。揽衣望远道，请君从此征。

浚流须有源，植木须有根。根源未浚植，枝派宁先蕃？谓胜通夕话，义利分毫间。至理匪外得，譬犹镜本明，外尘荡瑕垢，镜体自寂然。孔训示克己，孟子垂反身，明明贤圣训，请君勿与谖。

鹿门在何许？君今鹿门去。千载庞德公，犹存栖隐处。洁身匪乱伦，其次乃避地。世人失其心，顾瞻多外慕。安宅舍弗居，狂驰惊奔骛。高言诋独善，文非遂巧智。琐琐功利儒，宁复知此意。

门人王嘉秀实夫萧琦子玉告归书此见别意兼寄声辰阳诸贤

王生兼养生，萧生颇慕禅；迢迢数千里，拜我滁山前。吾道既匪佛，吾学亦匪仙。坦然由简易，日用匪深玄。始闻半疑信，既乃心豁然。譬彼土中镜，暗暗光内全；外但去昏翳，精明烛媸妍。世学如剪彩，妆缀事蔓延；宛宛具枝叶，生理终无缘。所以君子学，布种培根原；萌芽渐舒发，畅茂皆由天。秋风动归思，共鼓湘江船。湘中富英彦，往往多及门。临歧缀斯语，因之寄拳拳。

滁阳别诸友滁阳诸友从游，送予至乌衣，不能别。及暮，王性甫汝德诸友送至江浦，必留居，俟予渡江。因书此促之归，并寄诸贤，庶几共进此学，以慰离索耳。

滁之水，入江流，江潮日复来滁州。相思若潮水，来往何时休？空相思，亦何益？欲慰相思情，不如崇令德。掘地见泉水，随处无弗得；何必驱驰为？千里远相即。君不见尧羹与舜墙，又不见孔与跖对面不相识？逆旅主人多殷勤，出门转盼成路人。

寄浮峰诗社

晚凉庭院坐新秋，微月初生亦满楼。千里故人准命驾？百年多病有孤舟。风霜草木惊时态，砧杵关河动远愁。饮水曲肱吾自乐，茆堂今在越溪头。

栖云楼坐雪二首

才看庭树玉森森，忽漫阶除已许深。但得诸生通夕坐，不妨老子半酣吟。琼花入座能欺酒，冰溜垂檐欲堕针。却忆征南诸将士，未禁寒夜铁衣沉。

此日栖云楼上雪，不知天意为谁深。忽然夜半一言觉，又动人间万古吟。玉树有花难结果，天机无线可通针。晓来不觉城头鼓，老懒羲皇睡正沉。

与商贡士二首

见说浮山麓，深林绕石溪。何时拂衣去，三十六岩栖。

见说浮山胜，心与浮山期。三十六岩内，为选一岩奇。

南都诗四十七首 正德甲戌年四月升南京鸿胪寺卿作。

题岁寒亭赠汪尚和

一觉红尘梦欲残，江城六月滞风湍。人间炎暑无逃遁，归向山中卧岁寒。

与徽州程毕二子

句句糠粃字字陈，却于何处觅知新？紫阳山下多豪俊，应有吟风弄月人。

山中懒睡四首

竹里藤床识懒人，脱巾山麓任吾真。病夫已久逃方外，不受人间礼数嗔。

扫石焚香任意眠，醒来时有客谈玄。松风不用蒲葵扇，坐对青崖百丈泉。

古洞幽深绝世人，石床风细不生尘。日长一觉羲皇睡，又见峰头上月轮。

人间白日醒犹睡，老子山中睡却醒。醒睡两非还两是，溪云漠漠水泠泠。

题灌山小隐二绝

茆屋山中早晚成，任他风雨任他晴。男婚女嫁多年毕，不待而今学向平。

一自移家入紫烟，深林住久遂忘年。山中莫道无供给，明月清风不用钱。

六月五章 六月乙亥，南都熊峰少宰石公以少宗伯召。南都之士闻之，有恻然而戚者，有欣然而喜者，其戚者曰："公端介敏直，方为留都所倚重，今兹往，善类失所恃，群小罔以严。辩惑考学者曷从而讨究？剖政断疑者曷从而咨决？南都非根本地平？而独不可以公遗之。"其喜者曰："公之端介敏直，宁独留都所倚重，其在京师，独无善类乎？独无群小乎？独无辩惑考学、剖政断疑者乎？且天子之召之也，亦宁以少宗伯，将必大用。大用则以庇天下，斯汇征之庆也。"公闻之曰："戚者非吾之所敢，喜者乃吾之所忧也。吾思所以逃吾之忧者而不得其道，若之何？"阳明子素知于公，既以戚众之戚、喜众之喜，而复忧公之忧。乃叙其事，为赋《六月》，庸以赠公之行。

六月凄风，七月暑雨。倏雨倏寒，道修以阻。允允君子，迪尔寝兴。毋沾尔行，国步斯频。

哀此下民，靡届靡极。不有老成，其何能国？吁嗟老成，独遗典刑，若屋之倾，尚支其楹。

心之忧矣，言靡有所。如彼暗人，食荼与苦。依依长谷，言采其芝。人各有时，我归孔时。

昔彼叔季，沉湎以逞。耄集以咨，我人自靖。允允君子，淑慎尔则。靡曰休止，民何于极。

日月其逝，如彼沧浪。南北其望，如彼参商。允允君子，毋沾尔行。如日之升，以曷不光。

守文弟归省携其手歌以别之

尔来我心喜，尔去我心悲。不为倚门念，吾宁舍尔归？长途正炎暑，尔行慎兴居。凉茗勿频啜，节食但无饥。勿出船旁立，忽登岸上嬉。收心每澄坐，适意时观书。申洪皆冥顽，不足长嗔笞。见人勿多说，慎默真如愚。接人莫轻率，忠信持谦卑。从来为己学，慎独乃其基。纷纷多嗜欲，尔病还尔知。到家良足乐，怡颜报重闱。昨秋童蒙去，今夏成人归。长者爱尔敬，少者悦尔慈。亲朋称啧啧，羡尔能若兹。信哉学问功，所贵在得师。吾匪崇外饰，欲尔沽名为；望尔日惛惛，圣贤以为期。九兄及印弟，诵此共勉之。

书扇面寄馆宾

湖上群山落照晴，湖边万木起秋声。何年归去阳明洞，独棹扁舟鉴里行？

用实夫韵

诗从雪后吟偏好，酒向山中味转佳。岩瀑随风杂钟磬，水花如雨落袈裟。

游牛首山

春寻指天阙，烟霞眇何许。双峰久相违，千岩来旧主。浮云刺中天，飞阁凌风雨。探秀涧阿入，萝阴息筐筥。灭迹避尘缨，清朝入深沮。风磴仰扪历，淙壑屡窥俯。梯云跻石阁，下榻得吾所。释子上方候，鸣钟出延伫。颓景耀回盼，层飚翼轻举。暖暖林芳暮，泠泠石泉语。清宵耿无寐，峰月升烟宇。会晤得良朋，可以寄心腑。

送徽州洪俓承瑞

平生举业最疏慵，挟册虚烦五月从。竹院俭方时论药，茆堂放鹤或开笼。忧时漫有孤忠在，好古全无一艺工。念我还能来夜雪，逢人休说坐春风。

病中大司马乔公有诗见怀次韵奉答二首

十日无缘拜后尘，病夫心地欲生榛。诗篇极见怜才意，伎俩惭非可用人。黄阁望公长秉轴，沧江容我老垂纶。保厘珍重回天手，会看春风万木新。

一自多歧分路尘，堂堂正道遂生榛，聊将肤浅窥前圣，敢谓心传启后人。淮海帝图须节制，云雷大造看经纶。枉劳诗句裁风雅，欲借盘铭献日新。

送诸伯生归省

天涯送尔独伤神，岁月龙山梦裹春。为谢江南诸故旧，起居东岳太夫人。闲中书卷堪时展，静裹工夫要日新。能向尘途薄轩冕，不妨蓑笠老江滨。

寄冯雪湖二首

竿竹谁隐扶桑东？白眉之叟今庞公。隔湖闻鸡谢墅接，渡海有鹤蓬山通。卤田经岁苦秋雨，浪痕半壁惊湖风。歌声屋低似金石，点也此意当能同。

海岸西头湖水东，他年蓑笠拟从公。钓沙碧海群鸥借，樵径青云一鸟通。席有春阳堪坐雪，门垂五柳好吟风。于今犹是天涯梦，怅望青霄月色同。

诸用文归用子美韵为别

一别烟云岁月深，天涯相见二毛侵。孤帆江上亲朋意，樽酒灯前故国心。冷雪晴林还作雨，鸟声幽谷自成吟。饮余莫上峰头望，烟树迷茫思不禁。

题王实夫画

随处山泉着草庐，底须松竹掩柴扉。天涯游子何曾出？画里孤帆未是归。小酉诸峰开夕照，虎溪春寺入烟霏。他年还向辰阳望，却忆题诗在翠微。

赠潘给事

五月沧浪濯足归，正堪荷叶制初衣。甲非乙是君休问，酉水辰山志未违。沙鸟不须疑雀舫，江云先为扫鱼矶。武陵溪壑犹深僻，莫更移家入翠微。

与沅陵郭掌教

记得春眠寺阁云，松林水鹤日为群。诸生问业冲星入，稚子拈香静夜焚。世事暗随江草换，道情曾许碧山闻。别来点瑟还谁鼓？怅望烟花此送君。

别族太叔克彰

情深宗族谊同方，消息那堪别后荒。江上相逢疑未定，天涯独去意重伤。身闲最觉湖山静，家近殊闻草木香。云路莫嗟迟发轫，世塗涂崎曲尽羊肠。

登凭虚阁和石少宰韵

山阁新春负一登，酒边孤兴晚堪乘。松间鸣瑟惊栖鹤，竹里茶烟起定僧。望远每来成久坐，伤时有涕恨无能。峰头见说连阊阖，几欲排云尚未曾。

登阅江楼

绝顶楼荒旧有名，高皇曾此驻龙旌。险存道德虚天堑，守在蛮夷岂石城。山色古今余王气，江流天地变秋声。登临授简谁能赋？千古新亭一怆情。

狮子山

残暑须还一雨清，高峰极目快新晴。海门潮落江声急，吴苑秋深树脚明。烽火正防胡骑入，羽书愁见朔云横。百年未有涓埃报，白发今朝又几茎？

游清凉寺三首

春寻载酒本无期，乘兴还嫌马足迟。古寺共怜春草没，远山偏与夕阳宜。雨晴涧竹消苍粉，风暖岩花落紫蕤。昏黑更须凌绝顶，高怀想见少陵诗。

积雨山行已后期，更堪多病益迟迟。风尘渐觉初心负，邱壑真与野性宜。绿树阴层新作盖，紫兰香细尚余蕤。辋川图画能如许，绝是无声亦有诗。

不顾尚书此日期，欲为花外板舆迟。繁丝急管人人醉，竹径松堂处处宜。双树暗芳春寂寞，五峰晴秀晚羲蕤。暮钟杳杳催归骑，惆怅炯光不尽诗。

寄张东所次前韵

远趋君命忽中违，此意年来识者稀。黄绮曾为炎祚出，子陵终向富春归。江船一话千年阔，尘梦今惊四十非。何日孤帆过天目，海门春浪扫渔矶。

别余缙子绅

不须买棹往来频，我亦携家向海滨。但得青山随鹿豕，未论黄阁画麒麟。丧心疾已千年痼，起死方存六籍真。归向兰溪溪上问，桃花春水正迷津。

送刘伯光

五月茅茨静竹扉，论心方洽忽辞归。沧江独棹冲新暑，白发高堂恋夕晖。谩道六经皆注脚，还谁一语悟真机？相知若问年来意，已傍西湖买钓矶。

冬夜偶书

百事支离力不禁，一官栖息病相侵。星辰魏阙江湖迥，松柏茅茨岁月深。欲倚黄精消白发，由来空谷育余音。曲肱已醒浮云梦，荷蒉休疑击磬心。

寄潘南山

秋风吹散锦溪云，一笑南山雨后新。诗妙尽从言外得，易微谁见画前真？登山脚健何妨老，留客情深不计贫。朱吕月林传故事，他年还许上西邻。

送胡廷尉

钟陵雪后市灯残，箫鼓江船发晓寒。山水总怜南国好，才猷须济朔方艰。彩衣得侍仙舟远，春色行应故里看。别去中宵瞻北极，五云飞处是长安。

与郭子全

相别翻怜相见时，碧桃开尽桂花枝。光阴如许成虚掷，世故摧人总不知。云路不须朱绂去，归帆且得彩衣随。岚山风景濂溪近，此去还应自得师。

次栾子仁韵送别四首子仁归，以四诗请用其韵答之，言亦有过者，盖因子仁之病而药之，病已则去其药。

从来尼父欲无言，须信无言已跃然。悟到鸢鱼飞跃处，工夫原不在陈编。

操持存养本非禅，矫枉宁知已过偏。此去好从根脚起，竿头百尺未须前。

野夫非不爱吟诗，才欲吟诗即乱思。未会性情涵咏地，二南还合是淫辞。

道听涂传影响前，可怜绝学遂多年。正须闭口林间坐，莫道青山不解言。

书悟真篇答张太常二首

悟真篇是误真篇，三注由来一手笺。恨杀妖魔图利益，遂令迷妄竞流传。造端难免张平叔，首祸谁诬薛紫贤。直说与君惟个字，从头去看野狐禅。

误真非是悟真篇，平叔当时已有言。只为世人多恋著，且从情欲起因缘。痴人前岂堪谈梦？真性中难更说玄。为问道人还具眼，试看何物是青天？

赣州诗三十六首正德丙子年九月升南赣佥都御吏以后作。

丁丑二月征漳寇进兵长汀道中有感

将略平生非所长，也提戎马入汀漳。数峰斜日旌旗远，一道春风鼓角扬。莫倚贰师能出塞，极知充国善平羌。疮痍到处曾无补，翻忆钟山旧草堂。

回军上杭

山城经月驻旌戈，亦复幽寻到薜萝。南国已忻回甲马，东田初喜出农蓑。溪云晓度千峰雨，江涨新生两岸波。暮倚七星瞻北极，绝怜苍翠晚来多。

喜雨三首

即看一雨洗兵戈，便觉光风转石萝。顺水飞樯来买舶，绝江喧浪舞渔蓑。片云东望怀梁国，五月南征想伏波。长拟归耕犹未得，云门初伴渐无多。

辕门春尽犹多事，竹院空闲未得过。特放小舟乘急浪，始闻幽碧出层萝。山田旱久兼逢雨，野老欢腾且纵歌。莫谓可塘终据险，地形原不胜人和。

吹角峰头晓散军，横空万骑下氤氲。前旌已带洗兵雨，飞鸟犹惊卷阵云。南亩渐忻农事动，东山休共凯歌闻。正思锋镝堪挥泪，一战功成未足云。

闻曰仁买田霅上携同志待予归二首

见说相携霅上耕，连蓑应已出乌程。荒畲初垦功须倍，秋熟虽微税亦轻。雨后湖舠兼学钓，饷余堤树合闲行。山人久有归农兴，犹向千峰夜度兵。

月夜高林坐夜沉，此时何限故园心。山中古洞阴萝合，江上孤舟春水深。百战自知非旧学，三驱犹愧失前禽。归期久负云门伴，独向幽溪雪后寻。

祈雨二首

旬初一雨遍汀漳，将谓汀虔是接疆。天意岂知分彼此？人情端合有炎凉。月行今已虚缠毕，斗杓何曾解挹浆。夜起中庭成久立，正思民瘼欲沾裳。

见说虔南惟苦雨，深山毒雾长阴阴。我来偏遇一春旱，谁解挽回三日霖？寇盗郴阳方出掠，干戈塞北还相寻。忧民无计泪空堕，谢病几时归海浔？

还赣

积雨雩都道，山途喜乍晴。溪流迟渡马，冈树隐前旌。野屋多移灶，穷苗尚阻兵，迎趋勤父老，无苗愧巡行。

借山亭

借山亭子近如何？乘兴时从梦里过。尚想清池环醉影，犹疑花径驻鸣珂。疏帘细雨灯前局，碧树凉风月下歌。传语诸公合频赏，休令岁月亦蹉跎。

桶冈和邢太守韵二首

处处山田尽入畬，可怜黎庶半无家。兴师正为民瘼甚，陟险宁辞鸟道斜。胜世真如瓴水建，先声不碍岭云遮。穷巢容有遭驱胁，尚恐兵锋或滥加。

战乱兴师既有名，挥戈真已见风行。岂云薄劣能驱策？实仗皇威自震惊。烂额尚惭为上客，徙薪尤觉费经营。主恩未报身多病，旋凯须还陇上耕。

通天岩

青山随地佳，岂必故园好？但得此身闲，尘寰亦蓬岛。西林日初暮，明月来何早。醉卧石床凉，洞云秋未扫。

游通天岩次邹谦之韵

天风吹我上丹梯，始信青霄亦可跻。俯视氛寰成独慨，却怜人世尚多迷。东南真境埋名久，闽楚诸峰入望低。莫道仙家全脱俗，三更日出亦闻鸡。

又次陈惟浚韵

四山落木正秋声，独上高峰望眼明。树色遥连闽峤碧，江流不尽楚天清。云中想见双龙转，风外时传一笛横。莫遣新愁添白发，且呼明月醉沉觥。

忘言岩次谦之韵

意到已忘言，兴剧复忘饭。坐我此岩中，是谁凿混沌？尼父欲无言，达者窥其术；此道何古今？斯人去则远。空岩不见人，真成面墙立。岩深雨不到，云归花亦湿。

圆明洞次谦之韵

群山走波浪，出没龙蛇脊。岩栖寄盘涡，沉沦遂成癖。我来汲东溟，烂煮南山石。千年熟一炊，欲饷岩中客。

潮头岩次谦之韵

潮头起平地，化作千丈雪。棹舟者何人？试问岩头月。

天成素有志于学兹得告东归林居静养其所就可知矣临别以此纸索赠漫为赋此遂寄声山泽诸贤

予有山林期，荏苒风尘际。高秋送将归，神往迹还滞。回车当盛年，养疴非遁世。垂竿鉴湖云，结庐浮峰树。爱日遂庭趋，芳景添游诣。捂生悟玄魄，妙静息缘虑。眇眇素心人，望望沧洲去。东行访天沃，云中倘

坐忘言岩问二三子

几日岩栖事若何？莫将佳景复虚过。未妨云壑淹留久，终是尘寰错误多。涧道霜风疏草木，洞门烟月挂藤萝。不知相继来游者，还有吾侪此意么？

留陈惟浚

闻说东归欲问舟，清游方此复离忧。却看阴雨相淹滞，莫道山灵独苦留。薜荔岩高兼得月，桂花香满正宜秋。烟霞到手休轻掷，尘土驱人易白头。

栖禅寺雨中与惟乾同登

绝顶深泥冒雨扳，天于佳景亦多悭。自怜久客频移棹，颇羡高僧独闭关。江草远连云梦泽，楚云长断九疑山。年来出处浑无定，惭愧沙鸥尽日闲。

茶寮纪事

万壑风泉秋正哀，四山云雾晚初开。不因王事兼程入，安得闲行向北来？登陟未妨安石兴，纵擒徒羡孔明才。乞身已拟全师日，归扫溪边旧钓台。

回军九连山道中短述

百里妖氛一战清，万峰雷雨洗回兵。未能千羽苗顽格，深愧壶浆父老迎。莫倚谋攻为上策，还须内治是先声。功微不愿封侯赏，但乞蠲输绝横征。

回军龙南小憩玉石岩双洞绝奇徘徊不忍去因寓以阳明别洞之号兼留此作三首

甲马新从鸟道回，览奇还更陟崔嵬。寇平渐喜流移复，春暖兼欣农务开。两窦高明行日月，九关深黑闭风雪。投簪最好支茅地，恋土犹怀旧钓台。

洞府人寰此最佳，当年空自费青鞋。麾幢旖旎悬仙仗，台殿高低接纬阶。天巧固应非斧凿，化工无乃太安排？欲将点瑟携童冠，就揽春云结小斋。

阳明山人旧有居，此地阳明景不如。但在乾坤俱逆旅，曾留信宿即吾庐。行窝已许人先号，别洞何妨我借书。他日巾车还旧隐，应怀兹土复乡闾。

再至阳明别洞和邢太守韵二首

春山随处款归程，古洞幽虚道意生。涧壑风泉时远近，石门萝月白分明。林僧住久炊遗火，野老忘机罢席争。习静未缘成久坐，却惭尘土逐虚名。

山水平生是课程，一淹尘土遂心生。耦耕亦欲随沮溺，七纵何缘得孔明？吾道羊肠须蟍屈，浮名蜗角任龙争。好山当面驰车过。莫漫寻山说避名。

夜坐偶怀故山

独夜残灯梦未成，萧萧总是故园声。草深石径鼬鼯笑，雪静空山猿鹤惊。漫有缄书怀旧侣，常牵缨冕负初情。云溪漠漠春风转，紫菌黄花又自生。

怀归二首

深惭经济学封侯，都付浮云自去留。往事每因心有得，身闲方喜世无求。狼烟幸息昆阳患，蠡测空怀杞国忧。一笑海天空阔处，从知吾道在沧洲。

身经多难早知非，此事年来识者稀。老大有情成旧德，细谋无计解重围。意常不足真夷道，情到方浓是险机。怅望衡茅无事日，漫吹松火织秋衣。

送德声叔父归姚并序　守仁与德声叔父共学于家君龙山先生。叔父屡困场屋，一旦以亲老辞廪归养。交游强之出，辄笑曰："古人一日养，不以三公易。吾岂以一老母博一弊儒冠乎？"呜呼。若叔父可谓真知内外轻重之分矣。今年夏，来赣视某，留三月。飘然归，兴不可挽，因谓某曰："秋风菁鲈，知子之兴无日不切。然时事若此，恐即未能脱，吾不能俟子之归舟。吾先归，为子开荒阳明之麓，如何？"呜呼。若叔父可谓真知内外轻重之分矣。某方有诗戒，叔父曰："吾行，子可无言？"辄为赋此。

犹记垂髫共学年，于今鬓发两苍然。穷通只好浮云看，岁月真同逝水悬。归鸟长空随所适，秋江落术正无边。何时却返阳明洞，萝月松风扫石眠。

示宪儿

幼儿曹，听教诲：勤读书，要孝弟；学谦恭，循礼义；节饮食，戒游戏；毋说谎，毋贪利；毋任情，毋斗气；毋责人，但自治。能下人，是有志；能容人，是大器。凡做人，在心地；心地好，是良士；心地恶，是凶类。譬树果，心是蒂；蒂若坏，果必坠。吾教汝，全在是。汝谛听，勿轻弃。

赠陈东川

白沙诗里莆阳子，尽是相逢逆旅间。开口向人谈古礼，拂衣从此入云山。

江西诗一百二十首正德己卯年，奉敕往福建处叛军。至丰城，遭宸濠之变，趋还吉安，集兵平之。八月，升副都御史，巡按江西作。

鄱阳战捷

甲马秋惊鼓角风，旌旗晓拂阵云红。勤王敢在汾淮后，恋阙真随江汉东。群丑漫劳同吠犬，九重端合是飞龙。涓埃未遂酬沧海，病懒先须伴赤松。

书草萍驿二首九月献俘北上，驻草萍，时已暮。忽传王师已及徐淮，遂乘夜速发。次壁问韵纪之二首。

一战功成未足奇，亲征消息尚堪危。边烽西北方传警，民力东南已尽疲。万里秋风嘶甲马，千山斜日度旌旗。小臣何尔驱驰急？欲请回銮罢六师。

千里风尘一剑当，万山秋色送归航。堂垂双白虚频疏，门已三过有底忙。羽檄西来秋黯黯，关河北望夜苍苍。自嗟力尽螳螂臂，此日回天在庙堂。

西湖

灵鹫高林暑气清，天竺石壁雨痕晴。客来湖上逢云起，僧住峰头话月明。世路久知难直道，此身那得尚虚名。移家早定孤山计，种果支茅却易成。

寄江西诸士夫

甲马驱驰已四年，秋风归路更茫然。惭无国手医民病，空有官衔縻俸钱。湖海风尘虽暂息，江湘水旱尚相沿。题诗忽忆并州句，回首江西亦故园。

太息

一日复一日，中夜坐叹息。庭中有嘉树，落叶何淅沥。蒙翳乱藤缠，宁知绝根脉。丈夫贵刚肠，光阴勿虚掷。头白眼昏昏，吁嗟亦何及。

宿净寺四首 十月至杭，王师遣人追宸濠，复还江西。是日遂谢病退居西湖。

老屋深松覆古藤，羁栖犹记昔年曾。棋声竹里消闲画，药裹窗前对病僧。烟艇避人长晓出，高峰望远亦时登。而今更是多牵系，欲似当时又不能。

常苦人间不尽愁，每拼须是入山休。若为此夜山中宿，犹自中宵煎百忧。百战西江方底定，六飞南向尚淹留。何人真有回天力，诸老能无取日谋？

百战归来一病身，可看时事更愁人。道人莫问行藏计，已买桃花洞里春。

山僧对我笑，长见说归山。如何十年别，依旧不曾闲？

归兴

一丝无补圣明朝，两鬓徒看长二毛。自识淮阴非国士，由来康节是人豪。时方多难容安枕？事已无能欲善刀。越水东头寻旧隐，白云茅屋数峰高。

即事漫述四首

从来野兴只山林，翠壁丹梯处处寻。一自浮名萦世网，遂令真诀负初心。夜驰险寇天峰雪，秋虏强王汉水阴。辛苦半生成底事？始怜庄舄亦哀吟。

百战深秋始罢兵，六师冬尽尚南征。诚微未足回天意，性僻还多拂世情。烟水沧江从鹤好，风云滇海任龙争。他年若访陶元亮，五柳新居在赤城。

睘睘深愁伴客居，江船风雨夜灯虚。尚劳车驾臣多缺，无补疮痍术已疏。亲老岂堪还远别，时危那得久无书。明朝且就君平卜，要使吾心不负初。

茅茨松菊别多年，底事寒江尚客船？强所不能儒作将，付之无奈数由天。徒闻诸葛能兴汉，未必田单解误燕。最羡渔翁闲事业，一竿明月一蓑烟。

泊金山寺二首十月将趋行在。

但过金山便一登，鸣钟出迓每劳僧。云涛石壁深龙窟，风雨楼台迥佛灯。难后诗怀全欲减，酒边孤兴尚堪凭。岩梯未用妨苔滑，曾踏天峰雪栈冰。

醉人江风酒易醒，片帆西去雨冥其。天回江汉留孤柱，地缺东南著此亭。沙渚乱更新世态，峰峦不改旧时青。舟人指点龙王庙，欲话前朝不忍听。

舟夜

随处看山一叶舟，夜深霜月亦兼愁。翠华此际游何地？画角中宵起戍楼。甲马尚屯淮海北，旌旗初散楚江头。洪涛滚滚乘风势，容易开帆不易收。

舟中至日

岁寒犹叹滞江滨，渐喜阳回大地春。未有一丝添衮绣，谩提三尺净风尘。丹心倍觉年来苦，白发从教镜里新。若待完名始归隐，桃花笑杀武陵人。

阻风

冬江尽说风长北，偏我北来风便南。未必天公真有意，却逢人事偶相参。残农得暖堪登获，破屋多寒且曝檐。果使困穷能稍济，不妨经月阻江潭。

用韵答伍汝真

莫怪乡思日夜深，干戈衰病两相侵。孤肠自信终如铁，众口从教尽铄金。碧水丹山曾旧约，青天白日是知心。茅茨岁晚饶风景，云满清溪雪满岑。

过鞋山戏题

曾驾双虬渡海东，青鞋失脚堕天风。经过已是千年后，踪迹依然一梦中。屈子漫劳伤世隘，杨朱空自泣途穷。正须坐我匡庐顶，濯足寒涛步晓空。

杨邃庵待隐园次韵五首

嘉园名待隐，专待主人归。此日真归隐，名园竟不违。岩花如共语，山石故相依。朝市都忘却，无劳更掩扉。

大隐真廛市，名园陋给孤。留侯先谢病，范老竟归湖。种竹非医俗，移山不是愚。是日公方移山石。对时存爕理，经济自成谟。

绿野春深地，山阴夜静时。冰霜缘径滑，云石向人危。平难心仍在，扶颠力未衰。江湖兵甲满，吟罢有余思。

兹园闻已久，今度始来窥。市里烟霞静，壶中结构奇。胜游须继日，虚席亦多时。莫道东山僻，苍生或未知。

芳园待公隐，屯世待公亭。花竹深台榭，风尘暗甲兵。一身良得计，四海未忘情。语及艰难际，停杯泪欲倾。

登小孤书壁

人言小孤殊阻绝，从来可望不可攀。上有颠崖势欲堕，下有剑石交巉顽。峡风闪壁船难进，洪涛怒撞蛟龙关；帆樯摧缩不敢越，往往退次依前山。崖傍沙岸日东徙，忽成巨浸通西湾。帝心似悯舟楫苦，神斧夜劈无痕斑。风雷倏翕见万怪，人谋不得容其间。我来锐意欲一往，小舟微服沿回澜。侧身肋息仰天窦，悬空绝栈蛛丝悭。风吹卯酒眼花落，冻滑丹梯足力屡。青单吹雨出仍没，白鸟避客来复还。峰头四顾尽落日，宛然风景如瀛寰。烟霞未觉三山远，尘土聊乘半日闲。奇观江海讵为险？世情平地犹多艰。呜呼。世情平地犹多艰，回瞻北极双泪潺。

登蟆矶次草泉心刘石门韵二首_{二诗壬戌年作，误入此。}

中流片石倚孤雄，下有冯夷百尺宫。滟滪西蟠浑失地，长江东去正无穷。徒闻吴女埋香玉，惟见沙鸥乱雪风。往事凄微何足问，永安宫阙草莱中。

江上孤臣一片心，几经漂没水痕深。极怜撑住即从古，正恐崩颓或自今。藓蚀秋螺残老翠，蜾鸣春雨落空音。好携双鹤矶头坐，明月中宵一朗吟。

望庐山

尽说庐山若个奇，当时图画亦堪疑。九江风浪非前日，五老烟云岂定期？眼惯不妨层壁险，足骄须著短筇随。香炉瀑布微如线，欲决天河泻上池。

除夕伍汝真用待隐园韵即席次答五首

一年今又去，独客尚无归。人世伤多难，亲庭叹久违。壮心都欲尽，衰病特相依。旅馆聊随俗，桃符换早扉。

向忆青年日，追欢兴不孤。风尘淹岁月，漂泊向江湖。济世浑无术，违时竟笑愚。未须悲塞难，列圣有遗谟。

正逢兵乱地，况是岁穷时。天运终无息，人心本自危。忧疑纷并集，筋力顿成衰。千载商山隐，悠然获我思。

世道从卮漏，人情只管窥。年华多涉历，变故益新奇。莫惮颠危地，曾逢全盛时。海翁机已息，应是白鸥知。

星穷回历纪，贞极起元亨。日望天回驾，先沾雨洗兵。雪犹残岁恋，风已旧春情。莫更辞蓝尾，人生未几倾。

元日雾

元日昏昏雾塞空，出门咫尺误西东。人多失足投坑堑，我亦停车泣路穷。欲斩蚩尤开白日，还排阊阖拜重瞳。小臣谩有澄清志，安得扶摇万里风。

二日雨

昨朝阴雾埋元日，向晓寒云迸雨声。莫道人为无感召，从来天意亦分明。安危他日须周勃，痛苦当年笑贾生。坐对残灯愁彻夜，静听晨鼓报新晴。

三日风

一雾二雨三日风，田家卜岁疑凶丰。我心惟愿兵甲解，天意岂必斯民穷。虎旅归思怀旧土，銮舆消息望还宫。春盘浊酒聊自慰，无使戚戚干吾衷。

立春二首

才见春归春又来，春风如旧鬓毛衰。梅花未放天机泄，萱草先将地脉回。渐老光阴逢世难，经年怀抱欲谁开？孤云渺渺亲庭远，长日斑衣羡老莱。

天涯霜雪叹春迟，春到天涯思转悲。破屋多时空杼轴，东风无力起苍痍。周王车驾穷南服，汉将旌旗守北陲。莫讶春盘断生菜，人间菜色正离仳。

游庐山开先寺

僻性寻常惯受猜，看山又是百忙米。北风留客非无意，南寺逢僧即未回。白日高峰开雨雪，青天飞瀑泻云雷。缘溪踏得支茆地，修竹长松覆石台。

又次壁间杜牧韵

春山路僻问归樵，为指前峰石径遥。僧与白云还暝壑，月随沧海上寒潮。世情老去浑无懒，游兴年来独未消。回首孤航又陈迹，疏钟隔渚夜迢迢。

舟过铜陵野云县东小山有铁船因往观之果见其仿佛因题石上

青山滚滚如奔涛，铁船何处来停桡？人间刳木宁有此？疑是仙人之所操。仙人一去已千载，山头日日长风号。船头出土尚仿佛，后冈有石云船稍。我行过此费忖度，昔人用心无乃忉？由来风波平地恶，纵有铁船还未牢。秦鞭驱之未能动，傲力何所施其篙。我欲乘之访蓬岛，雷师鼓舵虹为缫。弱流万里不胜芥，复恐驾此成徒劳。世路难行每如此，独立斜阳首重搔。

山僧

岩下萧然老病僧，曾求佛法礼南能。论诗自许窥三昧，入圣无梯出小乘。高阁松风飘夜磬，石床花雨落寒灯。更深月出山窗曙，漱齿焚香诵法楞。

江上望九华山二首

当年一上化城峰，十日高眠雷雨中。霁色晓开千嶂雪，涛声夜渡九江风。此时隔水看图画，几岁缘云住桂丛？却负洞仙蓬海约，玉函丹诀在崆峒。

穷探虽得尽幽奇，山势须从远望知。几朵芙蓉开碧落，九天屏嶂列旌麾。高同华岳应无忝，名亚匡庐却稍卑。信是谪仙还具眼，九华题后竟难移。

观九华龙潭

飞流三百丈，湏洞秘灵湫。峡坼开雷斧，天虚下月钩。化形时试钵，吐气或成楼。吾欲鞭龙起，为霖遍九州。

庐山东林寺次韵

东林日暮更登山，峰顶高僧有兰若。云萝磴道石参差，水声深涧树高下。远公学佛却援儒，渊明嗜酒不入社。我亦爱山仍恋官，同是乾坤避人者。我歌白云听者寡，山自点头泉自泻。月明壑底忽惊雷，夜半天风吹屋瓦。

又次邵二泉韵

昨游开先殊草草，今日东林游始好。手持苍竹拨层云，直上青天招五老。万壑笙竽松籁哀，千峰掩映芙蓉开。坐俯西岩窥落日，风吹孤月江东来。莫向人间空白首，富贵何如一杯酒。种莲栽菊两荒凉，慧远陶潜骨同朽。乘风我欲还金庭，三洲弱水连沙汀。他年海上望庐顶，烟际浮萍一点青。

远公讲经台

远公说法有高台，一朵青莲云外开。台上久无狮子吼，野狐时复听经来。

太平宫白云

白云休道本无心，随我迢迢度远岑。拦路野风吹暂断，又穿深树候前林。

书九江行台壁

九华真实是奇观，更是庐山亦耐看。幽胜未穷三日兴，风尘已觉再来难。眼余五老晴光碧，衣染天池积翠寒。却怪寺僧能好事，直来城市索诗刊。

又次李佥事素韵

省灾行近郊，探幽指层麓。回飚振玄冈，颓阳薄西陆。菑田收积雨，禾稼泛平菉。取径历村墟，停车问耕牧。清溪厉月行，暝洞披云宿。淅米石涧溜，斧薪涧底木。田翁来聚观，中宵尚驰逐。将迎愧深情，疮痍惭抚掬。幽枕静无寐，风泉朗鸣玉。虽缪真诀传，颇苦尘缘熟。终当遁名山，练药洗凡骨。缄辞谢亲交，流光易走超忽。

繁昌道中阻风二首

阻风夜泊柳边亭，懒梦还乡午未醒。卧稳从教波浪恶，地深长是水云冥。入林沽酒村童引，隔水放歌渔父听。颇觉看山缘独在，蓬窗刚对一峰青。

东风漠漠水潭潭，花柳沿村春事殷。泊久渔樵来作市，心闲麋鹿渐同群。自怜失脚趋尘土，长恐归期负海云。正忆山中诗酒伴，石门延望几斜曛。

江边阻风散步至灵山寺

归船不遇打头风，行脚何缘到此中？幽谷余寒春雪在，虚帘斜日暮江空。林间古塔无僧住，花外仙源有路通。随处看山随处乐，莫将踪迹叹萍蓬。

泊舟大同山溪间诸生闻之有挟册来寻者

扁舟经月住林隈，谢得黄莺日日来。兼有清泉堪洗耳，更多修竹好衔杯。诸生涉水携诗卷，童子和云扫石苔。独奈华峰隔烟雾，时劳策杖上崔嵬。

岩下桃花盛开携酒独酌

小小山园几树桃，安排春色候停桡。开樽旋扫花阴雪，展席平临松顶涛。地远不须防俗驾，溪晴还好著渔舠。云间石路稀人迹，深处容无避世豪。

白鹿洞独对亭

五老隔青冥，寻常不易见。我来骑白鹿，凌空陟飞巘。长风卷浮云，褰帷始窥面。一笑仍旧颜，愧我鬓先变。我来尔为主，乾坤亦邮传。海灯照孤月，静对有余眷。彭蠡浮一觞，宾主聊酬劝。悠悠万古心，默契可无辩。

丰城阻风前岁遇难于此，得北风幸免。

北风休叹北船穷，此地曾经拜北风。勾践敢忘尝胆地？齐威长忆射钩功。桥边黄石机先授，海上陶朱意颇同。况是倚门衰白甚，岁寒茅屋万山中。

江上望九华不见

五旬三过九华山，一度阴寒一度雨。此来天色稍晴明，忽复昏霾起亭午。平生山水最多缘，独此相逢容有数。人言此山天所秘，山下居人不常睹。蓬莱涉海或可求，瑶水昆仑俱旧游。洞庭何止吞八九，五岳曾向囊中收。不信开云扫六合，手扶赤日照九州。驾风骑气览八极，视此琐屑真浮沤。

江施二生与医官陶野冒雨登山人多笑之戏作歌

江生施生颇好奇，偶逢陶野奇更痴。共言山外有佳寺，劝予往游争愿随。是时雷雨云雾塞，多传险滑难车骑。两生力陈道非远，野请登高觇路歧。三人冒雨陟冈背，即仆复起相牵携。同侪哂笑招之返，奋袂经往凌嵚崎。归来未暇顾沾湿，且说地近山径夷。青林宿霭渐开霁，碧巘绛气浮微曦。津津指臂在必往，兴剧不到旁人嗤。予亦对之成大笑，不觉老兴如童时。平生山水已成癖，历深探隐忘饥疲。年来世务颇羁缚，逢场遇境心未衰。野本求仙志方外，两生学士亦尔为。世人趋逐但声利，赴汤踏火甘倾危。解脱尘嚣事行乐，尔辈狂简翻见讥。归与归与吾与尔，阳明之麓终尔期。

游九华道中

微雨山路滑，山行入轻舟。桃花夹岸迷远近，回峦叠嶂盘深幽，奇峰应接劳回首，瞻之在前忽在后。不道舟行转屈曲，但怪青山亦奔走。薄午雨霁云亦开，青鞋布袜无尘埃。梅蹊柳径度村落，长松白石穿林隈。始攀风磴出木杪，更俯悬崖听瀑雷。乱山高顶藏平野，茆屋高低自成社。此中那得有人家？恐是当年避秦者。西岩日色渐欲下，且向前林秣吾马。世途浊隘不可居，吾将此地营兰若。

芙蓉阁

九华之山何崔嵬，芙蓉直傍青天栽。刚风倒海吹不动，大雪裂地冻还开。夜半峰头挂明月，宛如玉女临妆台。我拂沧海写图画，题诗还愧谪仙才。

重游无相寺次韵四首

游兴殊未尽，尘寰不可留。山青只依旧，白尽世间头。
人迹不到地，茆茨亦数间。借问此何处？云是九华山。
拔地千峰起，芙蓉插晓寒。当年看不足，今日复来看。
瀑流悬绝壁，峰月上寒空。鸟鸣苍涧底，僧住白云中。

登莲花峰

莲花顶上老僧居，脚踏莲花不染泥。夜半花心吐明月，一颗悬空黍米珠。

重游无相寺次旧韵

旧识仙源路未差，也从谷口问桃花。屡攀绝栈经残雪，几度清溪踏月华。虎穴相邻多异境，鸟飞不到有僧家。频来休下仙翁榻，只借峰头一片霞。

登云峰望始尽九华之胜因复作歌

九华之峰九十九，此语相传俗人口；俗人眼浅见皮肤，焉测其中之所有？我登华顶拂云雾，极目奇峰那有数？巨壑中藏万玉林，大剑长枪攒武库。有如智者深韬藏，复如淑女避谗妒。暗然避世不求知，卑己尊人羞逞露。何人不道九华奇，奇中之奇人未知。我欲穷搜尽拈出，秘藏恐是天所私。旋解诗囊旋收拾，脱颖露出锥参差。从来题诗李白好，渠于此山亦潦草。曾见王维画辋川，安得渠来拂纤缟？

双峰遗柯生乔

尔家双峰下，不见双峰景。如锥处囊中，深藏未脱颖。盛德心愈卑，幽人迹多屏。悠然望双峰，可以发深省。

归途有僧自望华亭来迎且请诗

方自华峰下，何劳更望华。山僧援故事，要我到渠家。自谓游已至，那知望转佳。正如酺醉后，醒酒却须茶。

无相寺金沙泉次韵

黄金不布地，倾沙泻流泉。潭净长开镜，池分或铸莲。兴云为大雨，济世作丰年。纵有贪夫过，清风自洒然。

夜宿天池月下闻雷次早知山下大雨三首

昨夜月明峰顶宿，隐隐雷声在山麓；晓来却问山下人，风雨三更卷茆屋。

野人权作青山主，风景朝昏颇裁取。岩傍日脚半溪云，山下声声一村雨。

天池之水近无主，木魅山妖竞偷取；公然又盗山头云，去向人间作风雨。

文殊台夜观佛灯

老夫高卧文殊台，拄杖夜撞青天开；散落星辰满平野，山僧尽道佛灯来。

书汪进之太极岩二首

一窍谁将混沌开？千年样子道州来。须知太极元无极，始信心非明镜台。

始信心非明镜台，须知明镜亦尘埃；人人有个圆圈在，莫向蒲团坐死灰。

劝酒

平生忠赤有大知，便欲欺人肯自欺？毛发暗从愁里改，世情明向笑中危。春风脉脉回枯草，残雪依依恋旧枝。谩对芳樽辞酩酊，机关识破已多时。

重游化城寺二首

爱山日日望山晴，忽到山中眼自明。鸟道渐非前度险，龙潭更比旧时清。会心人远空遗洞，识面僧来不记名。莫谓中丞喜忘世，前途风浪苦难行。

山寺从来十九秋，旧僧零落老比丘。帘松尽长青冥干，瀑水犹悬翠壁流。人住层崖嫌洞浅，鸟鸣春涧觉山幽。年来别有闲寻意，不似当时孟浪游。

游九华

九华原亦是移文，错怪山头日日云。乘兴未甘回俗驾，初心终不负灵均。紫芝香暖春堪茹，青竹泉高晚更分。幽梦已分尘土累，清猿正好月中闻。

弘治壬戌尝游九华值时阴雾竟无所睹至是正德庚辰复往游之风日清朗尽得其胜喜而作歌

昔年十日九华住，云雾终旬竟不开。有如昏夜入宝藏，两目无睹成空回。每逢好事谈奇胜，即思策蹇还一来。频年驱逐事兵革，出入贼垒冲风埃。尝恐昼夜不遑息，岂复山水能徘徊？鄱湖一战偶天幸，远随归凯停江隈。是时军务颇多暇，况复我马方虺隤。旧游诸生亦群集，遂将童冠登崔嵬。先晨霏霭尚瞑晦，却疑山意犹嫌猜。肩舆一入青阳境，忽然白日开西岭。长风拥慧扫浮阴，九十九峰如梦醒。群峦踊跃争献奇，儿孙俯伏摩具顶。今来始识九华面，恨无诗笔为传影。层楼叠阁写未工，千朵芙蓉抽玉井。怪哉造化亦安排，天下奇山此兼并。揽衣登高望八荒，双阙下见日月光。长江如带绕山麓，五湖七泽皆陂塘。蓬瀛海上浮拳石，举足可到虹可梁。仙人为我启阊阖，鸾輧鹤驾纷翱翔。从兹脱屣谢尘世，飘然拂袖凌苍苍。

岩头闲坐漫成

尽日岩头坐落花，不知何处是吾家。静听谷鸟迁乔木，闲看林蜂散午衙。翠壁泉声穿乱石，碧潭云影透晴沙。痴儿公事真难了，须信吾生自有涯。

将游九华移舟宿寺山二首

逢山未惬意，落日更移船。峡寺缘溪径，云林带石泉。钟声先度岭，月色已浮川。今夜岩房宿，寒灯不待悬。

维舟谷口傍烟霏，共说前冈石径微。竹杖穿云寻寺去，藤筐采药带花归。诸生晚佩联芳杜，野老春霞缀衲衣。风咏不须沂水上，碧山明月更清辉。

登云峰二三子咏歌以从欣然成谣二首

淳气日凋薄，邹鲁亡真承。世儒倡臆说，愚瞽相因仍。晚途益沦溺，手援吾不能。弃之入烟霞，高历云峰层。开茅傍虎穴，结屋依岩僧。岂曰事高尚？庶免无予憎。好鸟求其侣，嘤嘤林间鸣；而我在空谷，焉得无良朋？飘飘二三子，春服来从行；咏歌见真性，逍遥无俗情。各勉希圣志，毋为尘所萦。

深林之鸟何间关？我本无心云自闲。大舜亦与木石处，醉翁惟在山林间。晴窗展卷有会意，绝壁题诗无厚颜。顾谓从行二三子，随游麋鹿俱

有僧坐岩中已三年诗以励吾党

莫怪岩僧木石居，吾侪真切几人如？经营日夜身心外，剽窃糠秕齿颊余。俗学未堪欺老衲，昔贤取善及陶渔。年来奔走成何事？此日斯人亦起予。

春日游齐山寺用杜牧之韵二首

即看花发又花飞，空向花前叹式微。自笑半生行脚过，何人未老乞身归？江头鼓角翻春浪，云外旌旗闪落晖。羡杀山中麋鹿伴，千金难买芰荷衣。

倦鸟投枝已乱飞，林间暝色渐霏微。春山日暮成孤坐，游子天涯正忆归。古洞湿云含宿雨，碧溪明月弄清辉。桃花不管人间事，只笑山人未拂衣。

重游开先寺戏题壁

中丞不解了公事，到处看山复寻寺。尚为妻孥守俸钱，至今未得休官去。三月开花两度来，寺僧倦客门未开。山灵似嫌俗士驾，溪风拦路吹人回。君不见富贵中人如中酒，折腰解醒须五斗？未妨适意山水间，浮名于我亦何有。

贾胡行

贾胡得明珠，藏珠剖其驱；珠藏未能有，此身已先无。轻己重外物，贾胡一何愚。请君勿笑贾胡愚，君今奔走声利途；钻求富贵未能得，役精劳形骨髓枯。竟日惶惶忧毁誉，终宵惕惕防艰虞。一日仅得五升米，半级仍甘九族诛。胥靡接踵略无悔，请君勿笑贾胡愚。

送邵文实方伯致仕

君不见坞下鸡，引类呼群啄且啼？稻粱已足脂渐肥，毛羽脱落充庖厨。又不见笼中鹤，敛翼垂头困牢落？笼开一旦入层云，万里翱翔从廖廓。人生山水须认真，胡为利禄缠其身？高车驷马尽桎梏，云台麟阁皆埃尘。鸱夷抱恨浮江水，何似乘舟逃海滨？舜水龙山予旧宅，让公且作烟霞伯。拂衣便拟逐公回，为予先扫峰头石。

纪梦并序

正德庚辰八月廿八夕，卧小阁，忽梦晋忠臣郭景纯氏以诗示予，且极言王导之奸，谓世之人徒知王敦之逆，而不知王导实阴主之。其言甚长，不能尽录。觉而书其所示诗于壁，复为诗以纪其略。嗟乎。今距景纯若干年矣，非有实恶深冤郁结而未暴，宁有数千载之下尚怀愤不平若是者耶。

秋夜卧小阁，梦游沧海滨。海上神仙不可到，金银宫阙高嶙峋。中有仙人芙蓉巾，顾我宛若平生亲；欣然就语下烟雾，自言姓名郭景纯。携手历历诉衷曲，义愤感激难具陈。切齿尤深怨王导，深奸老猾长欺人。当年王敦觊神器，导实阴主相缘黇。不然三问三不答，胡忍使敦杀伯仁？寄书欲拔太真舌，不相为谋敢尔云。敦病已笃事已去，临哭嫁祸复卖敦。事成同享帝王贵，事败乃为顾命臣。几微隐约亦可见，世史掩覆多失真。袖出长篇再三读，觉来字字能书绅。开窗试抽晋史阅，中间事迹颇有因。因思景纯有道者，世移事往千余春；若非精诚果有激，岂得到今犹愤嗔。不成之语以箴戒，敦实气沮竟殒身。人生生死亦不易，谁能视死如轻尘？烛微先几炳易道，多能余事非所论。取义成仁忠晋室，龙逢龚胜心可伦。是非颠倒古多有，吁嗟景纯终见伸。御风骑气游八垠。彼敦之徒草木，粪土臭腐同沉沦。

我昔明易道，故知未来事。时人不我识，遂传耽一技。一思王导徒，神器良久觊。诸谢岂不力？伯仁见其底。所以敦者佣，罔顾天经与地义。不然百口未负托，何忍置之死。我于斯时知有分，日中斩柴市。我死何足悲，我生良有以。九天一人抚膺哭，晋室诸公亦可耻。举目山河徒叹非，携手登亭空洒泪。王导真奸雄，千载人未议。偶感君子谈中及，重与写真记。固知仓卒不成文，自今当与频谑戏。倘其为我一表扬，万世万世万万世。

右晋忠臣郭景纯自述诗，盖子梦中所得者，因表而出之。

无题

岩头有石人，为我下嶙峋。脚踏破履五十两，身披旧衲四十斤。任重致远香象力，餐霜坐雪金刚身。夜寒双虎与温足，雨后秃龙来伴宿。手握顽砖镜未光，舌底流泉梅未熟。夜来拾得遇寒山，翠竹黄花好共看。同来问我安心法，还解将心与汝安。

游落星寺

女娲炼石补天漏，璇玑昼夜无停走。自从堕却玉衡星，至今七政迷前后。浑仪昼夜徒揣摩，敬授人时亦何有？玉衡堕却此湖中，眼前谁是补天手。

游通天岩示邹陈二子

邹陈二子皆好游，一往通天十日留。候之来归久不至，我亦乘兴聊寻幽。岩扉口出云气浮，二子晞发登岩头。谷转始闻人语响，苍壁杳杳长林秋。嗒然坐我亦忘去，人生得休且复休。采芝共约阳明麓，白首无惭黄绮侪。

昭武通宝

青原山次黄山谷韵

咨观历州郡，驱驰倦风埃。名山特乘暇，林壑盘萦回。云石缘欹径，夏木深层隈。仰穷岚霏际，始睹台殿开，衣传西竺旧，构遗唐宋材。风松溪溜急，湍响空山哀。妙香隐玄洞，僧屋悬穹崖。扳依俨龙象，陟降临纬阶。飞泉泻灵窦，曲槛连云栈。我来慨遗迹，胜事多湮埋。邈矣西方教，流传遍中垓。如何皇极化，反使吾人猜？剥阳幸未绝，生意存枯荄。伤心眼底事，莫负生前杯。烟霞有本性，山水乞归骸。崎岖羊肠坂，车轮几倾摧。萧散麋伴，涧谷终追陪。恬愉返真澹，阒寂辞喧胚。至乐发天籁，丝竹谢淫哇。千古自同调，岂必时代偕。珍重二三子，兹游非偶来。且从山叟宿，勿受役夫催。东峰上烟月，夜景方徘徊。

睡起偶成

四十余年睡梦中，而今醒眼始朦胧。不知日已过亭午，起向高楼撞晓钟。

起向高楼撞晓钟，尚多昏睡正懵懵。纵令日暮醒犹得，不信人间耳尽聋。

立春

荒村乱后耕牛绝，城郭春来见土牛。家业苟存乡井恋，风尘先幸甲兵休。未能布德惭时令，聊复题诗写我忧。为报胡雏须远塞，暂时边将驻南州。

游庐山开先寺

清晨入谷到斜曛，遍历青霞蹑紫云。阊阖远从双剑辟，银河真自九天分。驱驰此日原非暇，梦想当年亦自勤。断拟罢官来驻此，不教林鹤更移文。

登小孤次陆良弼韵

看尽东南百二峰，小孤江上是真龙。攀龙我欲乘风去，高蹑层霄绝世踪。

月下吟三首

露冷天清月更辉，可看游子倍沾衣。催人岁月心空在，满眼兵戈事渐非。方朔本无金马意，班超惟愿玉门归。白头应倚庭前树，怪我还期秋又违。

江天月色自清秋，不管人间底许愁。谩拟翠华旋北极，正怜白发倚南楼。狼烽绝塞寒初入，鹤怨空山夜未休。莫重三公轻一日，虚名真觉是浮沤。

依依窗月夜还来，渺渺乡愁坐未回。素位也知非自得，白头无奈是亲衰。当年竹下曾裘仲，何日花前更老莱？恳疏乞骸今几上，中宵翘首望三台。

月夜二首

高台月色倍新晴，极浦浮沙远树平。客久欲迷乡国望，乱余愁听鼓鼙声。湖南水潦频移粟，碛北风烟且罢征。濡手未辞援溺苦，白头方切倚闾情。

举世困酣睡，而谁偶独醒？疾呼未能起，瞪目相怪惊。反谓醒者狂，群起环门争。洙泗辍金铎，濂洛传微声。谁鸣荼毒鼓，闻者皆昏冥。嗟尔欲奚为？奔走皆营营？何当闻此鼓，开尔天聪明。

雪望四首

风雪楼台夜更寒，晓来霁色满山川。当歌莫放阳春调，几处人家未起烟。

初日湖上雪未融，野人村落闭重重。安居信是丰年兆，为语田夫莫惜农。

霁景朝来更好看，河山千里思漫漫。茅檐日色犹堪曝，应是边关地更寒。

法象冥漾失巨纤，连朝风雪费妆严。谁将尘世化珠玉？好与贫家聚米盐。

火秀宫次一峰韵三首

兹山堪遁迹，上应少微星。洞里乾坤别，壶中日月明。道心空自警，尘梦苦难醒。方峤由来此，虚无隔九溟。

清溪曲曲转层林，始信桃源路未深。晚树烟霏山阁静。古松雷雨石坛阴。丹炉遗火飞残药，仙乐浮空寄绝音。莫道山人才一到，千年陈迹此重寻。

落日下清江，怅望阁道晚。人言玉笥更奇绝，漳口停舟路非远。肩舆取径沿村落，心目先驰嫌足缓。山昏欲就云储眠，疏林月色与风泉。梦魂忽忽到真境，侵晓遁迹来洞天。洞天非人世，予亦非世人；当年曾此寄一迹，屈指忽复三千春。岩头坐石剥落尽，手种松柏枯龙鳞。三十六峰仅如旧，涧谷渐改溪流新。空中仙乐风吹断，化为鼓角惊风尘。风尘惨淡半天地，何当一扫还吾真？从行诸生骇吾说，问我恐是兹山神。君不见广成子，高卧崆峒长不死，到今一万八千年；阳明真人亦如此。

归怀

行年忽五十，顿觉毛发改。四十九年非，童心独犹在。世故渐改涉，遇坎稍无馁。每当快意事，退然思辱殆。倾否作圣功，物睹岂不快？奈何桑梓怀，衰白倚门待。

啾啾吟

知者不惑仁不忧，君胡戚戚眉双愁？信步行来皆坦道，凭天判下非人谋。用之则行舍即休，此身浩荡浮虚舟。丈夫落落掀天地，岂顾束缚如穷囚。千金之珠弹鸟雀，掘土何烦用镯镂？君不见东家老翁防虎患，虎夜入室衔其头？西家儿童不识虎，报竿驱虎如驱牛。痴人惩噎遂废食，愚者畏溺先自投。人生达命自洒落，忧谗避毁徒啾啾。

居越诗三十四首 正德辛巳年归越后作

归兴二首

百战归来白发新，青山从此作闲人。峰攒尚忆冲蛮阵，云起犹疑见虏尘。岛屿微茫沧海暮，桃花烂漫武陵春。而今始信还丹诀，却笑当年识未真。

归去休来归去休，千貂不换一羊裘。青山待我长为主，白发从他自满头。种果移花新事业，茂林修竹旧风流。多情最爱沧州伴，日日相呼理钓舟。

次谦之韵

珍重江船冒暑行，一宵心话更分明。须从根本求生死，莫向支流辨浊清。久奈世儒横臆说，竞搜物理外人情。良知底用安排得？此物由来自浑成。

再游浮峰次韵

廿载风尘始一回，登高心在力全衰。偶怀胜事乘春到，况有良朋自远来。还指松萝寻旧隐，拨开云石翦蒿莱。后期此别知何地？莫厌花前劝酒杯。

夜宿浮峰次谦之韵

日日春山不厌寻，野情原自懒朝簪。几家茅屋山村静，夹岸桃花溪水深。石路草香随鹿去，洞门萝月听猿吟。禅堂坐久发清磬，却笑山僧亦有心。

再游延寿寺次旧韵

历历溪山记旧踪，寺僧遥住翠微重。扁舟曾泛桃花入，歧路心多草树封。谷口鸟声兼伐木，石门烟火出深松。年来百好俱衰薄，独有幽探兴尚浓。

碧霞池夜坐

一雨秋凉入夜新，池边孤月倍精神。潜鱼水底传心诀，栖鸟枝头说道真。莫谓天机非嗜欲，须知万物是吾身。无端礼乐纷纷议，谁与青天扫宿尘？

秋声

秋来万木发天声，点瑟回琴日夜清。绝调同随流水远，余音细入晚云轻。洗心真已空千古，倾耳谁能辨九成？徒使清风传律吕，人间瓦缶正雷鸣。

林汝桓以二诗寄次韵为别

断云微日半晴阴，何处高梧有凤鸣？星汉浮槎先入梦，海天波浪不须惊。鲁郊已自非常典，腊肉宁为脱冕行。试向沧浪歌一曲，未云不是九韶声。

尧舜人人学可齐，昔贤斯语岂无稽？君今一日真千里，我亦当年苦旧迷。万理由来吾具足，六经原只是阶梯。山中仅有闲风月，何日扁舟更越溪？

月夜二首与诸生歌于天泉桥。

万里中秋月正晴，四山云霭忽然生。须臾浊雾随风散，依旧青天此月明。肯信良知原不昧，从他外物岂能撄。老夫今夜狂歌发，化作钧天满太清。

处处中秋此月明，不知何处亦群英？须怜绝学经千载，莫负男儿过一生。影响尚疑朱仲晦，支离羞作郑康成。铿然舍瑟春风里，点也虽狂得我情。

秋夜

春园花木始菲菲，又是高秋落叶稀。天回楼台含气象，月明星斗避光辉。闲来心地如空水，静后天机见隐微。深院寂寥群动息，独怜鸟鹊绕枝飞。

夜坐

独坐秋庭月色新，乾坤何处更闲人？高歌度与清风去，幽意自随流水春。千圣本无心外诀，六经须拂镜中尘。却怜扰扰周公梦，未及惺惺陋巷贫。

心渔歌为钱翁希明别号题

钱翁，德洪父。三岁双瞽，好古博学，能诗文。

有渔者歌曰："渔不以目惟以心，心不在鱼渔更深。北溟之鲸殊小小，一举六鳌未足歆。""敢问何如其为渔耶？"曰："吾将以斯道为网，良知为纲，太和为饵，天地为舫，洁之无意，散之无方。是谓得无所得，而忘无可忘者矣。"

登香炉峰次萝石韵

曾从炉鼎蹑天风，下数天南百二峰。胜事纵为多病阻，幽怀还与故人同。旌旗影动星辰北，鼓角声回沧海东。世故茫茫浑未定，且乘溪月放归蓬。

观从吾登炉峰绝顶戏赠

道人不奈登山癖，日暮犹思绝栈云。岩底独行窝虎穴，峰头清啸乱猿群。清溪月出时寻寺，归棹城隅夜款门。可笑中郎无好兴，独留松院坐黄昏。

书扇赠从吾

君家只在海西隈，日日寒潮去复回。莫遣扁舟成久别，炉峰秋月望君来。

嘉靖甲申冬二十一日再登秦望自弘治戊午登后二十七年矣将下适董萝石与二三子来复坐久之暮归同宿云门僧舍

初冬风日佳，杖策登崔嵬。自予羁宦迹，久与山谷违。屈指廿七载，今兹复一来。沿溪寻往路，历历皆所怀。跻险还屡息，兴在知吾衰。薄午际峰顶，旷望未能回；良朋亦偶至，归路相徘徊。夕阳飞鸟静，群壑风泉哀。悠悠观化意，点也可与偕。

山中漫兴

清晨急雨度林扉，余滴烟梢尚湿衣。雨水霞明桃乱吐，沿溪风暖药初肥。物情到底能容懒，世事从前顿觉非。自拟春光还自领，好谁歌咏月中归。

挽潘南山

圣学宫墙亦久荒，如公精力可升堂。若为千古经纶手，只作终年著述忙。末俗浇漓风益下，平生辛苦意难忘。西风一夜山阳笛，吹尽南冈落木霜。

和董萝石菜花韵

油菜花开满地金，鹁鸠声里又春深。闾阎正苦饥民色，畎亩长怀老圃心。自有牡丹堪富贵，也从蜂蝶谩追寻。年年开落浑闲事，来赏何人共此襟？

天泉楼夜坐和萝石韵

莫厌西楼坐夜深，几人今夕此登临？白头未是形容老，赤子依然浑沌心。隔水鸣榔闻过棹，映窗残月见疏林。看君已得忘言意，不是当年只苦吟。

咏良知四首示诸生

个个人心有仲尼，自将闻见苦遮迷。而今指与真头面，只是良知更莫疑。

问君何事日憧憧？烦恼场中错用功。莫道圣门无口诀，良知两字是参同。

人人自有定盘针，万化根源总在心。却笑从前颠倒见，枝枝叶叶外头寻。

无声无臭独知时，此是乾坤万有基。抛却自家无尽藏，沿门持钵效贫儿。

示诸生三首

尔身各各自天真，不用求人更问人。但致良知成德业，谩从故纸费精神。乾坤是易原非画，心性何形得有尘？莫道先生学禅语，此言端的为君陈。

人人有路透长安，坦坦平平一直看。尽道圣贤须有秘，翻嫌易简却求难。只从孝弟为尧舜，莫把辞章学柳韩。不信自家原具足，请君随事反身观。

长安有路极分明，何事幽人旷不行？遂使蓁茅成间塞，仅教麋鹿自纵横。徒闻绝境劳悬想，指与迷途却浪惊。冒险甘投蛇虺窟，颠崖堕壑竟亡生。

答人问良知二首

良知即是独知时，此知之外更无知。谁人不有良知在，知得良知却是谁？

知得良知却是谁？自家痛痒自家知。若将痛痒从人问，痛痒何须更问为？

答人问道

饥来吃饭倦来眠，只此修行玄更玄。说与世人浑不信，却从身外觅神仙。

寄题玉芝庵丙戌

尘途骏马劳千里，月树鹩鹩足一枝。身既了时心亦了，不须多羡碧霞池。

别诸生

绵绵圣学已千年，两字良知是口传。欲识浑沦无斧凿，须从规矩出方圆。不离日用常行内，直造先天未画前。握手临歧更可语？殷勤莫愧别离筵。

后中秋望月歌

一年两度中秋节，两度中秋一样月。两度当筵望月人，几人犹在几人别？此后望月几中秋？此会中人知在否？当筵莫惜殷勤望，我已衰年半白头。

书扇示正宪

汝自冬春来，颇解学文义，吾心岂不喜？顾此枝叶事，如树不植根，暂荣终必瘁。植根可如何？愿汝且立志。

送萧子雍宪副之任

衰疾悟止足，闲居便静修。采芝深谷底，考槃南涧头。之子亦早见，枉帆经旧邱。幽寻意始结，公期已先道。星途触来暑，拯焚能自由。黄鹄一高举，刚风翼难收。怀兹恋邱陇，回顾未忘忧。往志局千里，岂伊枋榆投。哲士营四海，细人聊自谋。圣作正思治，吾衰亮何酬。所望登才俊，济济扬鸿休。隐者嘉肥遁，仕者当谁俦？宁无寥寂念？宜急疮痍瘳。舍藏应有时，行矣毋淹留。

中秋

去年中秋阴复晴，今年中秋阴复阴。百年好景不多遇，况乃白发相侵寻。吾心自有光明月，千古团圆永无缺。山河大地拥清辉，赏心何必中秋节。

嘉靖丙戌十二月庚申始得子年已五十有五矣六月静斋二丈昔与先公同举于乡闻之而喜各以诗来贺蔼然世交之谊也次韵为谢二首

海鹤精神老益强，晚途诗价重珪璋。洗儿惠兆金钱贵，烂目光呈奎井祥。何物敢云绳祖武，他年只好共爷长。偶逢灯事开汤饼，庭树春风转岁阳。

自分秋禾后吐芒，敢云琢玉晚珪璋。漫凭先德余家庆，岂是生申降岳祥。携抱且堪娱老况，长成或可望书香。不辞岁岁临汤饼，还见吾家第几郎？

两广诗二十一首 <small>嘉靖丁亥起，平思田之乱。</small>

秋日饮月岩新构别王侍御

湖山久系念，块处限形迹。遥望一水间，十年靡由即。军旅起衰废，驱驰岂遑息。前旌道回冈，取捷上畸侧。新构郁层椒，石门转深寂。是时霜始降，风凄群卉拆。謦静响江声，窗虚函海色。夕阴下西岑，凉月穿东壁。观风此余情，抚景见高臆。匪从群公钱，何因得良觌？南徼方如毁，救焚敢辞亟。来归幸有期，终遂幽寻癖。

复过钓台

忆昔过钓台，驱驰正军旅。十年今始来，复以兵戈起。空山烟雾深，往迹如梦里。微雨林径滑，肺病双足胝。仰瞻台上云，俯濯台下水。人生何碌碌？高尚当如此。疮痍念同胞，至人匪为己。过门不遑入，忧劳岂得已。滔滔良自伤，果哉末难矣。

右正德己卯献俘行在，过钓台而弗及登。今兹复来，又以兵革之役，兼肺病足疮，徒顾瞻怅望而已。书此付桐庐尹沉元材刻置亭壁，聊以纪经行岁月云耳。嘉靖丁亥九月廿二四书，时从行进士钱德洪、王汝中、建德尹杨思臣及元材，凡四人。

方思道送西峰

西峰隐真境，微境临通衢。行役空屡屡，过眼被尘迷。青林外延望，中阙何由窥？方子岩廊器，兼己云霞姿；每逢泉石处，必刻棠陵诗。兹山秀常玉，之子囊中锥。群峰灏秋气，乔木含凉吹。此行非佳饯，谁为发幽奇？奈何眷清赏，局促牵至期。悠悠伤绝学，之子亦如斯；为君指周道，直往勿复疑。

西安雨中诸生出候因寄德洪汝中并示书院诸生

几度西安道，江声暮雨时。机关鸥鸟破，踪迹水云疑。仗钺非吾事，传经愧尔师。天真石泉秀，新有鹿门期。

德洪汝中方卜书院盛称天真之奇并寄及之

不踏天真路，依稀二十年。石门深竹径，苍峡泻云泉。泮壁环胥海，龟畴见宋田。文明原有象，卜筑岂无缘？

寄石潭二绝仆兹行无所乐，乐与二公一会耳。得见闲斋，固已如见石潭矣。留不尽之兴于后期，岂谓乐不可极耶？闻尊恙已平复，必于不出见客，无乃太以界限自拘乎？奉次二绝，用发一笑，且以致不及请教之憾。

见说新居止隔山，肩舆晓出暮堪还。知公久已藩篱撤，何事深林尚闭关?

乘兴相寻涉万山,扁舟亦复及门还。莫将身病为心病,可是无关却有关。

长生

长生徒有慕,苦乏大药资。名山遍探历,悠悠鬓生丝。微躯一系念,去道日远而。中岁忽有觉,九还乃在兹。非炉亦非鼎,何坎复何离;本无终始究,宁有死生期?彼哉游方士,诡辞反增疑;纷然诸老翁,自传困多歧。乾坤由我在,安用他求为?千圣皆过影,良知乃吾师。

南浦道中

南浦重来梦里行,当年锋镝尚心惊。旌旗不动山河影,鼓角犹传草木声。已喜闾阎多复业,独怜饥馑未宽征。迂疏何有甘棠惠,惭愧香灯父老迎。

重登黄土脑

一上高原感慨重,千山落木正无穷。前途且与停西日,此地曾经拜北风。剑气晚横秋色净,兵声寒带暮江雄。水南多少流亡屋,尚诉征求杼轴空。

过新溪驿

犹记当年筑此城，广瑶湖寇正纵横。人今乐业皆安堵，我亦经过一驻兵。香火沿门惭老稚，壶浆远道及从行。峰山拿手疲劳甚，且放归农莫送迎。

梦中绝句此予十五岁时梦中所作。今拜伏波祠下，宛如梦中。兹行殆有不偶然者，因识其事于此。

卷甲归来马伏波，早年兵法鬓毛皤。云埋铜柱雷轰折，六字题诗尚不磨。

谒伏波庙二首

四十年前梦里诗，此行天定岂人为。徂征敢倚风云阵，所过须同时雨师。尚喜远人知向望，却惭无术救疮痍。从来胜算归廊庙，耻说兵戈定四夷。

楼船金鼓宿乌蛮，鱼丽群舟夜上滩。月绕旌旗千嶂静，风传铃柝九溪寒。荒夷未必先声服，神武由来不杀难。想见虞廷新气象，两阶干羽五云端。

破断藤峡

绕看干羽格苗夷，忽见风雷起战旗。六月徂征非得已，一方流毒已多时。迁宾玉石分须早，聊庆云霓怨莫迟。嗟尔有司惩既往，好将恩信抚遗黎。

平八寨

见说韩公破此蛮，貔貅十万骑连山；而今止用三千卒，遂尔收功一月间。岂是人谋能妙算？偶逢天助及师还。穷搜极讨非长计，须有恩威化梗顽。

南宁二首

一驻南宁五月余，始因送远过僧庐。浮屠绝壁经残爇，井灶沿村见废墟。抚恤尚惭凋弊后，游观正及省耕初。近闻襁负归瑶僮，莫陋夷方不可居。

劳矣田人莫远迎，疮痍未定犬犹惊。爇余破屋须先缉，雨后荒畬莫废耕。归喜逃亡来负襁，贫怜繻绔缀旗旌。圣朝恩泽宽如海，甑鲋盆鱼纵尔生。

　　往岁破桶冈宗舜祖世麟老宣慰实来督兵今兹思田之役乃随父致仕宣慰明辅来从事目击其父子孙三世皆以忠孝相承相尚也诗以嘉之

　　宣慰彭明辅，忠勤晚益敦。归师当五月，冒暑净蛮氛。九霄虽已老，报国意犹勤。五月冲炎暑，同军立战勋。爱尔彭宗舜，少年多战功；从亲心已孝，报国意尤忠。

题甘泉居

　　我闻甘泉居，近连菊坡麓。十年劳梦思，今来快心目。徘徊欲移家，山南尚堪屋。渴饮甘泉泉，饥餐菊坡菊。行看罗浮云，此心聊复足。

书泉翁壁

　　我祖死国事，肇禋在增城。荒祠幸新复，适来奉初蒸。亦有兄弟好，念言思一寻。苍苍兼葭色，宛隔环瀛深。入门散图史，想见抱膝吟。贤郎敬父执，童仆意相亲。病躯不遑宿，留诗慰殷勤。落落千百载，人生几知音？道通著形迹，期无负初心。

外集三

书

答佟太守求雨癸亥

昨杨、李二丞来，备传尊教，且询致雨之术，不胜惭悚。今早谌节推辱临，复申前请，尤为恳至，令人益增惶惧。天道幽远，岂凡庸所能测识？然执事忧勤为民意真切如是，仆亦何可以无一言之复！

孔子云："丘之祷久矣。"盖君子之祷，不在于对越祈祝之际，而在于日用操存之先。执事之治吾越，几年于此矣。凡所以为民祛患除弊兴利而致福者，何莫而非先事之祷，而何俟于今日？然而暑旱尚存，而雨泽未应者，岂别有所以致此者欤？古者岁旱，则为之主者减膳撤乐，省狱薄赋，修祀典，问疾苦，引咎赈乏，为民遍请于山川社稷，故有叩天求雨之祭，有省咎自责之文，有归诚请改之祷。盖《史记》所载汤以六事自责，《礼》谓"大雩，帝用盛乐"，《春秋》书"秋九月，大雩"，皆此类也。仆之所闻于古如是，未闻有所谓书符咒水而可以得雨者也。唯后世方术之士或时有之。然彼皆有高洁不污之操，特立坚忍之心。虽其所为不必合于中道，而亦有以异于寻常，是以或能致此。然皆出小说而不见于经传，君子犹以为附会之谈，又况如今之方士之流，曾不少殊于市井嚚顽，而欲望之以挥斥雷电，呼吸风雨之事，岂不难哉！仆谓执事且宜出斋于厅事，罢不急之务，开省过之门，洗简冤滞，禁抑奢繁，淬诚涤虑，痛自悔责，以为八邑之民请于山川社稷。而彼方士之祈请者，听民间从便得自为之，但弗之禁而不专倚以为重轻。

夫以执事平日之所操存，苟诚无愧于神明，而又临事省惕，躬帅僚属，致恳乞诚，虽天道亢旱，亦自有数；使人事良修，旬日之内，自宜有应。仆虽不肖，无以自别于凡民，以诚使可有致雨之术，亦安忍坐视民患而恬不知顾，乃劳执事之仆，仆岂无人之心者耶？一二日内，仆亦将祷于南镇，以助执事之诚。执事其但为民悉心以请，毋惑于邪说，毋急于近名，天道虽远，至诚而不动者，未之有也！

答毛宪副戊辰

昨承遣人喻以祸福利害，且令勉赴太府请谢，此非道谊深情，决不至此，感激之至，言无所容！但差人至龙场陵侮，此自差人挟势擅威，非太府使之也。龙场诸夷与之争斗，此自诸夷愤恨不平，亦非某使之也。然则太府固未尝辱某，某亦未尝傲太府，何所得罪而遽请谢乎？跪拜之礼，亦小官常分，不足以为辱，然亦不当无故而行之。不当行而行，与当行而不行，其为取辱一也。废逐小臣，所守以待死者，忠信礼义而已，又弃此而不守，祸莫大焉！凡祸福利害之说，某亦尝讲之。君子以忠信为利，礼义为福。苟忠信礼义之不存，虽禄之万钟，爵以侯王之贵，君子犹谓之祸与害。如其忠信礼义之所在，虽剖心碎首，君子利而行之，自以为福也，况于流离窜逐之微乎？某之居此，盖瘴疠蛊毒之与处，魑魅魍魉之与游，日有三死焉。然而居之泰然，未尝以动其中者，诚知生死之有命，不以一朝之患而忘其终身之忧也。太府苟欲加害，而在我诚有以取之，则不可谓无憾。使吾无有以取之而横罹焉，则亦瘴疠而已尔，蛊毒而已尔，魑魅魍魉而已尔，吾岂以是而动吾心哉？执事之喻，虽有所不敢承，然因是而益知所以自励，不敢苟有所隳堕，则某也受教多矣，敢不顿首以谢！

与安宣慰戊辰

某得罪朝廷而来，惟窜伏阴崖幽谷之中以御魍魉，则其所宜。故虽夙闻使君之高谊，经旬月而不敢见，若甚简亢者。然省愆内讼，痛自削责，不敢比数于冠裳，则亦逐臣之礼也。使君不以为过，使廪人馈粟，庖人馈肉，园人代薪水之劳，亦宁不贵使君之义而谅其为情乎！自惟罪人，何可以辱守土之大夫，惧不敢当，辄以礼辞。使君复不以为罪，昨者又重之以金帛，副之以鞍马，礼益隆，情益至，某益用震悚。是重使君之辱而甚逐臣之罪也，愈有所不敢当矣。使者坚不可却，求其说而不得。无已其周之乎？周之亦可受也。敬受米二石，柴炭鸡鹅悉受如来数。其诸金帛鞍马，使君所以交于卿士大夫者，施之逐臣，殊骇观听，敢固以辞。伏惟使君处人以礼，恕物以情，不至再辱，则可矣。

二戊辰

减驿事，非罪人所敢与闻，承使君厚爱，因使者至，闲问及之，不谓其遂达诸左右也。悚息悚息！然已承见询，则又不可默。

凡朝廷制度，定自祖宗，后世守之，不可以擅改，在朝廷且谓之变乱，况诸侯乎？纵朝廷不见罪，有司者将执法以绳之，使君必且无益，纵幸免于一时，或五六年，或八九年，虽远至二三十年矣，当事者犹得持典章而议其后。若是，则使君何利焉？使君之行先，自汉、唐以来千几百年，土地人民，未之或改，所以长久若此者，以能世守天子礼法，竭忠尽力，不敢分寸有所违。是故天子亦不得逾礼法，无故而加诸忠良之臣。不然，使君之土地人民富且盛矣，朝廷悉取而郡县之，其谁以为不可？夫驿可减也，亦可增也；驿可改也，宣慰司亦可革也。由此言之，殆甚有害，使君其未之思耶？

所云奏功升职事，意亦如此。夫划除寇盗，以抚绥平良，亦守土之常职，今缕举以要赏，则朝廷平日之恩宠禄位，顾将欲以何为？使君为参政，亦已非设官之旧，今又干进不已，是无抵极也，众必不堪。夫宣慰，守土之官，故得以世有其土地人民。若参政，则流官矣，东西南北，惟天子所使。朝廷下方尺之檄，委使君以一职，或闽或蜀，其敢弗行乎？则方命之诛，不旋踵而至，捧檄从事，千百年之土地人民，非复使君有矣。由此言之，虽今日之参政，使君将恐辞去之不速，其又可再乎？凡此以利害言，揆之于义，反之于心，使君必自有不安者。夫拂心违义而行，众所不与，鬼神所不嘉也。

承问及，不敢不以正对，幸亮察！

三戊辰

阿贾、阿札等畔宋氏，为地方患，传者谓使君使之。此虽或出于妒妇之口，然阿贾等自言使君尝锡之以毡刀，遗之以弓弩。虽无其心，不幸乃有其迹矣。始三堂两司得是说，即欲闻之于朝，既而以使君平日忠实之故，未必有是，且信且疑，姑令使君讨贼。苟遂出军剿扑，则传闻皆妄，何可以滥及忠良。其或坐观逗遛，徐议可否，亦未为晚。故且隐忍其议，所以待使君者甚厚。既而文移三至，使君始出，众论纷纷，疑者将信。喧腾之际，适会左右来献阿麻之首，偏师出解洪边之围，群公又复徐徐。今又三月余矣。使君称疾归卧，诸军以次潜回，其间分屯寨堡者，不闻擒斩以宣国威，惟增剽掠以重民怨，众情愈益不平。而使君之民，罔所知识，方扬言于人，谓："宋氏之难，当使宋氏自平，安氏何与，而反为之役？我安氏连地千里，拥众四十八万，深坑绝坻，飞鸟不能越，猿猱不能攀。纵遂高坐，不为宋氏出一卒，人亦卒如我何？"斯言已稍稍传播，不知三堂两司已尝闻之否？使君诚久卧不出，安氏之祸必自斯言始矣。使君与宋氏同守土，而使君为之长。地方变乱，皆守土者之罪，使君能独委之宋氏乎？夫连地千里，孰与中土之一大郡？拥众四十八万，孰与中土之一都司？深坑绝坻，安氏有之，然如安氏者，环四面而居以百数也。今播州有杨爱，恺黎有杨友，酉阳、保靖有彭世麒等诸人，斯言苟闻于朝，朝廷下片纸于杨爱诸人，使各自为战，共分安氏之所有，盖朝令而夕无安氏矣。深坑绝坻，何所用其险。使君可无寒心乎？且安氏之职，四十八支更迭而为，今使君独传者三世，而群支莫敢争，以朝廷之命也，苟有可乘之衅，孰不欲起而代之乎？然则扬此言于外，以速安氏之祸者，殆渔人之计，萧墙之忧，未可测也。使君宜速出军，平定反侧，破众谗之口，息多端之议，弭方兴之变，绝难测之祸，补既往之愆，要将来之福。某非为人作说客者，使君幸熟思之！

答人问神仙戊辰

询及神仙有无，兼请其事，三至而不答，非不欲答也，无可答耳。昨令弟来，必欲得之。仆诚生八岁而即好其说，今已余三十年矣，齿渐摇动，发已有一二茎变化成白，目光仅盈尺，声闻函丈之外，又常经月卧病不出，药量骤进，此殆其效也。而相知者犹妄谓之能得其道，足下又妄听之而以见询。不得已，姑为足下妄言之。

古有至人，淳德凝道，和于阴阳，调于四时，去世离俗，积精全神，游行天地之间，视听八远之外，若广成子之千五百岁而不衰，李伯阳历商、周之代，西度函谷，亦尝有之。若是而谓之曰无，疑于欺子矣。然则呼吸动静，与道为体，精骨完久，禀于受气之始，此殆天之所成，非人力可强也。若后世拔宅飞升，点化投夺之类，谲怪奇骇，是乃秘术曲技，尹文子所谓"幻"，释氏谓之"外道"者也。若是谓之曰有，亦疑于欺子矣，夫有无之间，非言语可况。存久而明，养深而自得之。未至而强喻，信亦未必能及也。盖吾儒亦自有神仙之道，颜子三十二而卒，至今未亡也。足下能信之乎？后世上阳子之流，盖方外技术之士，未可以为道。若达磨、慧能之徒，则庶几近之矣，然而未易言也。足下欲闻其说，须退处山林三十年，全耳目，一心志，胸中洒洒不挂一尘，而后可以言此，今去仙道尚远也。妄言不罪。

答徐成之壬午

承以朱、陆同异见询，学术不明于世久矣，此正吾侪今日之所宜明辨者。细观来教，则舆庵之主象山既失，而吾兄之主晦庵，亦未为得也，是朱非陆，天下之论定久矣，久则难变也。虽微吾兄之争，舆庵亦岂能遽行其说乎？故仆以为二兄今日之论，正不必求胜。务求象山之所以非，晦庵之所以是，穷本极源，真有以见其几微得失于毫忽之间。若明者之听讼，其事之曲者，既有以辨其情之不得已，而辞之直者，

复有以察其处之或未当。使受罪者得以伸其情，而获伸者亦有所不得辞其责，则有以尽夫事理之公，即夫人心之安，而可以俟圣人于百世矣。今二兄之论，乃若出于求胜者，求胜，则是动于气也，动于气，则于义理之正，何啻千里，而又何是非之论乎？凡论古人得失，决不可以意度而悬断之。今舆庵之论象山曰："虽其专以尊德性为主，未免堕于禅学之虚空，而其持守端实，终不失为圣人之徒。若晦庵之一于道问学，则支离决裂，非复圣门'诚意正心'之学矣"。吾兄之论晦庵曰："虽其专以道问学为主，未免失于俗学之支离，而其循序渐进，终不背于《大学》之训。若象山之一于尊德性，则虚无寂灭，非复《大学》'格物致知'之学矣"。夫既曰"尊德性"，则不可谓"堕于禅学之虚空"；"堕于禅学之虚空"，则不可谓之"尊德性"矣。既曰"道问学"，则不可谓"失于俗学之支离"；"失于俗学之支离"，则不可谓之"道问学"矣。二者之辩，间不容发。然则二兄之论，皆未免于意度也。昔者子思之论学，盖不下千百言，而括之以"尊德性而道问学"之一语。即如二兄之辩，一以"尊德性"为主，一以"道问学"为事，则是二者固皆未免于一偏，而是非之论，尚未有所定也，乌得各持

一是而遽以相非为乎？故仆愿二兄置心于公平正大之地，无务求胜。夫论学而务以求胜，岂所谓"尊德性"乎？岂所谓"道问学"乎？以某所见，非独吾兄之非象山，舆庵之非晦庵，皆失之非，而吾兄之是晦庵，舆庵之是象山，亦皆未得其所以是也。稍暇当面悉，姑务养心息辩，毋遽。

　　二壬午

　　昨所奉答，适有远客酬对，纷纭不暇细论。姑愿二兄息未定之争，各反究其所是者，必己所是已无丝发之憾，而后可以及人之非。早来承教，乃为仆漫为含胡两解之说，而细绎辞旨，若有以阴助舆庵而为之地者，读之不觉失笑。曾为吾兄而亦有是言耶？仆尝以为君子论事当先去其有我之私，一动于有我，则此心已陷于邪僻，虽所论尽合于理，既已亡其本矣。尝以是言于朋友之间，今吾兄乃云尔，敢不自反其殆陷于邪僻而弗觉也？求之反复，而昨者所论实未尝有是。则斯言也无乃吾兄之过欤？虽然，无是心而言之未尽于理，未得为无过也。仆敢自谓其言之已尽于理乎？请举二兄之所是者以求正。

　　舆庵是象山而谓其"专以尊德性为主"，今观《象山文集》所载，未尝不教其徒读书穷理。而自谓"理会文字颇与人异"者，则其意实欲体之于身。其亟所称述以诲人者，曰"居处恭，执事敬，与人忠"，曰"克己复礼"，曰"万物皆备于我，反身而诚，乐莫大焉"，曰"学问之道无他，求其放心而已"，曰"先立乎其大者，而小者不能夺"。是数言者，孔子、孟轲之言也，乌在其为空虚者乎？独其"易简觉悟"之说，颇为当时所疑。然"易简"之说出于《系辞》，"觉悟"之说虽有同于释氏，然释氏之说亦自有同于吾儒，而不害其为异者，惟在于几微毫忽之间而已。亦何必讳于其同而遂不敢以言，狃于其异而遂不以察之乎？是舆庵之是象山，固犹未尽其所以是也。

吾兄是晦庵，而谓其"专以道问学为事"。然晦庵之言，曰"居敬穷理"，曰"非存心无以致知"，曰"君子之心，常存敬畏，虽不见闻，亦不敢忽，所以存天理之本然，而不使离于须臾之顷也"。是其为言虽未尽莹，亦何尝不以尊德性为事？而又乌在其为支离者乎？独其平日汲汲于训解，虽韩文、《楚辞》、《阴符》、《参同》之属，亦必与之注释考辩，而论者遂疑其玩物。又其心虑恐学者之躐等而或失之于妄作，使必先之以格致而无不明，然后有以实之于诚正而无所谬。世之学者，挂一漏万，求之愈繁，而失之愈远，至有敝力终身，苦其难而卒无所入，而遂议其支离。不知此乃后世学者之弊，而当时晦庵之自为，则亦岂至是乎？是吾兄之是晦庵，固犹未尽其所以是也。

夫二兄之所信而是者，既未尽其所以是，则其所疑而非者，亦岂必尽其所以非乎？然而二兄往复之辩，不能一反焉，此仆之所以疑其或出于求胜也。一有求胜之心，则已亡其学问之本，而又何以论学为哉？此仆之所以惟愿二兄之自反也，安有所谓"含胡两解而阴为舆庵之地"者哉！夫君子之论学，要在得之于心。众皆以为是，苟求之心而未会焉，未敢以为是也；众皆以为非，苟求之心而有契焉，未敢以为非也。心也者，吾所得于天之理也，无间于天人，无分于古今。苟尽吾心以求焉，则不中不远矣。学也者，求以尽吾心也。是故尊德性而道问学，尊者，尊此者也；道者，道此者也。不得于心而惟外信于人以为学，乌在其为学也已！仆尝以为晦庵之与象山，虽其所为学者若有不同，而要皆不失为圣人之徒。今晦庵之学,天下之人童而习之,既已入人之深,有不容于论辩者。而独惟象山之学,则以其尝兴晦庵之有言,而遂藩篱之。使若由、赐之殊科焉,则可矣,而遂摈放废斥,若碔砆之与美玉,则岂不过甚矣乎?夫晦庵折衷群儒之说,以发明《六经》、《语》、《孟》之旨于天下,其嘉惠后学之心,真有不可得而议者。而象山辩义利之分,立大本,求放心,以示后学笃实为己之道,其功亦宁可得而尽诬之!而世之儒者,附和雷同,不究其实,而概目之以禅学,则诚可冤也已!故仆尝欲冒天下之讥,以为象山一暴其说,虽以此得罪,无恨。仆于晦庵,亦有罔极之恩,岂欲操戈而入室者?顾晦庵之学,既已若日星之章明于天下;而象山独蒙无实之诬,于今且四百年,莫有为之一洗者。使晦庵有知,将亦不能一日安享于庙庑之间矣。此仆之至情,终亦必为吾兄一吐者,亦何肯漫为两解之说以阴助于舆庵?舆庵之说,仆犹恨其有未尽也。

夫学术者,今古圣贤之学术,天下之所公共,非吾三人者所私有也。天下之学术,当为天下公言之,而岂独为舆庵地战!兄又举太极之辩,以为象山"于文义且有所未能通晓,而其强辩自信,曾何有于所养"。夫谓其文义之有未详,不害其为有未详也;谓其所养之未至,不害其为未至也。学未至于圣人,宁免太过不及之差乎!而论者遂欲以是而盖之,则吾恐晦庵禅学之讥,亦未免有激于不平也。夫一则不审于文义,一则有激于不平,是皆所养之未至。昔孔子,大圣也,而犹曰:"假我数年以学《易》,可以无大过。"仲虺之赞成汤,亦惟曰"改过,不吝"而已。所养之未至,亦何伤于二先生之为贤乎?此正晦庵、象山之气象,所以未及于颜子、明道者在此。吾侪正当仰其所以不可及,而默识其所未至者,以为涵养规切之方,不当置偏私于其间,而有所附会增损之也。夫君子之过也,如日月之食,人皆见之；更也，人皆仰之。而小人之过也必文。世之学者以晦庵大儒，不宜复有所渭过者，而必曲为隐饰增加，务诋象山于禅学，以求伸其说；且自以为有助于晦庵，而更相倡引，谓之扶持正论。不知晦庵乃君子之过，而吾反以小人之见而文之。晦庵有闻过则喜之美，而吾乃非徒顺之，又从而为之辞也。晦庵之心，以圣贤君子之学期后代，而世之儒者，事之以事小人之礼，是何诬象山之厚而待晦庵之薄耶？

仆今者之论，非独为象山惜，实为晦庵惜也。兄视仆平日于晦庵何如哉？而乃有是论，是亦可以谅其为心矣。惟吾兄去世俗之见，宏虚受之诚，勿求其必同，而察其所以异；勿以无过为圣贤之高，而以改过为圣贤之学；勿以其有所未至者为圣贤之讳，而以其常怀不满者为圣贤之心。则兄与舆庵之论，将有不待辩说而释然以自解者。孟子云："君子亦仁而已，何必同？"惟吾兄审择而正之！

答储柴墟 壬申

盛价来，适人事纷纭，不及细询比来事；既还，却殊怏怏。承示《刘生墓志》，此实友义所关，文亦缜密。独叙乃父侧室事，颇伤忠厚，未刻石，删去之为佳。子于父过，谏而过激，不可以为几；称子之美，而发其父乙阴私，不可以为训。宜更详之！

喻及交际之难，此殆谬于私意。君子与人，惟义所在，厚薄轻重，己无所私焉，此所以为简易之道。世人之心，杂于计较，毁誉得丧交于中，而眩其当然之则，是以处之愈周，计之愈悉，而行之愈难。夫大贤吾师，次贤吾友，此天理自然之则，岂以是为炎凉之嫌哉？吾兄以仆于今之公卿，若某之贤者，则称谓以"友生"，若某与某之贤不及于某者，则称谓以"侍生"，岂以矫时俗炎凉之弊？非也。夫彼可以为吾友，而吾可以友之，彼又吾友也，吾安得而弗友之？彼不可以为吾友，而吾不可以友之，彼又不吾友也，吾安得而友之？夫友也者，以道也，以德也。天下莫大于道，莫贵于德。道德之所在，齿与位不得而于焉，仆与某之谓矣。彼其无道与德，而徒有其贵与齿也，则亦贵齿之而已。然若此者，与之见亦寡矣，非以事相临，不往见也若此者，与凡交游之随俗以侍生而来者，亦随俗而侍生之。所谓"事之无害于义者，从俗可也"。千乘之君，求与之友而不可得，非在我有所不屑乎？嗟乎！友未易言也。今之所谓友，或以艺同，或以事合，徇名逐势，非吾所谓辅仁之友矣。仁者，心之德，人而不仁，不可以为人。辅仁，求以全心德也，如是而后友。今特以技艺文辞之工，地势声翼之重，而骜然欲以友乎贤者，贤者弗与也。吾兄技艺炎凉之说，贵贱少长之论，殆皆有未尽欤？孟子曰："友也者，不可以有挟。"孟献子之友五人，无献子之家者也，曾以贵贱乎？仲由少颜路三岁，回由之赠处，盖友也。回与曾点同时，参曰"昔者吾友"，曾以少长乎？将矫时俗之炎凉而自畔于礼，其间不能以寸矣。吾兄又以仆于后进之来，其质美而才者，多以先后辈相处；其庸下者，反待以客礼，疑仆别有一道。是道也，奚有于别？凡后进之来，其才者，皆有意于斯道者也，吾安得不以斯道处之？其庸下者，不过世俗泛然一接，吾亦世俗泛然待之，如乡人而已。昔伊川初与吕希哲为同舍友，待之友也，既而希哲师事伊川，待之弟子也。谓敬于同舍而慢于弟子，可乎？孔子待阳货以大夫，待回、赐以弟子，谓待回、赐不若阳货，可乎？师友道废久，后进之中，有聪明特达者，颇知求道，往往又为先辈待之不诚，不谅其心而务假以虚礼，以取悦于后进，干待士之誉，此正所谓病于夏畦者也，以是师友之道日益沦没，无由复明。仆常以为世有周、程诸君子，则吾固得而执弟子之役，乃大幸矣，其次有周、程之高弟焉，吾犹得而私淑也。不幸世又无是人，有志之士，伥伥其将焉求乎？然则何能无忧也？忧之而不以责之己，责之己而不以求辅于人，求辅于人而待之不以诚，终亦必无所成而已耳。凡仆于今之后进，非敢以师道自处也，将求其聪明特达者，与之讲明，因以自辅也。彼自以后进求正于我，虽不师事我，固有先后辈之道焉。伊川瞑目而坐，游、杨侍立不敢去，重道也。今世习于旷肆，惮于检饰，不复知有此事。幸而有一二后进略知求道为事，是有复明之机；又不诚心直道与之发明，而徒阘然媚世，苟且阿俗，仆诚痛之惜之！传曰："师严然后道尊，道尊然后民知敬学。"夫人必有所严惮，然后言之，而听之也审；施之，而承之也肃。凡若此者，皆求以明道，皆循理而行，非有容私于其间也。伊尹曰："天之生斯民也，使先知觉后知，使先觉觉后觉。予天民之先觉也，非予觉之而谁也？"是故大知觉于小知，小知觉于无知；大觉觉于小觉，小觉觉于无觉。夫已大知大觉矣，而后以觉于天下，不亦善乎？然而未能也，遂自以小知小觉而不敢以觉于人，则终亦莫之觉矣。仁者固如是乎？夫仁者，己欲立而立人，己欲达而达人。仆之意以为，己有分寸之知，即欲同此分寸之知于人；已有分寸之觉，即欲同此分寸之觉于人。人之小知小觉者益众，则其相与为知觉也益易且明，如是，而后大知大觉可期也。仆于今之后进，尚不敢以小知小觉自处。譬之冻馁之人，知耕桑之可以足衣食，而又偶闻艺禾树桑之法，将试为之，百遂以告其凡冻馁者，使之共为之也，亦何嫌于己之未尝树艺，而遂不可以告之乎？虽然，君子有诸己而后求诸人，仆盖未尝有诸己也，而可以求诸人乎？夫亦谓其有意于仆而来者耳。

承相问，辄缕缕至此。有未当者，不惜往复。

二 壬申

昨者草率奉报，意在求正，不觉芜冗。承长笺批答，推许过盛，殊增悚汗也。来喻责仆不以师道自处，恐亦未为诚心直道。顾仆何人，而敢以师道自处哉？前书所谓"以前后辈处之"者，亦谓仆有一日之长，而彼又有求道之心者耳。若其年齿相若而无意于求道者，自当如常待以客礼，安得例以前后辈处之？是亦妄人矣。又况不揆其来意之如何，而抗颜以师道自居，世宁有是理耶？夫师法者，非可以自处得也，彼以是求我，而我以是应之耳。嗟乎！今之时，孰有所谓师云乎哉！今之习技艺者则有师，习举业求声利者则有师，彼诚知技艺之可以得衣食，举业之可以得声利，而希美官爵也。自非诚知己之性分，有急于衣食官爵者，孰肯从而求师哉！夫技艺之不习，不过乏衣食；举业之不习，不过无官爵。己之性分有所蔽悖，是不得为人矣。人顾明彼而暗此也，可不大哀乎！往时仆与王寅之、刘景素同游太学，每季考，寅之恒居景素前列，然寅之自以为讲贯不及景素，一旦执弟子礼师之。仆每叹服，以为如寅之者，真可为豪杰之士。使寅之易此心以求道，亦何圣贤之不可及！然而寅之能于彼不能于此也。曾子病革而易箦，子路临绝而结缨，横渠撤虎皮而使其子弟从讲于二程，惟天下之大勇无我者能之。今天下波颓风靡，为日已久，何异于病革临绝之时，然又人是己见，莫肯相下求正。故居今之世，非有豪杰独立之士，的见性分之不容己，毅然以圣贤之道自任者，莫之从而求师也。

吾兄又疑后进之来，其资禀向意虽不足以承教，若其齿之相远者，恐亦不当概以客礼相待。仆前书所及，盖与有意于斯道者相属而言，亦谓其可以客，可以无客者耳。若其齿数邈绝，则名分具存，有不待言矣。孔子使阙党童子将命，曰："吾见其居于位也，见其与先生并行也，非求益者也，欲速成者也。"亦未尝无诲焉。虽然，此皆以不若己者言也。若其德器之夙成，识见之超诣者，虽生于吾后数十年，其大者吾师，次者吾友也，得以齿序论之哉？

人归遽剧，极潦草。便间批复可否。不一一。

答何子元壬申

来书云："《礼·曾子问》：'诸侯见天子，入门不得终礼，废者几？孔子曰：四。又问：诸侯相见，揖，入门不得终礼，废者几？孔子曰：六，而日食存焉。曾子曰：当祭而日食，太庙火，其祭也如之何？孔子曰：接祭而已矣。如牲至，未杀，则废。'孟春于此有疑焉，天子崩，太庙火，后夫人之丧，雨沾服失容，此事之不可期，或适相值。若日食则可预推也，诸侯行礼，独不容以少避乎？祭又何必专于是日而匆匆于接祭哉？牲未杀，则祭废，当杀牲之时，而不知日食之候者，何也？执事幸以见教，千万千万！"

承喻《曾子问》"日食接祭"之说，前此盖未尝有疑及此者，足见为学精察，深用叹服。如某浅昧，何足以辨此！

古者天子有日官，诸侯有日御。日官居卿以底日，日御不失日以授百官之朝，岂有当祭之日而尚未知有日食者？夫子答曾子之问，窃意春秋之时，日官多失其职，固有日食而弗之知者矣。尧命羲和，敬授人时，何重也！仲康之时，去尧未远，羲和已失其职，迷于天象，至日食罔闻知，故有胤之征。降及商、周，其职益轻。平王东迁，政教号令不及于天下。自是而后，官之失职，又可知矣。《春秋》所书日食三十有六，今以《左传》考之，其以鼓用牲币于社，及其他变常失礼书者三之一，其以官失其职书者四之二，凡日食而不书朔日者，杜预皆以为官失之，故其必有考也。《经》："桓公十七年冬十月朔，日有食之。"《传》曰："不书日，官失之也。""僖公十五年夏五月，日有食之。"《传》曰："不书朔与日，官失之也。"则《传》固已言之矣。襄公之二十七年冬十二月乙卯朔，日有食之，而《传》曰："辰在申，司历过也，再失闰矣。"夫推候之缪，至于再失闰，则日食之不知，殆其细者矣。古之祭者，七日戒，三日斋，致其诚敬，以交于神明，谓之"当祭而日食"，则固已行礼矣。如是而中辍之，不可也。接者，疾速之义。其仪节固已简慢，接祭则可两全而无害矣。况此以天子尝禘郊社而言，是乃国之大祀。若其他小祭则或自有可废者，在权其轻重而处之。若祭于太庙，而太庙火，则亦似有不得不废者。然此皆无明文，窃意其然，不识高明且以为何如也？

上晋溪司马 戊寅

郴、衡诸处群孽，漏殄尚多，盖缘进剿之时，彼省土兵不甚用命，而广兵防夹，又复稍迟，是以致此。其在目今，若无凶荒之灾，兵革之衅，料亦未敢动作，但恐一二年后，则有所不能保耳。今大征甫息，势既未可轻举，而地方新遭士兵之扰，复不堪重困。将纾目前之患，不过添立屯堡。若欲稍为经久之图，亦不过建立县治。然此二端，彼省镇巡已尝会奏举行，生虽复往，岂能别有区划？但度其事势，屯堡之设，虽可以张布声威，然使守瞭日久，未免怠弛散归。无事则虚具名数，冒费粮饷；有急则张皇贼势，复须调兵。此其势之所必至者。惟建县一事颇为得策。又闻所设县分，乃瓜分两省三县之地，彼此各吝土地人民，岂肯安然割己所有以资异省别郡？必有纷争异同之论，未能归一。则立县之举，势亦未易克就。既承责委，亦已遣人再往询访，苟有利弊稍可裨益者，当复举请。但因闽事孔棘，遥闻庙堂之议亦欲缪以见责，故且未敢辄往郴、桂。然敕书又未见到，则闽中亦不敢遽往，旦夕咨访，其事颇悉颠末，大概闽中之变，亦由积渐所致。其始作于延平，继发于邵武，又继发于建宁，发于汀、漳，发于沿海诸卫所。其间惊哄虽小大不一，然亦皆困倡于前者略无惩创，遂敢效尤而兴。今省城渠魁虽已授首，人心尚尔惊惶未定，郡武诸处，尤不可测。急之必致变，纵而不问，将来之祸，尤有不可胜言者。盖福建之军，纵恣骄骜已非一日，既无漕运之劳，又无征戍之役，饱食安坐，徭赋不及，居则朘民之膏血以供其粮，有事返藉民之子弟而为之斗。有司豢养若骄子，百姓疾畏如虎狼。稍不如意，呼啸群聚而起，焚掠居民，绑笞官吏，气焰所加，帖然惟其所欲而后已。今其势既盈，如将溃之堤，岌乎汹汹，匪朝伊夕。虽有智者，难善其后，固非迂劣如守仁者所能办此也。又况积弱之躯，百病侵剥，近日复闻祖母病危，日夜痛苦，方寸已乱，岂复堪任？临期败事，罪戮益重，辄敢先以情诉，伏望曲加矜悯，改授能者，使生得全首领，归延残息于田野，非生一人之幸，实一省数百万生灵之幸也！情蹙辞隘，忘其突冒，死罪死罪！

二己卯

赍奏人回，每辱颁教，接引开慰，勤倦恳恻，不一而足。仁人君子爱物之诚，与人之厚，虽在木石，亦当感动激发，而况于人乎？无能报谢，铭诸心腑而已。

生始恳疏乞归，诚以祖母掬育之恩，思一面为诀。后竟牵滞兵戈，不及一见，卒抱终天之痛。今老父衰疾，又复日亟，而地方已幸无事，且蒙朝廷曾有"贼平来说"之旨，若再拘缚，使不获一申其情，后虽万死，无以赎其痛恨矣！老先生亦何惜一举手投足之劳，而不以曲全之乎？今生已移疾舟次，若复候命不至，断亦逃归，死无所憾，老先生亦何惜一举手投足之劳，而必欲置之有罪之地乎？情隘辞迫，渎冒威严，临纸涕泣，不知所云，死罪死罪！

上彭幸庵壬午

不孝延祸先子，自惟罪逆深重，久摈绝于大贤君子之门矣，然犹强息忍死，未即殒灭，又复有所控吁者。痛惟先子平生孝友刚直，言行一出其心之诚然，而无所饰于其外。与人不为边幅，而至于当大义，临大节，则毅然奋卓而不可回夺。忝从大夫之后。逮事先朝，亦既荐被知遇。中遭逆瑾之变，退伏田野。忠贞之志，抑而不申。近幸中兴之会，圣君贤相方与振废起旧，以发舒幽枉，而先子则长已矣，德蕴壅阏而未宣，终将泯溷于俗，岂不痛战！伏惟执事才德勋烈动一世，忠贞之节，刚大之气，屹然独峙，百撼不摇，真足以廉顽而立懦。天子求旧图新，复起以相，海内仰望其风采，凡天下之韬伏堙滞，窒而求通，曲而求直者，莫不延颈跂足，望下风而奔诉。况先子素辱知与，不肖孤亦尝受教于门下，近者又蒙为之刷垢雪秽，谬承推引之恩，盖不一而足者，反自疏外，不一以其情为请？是委先子于沟壑，而重弃于大贤君子也。不孝之罪，不滋为甚欤？先子之没，有司以赠谥乞，非执事之悯之也，而为之一表白焉。其敢觊觎于万一乎？荒迷恳迫，不自知其僭罔渎冒，死罪死罪！

寄杨邃庵阁老 壬午

孤闻之，昔古之君子之葬其亲也，必求名世大贤君子之言，以图其不朽。然而大贤君子之生，不数数于世，固有世有其人而不获同其时者矣，又有同其时而限于势分无由自通于门墙之下者矣，则夫图不朽于斯人者，不亦难乎？痛惟先君，宅心制行，庶亦无愧于古人。虽已忝在公卿之后，而遭时未久，志未大行，道未大明，取嫉权奸，敛德而归，今则复长已矣。不孝孤将以是岁之冬举葬事，图所以为不朽者，惟墓石之志为重。伏惟明公道德文章，师表一世，言论政烈，仪刑百辟。求之昔人，盖欧阳文忠、范文正、韩魏公其人也，所谓名世之大贤君子，非明公其谁欤？不幸而生不同时也，则亦已矣。幸而犹及。在后进之末，虽明公固所不屑，挥之门墙之外，犹将冒昧强颜而入焉，况先君素辱知与，不肖孤又尝在属吏之末，受教受恩，怀知己之感，有道谊骨肉之爱。迩者又尝辱使临吊，宠之以文词，恻然悯念其遗孤，而不忍遽弃遗之者，是以忘其不孝之罪，犯僭逾之戮，而辄敢以志为请。伏惟明公休休容物，笃厚旧故，甄陶一世之士，而各欲成其名，收录小大之才，而惟恐没其善。则如先君之素受知爱者，其忍靳一言之惠，而使之泯然无闻于世耶？不腆先人之币，敢以陆司业之状先于将命者。惟明公特垂哀矜，生死受赐，世世子孙捐躯殒命，未足以为报也！不胜惶悚颠越之至！荒迷无次。

二癸未

前日尝奉启，汁已上达。自明公进秉机密，天下士夫，忻忻然动颜相庆，皆为太平可立致矣。门下鄙生，独切生忧，以为犹甚难也。亨屯倾否，当今之时，舍明公无可以望者，则明公虽欲逃避乎此，将亦有所不能。然而万斛之舵，操之非一手，则缓急折旋，岂能尽如己意？临事不得专操舟之权，而债事乃与同覆舟之罪，此鄙生之所谓难也。夫不专其权而漫同其罪，则莫若预逃其任。然在明公，亦既不能逃矣。逃之不能，专又不得，则莫若求避其罪，然在明公，亦终不得避矣。天下之事，果遂卒无所为欤？夫惟身任天下之祸，然后能操天下之权；操天下之权，然后能济天下之患。当其权之未得也，其致之甚难；而其归之也，则操之甚易。万斛之舵，平时从而争操之者，以利存焉。一旦风涛颠沛，变起不测，众方皇惑震丧，救死不遑，而谁复与争操乎？于是起而专之，众将恃以无恐，而事因以济。苟亦从而委靡焉，固沦胥以溺矣。故曰"其归之也，则操之甚易"者，此也。古之君子，洞物情之向背而握其机，察阴阳之消长以乘其运，是以动必有成，而吉无不利，伊、旦之于商、周是矣。其在汉、唐，盖亦庶几乎。此者虽其学术有所不逮，然亦足以定国本而安社稷，则亦断非后世偷生苟免者之所能也。夫权者，天下之大利大害也。小人窃之，以成其恶，君子用之，以济其善。固君子之不可一日去，小人之不可一日有者也。欲济天下之难，而不操之以权，是犹倒持太阿而授人以柄，希不割矣。故君子之致权也有道，本之至诚以立其德，植之善类以多其辅；示之以无不容之量，以安其情；扩之以无所竞之心，以平其气；昭之以不可夺之节，以端其向；神之以不可测之机，以摄其奸；形之以必可赖之智，以收其望。坦然为之，下以上之；退然为之，后以先之。是以功盖天下而莫之嫉，善利万物而莫与争。此皆明公之能事，素所蓄而有者，惟在仓卒之际，身任天下之祸，决起而操之耳。夫身任天下之祸，岂君子之得已哉？既当其任，知天下之祸将终不能免也，则身任之而已。身任之，而后可以免于天下之祸。小人不知祸之不可以幸免，而百诡以求脱，遂致酿成大祸，而已亦卒不能免。故任祸者，惟忠诚忧国之君子能之，而小人不能也。某受知门下，不能效一得之愚以为报，献其芹曝，伏惟鉴其忧悃而悯其所不逮，幸甚！

三丁亥

某素辱爱下，然久不敢奉状者，非敢自外于门墙，实以地位悬绝，不欲以寒暄无益之谈尘渎左右。盖避嫌之事，贤者不为，然自叹其非贤也。非才多病，待罪闲散，犹惧不堪，乃今复蒙显擢，此固明公不遗下体之盛，某亦宁不知感激！但量能度分，自计已审，贪冒苟得，异时偾事，将为明公知人之累。此所以闻命惊惶而不敢当耳。谨具奏辞免，祈以原职致仕。伏惟明公因材而笃于所不能，特赐曲成，俾得归延病喘于林下，则未死余年，皆明公之赐，其为感激，宁有穷已乎！恳切至情，不觉渎冒，伏冀宥恕。不具。

四丁亥

窃惟大臣报国之忠，莫大于进贤去谗，故前者两奉起居，皆尝僭及此意；亦其自信山林之志已坚，而又素受知己之爱，不当复避嫌疑，故率意言之若此。乃者忽蒙两广之命，则是前日之言，适以为己地也，悚惧何以自容乎！某以迂疏之才，口耳讲说之学耳，簿书案牍，已非其能，而况军旅之重乎？往岁江西之役，实亦侥幸偶成。近年以来，忧病积集，尪羸日盛，惟养疴丘园，为乡里子弟考订句读，使知向方，庶于保身及物亦稍得效其心力，不致为天地间一蠹，此其自处，亦既审矣。圣天子方励精求治，而又有老先生主张国是于上，苟有袜线之长者，不于此时出而自效，则亦无其所矣。老先生往岁方秉铨轴时，有以边警荐用彭司马者，老先生不可，曰："彭始成功，今或少挫，非所以完之矣。"老先主之爱惜人才而欲成就之也如此，至今相传以为美谈，今独不能以此意而推之某乎？恳辞疏上，望赐曲成，使得苟延喘息。俟病痊之后，老先生不忍终废，必欲强使一出，则如留都之散部，或南北太常国子之任，量其力之可能者，使之自效，则图报当有日也。不胜恃爱恳渎，幸赐矜察！

寄席元山癸未

某不孝，延祸先子，罪逆之深，自分无复比数于人。仁人君子尚未之知，悯念其旧，远使存录，重以多仪，号恸拜辱，岂胜哀感！岂胜哀感！伏惟执事长才伟志，上追古人，进德勇义，罕与俦匹。向见《鸣冤录》及承所寄《道山书院记》，盖信道之笃，任道之劲，海内同志，莫敢有望下风者矣，何幸何幸！不肖方在苦毒中，意所欲请者千万，荒迷割裂，莫得其端绪。使还遽，临疏昏塞，不尽所云。

答王虎庵中丞甲申

往岁旌节临越，猥蒙枉顾。其时忧病懵懵，不及少申款曲。自后林居，懒僻成性，平生故旧，不敢通音问。企慕之怀虽日以积，竟未能一奉起居，其为倾渴，如何可言！使来，远辱问惠，登拜感作。舍亲宋孔瞻亦以书来，备道执事勤勤下问之盛。不肖奚以得此！

近世士夫之相与，类多虚文弥缝，而实意衰薄，外和中妒，徇私败公，是以风俗日恶，而世道愈降。执事忠信高明，克勤小物，长才伟识，翘然海内之望。而自视欿然，远念不遗，若古之君子，有而若无，以能问于不能者也。仆诚喜闻而乐道，自顾何德以承之？仆已无所可用于世，顾其心痛圣学之不明，是以人心陷溺至此，思守先圣之遗训，与海内之同志者讲求切劘之，庶亦少资于后学，不徒生于圣明之朝。然蔽惑既久，人是其非，其能虚心以相听者鲜矣。若执事之德盛礼恭而与人为善，此诚仆所愿效其愚者，然又邑里隔绝，无因握手一叙，其为倾渴，又如何可言耶？虽然，目击而道存，仆见执事之书，既已知执事之心，虽在千万里外，当有不言而信者。谨以新刻小书二册奉求教正。盖鄙心之所欲效者，亦略具于其中矣。便间幸示。

与陆清伯甲申

惟乾之事，将申遂没，痛哉冤乎！不如是，无以明区区罪恶之重至于贻累朋友，不如是，无以彰诸君之笃于友道。痛哉冤乎！不有诸君在，则其身没之后，将莫知所在矣，况有为之衣衾棺殓者乎？是则犹可以见惟乾平日为善之报，于大不幸之中而尚有可幸者存也。呜呼痛哉！即欲为之一洗，自度事势未能遽脱，或必须进京，候到京日再与诸君商议而行之。苟遂归休，终须一举，庶可少泄此痛耳。其归丧一事，托王邦相为之经理。倘有不便，须仆到京图之未晚也。行李倥偬中，未暇悉欲所言，千万心照！

与黄诚甫甲申

近得宗贤寄示《礼疏》，明甚。诚甫之议，当无不同矣。古之君子，恭敬撙节，退让以明礼，仆之所望于二兄者，则在此而不彼也。果若是，以为斯道之计，进于议礼矣。先妻不幸于前日奄逝，方在悲悼中。适陈子文往，草草存间阔。

二甲申

别久，极渴一语，子莘来，备道诸公进修，亦殊慰。大抵吾人习染已久，须得朋友相夹持。离群索居，即未免骎惰。诸公既同在留都，当时时讲习为佳也。

三乙酉

盛价来，领手札，知有贵恙，且喜渐平复矣。贱躯自六月暑病，然两目蒙蒙，两耳蓬蓬，几成废人，仅存微息。旬日前，元忠、宗贤过此，留数日北去。山庐卧病，期少谢人事，而应接亦多。今复归卧小阁，省愆自讼而已。闻有鼓枻之兴，果尔，良慰渴望。切磋砥砺之益，彼此诚不无也。

与黄勉之乙酉

承欲刻王信伯遗言，中间极有独得之见，非余儒所及。惜其零落既久，后学莫有传之者。因勉之寄此，又知程门有此人也，幸甚幸甚！中间如论明道、伊川处，似未免尚有执著，然就其所到，已甚高明特远，不在游、杨诸公之下矣。中间可省略者，删去之为佳。凡刻古人文字，要在发明此学，惟简明切实之为贵。若支辞蔓说，徒乱人耳目者，不传可也。高明以为何如？

复童克刚乙酉

春初枉顾时，承以八策见示，鄙意甚不为然。既而思之，皆学术不明之故，姑且与克刚讲学，未暇细论策之是非。旬日之后，学术渐明，克刚知见豁然，如白日之开云雾，遂翻然悔其初志，即欲焚弃八策，以为自此以后誓不复萌此等好高务外之念矣。当时同志诸友，无不叹服克刚，以为不惮改过而勇于从善若此，人人皆自以为莫及也。盛价远来，忽寻长笺巨册，谆谆恳恳，意求删改前策，将图复上，与临别丁宁意大相矛盾。岂间阔之久，切磋无力，遂尔迷误至此耶？《易》曰"君子思不出其位"，若克刚斯举，乃所谓"思出其位"矣。又曰："不易乎世，不成乎名，遁世无闷，忧则违之。"若克刚斯举，是易乎世而成乎名，非"遁世无闷，忧则违之"之谓矣。克刚向处山林，未尝知有朝廷事体。今日群司之中，缙绅士夫之列，其间高明凯切之论，经略康济之谟，何所不有？如八策中所陈，盖已不知几十百人几十百上矣，宁复有俟于克刚耶？克刚此举，虽亦仁人志士之心，然夜光之璧无因而投，人亦且按剑而怒，况此八策者，特克刚之敝帚耳，亦何保啬之深而必以投人为哉？若此策遂上，亦非独不见施行，且将有指摘非訾之者，其为克刚之累不小小也。克刚亦何苦而汲汲于为是哉？八策之中，类皆老生常谈，惟第五策于地方利害颇有相关，然亦不过诉状之词，一有司听之足矣。而克刚乃以为致治垂统之一策，得无以身家之故，遂为利害所蔽，而未暇深思之耶？明者一览，如见肺肝，但克刚不自知耳。昔者颜子在陋巷箪瓢，孔子贤之。夫陋巷单瓢，岂遂至于人不堪忧？其间盖亦必有患害屈抑，常情所不能当，如克刚今日之所遭际者矣。若其时遂以控之于时君世主，谆谆屑屑，求白于人，岂得复谓之贤乎？禹、稷昌言于朝，过门不入，以有大臣之责也，今克刚居颜子陋巷之地，而乃冒任禹、稷之忧，是宗祝而代庖人之割，希不伤手矣。

册末"授受"之说，似未端的，此则姑留于此，俟后日再讲。至于八策，断断不宜复留，遂会同志诸友，共付丙丁，为克刚焚此魔障。克刚自此但宜收敛精神，日以忠信进德为务，默而成之，不言而信，不见是而无闷可也。

与郑启范侍御丁亥

某愚不自量，痛此学之不讲，而窃有志于发明之。自以劣弱，思得天下之豪杰相与扶持砥砺，庶几其能有成，故每闻海内之高明特达，忠信而刚毅者，即欣慕爱乐，不啻骨肉之亲。以是于吾启范，虽未及一面之识，而心孚神契，已如白首之道交者，亦数年矣。每得封事读之，其间乃有齿及不肖者，则又为之赧颜汗背，促踖不安。古之君子，耻有其名而无其实。吾于启范，惟切磋之是望，乃不考其实，而过情以誉于朝，异时苟有不称，将使启范为失言矣，如之何而可！不肖志虽切于求学，而质本迂狂疏谬，招尤速谤，自其所宜。近者复闻二三君子以不肖之故，相与愤争力辩于铄金销骨之地，至于冲锋冒刃而弗顾，仆何以当此哉！二三君子之心，岂不如青天白日，谁得而瑕滓之者！顾仆自反，亦何敢自谓无愧！则不肖之躯，将不免为轻云薄雾于二三君子矣，如之何而可！病躯懒放日久，已成废人；尚可勉强者，惟宜山林之下读书讲学而已。两广之任，断非所堪，已具疏恳辞。必不得请，恐异日终为知己之忧也。言不能谢，惟自鞭策，以期天负相知，庶以为报耳。

答方叔贤丁亥

久不奉状，非敢自外，实以忧疾频仍，平生故旧，类不敢通问。在吾兄诚不当以此例视，然广士之来游者相踵，山中启处，时时闻之。简札虚文，似有不必然者，吾兄当能亮之也。

圣主聪明不世出，诸公既蒙知遇若此，安可不一出图报！今日所急，惟在培养君德，端其志向。于此有立，政不足间，人不足谪，是谓"一正君而国定"。然此非有忠君报国之诚，其心断断休休者，亦只好议论粉饰于其外而已矣。仆积衰之余，病废日甚，岂复更堪兵甲驱驰之劳？况谗构未息，又可复出而冒为之乎？恳辞疏下，望与扶持，得具养疴林下。稍俟痊复，出而图报，非晚也。

二丁亥

昨见邸报，知西樵、兀崖皆有举贤之疏，此诚士君子立朝之盛节，若干年无此事矣，深用叹服！但与名其间，却有一二未晓者，此恐鄙人浅陋，未能知人之故。然此乃天下治乱盛衰所系，君子小人进退存亡之机，不可以不慎也。此事譬之养蚕，但杂一烂蚕于其中，则一筐好蚕尽为所坏矣。凡荐贤于朝，与自已用人又自不同。自己用人，权度在我，故虽小人而有才者，亦可以器使。若以贤才荐之于朝，则评品一定，便如白黑，其间舍短录长之意，若非明言，谁复知之？小人之才，岂无可用？如砒硫芒硝，皆有攻毒破壅之功，但混于参芩耆术之间而进之，养生之人万一用之不精，鲜有不误者矣。仆非不乐二公有此盛举，正恐异日或为此举之累，故辄叨叨，当不以为罪也。

思、田事，贵乡往来人当能道其详。俗谚所谓生事事生，此类是矣。今其事体既已坏，尽欲以无事处之，要已不能，只求减省一分，则地方亦可减省一分劳攘耳。鄙见略具奏内，深知大拂喜事者之心，然欲杀数千无罪之人，以求成一己之功，仁者之所不忍也！赍奏人去，凡百望指示之，舟次草草，未尽鄙怀，千万鉴恕！

与黄宗贤丁亥

仆多病积衰，潮热痰嗽，日甚一日，皆吾兄所自知，岂复能堪戎马之役者？况谗构未息，而往年江西从义将士，至今查勘未已，往往废业倾家，身死牢狱，言之实为痛心，又何面目见之。今若不量可否，冒昧轻出，非独精力决不能支，极其事势，正如无舵之舟，乘飘风而泛海，终将何所止泊乎？在诸公亦不得不为多病之人一虑此也。恳辞疏下，望相扶持，终得养疴林下是幸。

席元山丧已还蜀否？前者奠辞想已转达。天不愁遗，此痛何极！数日间，唐生自黄岩归，知宅上安好。世恭书来，备道佳子弟悉知向方。可喜，间附知之。

二　丁亥

得书，知别后动定，且知世事之难为，人情之难测有若此者，徒增慨叹而已！朽才病废，百念俱息，忽承重寄，岂复能堪？若恳辞不获，自此将为知己之忧矣，奈何奈何！江西功次固不足道，但已八年余矣，尚尔查勘未息，致使效忠赴义之士，废产失业，身死道途。纵使江西之功尽出冒滥，独不可比于留都、湖、浙之赏乎？此事终须一白。但今日言之，又若有挟而要者。奈何奈何！

木翁旬日间亦且启行矣。此老慎默简重，当出流辈，但精力则向衰。若如兀崖之论，欲使之破长格以用财，不顾天下之毁誉荣辱，以力主国议，则恐势有所未能尽行耳。因论偶及，幸自知之。

东南小蠧，特疥疾之疾。群僚百司，各怀谗嫉党比之心，此则腹心之祸，大为可忧者。近见二三士夫之论，始知前此诸公之心尚未平贴，姑待衅耳。一二当事之老，亦未见有同寅协恭之诚，间闻有口从面谀者，退省其私，多若雠仇。病废之人，爱莫为助，窃为诸公危之，不知若何而可以善其后，此亦不可不早虑也。

兵部差官还，病笔草草附此。西樵、兀崖，皆不及别简，望同致意。近闻诸公似有德色傲容者，果尔，将重失天下善类之心矣。相见间可隐言及之。

三丁亥

近得邸报及亲友书，闻知石龙之于区区，乃无所不用其极若此。而西樵、兀崖诸公，爱厚勤拳，亦复有加无已，深用悚惧。嗟乎！今求朝廷之上，信其有事君之忠、忧世之切、当事之勇、用心之公若诸公者，复何人哉！若之何而不足悲也！诸公既为此一大事出世，则其事亦不得不然。但于不肖则似犹有溺爱过情者，异日恐终不免为诸公知人之累耳。悚惧悚惧！

思、田之事，本亦无大紧要，只为从前张皇太过，后来遂不可轻易收拾。所谓天下本无事，在人自扰之耳。其略已具奏词，今往一通，必得朝廷如奏中所请，则地方庶可以图久安。不然，反复未可知也。贱躯患咳，原自南、赣蒸暑中得来，今地益南，气类感触，咳发益甚，恐竟成痼疾，不复可药。地方之事，苟幸塞责，山林田野，则惟其宜矣，他尚何说哉？

西樵、兀崖家事，极为时辈所挤排，殊可骇叹！此亦皆由学术不明，近来士夫，专以客气相尚，凡所毁誉，不惟其是，惟其多，且胜者是附是和，是以至此。近日来接见者，略已一讲，已觉豁然有省发处，自后等意思亦当渐消除。

京师近来事体如何？君子道长，则小人道消；疾病既除，则元气亦当自复。但欲除疾病而攻治太厉，则亦足以耗其元气。药石之施，亦不可不以渐也。木翁、邃老相与如何？能不孤海内之望否？亦在诸公相与调和。

此如行舟，若把舵不定而东撑西曳，亦何以致远涉险？今日之事，正须同舟共济耳。赍本人去，凡百望指示。

四 戊子

两广大势，罢敝已极，非得诚于为国为民，强力有为者，为之数年，未可以责效也。思、田之患则幸已平靖，其间三五大巢，久为广西诸贼之根株渊薮者，亦已用计剿平。就今日久困积冤之民言之，亦可谓之太平无事矣。病躯咳患日增，平生极畏炎暑，今又深入炎毒之乡，遍身皆发肿毒，旦夕动履，且有不能。若巡抚官再候旬月不至，亦只得且为归休之图，待罪于南、赣之间耳。圣天子在上，贤公卿在朝，真所谓明良相遇，千载一时。鄙人世受国恩，从大臣之末，固非果于忘世者，平生亦不喜为尚节求名之事，何忍遽言归乎？自度病势，非还故土就旧医，决将日甚一日，难复疗治，不得不然耳。

静庵、东罗、见山、西樵、兀崖诸公，闻京中方严书禁，故不敢奉启。诸公既当事，且须持之以镇定久远。今一旦名位俱极，固非诸公之得已，是乃圣天子崇德任贤，更化善治，非常之举，诸公当之，亦诚无愧。但贵不期骄，满不期溢。贤者充养有素，何俟人言？更须警惕朝夕，谦虚自居。其所以感恩报德者，不必务速效，求近功，要在诚心实意，为久远之图，庶不负圣天子今日之举，而亦不负诸公今日之出矣。仆于诸公，诚有道义骨肉之爱，故不觉及此，会间幸转致之。

五戊子

前赍奏去，曾具白，区区心事，不审已能逐所愿否？自入广来，精神顿衰。虽因病患侵凌，水土不服，要亦中年以后之人，其势亦自然至此，以是怀归之念日切。诚恐坐废日月，上无益于国家，下无以发明此学，竟成虚度此生耳，奈何奈何！

春初思、田之议，悉蒙朝廷裁允，遂活数万生灵。近者八寨、断藤之役，实以一方涂炭既极，不得已而为救焚之举，乃不意遂获平靖。此非有诸公相与协赞，力主于内，何由而致是乎？书去，各致此感谢之私，相见时，更望一申其恳恳。

巡抚官久未见推，仆非厌外而希内者，实欲早还乡里耳。恐病势日深，归之不及，一生未了心事，石龙其能为我恝然乎？身在而后道可弘，皮之不存，毛将焉附？诸公不敢辄以此意奉告。至于西樵，当亦能谅于是矣，曷亦相与曲成之？地方处置数事附进，自度已不能了此。倘遂允行，亦所谓尽心焉耳已。舟次伏枕草草，不尽所怀。

答见山冢宰丁亥

向赍本人去，曾奉短札，计已达左右矣。朽才病废，宁堪重托？恳辞之疏，必须朝廷怜准。与其他日蒙颠覆之戮，孰若今日以是获罪乎？东南小夷，何足以动烦朝廷若此！致有今日，皆由愤激所成。以主上圣明，德威所被，指日自将平定。但庙堂之上，至今未有同寅协恭之风，此则殊为可忧者耳。不知诸公竟何以感化而斡旋之？大抵谗邪不远，则贤士君子，断不能安其位以有为于时。自昔当事诸公，亦岂尽不知进贤而去不肖之为美？顾其平日本无忠君爱国之诚，不免阿时附俗，以苟目前之誉，卒之悦谀信谗，终于蔽贤病国而已矣。来官守催，力遣数四，始肯还。病笔草草，未尽倾企。

与霍兀崖宫端丁亥

往岁曾辱《大礼议》见示，时方在哀疚，心善其说，而不敢奉复。既而元山亦有示，使者必求复书，草草作答。意以所论良是，而典礼已成，当事者未必能改，言之徒益纷争，不若姑相与讲明于下，俟信从者众，然后图之。其后议论既兴，身居有言不信之地，不敢公言于朝。然士夫之问及者，亦时时为之辩析，期在委曲调停，渐求挽复，卒亦不能有益也。后来赖诸公明目张胆已申其义。然如倒仓涤胃，积于宿痰，虽亦快然一去，而病势亦甚危矣。今日急务，惟在扶养元气，诸公必有回阳夺化之妙矣。仆衰病陋劣，何足以与于斯耶！数年来，频罹疾构，痰嗽潮热，日益尩羸，仅存喘息，无复人间意矣。乃者忽承两广之推，岂独任非其才，是盖责以其力之所必不能支，将以用之而实以毙之也。恳辞疏下，望相与扶持曲成，使得就医林下。幸而痊复，箭力图报，尚有时也。

答潘直卿丁亥

远承遣问，情意蔼切，兼复奖与过分，仆何以得此哉！仆何以当此哉！愧悚愧悚！病废日久，习成懒放，虽问水寻山渐亦倦兴，况兹军旅之役，岂其精力所复能堪？已具疏恳辞，必须得请，始可免于后悔。不然，将不免为知己之忧矣，奈何奈何！

宁藩之役，湖、浙及留都之有功者皆已升赏，独江西功次，今已六七年矣，尚尔查勘未息。今复欲使之荷戈从役，仆将何辞以出号令？亦何面目见之？赏罚，国之大典，今乃用之以快恩仇若此，仆一人不足惜，其如国事何！连年久分废弃，此等事不复挂之齿牙。今疼痛切身，不觉呻吟之发，不知毕竟何如而可耳。知子文道长尚未至，且不作书，见时望致意。

寄翟石门阁老 戊子

思、田之议，悉蒙裁允，遂活一方数万之生灵。近者八寨、断藤之役，实以生民涂炭既极，不得已而为之救焚之举，乃不意遂获平靖。此非有魏公力主于朝，则金城之议无因而定；非有裴公赞决于内，则淮、蔡之绩何由而成？今日之事，敢忘其所由来乎？赍奏人去，辄申感谢之诚，并附起居之敬。但惟六月徂征，冲冒瘴疫，将士危险，颇异他时。稍得沾濡，亦少慰其勤苦耳。处置地方数事附进，得蒙赞允，尤为万幸。舟中伏枕，莫既下怀，伏祈鉴亮！

寄何燕泉 戊子

某久卧山中，习成懒僻，平生故旧，音问皆疏。遥闻执事养高归郴，越东楚西，何因一话？烟水之涯，徒切瞻望而已！去岁复以兵革之役，扶病强出，殊乖始愿。正如野麋入市，投足摇首，皆成骇触。忽枉笺教，兼辱佳章，捧诵洒然。盖安石东出之高，靖节柴桑之兴，执事兼而有之矣，仰叹可知！地方事苟幸平靖，伏枕已逾月，旬日后亦且具疏乞还。果遂所图，虽不获握手林泉，然郴岭之下，稽山之麓，聊复同此悠悠之怀也。使来，值湖兵正还，兼有计处地方之奏，冗冗乃尔，久稽又未能细请，临纸惘然，伏冀照亮。不具。

外集四

序

罗履素诗集序壬戌

履素先生诗一帙，为篇二百有奇，浙大参罗公某以授阳明子某而告之曰："是吾祖之作也。今诗文之传，皆其崇高显赫者也。吾祖隐于草野，其所存要无愧于古人，然世未有知之者，而所为诗文又皆沦落止是，某将梓而传焉。惧人之以我为僭也，吾子以为奚若？"某曰："无伤也。孝子仁孙之于其父祖，虽其服玩嗜好之微，犹将谨守而弗忍废，况乎诗文，其精神心术之所寓，有足以发闻于后者哉。夫先祖有美而弗传，是弗仁也，夫孰得而议之。盖昔者夫子之取于诗也，非必其皆有闻于天下，彰彰然明著者而后取之；《沧浪之歌》采之孺子，《萍实》之谣得诸儿童，夫固若是其宽博也。然至于今，其传者不过数语而止，则亦岂必其多之贵哉？今诗文之传则诚富矣，使有删述者而去取之，其合于道也，能几？履素之作，吾诚不足以知之，顾亦岂无一言之合于道乎？夫有一言之合于道，是于其世也，亦有一言之训矣，又况其不止于是也，而又奚为其不可以传哉？吾观大参公之治吾浙，宽而不纵，仁而有勇，温文蕴籍；居然稠众之中，固疑其先必有以开之者。乃今观履素之作，而后知其所从来者之远也。世之君子，苟未知大参公之所自，吾请观于履素之作；苟未知履素之贤，吾请观于大参公之贤，无疑矣。然则是集也，固罗氏之文献系焉，其又可以无传乎哉？"大参公起拜曰："某固将以为罗氏之书也，请遂以吾子之言序之。"大参公名鉴，字某，由进士累今官。有厚德长才，向用未艾。大参之父某，亦起家进上而以文学政事显。罗氏之文献，于此益为有证云。

两浙观风诗序壬戌

《两浙观风诗》者，浙之士夫为佥宪陈公而作也。古者天子巡狩而至诸侯之国，则命太师陈诗，以观民风。其后巡狩废而陈诗亡。春秋之时，列国之君大夫相与盟会问遣，犹各赋诗以言己志而相祝颂。今观风之作，盖亦祝颂意也。王者之巡狩，不独陈诗观风而已。其始至方岳之下，则望秩于山川，朝见兹土之诸侯，同律历礼乐制度衣服纳价，以观民之好恶；就见百年者而问得失，赏有功，罚有罪。盖所以布王政而兴治功，其事亦大矣哉。汉之直指、循行，唐、宋之观察、廉访、采访之属，及今之按察，虽皆谓之观风，而其实代天子以行巡狩之事。故观风，王者事也。

陈公起家名进士，自秋官郎擢佥浙臬，执操纵予夺生死荣辱之柄，而代天子观风于一方，其亦荣且重哉。吁，亦难矣。公之始至吾浙，适岁之旱，民不聊生。饥者仰而待哺，悬者呼而望解；病者呻，郁者怨；不得其平者鸣；弱者、强者、蹶者、啮者，梗而孽者、狡而窃者，乘间投隙，沓至而环起。当是之时而公无以处之，吾见其危且殆也。赖公之才，明知神武，不震不激，抚柔摩剔，以克有济。期月之间，而饥者饱，悬者解，呻者歌，怨者乐，不平者申；蹶者起，啮者驯，孽者顺，窃者靖；涤荡剖刷而率以无事。于是乎修废举坠，问民之疾苦而休息之，劳农劝学，以兴教化。然后上会稽，登天姥，入雁荡，陟金娥，览观江山之形胜，慨然太息。吊子胥之忠谊，礼严光之高节；希遐躅于隆庞，把流风于仿佛；固亦大丈夫得志行道之一乐哉。然公之始，其忧民忧也，亦既无所不至矣。公唯忧民之忧，是以民亦乐公之乐，而相与欢欣鼓舞以颂公德。然则今日观风之作，岂独见吾人之厚公，抑以见公之厚于吾人也。虽然，公之忧民之忧，其惠泽则既无日而可忘矣；民之乐公之乐，其爱慕亦既与日而俱深矣。以公之才器，天子其能久容于外乎？则公固有时而去也。然则其可乐者能几？而可忧者终谁任之？则犬今日观风之作，又不徒以颂公之厚于吾人，将遂因公而致望于继公者亦如公焉。则公虽去，而所以忧其民者，尚亦永有所托而因以不坠也。

山东乡试录序 甲子

山东，古齐、鲁、宋、卫之地，而吾夫子之乡也。尝读夫子《家语》，其门人高弟，大抵皆出于齐、鲁、宋、卫之叶，固愿一至其地，以观其山川之灵秀奇特，将必有如古人者生其间，而吾无从得之也。今年为弘治甲子，天下当复大比。山东巡按监察御史陆偁辈以礼与币来请守仁为考试官。故事，司考校者惟务得人，初不限以职任；其后三四十年来，始皆一用学职，遂致应名取具，事归外帘，而糊名易书之意微。自顷言者颇以为不便，大臣上其议。天子曰："然，其如故事。"于是聘礼考校，尽如国初之旧，而守仁得以部属来典试事于兹土，虽非其人，宁不自庆其遭际。又况夫子之乡，固其平日所愿一至焉者；而乃得以尽观其所谓贤士者之文而考校之，岂非平生之大幸欤。虽然，亦窃有大惧焉。夫委重于考校，将以求才也。求才而心有不尽，是不忠也；心之尽矣，而真才之弗得，是弗明也。不忠之责，吾知尽吾心尔矣；不明之罪，吾终且奈何哉。盖昔者夫子之时，及门之士尝三千矣，身通六艺者七十余人；其尤卓然而显者，德行言语则有颜、闵、予、赐之徒，政事文学则有由、求、游、夏之属。今所取士，其始拔自提学副使陈某者盖三千有奇，而得千有四百，既而试之，得七十有五人焉。呜呼。是三千有奇者，皆其夫子乡人之后进而获游于门墙者乎？是七十有五人者，其皆身通六艺者乎？夫今之山东，犹古之山东也，虽今之不逮于古，顾亦宁无一二人如昔贤者？而今之所取苟不与焉，岂非司考校者不明之罪欤？虽然，某于诸士亦愿有言者。夫有其人而弗取，是诚司考校者不明之罪矣。司考校者以是求之，以是取之，而诸士之中苟无其人焉以应其求，以不负其所取，是亦诸士者之耻也。虽然，予岂敢谓果无其人哉。夫子尝曰"鲁无君予者，斯焉取斯。"颜渊曰："舜何？人也；予何？人也；有为者亦若是。"夫为夫子之乡人，苟未能如昔人焉，而不耻不若，又不知所以自勉，是自暴自弃也，其名曰不肖。夫不肖之与不明，其相去何远乎，然则司考校者之与诸士，亦均有责焉耳矣。嗟夫。司考校者之责，自今不能以无惧，而不可以有为矣。若夫诸士之责，其不听者犹可以自勉，而又惧其或以自画也。诸士无亦曰吾其勖哉，无使司考校者终不免于不明也。斯无愧于是举，无愧于夫子之乡人也矣。是举也，某某同事于考校，而御史偶实司监临，某某司提调，某某司监试，某某某又相与翊赞防范于外，皆与有劳焉，不可以不书。自余百执事，则已具列于录矣。

气候图序 戊辰

天地一元之运为十二万九千六百年，分而为十二会；会分而为三十运；运分而为十二世；世分而为三十年；年分而为十二月；月分而为二气：气分而为三候；候分为五日；日分为十二时；积四千三百二十时三百六十日而为七十二候。会者，元之候也；世者，运之候也；月者，岁之候也；候者，月之候也。天地之运，日月之明，寒暑之代谢，气化人物之生息终始，尽于此矣。月，证于月者也；气，证于气者也；候，证于物者也。若孟春之月，其气为立春，为雨水；其候为东风解冻，为蛰虫始振，为鱼负冰，獭祭鱼之类；《月令》诸书可考也。气候之运行，虽出于天时，而实有关于人事。是以古之君臣，必谨修其政令，以奉若夫天道；致察乎气运，以警惕夫人为。故至治之世，天无疾风盲雨之愆，而地无昆虫草木之孽。孔子之作《春秋》也，大雨、震电、大雨雪则书，大水则书，无冰则书，无麦苗则书，多麋则书，蜮蜚雨、螽蝝生则书，六鹢退飞则书，陨霜不杀草李梅实则书，春无水则书，鸜鹆来巢则书。凡以见气候之愆变失常，而世道之兴衰治乱，人事之汙隆得失，皆于是乎有证焉；所以示世之君臣者恐惧修省之道也。

大总兵怀柔伯施公命绘工为《七十二候图》，遣使以币走龙场，属守仁叙一言于其间。守仁谓使者曰："此公临政之本也，善端之发也，戒心之萌也。"使者曰："何以知之？"守仁曰："人之情必有所不敢忽也，而后著于其念；必有所不敢忘也，而后存于其心。著于其念，存于其心，而后见之于颜色言论，志之于弓矢几杖盤盂剑席，绘之于图书，而日省之其心。是故思驰骋者，爱观夫射猎游田之物；甘逸乐者，喜亲夫博局燕饮之具。公之见于图绘者，不于彼而于此，吾是以知其为善端之发也；吾是以知其为戒心之萌也。其殆警惕夫人为，而谨修其政令也欤。其殆致察乎气运，而奉若夫天道也欤。夫警惕者，万善之本，而众美之基也。公克念于是，其可以为贤乎。由是因人事以达于天道，因一月之候以观夫世运会元，以探万物之幽赜，而穷天地之始终，皆于是乎始。吾是以喜闻而乐道之，为之叙而不辞也。"

送毛宪副致仕归桐江书院序戊辰

正德己巳夏四月，贵州按察司副使毛公承上之命，得致其仕而归。先是，公尝卜桐江书院于子陵钓台之侧者几年矣，至是将归老焉，谓其志之始获遂也，甚喜。而同僚之良惜公之去，乃相与咨嗟不忍，集而饯之南门之外。酒既行，有起而言于公者，曰："君子之道，出与处而已。其出也有所为，其处也有所乐。公始以名进士从政南部，理繁治剧，顾然已有公辅之望。及为方面于云、贵之间者十余年，内厘其军民，外抚诸戎蛮夷，政务举而德威著。虽或以是召嫉取谤，而名称亦用是益显建立，暴于天下。斯不谓之有为乎？今兹之归，脱屣声利，垂竿读书，乐泉石之清幽，就烟霞而屏迹；宠辱无所与，而世累无所加。斯不谓之有所乐乎？公于出处之际，其亦无憾焉耳已。"公起拜谢。复有言者曰："虽然，公之出而仕也，太夫人老矣，先大夫忠襄公又遗未尽之志，欲仕则违其母，欲养则违其父，不得己权二者之轻重，出而自奋于功业。人徒见公之忧劳为国而忘其家，不知凡以成忠襄公之志，而未尝一日不在于太夫人之养也。今而归，告成于忠襄之庙，拜太夫人于膝下，旦夕承欢，伸色养之孝，公之愿遂矣。而其劳国勤民，拳拳不舍之念，又何能释然而忘之。则公虽欲一日遂归休之乐，盖亦有所未能也。"公复起拜谢。又有言者曰："虽然，君子之道，用之则行，舍之则藏。用之而不行者，往而不返者也；舍之而不藏者，溺而不止者也。公之用也，既有以行之；其舍之也，有弗能藏者乎？吾未见夫有其用而无其体者也。"公义起拜，遂行。

阳明山人闻其言而论之曰："始之言，道其事也，而未及于其心；次之言者，得公之心矣，而未尽于道；终之言者，尽于道矣，不可以有加矣。斯公之所允蹈者乎。"诸大夫皆曰："然。子盍书之以赠从者？"

恩寿双庆诗后序戊辰

正德丙寅，丹徒沙隐王公寿七十，配孺人严六十有九。其年，天子以厥子待御君贵，封公监察御史，配为孺人。在朝之彦，咸为歌诗佗上之德，以祝公寿，美侍御君之贤。又明年，侍御君奉命巡按贵阳，以王事之靡盐，将厥父母之弗遑也，载是册以俱。每陟屺岵，望飞云，徘徊瞻恋，喟然而兴欢，黯然而长思，则取是册而披之，而微讽之，而长歌咏叹之，以舒其怀，见其志。虽身在万里，固若称觞膝下，闻《诗》《礼》而趋于庭也。大夫士之有事于贵阳者，自都宪王公而下，复相与歌而和之，联为巨帙，属守仁叙于其后。

夫孝子之于亲，固有不必捧觞戏彩以为寿，不必柔滑旨甘以为养，不必候起居奔走扶携以为劳者。非子之心谓不必如是也，子之心愿如是，而亲以为不必如是，必如彼而后吾之心始乐也。子必为是不为彼以拂其情，而曰"吾以为孝，其得为养志乎？孝莫大乎养志。"亲之愿于其子者曰："弘乃德，远乃犹。嘻嘻旦夕，孰与名垂简册，以显我于无尽？饮食口体，孰与泽被生民，以张我之能施？服劳奔走，孰与比迹夔、皋，以明我之能教？"非必亲之愿于其子者咸若是也，亲以是愿其子，而子弗能焉，弗可得而愿也。子能之，而亲弗以愿其子焉，弗可得而能也。以是愿其子者，贤父母也；以是承于其父母者，贤子也；二者恒百不一遇焉，其庸可冀乎？侍御君之在朝，则忠爱达于上；其巡按于兹也，则德威敷于下。凡其宣布恩惠，摩赤子，起其疾而乳哺之者，孰非公与孺人之慈。凡其慑大奸使不得肆，祛大弊使不复作，爬梳调服，抚诸夷而纳之夏，以免天子一方之顾虑者，孰非侍御君之孝。而凡若此者，亦孰非侍御君之所以寿于公与孺人之寿哉。公孺人之贤，靳太史之《序》详矣。其所以修其身，教其家，诚可谓有是父有是子。是诗之作，不为虚与谀，故为序之云尔。

重刊文章轨范序 戊辰

宋谢枋得氏取古文之有资于场屋者，自汉迄宋，凡六十有九篇，标揭其篇章句字之法，名之曰《文章轨范》。盖古文之奥不止于是，是独为举业者设耳。世之学者传习已久，而贵阳之士独未之多见。侍御王君汝楫于按历之暇，手录其所记忆，求善本而校是之；谋诸方伯郭公辈，相与捐俸廪之资，锓之梓，将以嘉惠贵阳之士。曰："枋得为宋忠臣，固以举业进者，是吾微有训焉。"属守仁叙一言于简首。

夫自百家之言兴，而后有《六经》；自举业之习起，而后有所谓古文。

古文之去《六经》远矣；由古文而举业，又加远焉。士君子有志圣贤之学，而专求之于举业，何啻千里。然中世以是取士，士虽有圣贤之学，尧舜其君之志，不以是进，终不大行于天下。盖士之始相见也必以贽，故举业者，士君子求见于君之羔雉耳。羔雉之弗饰，是谓无礼；无礼，无所庸于交际矣。故夫求工于举业而不事于古，作弗可工也；弗工于举业而求于幸进，是伪饰羔雉以罔其君也。虽然，羔雉饰矣，而无恭敬之实焉，其如羔雉何哉。是故饰羔雉者，非以求媚于主，致吾诚焉耳；工举业者，非以要利于君，致吾诚焉耳。世徒见夫由科第而进者，类多徇私媒利，无事君之实，而遂归咎于举业。不知方其业举之时，惟欲钓声利，弋身家之腴，以苟一旦之得，而初未尝有其诚也。邹孟氏曰："恭敬者，币之未将者也。"伊川曰："自洒扫应对，可以至圣人。"夫知恭敬之实在于饰羔雉之前，则知尧舜其君之心，不在于习举业之后矣；知洒扫应对之可以进于圣人，则知举业之可以达于伊、傅、周、召矣。吾惧贵阳之士谓二公之为是举，徒以资其希宠禄之筌蹄也，则二公之志荒矣，于是乎言。

五经臆说序 戊辰

得鱼而忘筌，醪尽而糟粕弃之。鱼醪之未得，而曰是筌与糟粕也，鱼与醪终不可得矣。《五经》，圣人之学具焉。然自其已闻者而言之，其于道也，亦筌与糟粕耳。窃尝怪夫世之儒者求鱼于筌，而谓糟粕之为醪也。夫谓糟粕之为醪，犹近也，糟粕之中而醪存。求鱼于筌，则筌与鱼远矣。

龙场居南夷万山中，书卷不可携，日坐石穴，默记旧所读书而录之。意有所得，辄为之训释。期有七月而《五经》之旨略遍，名之曰《臆说》。

盖不必尽合于先贤，聊写其胸臆之见，而因以娱情养性焉耳。则吾之为是，固又忘鱼而钓，寄兴于曲糵，而非诚旨于味者矣。呜呼。观吾之说而不得其心，以为是亦筌与糟粕也，从而求鱼与醪焉，则失之矣。

夫说凡四十六卷，《经》各十，而《礼》之说尚多缺，仅六卷云。

潘氏四封录序辛未

歙潘氏之仕于朝者，户部主事君选、大理寺副君珍、户部员外君旦、南大理评事君鉴、凡四人。正德五年冬，珍、旦以上三载最，选、鉴，以两宫徽号，旬月之间，皆得推恩，封其亲如其官焉。于是叙八制为录，侈上之赐以光其族裔。而来谓某曰："德下宠浮，若之何其可？请一言以永我潘氏。"某曰："一族而四显，来者相望也，其盛哉。夫一月之间而均被荣渥，则又何难也。盖吾闻之，大山之木千仞而四干垂，而四峰之巅，飞鸟之鸣声不相及也。春气至而四干之杪花叶若一，则其所出之根，同有不期致焉。潘氏之在婺，闻望自宋、元而来，其培本则厚。四子者，固亦潘氏之四干矣。是惟否塞闭晦，苟际明期而谐景会，其轩竦条达孰御。则夫宠命之沾，暨不约而同也，其又足异哉？虽然，木之生，风霆之鼓舞，炎暑之酷烈，阴寒冰雪之严沍剥落，俾坚其质而完其气，非独雨露之沾濡生成之也。夫恩宠爵禄，雨露也；号令宣播，风霆也；法度政事之苛密烦困，炎暑也；时之险厄患难颠沛，阴寒冰雪之严沍剥落也；何莫而非生成？四子盖亦略尝历之。其材中楹柱而任梁栋矣，吾愿潘氏之益培其根也。"四子拜而起曰："吾其益培之以忠孝乎。溉之以诚敬乎。植之以义而防之以礼乎。"某曰："然则潘氏之轩竦条达，其益无穷尔已矣。"某不为应酬诗文余四年矣。寺副君之为暨阳也，予尝许之文，未及为而有南北之别。今兹复见于京师，而以是责偿焉，故不得而辞也。

送章达德归东雁序辛未

章达德将归东雁，石龙山人为之请，于是甘泉子托以《考槃》，阳明子为之赋《衡门》。客有在坐者，哑然曰："异哉。二夫子之言，吾不能知之。夫阗尔形，无莹尔精也，其可矣。今兹将惟职业之弗遑，而顾雁荡之怀乎？彼章子者，雁荡之产矣，则又可以居而弗居，依依于京师者数年而未返，是二者交相慕乎其外也。夫苟游心恬淡，而栖神于流俗尘嚣之外，环堵之间，其无屏霞、天柱乎？雁荡又奚必造而后至？不然，托踪泉石，而利禄羾其中，虽庐常云之顶，其得而居诸？"于是阳明子仰而嘻，俯而默，卒无以应之也。志其言以遗章子曰："客见吾杜权焉行矣。子毋忘客之言，亦无以客之言而忘甘泉子之托。"

寿汤云谷序甲戌

弘治壬戌春，某西寻句曲与丹阳，汤云谷偕。当是时，云谷方为行人，留意神仙之学，为予谈呼吸屈伸之术，凝神化气之道，盖无所不至。及与之登三茅之巅，下探叶阳，休玉宸，感陶隐君之遗迹，慨叹秽浊，飘然有脱屣人间之志。予时皆未之许也，云谷意不然之，曰："子岂有见于吾乎？"予曰："然。子之眉间惨然，犹有怛世之色。是道也，迟之十年，庶几矣。"云谷曰："子见吾之貌，而吾信吾之心。"既别，云谷寻人为给事中，又迁为右给事。殚心职务，驱逐瘁劳，竟以直道抵权奸斥外。而予亦以言事得罪，奔走谪乡，不相见者十余年。

至是正德癸酉某月，予自吏部徙官南太仆；再过丹阳，而云谷已家居三年矣。访之，迎谓予曰："尚忆'眉间'之说乎？吾信吾之心，而不若子之见吾貌，何也？今果十年而始出于泥涂，是则信矣。然谓古之庶几也，则貌益衰，年益逝，去道益远；独是若未之尽然耳。"予曰："乃今则几矣。今吾又闻子之言，见子之貌矣；又见子之庐矣；又见子之乡人矣。"云谷曰："异哉。言貌既远矣，庐与乡人亦可以见我乎？"曰："古之有道之士，外槁而中泽，处隘而心广；累释而无所挠其精，机忘而无所忤于俗。是故其色愉愉，其居于于；其所遭若清风之披物，而莫知其所从往也。今子之步徐发改，而貌若益癯，然而其精藏矣；言下意恳，而气若益衰，然而其神守矣；室庐无所增益于旧，而志意扩然，其累释矣；乡之人相忘于贤愚贵贱，且以为慈母，且以为婴儿，其机忘矣。夫精藏则太和流，神守则天光发，累释则怡愉而静，机忘则心纯而一：四者道之证也。夫道无在而神无方，安常处顺，其至矣。而又何人间之脱屣乎？"云谷曰："有是哉。吾信吾之心，乃不若子之见吾庐与吾乡人也。"

于是云谷年七十矣。是月，值其悬弧，乡人方谋所以祝寿者，闻予至，皆来请言。予曰："嘻，子之乡先生既几于道，而尚以寿为贺乎？夫寿不足以为子之乡先生贺。子之乡而有有道之士若子之乡先生者，使尔乡人之子弟皆有所矜式视效，出而事君，则师其道以用世；入而家居，则师其道以善身，若射之有的，各中乃所向。则是先生之寿，乃于尔乡之人复有足贺也已。"明年三月，予再官鸿胪，而乡之人复以书来请，遂追书之。

文山别集序 甲戌

《文山别集》者，宋丞相文山先生自述其勤王之所经历，后人因而采集之以成者也。其间所值险阻艰难，颠沛万状，非先生之述，固无从而尽知者。先生忠节盖宇宙，皆于是而有据。后之人因词考迹，感先生之大义，油然兴起其忠君爱国之心，固有泫然泣下，裂眦扼腕，思丧元首之无地者。是集之有益于臣道，岂小小哉。

古之君子之忠于其君，求尽吾心焉以自慊而已，亦岂屑屑言之，以蕲知于世？然而仁人之心忠于其君，亦欲夫人之忠于其君也。忠于其君，则尽心焉已。欲夫人忠于其君，而思以吾之忠于其君者启其良心，固有人弗及知之者，非自言之，何由以及人乎？斯先生之所为自述，将以教世之忠也。当其时，仗节死义之士无不备载，亦因是以有传，是又与人为善者也。是集也，在先生之自尽，若嫌于蕲世之知；以先生之教人，则吾惟恐其知之不尽也。在先生之自尽，若可以无传；以先生之与人为善，则吾惟恐其传之不远也。

先生之裔孙，今太仆少卿公宗严，复刻是集而属某为之序。某之为庐陵也，公之族弟某尝以序谋，兹故不可得而辞。呜呼。当颠沛之心而不忘乎与人为善者，节之裕也；致自尽之心而欲人同归于善者，忠之推也；不以蕲知为嫌而行其教人之诚者，仁之笃也。象贤崇德，以章其先世之美之谓孝；明训述事，以广其及人之教之谓义。吾于是集之序，无愧辞耳矣。

金坛县志序乙亥

麻城刘君天和之尹金坛也，三月而政成。考邑之故而创志焉，曰："于乎艰哉。吾欲观风气之所宜，民俗之所向，而无所证也，以诹于乡老，有遗听焉；吾欲观往昔之得失，民俗之急缓弛张，先后之无所稽也，以询于闾野，有遁情焉；吾欲观山川之条理，疆域之所际，道路井邑之往来聚散，制其经，适其变，而无所裁也；则以之僻荒秽，入林麓，有遗历焉。亦惟文献之未足也而尔已矣。呜呼。古君子之忠也，旧政以告于新尹，吾何以尽吾心哉？夫政，有时而或息焉；告，有时而或穷焉。书之册而世守之，斯其为告也，不亦远乎。"志成，使来请序。

吾观之，秩然其有伦也，错然其有章也。天也，物之祖也；地也，物之妣也。故先之以天文，而次之以地理。地必有所产，故次之以食货；物产而事兴，故次之以官政；政行而齐之以礼，则教立，故次之以学校；学以兴贤，故次之以选举；贤兴而后才可论也，故次之以人物；人物必有所居，故次之以宫室；居必有所事，事穷则变，变则通，故次之以杂志终焉。呜呼。此岂独以志其邑之故，君子可以观政矣。

夫经之天文，所以立其本也；纪之地理，所以顺其利也；参之食货，所以遂其养也；综之官政，所以均其施也；节之典礼，所以成其俗也；达之学校，所以新其德也；作之选举，所以用其才也；考之人物，所以辨其等也；修之宫室，所以安其居也；通之杂志，所以尽其变也。故本立而天道可睹矣；利顺而地道可因矣；养遂而民生可厚矣；施均而民政可平矣；俗成而民志可立矣；德新而民性可复矣；才用等辨而民治可久矣；居安尽变而民义不匮矣。修此十者以治，达之邦国天下可也，而况于邑乎？故曰：君子可以观政矣。

送南元善入觐序乙酉

渭南南侯之守越也，越之敝数十年矣。巨奸元憝，窟据根盘，良牧相寻，未之能去；政积事隳，俗因瘵靡。至是乃斩然剪剔而一新之，凶恶贪残，禁不得行；而狡伪淫侈，游惰苟安之徒，亦皆拂戾失常，有所不便。相与斐斐缉缉，构谗腾诽；城狐社鼠之奸，又从而党比翕张之，谤遂大行。士夫之为元善危者沮之，曰："谤甚矣，盍已渚？"元善如不闻也，而持之弥坚，行之弥决。且曰："民亦非无是非之心，而蔽昧若是，固学之不讲而教之不明也。吾宁无责而独以咎归于民？"则日至学宫，进诸生而作之以圣贤之志，启之以身心之学。士亦蔽于习染，哄然疑怪以骇，曰："是迂阔之谈，将废吾事。"则又相与斐斐缉缉，訾毁而诋议之。士夫之为元善危者沮之，曰："民之谤若火之始炎，士又从而膏之，孰能以无烬乎？盍遂已诸？"元善如不闻也，而持之弥坚，行之弥决。则及缉稽山书院，萃其秀颖，而日与之谆谆焉，亹亹焉，越月逾时，诚感而意孚。三学洎各邑之士亦渐以动，日有所觉而月有所悟矣。于是争相奋曰："吾乃今知圣贤之必可为矣。非侯之至，吾其已夫。侯真吾师也。"于是民之谤者亦渐消沮。其始犹曰："侯之于我，利害半；我之于侯，恩爱半。"至是惠洽泽流而政益便，相与悔曰：'吾始不知侯之爱我也，而反以为殃我也；吾始不知侯之拯我也，而反以为劳我也；吾其无人之心乎。侯真吾之严父也，慈母也。"于是侯且入觐，百姓惶惶请留，不得，相与谋之多士曰："吾去慈母，吾将安哺乎？吾去严父，吾将安恃乎？"士曰："吁嗟。维父与母，则生尔身；维侯我师，实生我心。吾宁可以一日而无吾师之临乎。"则相与假重于阳明子而乞留焉。阳明子曰："三年之观，大典也。侯焉可留乎？虽然，此在尔士尔民之心。夫承志而无违，子之善养也；离师友而不背，弟子之善学也。不然，虽居膝下而侍几杖，犹为不善养而操戈入室者也。奚必以留侯为哉。"众皆默然，良久，曰："公之言是也。"相顾逡巡而退。明日，复师生相率而来请曰："无以输吾之情，愿以公言致之于侯。庶侯之遄其来旋，而有以速诸生之化，慰吾民之延颈也。"

送闻人邦允序

闻人言邦允者，阳明子之表弟也，将之官闽之苍峡而请言。阳明子谓之曰："重矣，勿以进非科第而自轻；荣矣，勿以官卑而自慢。大进非科第，则人之待之也易以轻，从而自轻者有矣；官卑，则人之待之也易以慢，从而自慢者有矣。夫科第以致身，而恃以为暴，是厉阶也；高位以行道，而邃以媒利，是盗资也，于吾何有哉？吾所谓重，吾有良贵焉耳，非矜与敖之谓也，吾所谓荣，吾职易举焉耳，非显与耀之谓也。夫以良贵为重，举职为荣，则夫人之轻与慢之也，亦于吾何有哉。行矣，吾何言。"

送别省吾林都宪序戊子

嘉靖丁亥冬，守仁奉命视师思、田，省吾林君以广西右辖，实与有司。既思、田来格，谋所以缉绥之道，咸以为非得宽厚仁恕，德威素为诸夷所信服者父临而母鞠之，殆未可以强力诡计劫制于一时而能久于无变者也，则莫有逾于省吾者。遂以省吾之名上请，乞加宪职，委之重权，以留抚于兹土，盖一年二年而化洽心革，朝廷永可以无一方顾也乎。则又以为圣天子方侧席励精，求卓越之才，须更化善治，则如省吾之成德夙望，大臣且交章论荐，或者请未及上，而先已有隆委峻擢，恐未肯为区区两府之遗黎，淹岁月而借之以重也。疏去未逾月，而巡抚郧阳之命果下矣。当是时，八寨之瑶积祸千里且数十年，方议进兵讨罪。省吾将率思、田报效之民以先之。报闻，众咸为省吾贺，且谓得免兵革驱驰之劳也。省吾曰："不然。当事而中辍之，仁者忍之乎？遇难而苟避之，义者为之乎？吾既身任其责，幸有改命，而亟去之，以为吾心，吾能如是哉？"遂弗停驱而往。冒暑雨，犯瘴毒，乘危破险，竟成八寨之伐而出。

嗟乎。今世士夫计逐功名甚于市井刀锥之较，稍有患害可相连及，辄设机阱，立党援，以巧脱幸免；一不遂其私，瞋目攘臂以相抵捍钩摘，公然为之，曾不以为耻，而人亦莫有非之者。盖士风之衰薄，至于此而亦极矣。而省吾所存，独与时俗相反若是。古所谓托孤寄命，临大节而不可夺者，省吾有焉。

正德初，某以武选郎抵逆瑾，逮锦衣狱；而省吾亦以大理评触时讳在系，相与讲《易》于桎梏之间者弥月，盖昼夜不怠，忘其身之为拘囚也。至是别己余二十年，而始复会于此。省吾貌益充，气益粹，议论益平实。而其孜孜讲学之心，则固如昔加恳切焉。公事之余，相与订旧闻而考新得。予自近年偶有见于良知之学，遂具以告于省吾；而省吾闻之，沛然若决江河，可谓平生之一快。无负于二十年之别也矣。今夫天下之不治，由于士风之衰薄；而士风之衰薄，由于学术之不明；学术之不明，由于无豪杰之士者为之倡焉耳。省吾忠信仁厚之质，得之于天者既与人殊，而其好学之心，又能老而不倦若此，其德之日以新而业之日以广也，何疑乎。自此而明学术，变士风，以成天下治，将不自省吾为之倡也乎。于省吾之别，庸书此以致切磋之意。若夫期望于声位之间，而系情于去留之际，是系足为省吾道之哉。

外集五

记

兴国守胡孟登生像记 壬戌

弘治十年，胡公孟登以地官副郎谪贰兴国。越三年，擢知州事。公既久于其治，乃奸锄利植而民以大和。又明年壬戌，擢浙江按察司金事以去。民既留公不可，则相率祀公之像，以报公德。而学宫之左有叠山祠，以祀宋臣谢枋得者，旧矣。其士曰："合祀公像于是。呜呼！吾州违胡元之乱以入于皇朝，虽文风稍振，而陋习未除。士之登名科甲以显于四方者，相望如晨天之星，数不能以一二。盖至于今遂茫然绝响者，凡几科矣。自公之来，斩山斥地以恢学宫，洗垢摩钝以新士习，然后人知敦礼兴乐，而文采蔚然于湖湘之间。荐于乡者，一岁而三人。盖夫子之道大明于兴国，实自公始。公之德惠，固无庸言，而化民成俗，于是为大。祀公于此，其宜哉！"民曰："不可。其为公别立一庙。公之未来也，吾民外苦于盗贼，内残于苛政，滨湖之民，死于鱼课者数千余家。自公之至，而盗不敢履兴国之界，民违猛虎鱼鳖之患，而始释戈而安寝，歌呼相慰，以嬉于里巷。公之惠泽，吾独不能出诸口耳。呜呼！公有大造于吾民，乃不能别立一庙而使并食于谢公，于吾心有未足也。"士曰："不然。公与谢公皆以迁谪而至吾州。谢公以文章节义为宋忠臣，而公之气概风声实相辉映。祀公于此，所以见公之庇吾民者，不独以其政事，而吾民之所以怀公于不忘者，又有在于长养恩恤之外也。其于尊严崇重，不滋为大乎？"于是其民相顾喜曰："果如是，我亦无所憾矣！然其谁纪诸石以传之。"士曰："公之经历四方也久矣，四方之人，其闻公之贤亦既有年矣。然而屡遭谗嫉，而未畅厥猷意，亦知公之深者，难也。公尝令于余姚，以吾人之知公，则其人宜于公为悉。"乃走币数千里而来请于某，且告之故。某曰："是姚人之愿，不独兴国也。"公之去吾姚已二十余年，民之思公如其始去。每有自公而来者，必相与环聚，问公之起居饮食，及其履历之险夷，丰采状貌，须发之苍白与否，退则相传告以为欣戚。以吾姚之思公，知兴国之为是举，亦其情之有不得已也。然公之始去吾姚，既尝有去思之碑以纪公德，今不可以重复其说。而兴国之绩，吾虽闻之甚详，然于其民为远，虽极意揄扬之，恐亦未足以当其心也。姑述其请记之辞，而诗以系之。

公讳瀛，河南之罗山人，有文武长才，而方响于用。诗曰：于维胡公，允毅孔直，惟直不挠，以来兴国。惟此兴国，实荒有年。自公之来，辟为良田。寇乘于垣，死课于泽。公曰吁嗟，兹惟予谴！勤尔桑禾，谨尔室家。岁丰时和，民谣以歌。乃筑泮宫，教以礼让。弦诵诗书，溢于里巷。庶民谆谆，庶士彬彬。公亦欣欣，曰惟家人。维公我父，惟公我母，自公之去，夺我恃怙。维公之政，不专于宽，雨旸维若，时其燠寒。维公文武，亦周于艺，射御工力，展也不器。我拜公像，从我父兄，率我子弟，集于泮宫。父兄相谓，毋尔敢望。天子用公，训于四方。

新建预备仓记 癸亥

仓廪以储国用，而民之不给，亦于是乎取。故三代之时，上之人不必其尽输之官府，下之人不必其尽藏于私室。后世若常平义仓，盖犹有所以为民者，而先王之意亦既衰矣。及其大弊，而仓廪之蓄，遂邈然与民无复相关。其遇凶荒水旱，民饿莩相枕藉，苟上无赈贷之令，虽良有司，亦坐守键闭，不敢发升合以拯其下。民之视其官廪如仇人之垒，无以事其刃为也。呜呼！仓廪之设，岂固如是也哉！

绍兴之仓目，如坻大有之属，凡三四区，中所积亦不下数十万。然而民之饥馁，稍不稔即无免焉。岁癸亥春，融风日作，星火宵陨。太守佟公曰："是旱征也，不可以无备。"既命民间积谷谨藏，则复鸠工度地，得旧太积库地于郡治之东，而建以为预备仓。于是四月不雨，至于八月，农工大坏，比室罄悬。民陆走数百里，转嘉、湖之粟以自疗。市火间作，贸迁无所居。公帅僚吏遍祷于山川社稷，乃八月己酉，大雨洽旬，禾槁复颖。民始有十一之望，渐用苏息。公曰："呜呼！予所建，今兹之旱，虽诚无补，于后患，其将有裨。"乃益遂厥营。九月丁卯，工毕。凡为廪三面，廿有六楹，约受谷十万几千斛。前为厅事，以司出纳。而以其无事时，则凡宾客部使之往来而无所寓者，又皆可以馆之于是。极南阻民居，限以高垣。东折为门，出之大衢。并门为屋廿有八楹，自南亘北，以居商旅之贸迁者，而月取其值，以实廪粟，又于其间区画而综理之。盖积三岁而可以有一年之备矣。二守钱君谓其僚曰："公之是举，其惠于民，岂有穷乎！夫后之民食公之德而弗知其所自，是吾侪无以赞公于今日，而又以泯其绩于后也。"于是相率来属某以记。某曰："唯唯。夫悯灾而恤患，庇民之仁也；未患而预防，先事之知也；已患而不怠，临事之勇也；创今以图后，敷德之诚也。行一事而四善备焉，是而可以无纪也乎？某虽不文也，愿以执笔而从事。"

平山书院记癸亥

平山在鄞陵之北三里，今杭郡守杨君温甫蚤岁尝读书其下。鄞人之举进士者，自温甫之父金宪公始，而温甫承之。温甫既贵，建以为书院。曰："使吾乡之秀，与吾杨氏之子弟，诵读其间，翘翘焉相继而兴，以无亡吾先君之泽。"于是其乡多文士，而温甫之子晋，复学成有器识，将绍温甫而起。盖书院为有力焉。温甫始为秋官郎，予时实为僚佐，相怀甚得也。温甫时时为予言："平山之胜，耸秀奇特，比于峨嵋。望之岩厉壁削，若无所容，而其上乃宽衍平博。有老氏宫焉，殿阁魁杰伟丽，闻于天下，俯览大江，烟云杳霭。暇辄从朋侪往游，其间鸣湍绝壑，拂云千仞之木，阴翳亏蔽。书院当其麓，其高可以眺，其邃可以隐，其芳可以采，其清可以濯，其幽可以栖。吾因而望之以'含远'之楼，蛰之以'寒香'之坞，揭之以'秋芳'之亭，澄之以'洗月'之池，息之以'栖云'之窝。四时交变，风雪晦暝之朝，花月澄芬之夕，光景超忽，千态万状。而吾诵读于其间，盖冥然与世相忘，若将终身焉，而不知其他也。今吾汩没于簿书案牍，思平山之胜，而庶几梦寐焉，何可得耶！"

既而某以病告归阳明，温甫寻亦出守杭郡。钱塘波涛之汹怪，西湖山水之秀丽，天下之言名胜者无过焉。噫！温甫之居是地，当无憾于平山耳矣。今年与温甫相见于杭，而矗矗于平山者犹昔也。吁，亦异矣！岂其沉溺于兹山，果有不能忘情也哉？温甫好学不倦，其为文章，追古人而并之。方其读书于平山也，优游自得，固将发为事业以显于世。及其施诸政事，沛然有余矣，则又益思致力于问学，而其间又自有不暇者，则其眷恋于兹山也，有以哉！温甫既已成己，则不能忘于成物，而建为书院以倡其乡人。处行义之时，则不能忘其隐居之地，而拳拳于求其志者无穷已也。古人有言："成己，仁也；成物，知也。"温甫其仁且知者欤！又曰："隐居以求其志，行义以达其道。吾闻其语矣，未见其人也。"温甫殆其人也，非欤？

温甫属予记，予未尝一至平山，而平山严严之气象，斩然壁立而不可犯者，固可想而知，其不异于温甫之为人也。以温甫之语予者记之。

何陋轩记戊辰

昔孔子欲居九夷，人以为陋。孔子曰："君子居之，何陋之有？"守仁以罪谪龙场。龙场，古夷蔡之外，于今为要绥，而习类尚因其故。人皆以予自上国往，将陋其地，弗能居也。而予处之旬月，安而乐之，求其所谓甚陋者而莫得。独其结题鸟言，山栖羝服，无轩裳宫室之观、文仪揖让之缛，然此犹淳庞质素之遗焉。盖古之时，法制未备，则有然矣，不得以为陋也。夫爱憎面背，乱白黝丹，浚奸穷黠，外良而中蝥，诸夏盖不免焉。若是而彬郁其容，宋甫鲁掖，折旋矩镬，将无为陋乎？夷之人，乃不能此。其好言恶詈，直情率遂，则有矣。世徒以其言辞物采之眇而陋之，吾不谓然也。始予至，无室以止，居于业棘之间，则郁也。迁于东峰，就石穴而居之，又阴以湿。龙场之民，老稚日来视，予喜不予陋，益予比。予尝圃于丛棘之右，民谓予之乐之也，相与伐木阁之材，就其地为轩以居予。予因而翳之以桧竹，莳之以卉药；列堂阶，辩室奥；琴编图史，讲诵游适之道略具。学士之来游者，亦稍稍而集于是。人之及吾轩者，若观于通都焉，而予亦忘予之居夷也。因名之曰"何陋"，以信孔子之言。

嗟夫！诸夏之盛，其典章礼乐，历圣修而传之，夷不能有也，则谓之陋固宜。于后蔑道德而专法令，搜抉钩繁之术穷，而狡匿谲诈，无所不至，浑朴尽矣。夷之民，方若未琢之璞，未绳之木，虽粗砺顽梗，而椎斧尚有施也，安可以陋之？斯孔子所谓欲居也欤？虽然，典章文物，则亦胡可以无讲！今夷之俗，崇巫而事鬼，渎礼而任情，不中不节，卒未免于陋之名，则亦不讲于是耳。然此无损于其质也。诚有君子而居焉，其化之也盖易。而予非其人也，记之以俟来者。

君子亭记 戊辰

阳明子既为何陋轩，复因轩之前营，驾楹为亭，环植以竹，而名之曰"君子"。曰："竹有君子之道四焉，中虚而静，通而有间，有君子之德；外节而直，贯四时而柯叶无所改，有君子之操；应蛰而出，遇伏而隐，雨雪晦明无所不宜，有君子之时；清风时至，玉声珊然，中采齐而协肆夏，揖逊俯仰，若洙泗群贤之交集，风止籁静，挺然特立，不挠不屈，若虞廷群后，端冕正笏而列于堂陛之侧，有君子之容。竹有是四者，而以'君子'名，不愧于其名；吾亭有竹焉，而因以竹名名，不愧于吾亭。"门人曰："夫子盖自道也。吾见夫子之居是亭也，持敬以直内，静虚而若愚，非君子之德乎？遇屯而不慑，处困而能亨，非君子之操乎？昔也行于朝，今也行于夷，顺应物而能当，虽守方而弗拘，非君子之时乎？其交翼翼，其处雍雍，意适而匪懈，气和而能恭，非君子之容乎？夫子盖谦于自名也，而假之竹。虽然，亦有所不容隐也。夫子之名其轩曰'何陋'，则固以自居矣。"

阳明子曰："嘻！小子之言过矣，而又弗及。夫是四者，何有于我哉？抑学而未能，则可云尔耳。昔者夫子不云乎？'汝为君子儒，无为小人儒'，吾之名亭也，则以竹也。人而嫌以君子自名也，将为小人之归矣，而可乎？小子识之！"

远俗亭记戊辰

宪副毛公应奎，名其退食之所曰"远俗"。阳明子为之记曰：

俗习与古道为消长。尘嚣溷浊之既远，则必高明清旷之是宅矣，此"远俗"之所由名也。然公以提学为职，又兼理夫狱讼军赋，则彼举业辞章，俗儒之学也；簿书期会，俗吏之务也。二者皆公不免焉。舍所事而曰"吾以远俗"，俗未远而旷官之责近矣。君子之行也，不远于微近纤曲，而盛德存焉，广业著焉。是故诵其诗，读其书，求古圣贤之心，以蓄其德而达诸用，则不远于举业辞章，而可以得古人之学，是远俗也已。公以处之，明以决之，宽以居之，恕

明代大兽足石香炉

以行之，则不远于簿书期会，而可以得古人之政，是远俗也已。苟其心之

凡鄙猥琐，而待闲散疏放之，是托以为"远俗"，其如远俗何哉！昔人有言："事之无害于义者，从俗可也。"君子岂轻于绝俗哉？然必曰无害于义，则其从之也，为不苟矣。是故苟同于俗以为通者，固非君子之行，必远于俗以求异者，尤非君子之心。

象祠记 戊辰

灵博之山有象祠焉，其下诸苗夷之居者，咸神而事之。宣慰安君因诸苗夷之请，新其祠屋，而请记于予。予曰："毁之乎？其新之也？"曰："新之。""新之也，何居乎？"曰："斯祠之肇也，盖莫知其原。然吾诸蛮夷之居是者，自吾父吾祖溯曾高而上，皆尊奉而礼祀焉，举之而不敢废也。"予曰："胡然乎？有庳之祠，唐之人盖尝毁之。象之道，以为子则不孝，以为弟则傲。斥于唐而犹存于今，毁于有庳而犹盛于兹土也，胡然乎？我知之矣，君子之爱若人也，推及于其屋之乌，而况于圣人之弟乎哉？然则祀者，为舜非为象也。意象之死，其在干羽既格之后乎？不然，古之骜桀者岂少哉？而象之祠独延于世，吾于是益有以见舜德之至，入人之深，而流泽之远且久也。象之不仁，盖其始焉尔，又乌知其终不见化于舜也？《书》不云乎？'克谐以孝，烝烝乂，又不格奸，瞽瞍亦允若'，则已化而为慈父。象犹不弟，不可以为谐。进治于善，则不至于恶。不抵于奸，则必入于善。信乎，象盖已化于舜矣！孟子曰：'天子使吏治其国，象不得以有为也。'斯盖舜爱象之深而虑之详，所以扶持辅导之者之周也。不然，周公之圣，而管、蔡不免焉。斯可以见象之既化于舜，故能任贤使能而安于其位，泽加于其民，既死而人怀之也。诸侯之卿，命于天子，盖周官之制，其殆仿于舜之封象欤？吾于是益有以信人性之善，天下无不可化之人也。然则唐人之毁之也，据象之始也；今之诸夷之奉之也，承象之终也。斯义也，吾将以表于世，使知人之不善，虽若象焉，犹可以改。而君子之修德，及其至也，虽若象之不仁，而犹可以化之也。"

卧马冢记 戊辰

卧马冢在宣府城西北十余里。有山隆然，来自苍茫，若涌若溢，若奔若伏，布为层祸，拥为覆釜，漫衍陂迆，环抱涵迴。中凝外完，内缺门若，合流泓洄，高岸屏塞，限以重河，敷为广野，桑乾燕尾，远泛近揖。今都宪怀来王公实葬厥考大卿于是。方公之卜兆也，祷于大卿，然后出从事，屡如未迪。末乃来兹，顾瞻徘徊，必契神得，将归而加诸卜。爰视公马，眷然踞卧，噫嗅盘旋，缱绻嘶柰，若故以启公之意者。公曰："呜呼！其弗归卜，先公则既命于此矣。"就其地窆焉。厥土五色，厥石四周，融润煦淑，面势环拱。既葬，弗震弗崩，安靖妥谧。植树蓊蔚，庶草芬茂，禽鸟哺集，风气凝毓，产祥萃休，祉福骈降。乡人谓公孝感所致，相与名其封曰"卧马"，以志厥祥，从而歌之，士大夫之闻者，又从而和之。

正德戊辰，守仁谪贵阳，见公于巡抚台下，出，闻是于公之乡人。客有在坐者曰："公其休服于无疆哉！昔在士行，牛眠协兆，峻陟三公。公兹实类于是。"守仁曰："此非公意也。公其慎厥终，惟安亲是图，以庶几无憾焉耳已，岂以徼福于躬，利其嗣人也哉？虽然，仁人孝子，则天无弗比，无弗祐，匪自外得也。亲安而诚信竭，心斯安矣。心安则气和，和气致祥，其多受祉福以流衍于无尽，固理也哉！"他日见于公，以乡人之言问焉。公曰："信。"以守仁之言正焉，公曰："呜呼！是吾之心也。子知之，其遂志之，以训于我子孙，毋替我先公之德！"

宾阳堂记戊辰

传之堂东向曰"宾阳"，取《尧典》"寅宾出日"之义，志向也，宾日，羲之职，而传冒焉。传职宾宾，羲以宾宾之寅而宾日，传以宾日之寅而宾宾也，不曰日，乃阳之属为日、为元、为善、为吉、为亨治，其于人也，为君子，其义广矣备矣。内君子而外小人，为泰。曰："宾自外而内之传，将以宾君子而内之也。传以宾君子，而容有小人焉，则如之何？"曰："吾知以君子而宾之耳。吾以君子而宾之也，宾其甘为小人乎哉？"为《宾日之歌》，日出而歌之，宾至而歌之。歌曰：日出东方，再拜稽首，人曰予狂。匪日之寅，吾其怠荒。东方日出，稽首再拜，人曰予惫。匪日之爱，吾其荒怠。其翳其曀，其日惟霁，其晦其雾，其日惟雨。勿怀其晦，条焉以雾；勿谓终翳，或时其曀。曀其光矣，其光熙熙。与尔偕作，与尔偕宜。倏其雾矣，或时以熙；或时以熙，孰知我悲！

重修月潭寺建公馆记戊辰

隆兴之南有岩曰月潭，壁立千仞，檐垂数百尺。其上颓洞玲珑，浮者若云霞，亘者若虹霓；谽若楼殿门阙，悬若鼓钟编磬；幨幢缨络，若抟风之鹏，翻集翔鹄，螭虺之纠蟠，猱猊之骇攫；谲奇变幻，不可具状。而其下澄潭邃谷，不测之洞，环秘回伏；乔林秀木，垂荫蔽亏；鸣瀑清溪，停洄引映。天下之山，萃于云贵，连亘万里，际天无极。行旅之往来，日攀缘下上于穷崖绝壑之间，虽雅有泉石之癖者，一入云贵之途，莫不困踣烦厌，非复夙好。而惟至于兹岩之下，则又皆洒然开豁，心洗目醒，虽庸俦俗侣，素不知有山水之游者，亦皆徘徊顾盼，相与延恋而不忍去。则兹岩之胜，盖不言可知矣。

岩界兴隆、偏桥之间各数十里，行者至是，皆惫顿饥悴，宜有休息之所。而岩麓故有寺，附岩之戍卒官吏与凡苗夷犵狑之种连属而居者，岁时今节皆于是焉厘祝。寺渐芜废，行礼无所。宪副滇南朱君文端，按部至是，乐兹岩之胜，悯行旅之艰，而从士民之请也，乃捐资化材，新其寺于岩之右，以为厘祝之所。曰："吾闻为民者，顺其心而趋之善。今苗夷之人，知有尊君亲上之礼，而憾于弗伸也，吾从而利道之，不亦可乎！"则又因寺之故材与址，架楼三楹，以为部使者休食之馆。曰："吾闻为政者，因势之所便而成之，故事适而民逸。今旅无所舍，而使者之出，师行百里，饥不得食，劳不得息。吾图其可久而两利之，不亦可乎！"使游僧正观任其劳，指挥逖远度其工，千户某某相其役。远近之施舍勤助者欣然而集，不两月而工告毕。自是饥者有所炊，劳者有所休，游观者有所舍，厘祝者有所瞻依，以为竭虔效诚之地。而兹岩之奇，若增而益胜也。

正观将记其事于石，适予过而请焉。予惟君子之政，不必专于法，要在宜于人。君子之教，不必泥于古，要在入于善。是举也，盖得之矣。况当法纲严密之时，众方喘息忧危，动虞牵触，而乃能从容于山水泉石之好，行其心之所不愧者，而无求免于俗焉。斯其非见外之轻而中有定者，能若是乎？是诚不可以不志也矣！

寺始于戍卒周斋公，成于游僧德彬，增治于指挥刘瑄、常智、李胜及其属王威、韩俭之徒，至是凡三缉。而公馆之建，则自今日始。

玩易窝记戊辰

阳明子之居夷也，穴山麓之窝而读《易》其间。始其未得也，仰而思焉，俯而疑焉，函六合，入无微，茫乎其无所指，孑乎其若株。其或得之也，沛兮其若决，联兮其若彻，菹淤出焉，精华入焉，若有相者而莫知其所以然。其得而玩之也，优然其休焉，充然其喜焉，油然其春生焉；精粗一，外内翕，视险若夷，而不知其夷之为厄也。于是阳明子抚几而叹曰："嗟乎！此古之君子所以甘囚奴，忘拘幽，而不知其老之将至也夫！吾知所以终吾身矣。"名其窝曰"玩易"，而为之说曰：夫《易》，三才之道备焉。古之君子，居则观其象而玩其辞，动则观其变而玩其占。观象玩辞，三才之体立矣；观变玩占，三才之用行矣。体立，故存而神；用行，故动而化。神，故知周万物而无方；化，故范围天地而无迹。无方，则象辞基焉；无迹，则变占生焉。是故君子洗心而退藏于密，斋戒以神明其德也。盖昔者夫子尝韦编三绝焉。呜呼！假我数十年以学《易》，其亦可以无大过已夫！

东林书院记癸酉

东林书院者，宋龟山杨先生讲学之所也。龟山没，其地化为僧区，而其学亦遂沦入于佛老训诂词章者且四百年。成化间，今少司徒泉斋邵先生始以举子复聚徒讲诵于其间。先生既仕而址复荒，属于邑之华氏。华氏，先生之门人也，以先生之故，仍让其地为书院，以昭先生之迹，而复龟山之旧。先生既已纪其废兴，则以记属之某。当是时，辽阳高君文豸方来令兹邑，闻其事，谓表明贤人君子之迹，以风励士习，此吾有司之责，而顾以勤诸生则何事？爰毕其所未备，而亦遣人来请。

呜呼！物之废兴，亦决有成数矣，而亦存乎其人。夫龟山没，使有若先生者相继讲明其间，龟山之学，邑之人将必有传，岂遂沦入于老佛词章而莫之知！求当时从龟山游不无人矣，使有如华氏者相继修葺之，纵其学未即明，其间必有因迹以求道者，则亦何至沦没于四百年之久！又使其时有司有若高君者，以风励士习为己任，书院将无因而圮，又何至化为浮屠之居而荡为草莽之野！是三者，皆宜书之以训后。若夫龟山之学，得之程氏，以上接孔孟，下启罗、李、晦庵，其统绪相承，断无可疑。而世犹议其晚流于佛，此其趋向，毫厘之不容于无辨，先生必尝讲之精矣。先生乐《易》谦虚，德器溶然，不见其喜怒。人之悦而从之，若百川之趋海。论者以为有龟山之风，非有得于其学，宜弗能之。然而世之宗先生者，或以其文翰之工，或以其学术之邃，或以其政事之良；先生之心，其殆未以是足也。从先生游者，其以予言而深求先生之心，以先生之心而上求龟山之学，庶乎书院之复，不为虚矣！

书院在锡百渎之上，东望梅村二十里而遥，周太伯之所从逃也。方华氏之让地为院，乡之人与其同门之士争相趋事，若耻于后，太伯之遗风，尚有存焉，特世无若先生者以倡之耳！是亦不可以无书。

应天府重修儒学记甲戌

应天，京兆也。其学为东南教本，国初以为太学。洪武辛酉，始改创焉，再修于正德之己酉。自是而后，浸以敝圮。正德壬申，府尹张公宗厚始议新之，未成而迁中丞以去。白公辅之相继为尹，乃克易朽兴颓，大完其所未备，而又自以俸余增置石栏若干楹于棂星门之外。于是府丞赵公时宪亦协心赞画，故数十年之废，一旦修举，焕然改观。师模士气亦皆鼓动兴起。庙学一新。教授张云龙等，与合学之士二百有若干人，撰序二公之绩，征予文为记。予既不获辞，则谓之曰：

多师多士，若知二公修学之为功矣，亦知自修其学以成二公之功者乎？夫立之师儒，区其斋庙，昭其仪物，具其廪庖，是有国者之立学也，而非士之立学也。缉其弊坏，新其圮墁，给其匮乏，警其怠弛，是有司者之修学也，而非士之修学也。士之学也，以学为圣贤。圣贤之学，心学也。道德以为之地，忠信以为之基，仁以为宅，义以为路，礼以为门，廉耻以为垣墙，《六经》以为户牖，四子以为阶梯。求之于心而无假于雕饰也，其功不亦简乎？措之于行而无所不该也，其用不亦大乎？三代之学皆此矣。我国家虽以科目取士，而立学之意，亦岂能与三代异。学之弗立，有国者之缺也；弗修焉，有司者之责也；立矣修矣，而居其地者弗立弗修，是师之咎，士之耻也。二公之修学，既尽有司之责矣，多师多士无亦相与自修其学，以远于咎耻者乎！无亦扩乃地，厚乃基，安乃宅，辟乃门户，固乃垣墙；学成而用，大之则以庇天下，次之则以庇一省一郡，小之则以庇其乡闾家族，庶亦无负于国家立学之意、有司修学之心哉！若乃旷安宅，舍正路，圮基坏垣，倚圣贤之门户以为奸，是学校之为薮渊薮也，则是朝廷立之而为士者倾之，有司修之而为士者毁之，亦独何心哉！应天为首善之地，豪杰俊伟，先后相望。其文采之炳蔚，科甲之盛多，乃其所素余，有不屑于言者。故吾因新学之举，嘉多师多士忻然有维新之志，而将进之以圣贤之学也。于是乎言。

重修六合县儒学记乙亥

六合之学，敝久矣。师生因仍以苟岁月，有司者若无睹也，故废日甚。正德甲戌，县尹安福万廷瑆氏既和辑其民，始议拓而新之。维时教谕长兴徐丙氏来，就圮舍，日夜砥新厥士，尹因谓曰："子为我造士而讲肆无所，斯吾责，何敢不力！顾兵荒之余，民不可重困，吾姑日积月累而徐图焉，其可乎？"民闻，相谓曰："学谕方急训吾子弟，无宁居。尹不忍困吾民，而躬苦节省，吾侪独坐视，非人也。"于是耆民李景荣首出百金以倡，从而应者相继，不终日聚金五百，以告尹。尹喜曰："吾民尚义若此，吾事不难办矣！然吾职务繁剧，孰可使以鸠吾事者乎？"学谕曰："尹为吾师生甚劳苦，父老奋义捐金，既费其财，又尽其力。而与一二僚，请无妨教事以敦。"民闻，相谓曰："尹不忍困吾民，学谕方急训吾子弟，又不忍吾劳，而身董之，吾侪独坐视，非人也。"于是耆民王彰、陈模首请任其役，从而应者十夫，以告尹。尹喜曰："吾民尚义若此，吾事不难办矣！"提学御史张君适至，闻其事而嘉之，众益趋以劝。十月辛卯，尹乃兴事，学谕经度规制以襄，训导某、典史某察其勤惰，稽其出纳。修大成殿，修两庑神厨；库前为戟门，又前为棂星门，又前为泮宫；坊皆以石；殿后为明伦堂，为东西斋，又后为尊经阁；明伦堂之左为三廨，以宅三师；前区三圃，圃前为名宦祠，又前为乡贤祠，又前为崇文仓。明伦堂之右为致斋所，又右为馔房，又右为射圃，而亭其圃之北，曰"观德"；致斋之外为宰牲所，又前为六号；凡为屋百九十有七楹。十二月丁巳，工告毕役，未逾时也。间闾之民，尚或未知其兴作，闻而来聚观者，皆相顾喈愕，以为是何神速尔！

是何井井尔，焕焕尔！庠生某撰考其事，来请予记。予曰：

甚哉！诚之易以感民也，甚哉！民之易以诚感也。有司者赋民奉国，鞭笞累絷，不能得，则反仇视。今县尹学谕一言而民应之若响，使天下之为有司学职者咸若是，天下其有不治乎？此可以为天下之为有司学职者倡矣！民之爱其财与力，至争刀锥，靳举手投足，宁殒其身而不悔。今六合之民感其上之一言，捐数十百金效力，争先恐后。使天下之为民者咸若是，天下其有不治乎？此可以为天下之民倡矣！民之蔽于欲而厚于利，苟有以感之，然且不惮费己之财，劳己之力，以赴上之所欲为。士秀于民而志于道，修其明德亲民之学，以应邦家之求，固不费财劳力而可能也。苟有以感之，有不翕然而兴者乎？吾闻徐谕之教六合，不数月而士习已为之一变。使由此日迁于高明广大，以洗俗学之陋，则夫兴起圣贤之学以为天下士之倡者，将又不在于六合之士邪！将又不在于六合之士邪！

时雨堂记丁丑

正德丁丑，奉命平漳寇，驻军上杭。旱甚，祷于行台；雨日夜，民以为未足。乃四月戊午班师，雨；明日又雨；又明日大雨。乃出田登城南之楼以观，民大悦。有司请名行台之堂为"时雨"，且曰："民苦于盗久，又重以旱，将谓靡遗。今始去兵革之役，而大雨适降，所谓'王师若时雨'，今皆有焉。请以志其实。"呜呼！民惟稼穑，德惟雨，惟天阴隲，惟皇克宪，惟将士用命，去其螣蟊，惟乃有司实耨获之，庶克有秋。乃予何德之有，而敢叨其功！然而乐民之乐，亦不容于无纪也，巡抚都御史王守仁书。是日，参政陈策、佥事胡琏至，自班师。

重修浙江贡院记乙酉

古之选士者，其才德行谊，皆论定于平日，而以时升之。故其时有司之待士，一惟忠信礼义，而无有乎防嫌逆诈之心也。士之应有司，一惟廉耻退让，而无有乎奔竞侥幸之图也。迨世下衰，科举之法兴，而忠信廉耻之风薄。上之人不能无疑于其下，而防范日密；下之人不能无疑于其上，而鄙诈日生。于是乎至有搜检巡绰之事，而待之不能以礼矣；有糊名易书之制，而信之不能以诚矣。有志之士，未尝不叹惜于古道，而千数百年卒无以改，殆亦风气习染之所成，学术教化之所积，势有不可得而误焉者也。虽然，古人之法，不可得而复矣，所以斟酌古人之意而默行之者，不犹有可尽乎？后世之法不可得而改矣，所以匡持后世之弊而善用之者，不犹有可为乎？有司之奉行，其识下者，昧古之道，而益浚之以刻薄猥琐之意；其见高者，鄙时之弊，而遂行之以忽慢苟且之心。是以陋者益陋而疏者愈疏，则亦未可专委咎于法也。若浙之诸君子之重修贡院，斯其有足以起予者矣。

浙之贡院旧在城西，尝以隘迁于藩治之东北，而苟简尚仍其旧。乃嘉靖乙酉，复当大比，监察御史潘君仿实来监临，乃与诸司之长佐，慎虑其事，而预图之。慨规制之弗备弗饰，相顾而言曰："凡政之施，孰有大于举贤才者，而可忽易之若是。夫兴居靡所而责以殚心厥事，人情有所不能矣。无亦休其启处，忧其饩养，使人乐事劝忠，以各供其职，庶亦尽心求士之诚乎！慢令弛禁，使陷罔于非僻，而后摧辱之，其为狎侮士类，亦甚矣！无亦张其纪度，明其视听，使人不戒而肃，以全其廉耻，庶亦待士以礼之意乎！"于是新选秀堂而轩于其前，为三楹；新至公堂而轩于其前，为五楹；庖湢器用，无不备具。又拓明远楼，新为三楹，而上崇三檐，下疏三道。创石台于四隅，而各亭其上，以为眺望之所，其诸防闲之道靡不恪修。夫然后人而观焉，则森严洞达，供事者，莫敢有轻忽慢易之心，而就试者，自消其回邪非僻之念。盖不费财力而事修于旬月之间，不大声色而政令行肃，观向一新。若诸君者，诚可谓能求古人之意而默行之者矣，能匡后世之弊而善用之者矣。诸君之尽心，其可见者如此。至其妙运于心术之微，而务竭于得为之地，不可以尽见者，固将无所不用其极，可知也。是举也，其必有才德行谊之士如三代之英者，出以应诸君之求已乎！

工讫，使来请记，辞不克而遂为书之。呜呼！天下之事，所以弊于今而不可复于古者，宁独科举为然乎！诚使求古人之意而默行善用之，皆如诸君今日之举焉，其于成天下之治也，何有哉！

浚河记乙酉

越人以舟楫为舆马，滨河而廛者，皆巨室也。日规月筑，水道淤隘；畜泄既亡，旱潦频仍。商旅日争于途，至有斗而死者矣。南子乃决沮障，复旧防，去豪商之壅，削势家之侵。失利之徒，胥怨交谤，从而谣之曰："南守瞿瞿，实破我庐；瞿瞿南守，使我奔走。"人曰："吾守其厉民欤！何其谤者之多也？"阳明子曰："迟之！吾未闻以佚道使民，而或有怨之者也。"既而舟楫通利，行旅欢呼络绎。是秋大旱，江河龟坼，越之人收获输载如常。明年大水，民居免于垫溺。远近称忭，又从而歌之曰："相彼舟人矣，昔揭以曳矣，今歌以楫矣。旱之熇也，微南侯兮，吾其燋矣。霪其弥月矣，微南侯兮，吾其鱼鳖矣。我输我获矣，我游我息矣，长渠之活矣，维南侯之流泽矣。"人曰："信哉！阳明子之言：'未闻以佚道使民，而或有怨之者也。'"纪其事于石，以诏来者。

外集六

说　杂著

白说字贞夫说乙亥

白生说，常太保康敏公之孙，都宪敬斋公之长子也。敬斋宾予而冠之，胙既醮而请曰："是儿也，尝辱子之门，又辱临其冠，敢请字而教诸。"曰："字而教诸，说也。吾何以字而教诸？吾闻之，天下之道，说而已；天下之说，贞而已。乾道变化，于穆流行，无非说也，天何心焉？坤德阖阙，顺成化生，无非说也，坤何心焉？仁理恻怛，感应和平，无非说也，人亦何心焉？故说也者，贞也；贞也者，理也。全乎理而无所容其心焉之谓贞；本于心而无所拂于理焉之谓说。故天得贞而说道以亨；地得贞而说道以成；人得贞而说道以生。贞乎贞乎，三极之体，是谓无已；说乎说乎，三极之用，是谓无动。无动故顺而化，无已故诚而神。诚神，刚之极也；顺化，柔之则也。故曰，刚中而柔外，说以利贞，是以顺乎天而应乎人。说之时义大矣哉！非天下之至贞，其孰能与于斯乎！请字说曰贞夫。"敬斋曰：

"广矣，子之言！固非吾儿所及也。请问其次。"曰："道一而已，孰精粗焉，而以次为？君子之德，不出乎性情，而其至塞乎天地。故说也者，情也；贞也者，性也。说以正，情之性也；贞以说，性之命也。性情之谓和，性命之谓中。致其性情之德，而三极之道备矣，而又何二乎？吾姑语其略而详可推也，本其事而功可施也。目而色也，耳而声也，口而味也，四肢而安逸也，说也，有贞焉，君子不敢以或过也，贞而已矣。仁而父子也，义而君臣也，礼而夫妇也，信而朋友也，说也，有贞焉，君子不敢以不致也，贞而已矣。故贞者，说之干也；说者，贞之枝也。故贞以养心，则心说，贞以齐家，则家说，贞以治国平天下，则国天下说。说必贞，未有贞而不说者也；贞必说，未有说而不贞者也。说而不贞，小人之道，君子不谓之说也。不伪则欲，不佞则邪，奚其贞也哉？夫夫，君子之称也；贞，君子之道也。字说曰贞夫，勉以君子而已矣。"敬斋起拜曰："子以君子之道训吾儿，敢不拜嘉！"顾谓说曰："再拜稽首，书诸绅，以蚤夜祗承夫子之命！"

刘氏三子字说 乙亥

刘毅斋之子三人。当毅斋之始入学也，其孟生，名之曰甫学；始举于乡也，其仲生，名之曰甫登；始从政也，其季生，名之曰甫政。毅斋将冠其三子，而问其字于予。予曰："君子之学也，以成其性，学而不至于成性，不可以为学，字甫学曰子成，要其终也。学成而登庸，登者必以渐，故登高必自卑，字甫登曰子渐，戒其骤也。登庸则渐以从政矣，政者，正也，未有己不正而能正人者，字甫政曰子正，反其本也。"毅斋起拜曰：

"乾也既承教，岂独以训吾子！"

南冈说丙戌

浙大参朱君应周，居莆之壶公山下。应周之名曰鸣阳，盖取《诗》所谓"凤皇鸣矣，于彼朝阳"之义也。莆人之言曰："应周则诚吾莆之凤矣。其居青琐，进谠言，而天下仰望其风采，则诚若凤之鸣于朝阳者矣。夫凤之栖，必有高冈，则壶公者，固其所从而栖鸣也。"于是号壶公曰南冈，盖亦取《诗》所谓"凤皇鸣矣，于彼高冈"之义也。应周闻之，曰："嘻！因予名而拟之以凤焉，其名也，人固非凤也；因壶公而号之以'南冈'焉，其实也，固亦冈也。吾方愧其名之虚，而思以求其号之实也。"因以南冈而自号。大夫乡士为之诗歌序记，以咏叹揄扬其美者，既已连篇累牍，而应周犹若未足，勤勤焉以蕲于予，必欲更为之一言，是其心殆不以赞誉称颂之为喜，而以乐闻规切砥砺之为益也。吾何以答应周之意乎？姑请就"南冈"而与之论学。

夫天地之道，诚焉而已耳，圣人之学，诚焉而已耳。诚故不息，故久，故征，故悠远，故博厚。是故天惟诚也，故常清；地惟诚也，故常宁；日月惟诚也，故常明。今夫南冈，亦拳石之积耳，而其广大悠久，至与天地而无疆焉，非诚而能若是乎？故观夫南冈之崖石，则诚崖石尔矣；观夫南冈之溪谷，则诚溪谷尔矣；观夫南冈之峰峦岩壑，则诚峰峦岩壑尔矣。是皆实理之诚然，而非有所虚假文饰，以伪为于其间。是故草木生焉，禽兽居焉，宝藏兴焉；四时之推敚，寒暑晦明，烟岚霜雪之变态，而南冈若无所与焉。凤皇鸣矣，而南冈不自以为瑞也；虎豹藏焉，而南冈不自以为威也；养生送死者资焉，而南冈不自以为德；云雾兴焉，而见光怪，而南冈不自以为灵。是何也？诚之无所与也，诚之不容已也，诚之不可掩也。君子之学亦何以异于是！是故以事其亲，则诚孝尔矣；以事其兄，则诚弟尔矣；以事其君，则诚忠尔矣；以交其友，则诚信尔矣。是故蕴之为德行矣，措之为事业矣，发之为文章矣。是故言而民莫不信矣，行而民莫不悦矣，动而民莫不化矣。是何也？一诚之所发，而非可以声音笑貌幸而致之也。故曰："诚者，天之道也；思诚者，人之道也。"应周之有取于南冈而将以求其实者，殆亦无出于斯道也矣！果若是，则知应周岂非思诚之功欤！夫思诚之功，精矣微矣，应周盖尝从事于斯乎？异时来过稽山麓，尚能为我一言其详。

悔斋说癸酉

悔者，善之端也，诚之复也。君子悔以迁于善，小人悔以不敢肆其恶。惟圣人而后能无悔，无不善也，无不诚也。然君子之过，悔而弗改焉，又从而文焉，过将日入于恶；小人之恶，悔而益深巧焉，益愤谲焉，则恶极而不可解矣。故悔者，善恶之分也，诚伪之关也，吉凶之机也。君子不可以频悔，小人则幸其悔而或不甚焉耳。

吾友崔伯乐氏以"悔"名其斋，非曰吾将悔而已矣，将以求无悔者也。故吾为之说如是。

题汤大行殿试策问下壬戌

士之登名礼部而进于天子之廷者，天子临轩而问之，则锡之以制；皆得受而归，藏之于庙，以辉荣其遭际之盛，盖今世士人皆尔也。丹阳汤君某登弘治进士，方为行人，以其尝所受之制属某跋数语于其下。

嗟夫！明试以言，自虞廷而然。乃言底可绩，由三代之下，吾见亦罕矣。君之始进也，天子之所以咨之者何如耶？而君之所以对之者何如耶？夫矫言以求进，君之所不为也；已进而遂忘其言焉，又君之所不忍也。君于是乎朝夕焉顾諟圣天子之明命，其将曰，是天子之所以咨询我者也。始吾既如是其对扬之矣，而今之所以持其身以事吾君者，其亦果如是耶？抑其亦未践耶？夫伊尹之所以告成汤者数言，而终身践之；太公之所以告武王者数言，而终身践之。推其心也，君其志于伊、吕之事乎？夫辉荣其一时之遭际以夸世，君所不屑矣。不然，则是制也者，君之所以鉴也。昔人有恶形而恶鉴者，遇之则将揜袂却走。君将掩袂却走之不暇，而又乌揭之焉日以示人？其志于伊、吕之事奚疑哉？君其勉矣！"上帝临汝，毋贰尔心。"某亦常缪承明问，虽其所以对扬与其所以为志者，不可以望君，然亦何敢忘自勖！

示徐曰仁应试丁卯

君子穷达，一听于天，但既业举子，便须入场，亦人事宜尔。若期在必得，以自窘辱，则大惑矣。入场之日，切勿以得失横在胸中，令人气馁志分，非徒无益，而又害之。场中作文，先须大开心目，见得题意大概了了，即放胆下笔；纵昧出处，词气亦条畅。今人入场，有志气局促不舒展者，是得失之念为之病也。夫心无二用，一念在得，一念在失，一念在文字，是三用矣，所事宁有成耶？只此便是执事不敬，便是人事有未尽处，虽或幸成，君子有所不贵也。将进场十日前，便须练习调养。盖寻常不曾起早得惯，忽然当之，其日必精神恍惚，作文岂有佳思？须每日鸡初鸣即起，盥栉整衣端坐，抖擞精神，勿使昏惰。日日习之，临期不自觉辛苦矣。今之调养者，多是厚食浓味，剧酣谑浪，或竟日偃卧。如此，是挠气昏神，长傲而召疾也，岂摄养精神之谓哉！务须绝饮食，薄滋味，则气自清；寡思虑，屏嗜欲，则精自明；定心气，少眠睡，则神自澄。君子未有不如此而能致力于学问者，兹特以科场一事而言之耳。每日或倦甚思休，少偃即起，勿使昏睡。既晚即睡，勿使久坐。进场前两日，即不得翻阅书史，杂乱心目，每日止可看文字一篇以自娱。若心劳气耗，莫如勿看，务在怡神适趣。忽充然滚滚，若有所得，勿便气轻意满，益加含蓄酝酿，若江河之浸，泓衍泛滥，骤然决之，一泻千里矣。每日闲坐时，众方嚣然，我独渊默。中心融融，自有真乐，盖出乎尘垢之外而与造物者游。非吾子概尝闻之，宜未足以与此也。

龙场生问答 戊辰

龙场生问于阳明子曰："夫子之言于朝侣也，爱不忘乎君也。今者谴于是，而汲汲于求去，殆有所渝乎？"阳明子曰："吾今则有间矣。今吾又病，是以欲去也。"龙场生曰："夫子之以病也，则吾既闻命矣。敢问其所以有间，何谓也？昔为其贵而今为其贱，昔处于内而今处于外欤？夫乘田委吏，孔子尝为之矣。"阳明子曰："非是之谓也。君子之仕也以行道，不以道而仕者，窃也。今吾不得为行道矣。虽古之有禄仕，未尝妷其职也。曰牛羊茁壮，会计当也，今吾不无愧焉。夫禄仕，为贫也，而吾有先世之田，力耕足以供朝夕，子且以吾为道乎？以吾为贫乎？"龙场生曰："夫子之来也，谴也，非仕也。子于父母，惟命之从，臣之于君，同也。不曰事之如一，而可以拂之，无乃为不恭乎？"阳明子曰："吾之来也，谴也，非仕也；吾之谴也，乃仕也，非役也。役者以力，仕者以道，力可屈也，道不可屈也。吾万里而至，以承谴也，然犹有职守焉。不得其职而去，非以谴也。君犹父母，事之如一，固也。不曰就养有方乎？惟命之从而不以道，是妾妇之顺，非所以为恭也。"龙场生曰："圣人不敢忘天下，贤者而皆去，君谁与为国矣！"曰："贤者则忘天下乎？夫出溺于波涛者，没人之能也；陆者冒焉，而胥溺矣。吾惧于胥溺也。"龙场生曰："吾闻贤者之有益于人也，惟所用，无择于小大焉。若是亦有所不利欤？"曰："贤者之用于世也，行其义而已。义无不宜，无不利也。不得其宜，虽有广业，君子不谓之利也。且吾闻之，人各有能有不能，惟圣人而后无不能也。吾犹未得为贤也，而子责我以圣人之事，固非其拟矣。"曰："夫子不屑于用也。夫子而苟屑于用，兰蕙荣于堂阶，而芬馨被于几席。萑苇之刈，可以覆垣；草木之微，则亦有然者，而况贤者乎？"阳明子曰："兰蕙荣于堂阶也，而后于芬馨被于几席；萑苇也，而后刈可以覆垣。今子将刈兰蕙而责之以覆垣之用，子为爱之耶？抑为害之耶？"

论元年春王正月 戊辰

圣人之言，明白简实，而学者每求之于艰深隐奥，是以为论愈详而其意益晦。《春秋》书"元年春王正月"，盖仲尼作经始笔也。以予观之，亦何有于可疑？而世儒之为说者，或以为周虽建子而不改月，或以为周改月而不改时。其最为有据而为世所宗者，则以夫子尝欲行夏之时，此以夏时冠周月，盖见诸行事之实也。纷纷之论，至不可胜举，遂使圣人明易简实之训，反为千古不决之疑。嗟夫！圣人亦人耳，岂独其言之有远于人情乎哉？而儒者以为是圣人之言，而必求之于不可窥测之地，则已过矣。夫圣人之示人无隐，若日月之垂象于天，非有变怪恍惚，有目者之所睹。而及其至也，巧历有所不能计，精于理者有弗能尽知也，如是而已矣。若世儒之论，是后世任情用智，拂理乱常者之为，而谓圣人为之耶？夫子尝曰："吾从周。"又曰："非天子不议礼，不制度，生乎今之世，反古之道，灾及其身者也。"仲尼有圣德无其位，而改周之正朔，是议礼制度自己出矣，其得为"从周"乎？圣人一言，世为天下法，而身自违之，其何以训天下？夫子患天下之夷狄横，诸侯强背，不复知有天王也，于是乎作《春秋》以诛僭乱，尊周室，正一王之大法而已。乃首改周之正朔，其何以服乱臣贼子之心？《春秋》之法，变旧章者必诛，若宣公之税亩；紊王制者必诛，若郑庄之归祊；无王命者必诛，若莒人之入向。是三者之有罪，固犹未至于变易天王正朔之甚也。使鲁宣、郑庄之徒举是以诘夫子，则将何辞以对？是攘邻之鸡而恶有其为盗，责人之不弟而自殴其兄也。岂《春秋》忠恕，先自治而后治人之意乎？今必泥于行夏之时之一言，而曲为之说，以为是固见诸行事之验。又引《孟子》"《春秋》天子之事""罪我者其惟《春秋》"之言而证之。夫谓"《春秋》为天子之事"者，谓其时天王之法不行于天下，而夫子作是以明之耳。其赏人之功，罚人之罪，诛人之恶，与人之善，盖亦据事直书，而褒贬自见，若士师之断狱，辞具而狱成。然夫子犹自嫌于侵史之职，明天子之权，而谓天下后世且将以是而罪我，固未尝取无罪之人而论断之，曰："吾以明法于天下。"取时王之制而更易之，曰："吾以垂训于后人。"法未及明，训未及垂，而已自陷于杀人，比于乱逆之党矣。此在中世之士，稍知忌惮者所不为，而谓圣人而为此，亦见其阴党于乱逆，诬圣言而助之攻也已！

或曰："子言之则然耳。为是说者，以《伊训》之书'元祀十有二月'，而证周之不改月，以《史记》之称'元年冬十月'，而证周之不改时，是亦未为无据也。子之谓周之改月与时也，独何据乎？"曰："吾据《春秋》之文也。夫商而改月，则《伊训》必不书曰'元祀十有二月'；秦而改时，则《史记》必不书曰'元年冬十月'；周不改月与时也，则《春秋》亦必不书曰'春王正月'。《春秋》而书曰'春王正月'，则其改月与时，已何疑焉！况《礼记》称'正月七月日至'，而《前汉·律历》至武王伐纣之岁，周正月辛卯朔，合辰在斗前一度；戊午，师度孟津；明日己未冬至；考之《太誓》'十有三年春'、《武成》'一月壬辰'之说，皆足以相为发明，证周之改月与时。而予意直据夫子《春秋》之笔，有不必更援是以为之证者。今舍夫子明白无疑之直笔，而必欲傍引曲据，证之于穿凿可疑之地而后已，是惑之甚也。"曰："如子之言，则冬可以为春乎？"曰："何为而不可？阳生于子，而极于巳午，阴生于午，而极于亥子。阳生而春始，尽于寅，而犹夏之春也。阴生而秋始，尽于申，而犹夏之秋也。自一阳之《复》，以极于六阳之《乾》，而为春夏。自一阴之《姤》，以极于六阴之《坤》，而为秋冬。此文王之所演，而周公之所系，武王、周公，其论之审矣。若夫仲尼夏时之论，则以其关于人事者，比之建子为尤切，而非谓其为不可也。启之征有扈，曰'怠弃三正'，则三正之用，在夏而已，然非始于周而后有矣。"曰："夏时冠周月，此安定之论，而程子亦尝云尔。曾谓程子之贤而不及是也，何哉？"曰："非谓其知之不及也。程子盖泥于

《论语》'行夏之时'之言，求其说而不得，从而为之辞，盖推求圣言之过耳。夫《论语》者，夫子议道之书；而《春秋》者，鲁国纪事之史。议道自夫子，则不可以不尽，纪事在鲁国，则不可以不实，'道并行而不相悖'者也。且周虽建子，而不改时与月，则固夏时矣，而夫子又何以行夏之时云乎？程子之云，盖亦推求圣言之过耳，庸何伤？夫子尝曰'君子不以人废言'，使程子而犹在也，其殆不废予言矣！"

书东斋风雨卷后癸酉

悲喜忧快之形于前，初亦何尝之有哉？向之以为愁苦凄郁之乡，而今以为乐事者，有矣。向之歌舞欢愉之地，今过之而叹息咨嗟，泫然而泣下者，有矣。二者之相寻于无穷，亦何以异于不能崇朝之风雨？而顾执而留之于胸中，无乃非达者之心欤！吾观东斋《风雨》之作，固亦写其一时之所感遇。风止雨息，而感遇之怀亦不知其所如矣，而犹讽咏嗟叹于十年之后，得非类于梦为仆役，觉而涕泣者欤？夫其隐几于蓬窗之下，听芹波之春响，而咏夜檐之寒声，自今言之，但觉其有幽闲自得之趣，殊不见其有所苦也。借使东斋主人得时居显要，一旦失势，退处寂寞，其感念畴昔之怀，当与今日何如哉？然则录而追味之，无亦将有洒然而乐、廓然而忘言者矣！而和者以为真有所苦，而类为垂楚不任之辞，是又不可以与言梦者。而与东斋主人之意，失之远矣。

竹江刘氏族谱跋甲戌

刘氏之盛，散于天下。其在安成者，出长沙定王发。今昔所传，有自来矣。竹江之谱，断自竹溪翁而下，不及于定王。见素子曰："大夫不敢祖诸侯，礼也。"夫大夫之不祖诸侯也，盖言祭也。若其支系之所自，则鲁三桓之属是实，不可得而剪。孔子曰："吾犹及史之阙文也。"盖孔子之时，史之阙疑者既鲜矣。竹江之不及定王，阙疑也，可以为谱法也已。王道不明，人伪滋而风俗坏，上下相罔以诈，人无实行，家无信谱，天下无信史。三代以降，吾观其史，若江河之波涛焉，聊以知其起伏之概而已尔。士夫不务诚身立德，而徒夸诩其先世以为重，冒昧攀缘，适以绝其类、乱其宗。不知桀、纣、幽、厉之出于禹、汤、文、武，而颜、闵、曾、孟之先，未始有显者也。若竹江之谱，其可以为世法也哉！孔子曰："斯民也，三代之所以直道而行。"充是心，虽以复三代之淳可也。且竹溪翁之后，其闻于世者历历尔。至其十一祖敬斋公而遂以清节大显于当代，录名臣者以首廉吏。敬斋之孙南峰公又以清节文学显，德业声光，方为天下所属望。竹江之后，祖敬斋而宗南峰焉。亦不一足矣。况其世贤之多也，而又奚必长沙之为重也夫！

书察院行台壁丁丑

正德丁丑三月，奉命征漳寇，驻车上杭。旱甚，祷于行台。雨日夜，民以为未足。四月戊午，寇平，旋师。是日大雨，明日又雨，又明日复雨。登城南之楼以观农事，遂谒晦翁祠于水南，览七星之胜概。夕归，志其事于察院行台。

谕俗四条丁丑

为善之人，非独其宗族亲戚爱之，朋友乡党敬之，虽鬼神亦阴相之。为恶之人，非独其宗族亲戚恶之，朋友乡党怨之，虽鬼神亦阴殛之。故积善之家，必有余庆，积不善之家，必有余殃。

见人之为善，我必爱之。我能为善，人岂有不爱我者乎？见人之为不善，我必恶之。我苟为不善，人岂有不恶我者乎？故凶人之为不善，至于陨身亡家而不悟者，由其不能自反也。

今人不忍一言之忿，或争铢两之利，遂相构讼。夫我欲求胜于彼，则彼亦欲求胜于我。仇仇相报，遂至破家荡产，祸贻子孙。岂若含忍退让，使乡里称为善人长者，子孙亦蒙其庇乎？

今人为子孙计，或至谋人之业，夺人之产，日夜营营，无所不至。昔人谓为子孙作马牛，然身没未寒，而业已属之他人，仇家群起而报复，子孙反受其殃。是殆为子孙作蛇蝎也。吁，可戒哉！

题遥祝图戊寅

薛母太孺人曾方就其长子俊养于玉山，仲子侃，既举进士，告归来省。孺人曰："吾安而兄养，子出而仕。"侃曰："吾斯之未能信。"曰："然则盍往学？"于是携其弟侨、侄宗铠来就予于虔。其室在揭阳，别且数年，未遑归视。逾年五月望日，为孺人初诞之晨，以命不敢往，遥拜而祝。其友正之、廷仁、崇一辈相与语曰："薛母之教其子，可谓贤矣；薛子之养其亲，可谓孝矣。吾侪与薛子同学，因各励其所以事亲之孝，可谓益矣，而不获登其堂，申其敬。"乃命工绘遥祝之图，寓诸玉山，以致称觞之意。请于予，予为题其事。

书诸阳伯卷戊寅

诸阳伯偶从予而问学，将别，请言。予曰："相与数月而未尝有所论，别而后言也，不既晚乎？"曰："数月而未敢有所问，知夫子之无隐于我，而冀或有所得也。别而后请言，已自知其无所得，而虑夫子之或隐于我也。"予曰："吾何所隐哉？道若日星然，子惟不用目力焉耳，无弗睹者也。子又何求乎？道在迩而求诸远，事在易而求诸难，天下之通患也。子归而立子之志，竭子之目力，若是而有所弗睹，则吾为隐于子矣！"

书陈世杰卷庚辰

尧允恭克让，舜温恭允塞，禹不自满假，文王徽柔懿恭，小心翼翼，望道而未之见，孔子温良恭俭让，盖自古圣贤，未有不笃于谦恭者。向见世杰以足恭为可耻，故遂入于简抗自是。简抗自是则傲矣。傲，凶德也，不可长。足恭也者，有所为而为之者也。无所为而为之者谓之谦。谦，德之柄，温温恭人，惟德之基。堂堂乎张也，难与并为仁矣。仲尼赞《易》之《谦》曰："谦，尊而光，卑而不可逾，君子之终也。"故地不谦，不足以载万物，天不谦，不足以覆万物，人不谦，不足以受天下之益。昔者颜子以能问于不能，有而若无，盖得夫谦道也。慎独、致知之说，既尝反覆于世杰，则凡百私意之萌，自当退听矣。复啜啜于是，盖就世杰气质之所急者言之。躬自厚而薄责于人，则远怨；见贤思齐，见不贤而内自省，则德修。毋谓己为已知而辄以诲人，毋谓人为不知而辄以忽人。终日但见己过，默而识之，学而不厌，则于道也，其庶矣乎！

谕泰和杨茂其人聋哑，自候门求见。先生以字问，茂以字答。

你口不能言是非，你耳不能听是非，你心还能知是非否？（答曰："知是非。"）如此，你口虽不如人，你耳虽不如人，你心还与人一般。（茂时首肯拱谢。）大凡人只是此心。此心若能存天理，是个圣贤的心；口虽不能言，耳虽不能听，也是个不能言不能听的圣贤。心若不存天理，是个禽兽的心；口虽能言，耳虽能听，也只是个能言能听的禽兽。（茂时扣胸指天。）你如今于父母，但尽你心的孝；于兄长，但尽你心的敬；于乡党邻里、宗族亲戚，但尽你心的谦和恭顺。见人怠慢，不要嗔怪；见人财利，不要贪图，但在里面行你那是的心，莫行你那非的心。纵使外面人说你是，也不须听；说你不是，也不须听。（茂时首肯拜谢。）你口不能言是非，省了多少闲是非；你耳不能听是非，省了多少闲是非。凡说是非，便生是非，生烦恼；听是非，便添是非，添烦恼。你口不能说，你耳不能听，省了多少闲是非，省了多少闲烦恼，你比别人到快活自在了许多。（茂时扣胸指天擘地。）我如今教你，但终日行你的心，不消口里说；但终日听你的心，不消耳里听。（茂时顿首再拜而已。）

书栾惠卷庚辰

栾子仁访予于虔，舟遇于新淦。嗟乎！子仁久别之怀，兹亦不足为慰乎？顾兹簿领纷沓之地，虽固道无不在，然非所以从容下上其议时也，子仁归矣。乞骸之疏已数上，行且得报。子仁其候我于梧江之浒，将与子盘桓于云门、若耶间有日也。闻子仁居乡，尝以乡约善其族党，固亦仁者及物之心，然非子仁所汲汲。孔子云："言忠信，行笃敬，虽蛮貊之邦行矣。然惟立则见其参于前，在舆则见其倚于衡也，而后行。"子仁其务立参前倚衡之诚乎？至诚而不动者，未之有也；不诚未有能动者也，聊以是为子仁别去之赠。

书佛郎机遗事庚辰

见素林公闻宁濠之变，即夜使人范锡为佛郎机铳，并抄火药方，手书勉予竭忠讨贼。时六月毒暑，人多道暍死。公遣两仆裹粮，从间道冒暑昼夜行三千余里以遗予，至则濠已就擒七日。予发书，为之感激涕下。盖濠之擒以七月二十六，距其始事六月十四仅月有十九日耳。世之君子当其任，能不畏难巧避者鲜矣，况已致其事，而能急国患逾其家如公者乎？盖公之忠诚根于天性，故老而弥笃，身退而忧愈深，节愈励。呜呼！是岂可以声音笑貌为哉！尝欲列其事于朝，顾非公之心也。为作佛郎机私咏，君子之同声者，将不能已于言耳矣！

佛郎机，谁所为？截取比干肠，裹以鸱夷皮。苌弘之血衃不足，睢阳之怒恨有遗。老臣忠愤寄所泄，震惊百里贼胆披。徒请尚方剑，空闻鲁阳挥。段公笏板不在兹，佛郎机，谁所为？

正德戊寅之冬，福建按察佥事周期雍以公事抵赣。时逆濠奸谋日稔，远近汹汹。予思预为之备，而濠党伺觇左右，摇手动足，朝闻暮达；以期雍官异省，当非濠所计及，因屏左右，语之故，遂与定议。期雍归，即阴募骁勇，具械束装，部勒以俟。予檄晨到，而期雍夕发。故当濠之变，外援之兵惟期雍先至，适当见素公书至之日，距濠始事亦仅月有十九日耳。初，予尝使门人冀元亨者，因讲学说濠以君臣大义，或格其奸。濠不怿，已而滋怒，遣人阴购害之。冀辞予曰："濠必反，先生宜早计。"遂遁归。至是闻变，知予必起兵，即日潜行赴淮，亦适以是日至。见素公在莆阳、周官、上杭，冀在常德，去南昌各三千余里，乃皆同日而至，事若有不偶然者。辄附录于此，聊以识予之耿耿云。

题寿外母蟠桃图 庚辰

某之妻之母诸太夫人张，今年寿八十。十二月二十有二日，其设帨辰也。某縻于官守，不能归捧一觞于堂下。幕下之士有郭诩者，因为作《王母蟠桃之图》以献。夫王母蟠桃之说，虽出于仙经异典，未必其事之有无，然今世之人多以之祝愿其所亲爱，固亦古人冈陵松柏之意也。吾从众可乎！遂用之以寄遥祝之私，而诗以歌之云：

维彼蟠桃，千岁一华。夫人之寿，兹维始葩。维彼蟠桃，千岁一实，夫人之寿，益坚孔硕。维华维实，厥根弥植。维夫人孙子，亦昌衍靡极。

书徐汝佩卷 癸未

壬午之冬，汝佩别予北上，赴南宫试。已而门下士有自京来者，告予以汝佩因南宫策问若阴诋夫子之学者，不对而出，遂浩然东归，行且至矣。予闻之，黯然不乐者久之。士曰："汝佩斯举，有志之士，莫不钦仰歆服，以为自尹彦明之后，至今而始再见者也。夫人离去其骨肉之爱，赍粮束装，走数千里，以赴三日之试，将竭精弊力，惟有司之好是投，以蕲一日之得，希终身之荣，斯人之同情也。而汝佩于此，独能不为其所不为，不欲其所不欲，斯非其有见得思义，见危授命之勇，其孰能声音笑貌而为此乎？是心也，固'富贵不能淫，贫贱不能移，威武不能屈'者矣。将夫子闻之，跃然而喜，显然而嘉与之也，而顾黯然而不乐也，何居乎？"予曰："非是之谓也。"士曰："然则汝佩之为是举也，尚亦有未至欤？岂以佩骨肉之养，且旦暮所不给，无亦随时顺应以少苏其贫困也乎？若是，则汝佩之志荒矣。"予曰："非是之谓也。"士曰："然则何居乎？"予默然不应，士不得问而退。

他日，汝佩既归，士往问于汝佩曰："向吾以子之事问于夫子矣，夫子黯然而不乐，予云云而夫子云云也。子以为奚居？"汝佩曰："始吾见发策者之阴诋吾夫子之学也，盖怫然而怒，愤然而不平。以为吾夫子之学，则若是其简易广大也；吾夫子之言，则若是其真切著明也；吾夫子之心，则若是其仁恕公普也。夫子悯人心之陷溺，若己之堕于渊壑也，冒天下之非笑诋詈而日惇惇焉，亦岂何求于世乎？而世之人曾不觉其为心，而相嫉娼诋毁之若是，若是而吾尚可与之并立乎？已矣！吾将从夫子而长往于深山穷谷，耳不与之相闻，而目不与之相见，斯已矣。"故遂浩然而归。归途无所事事，始复专心致志，沈潜于吾夫子致知之训，心平气和，而良知自发。然后黯然而不乐曰："嘻吁乎！吾过矣。"士曰："然则子之为是也，果尚有所不可欤？"汝佩曰："非是之谓也。吾之为是也，亦未下可。而所以为是者，则有所不可也。吾语子。始吾未见夫子也，则闻夫子之学而亦尝非笑之矣，诋毁之矣。及见夫子，亲闻良知之诲，恍然而大悟醒，油然而生意融，始自痛悔切责。吾不及夫子之门，则几死矣。今虽知之甚深，而未能实诸己也；信之甚笃，而未能孚诸人也。则犹未免于身谤者也，而遽尔责人若是之峻。且彼盖未尝亲承吾夫子之训也，使得亲承焉，又焉知今之非笑诋毁者，异日不如我之痛悔切责乎？不如我之深知而笃信乎？何忘己之困而责人之速也！夫子冒天下之非笑诋毁，而日谆谆然惟恐人之不入于善，而我则反之，其间不能以寸矣。夫子之黯然而不乐也，盖所以爱珊之至而忧珊之深也。虽然，夫子之心，则又广矣，大矣，微矣，几矣。不睹不闻之中，吾岂能尽以语子也？"

汝佩见，备以其所以告于士者为问，予颔之而弗答，默然者久之。汝佩悚然若有省也。明日，以此卷入请曰："昨承夫子不言之教，珊倾耳而听，若震惊百里。粗心浮气，一时俱丧矣。请遂书之。"

题梦槎奇游诗卷乙酉

君子之学，求尽吾心焉尔。故其事亲也，求尽吾心之孝，而非以为孝也；事君也，求尽吾心之忠，而非以为忠也。是故夙兴夜寐，非以为勤也；刬繁理剧，非以为能也；嫉邪祛蠹，非以为刚也；规切谏诤，非以为直也；临难死义，非以为节也。吾心有不尽焉，是谓自欺其心；心尽而后，吾之心始自以为快也。惟夫求以自快吾心，故凡富贵贫贱、忧戚患难之来，莫非吾所以致知求快之地。苟富贵贫贱、忧戚患难而莫非吾致知求快之地，则亦宁有所谓富贵贫贱、忧戚患难者足以动其中哉？世之人徒知君子之于富贵贫贱、忧戚患难无入而不自得也，而皆以为独能人之所不可及，不知君子之求以自快其心而已矣。

林君汝桓之名，吾闻之盖久，然皆以为聪明特达者也，文章气节者也。

今年夏，闻君以直言被谪，果信其为文章气节者矣。又逾月，君取道钱塘，则以书来道其相爱念之厚，病不能一往为恨，且倦倦以闻道为急，问学为事。呜呼！君盖知学者也，志于道德者也，宁可专以文章气节称之！已而郡守南君元善示予以《梦槎奇游》卷，盖京师士友赠之南行者。予读之终篇，叹曰：君知学者也，志于道德者也，则将以求自快其心者也。则其奔走于郡县之末也，

汉白玉九龙纹大缸

犹其从容于部署之间也，则将地官郎之议国事，未尝以为抗，而徐闻丞之亲民务，未尝以为琐也，则梦槎未尝以为异，而南游未尝以为奇也。君子乐道人之善，则张大而从谀之，是固赠行者之心乎？予亦以病不及与君一面，感君好学之笃，因论君子之所以为学者以为君赠。

为善最乐文 丁亥

君子乐得其道，小人乐得其欲。然小人之得其欲也，吾亦但见其苦而已耳。"五色令人目盲，五声令人耳聋，五味令人口爽，驰骋田猎令人心发狂。"营营戚戚，忧患终身，心劳而日拙，欲纵恶积，以亡其生，乌在其为乐也乎？若夫君子之为善，则仰不愧，俯不怍，明无人非，幽无鬼责，优优荡荡，心逸日休。宗族称其孝，乡党称其弟。言而人莫不信，行而人莫不悦。所谓无入而不自得也，亦何乐如之！

妻弟诸用明，积德励善，有可用之才而不求仕。人曰："子独不乐仕

乎?"用明曰:"为善最乐也。"因以四字扁其退居之轩,率二子阶、阳日与乡之俊彦读书讲学于其中。已而二子学日有成,登贤荐秀。乡人啧啧,皆曰:"此亦为善最乐之效矣!"用明笑曰;"为善之乐,大行不加,穷居不损,岂顾于得失荣辱之间而论之?"闻者心服。仆夫治圃,得一镜,以献于用明。刮土而视之,背亦适有"为善最乐"四字。坐客叹异,皆曰:"此用明为善之符,诚若亦不偶然者也。"相与咏其事,而来请于予以书之,用以训其子孙,遂以勖夫乡之后进。

客坐私祝丁亥

但愿温恭直谅之友,来此讲学论道,示以孝友谦和之行。德业相劝,过失相规,以教训我子弟,使毋陷于非僻。不愿狂懆惰慢之徒,来此博弈饮酒,长傲饰非,导以骄奢淫荡之事,诱以贪财黩货之谋,冥顽无耻,扇惑鼓动,以益我子弟之不肖。呜呼! 由前之说,是谓良士;由后之说,是谓凶人。我子弟苟远良士而近凶人,是谓逆子,戒之戒之! 嘉靖丁亥八月,将有两广之行,书此以戒我子弟,并以告夫士友之辱临于斯者,请一览教之。

外集七

墓志铭　墓表　墓碑　传　碑刻　赞　箴　祭文

易直先生墓志壬戌

易直先生卒，乡之人相与哀思不已，从而纂述其行以诔之曰：

呜呼。先生之道，谅易平直。内笃于孝友，外孚于忠实；不戚戚于穷，不欣欣于得。剪彻厓幅，于物无牴；于于施施，率意任真，而亦不干于礼。艺学积行，将施于邦；六举于乡，竟弗一获以死，呜呼伤哉。自先生之没，乡之子弟无所式，为善者无所倚，谈经究道者莫与考论，含章秘迹，林栖而泽遁者，莫与邀游以处。天胡夺吾先生之速耶。先生姓王，名哀，字德章。古者贤士死则有以易其号，今先生没且三年，而独袭其常称，其谓乡人何。盍相与私谥之曰易直。

于是先生之侄守仁闻而泣曰："叔父有善，吾子侄弗能纪述，而以辱吾之乡老，亦奚为于子侄？请得志诸墓。"

呜呼。吾宗江左以来，世不乏贤。自吾祖竹轩府君以上，凡积德累仁者数世，而始发于吾父龙山先生。叔父生而勤修砥砺，能协成吾父之志。人谓相继而兴以昌王氏者，必在叔父；而又竟止于此，天意果安在哉。叔母叶孺人，先叔父十有三年卒，生二子，守礼、守信。继孺人方氏，生一子守恭。叔父之生，以正统己巳十月戊午，得寿四十有九；而以弘治戊午之八月廿三卒。卒之岁，太夫人岑氏方就养于京，泣曰："须吾归，视其柩。"于是壬戌正月，太夫人自京归，始克以十月甲子葬叔父于邑东穴湖山之阳，南去竹轩府君之墓十武而近，去叶孺人之墓十武而遥。未合葬，盖有所俟也。

陈处士墓志铭 癸亥

处士讳泰，字思易。父刚，祖仲彰，曾祖胜一。世居山阴之钱清。刚戍辽左，娶马氏，生处士。正统甲子，处士生十二年矣，始从其父自辽来归。当是时，陈虽巨族，然已三世外戍，基业凋废殆尽。处士归，与其弟耕于清江之上，数年遂复其故。处士狷介纯笃，处其乡族亲党，无内外少长戚疏，朴直无委曲；又好面折人过，不以毛发假借，不为斩险刻削。故其生也，人争信惮；其死也，莫不哀思之。处士于书史仅涉猎，不专于文；敦典崇礼，务在躬行。郡中名流以百数，皆雕绘藻饰，熽熠以贾声誉；然称隐逸之良，必于处士，皆以为有先太丘之风焉。弘治癸亥正月庚寅以疾卒，年七十二。九月己丑，其子琢卜葬于郡西之回龙山。

初，处士与同郡罗周、管士弘、朱张弟涎友，以善交称。成化间，涎以岁贡至京。某时为童子，闻涎道处士，心窃慕之。至是归，求其庐，则既死矣。涎徒孙节与予游，以世交之谊为处士请铭。且曰："先生于处士心与之久矣，即为之铭，亦延陵挂剑之意耶。"予曰："诺。"明日，与琢以状来请。

惟陈氏世有显闻。刚之代父戍辽也，甫年十四。主帅壮其为人，召与语，大说，遂留参幕下。累立战功，出奇计。当封赏，辄为当事者沮抑，竟死牖下。处士亦状貌魁岸，幼习边机，论议根核，的然可施于用。性孝友，属其家多难，收养其弟侄之孤，掇拾扶持，不忍舍去，遂终其身。琢亦能诗有行。次子玠、三孙徕、卫、彶皆向于学。夫屡抑其进，其后将必有昌者，铭曰：

嗟惟处士，敦朴厚坚；犹玉在璞，其辉熠然。秉义揭仁，乡之司直。邈矣太丘，其孙孔式。胡溘而逝。其人则亡，德音孔迩。乡人相告，毋或而弛；无宁处士，愧其孙子。回龙之冈，其郁有苍；毋尔刍伐，处士所藏。

平乐同知尹公墓志铭癸亥

尹自春秋为著姓，降及汉、唐，代不乏贤；至宋而太常博士源、中书舍人洙及其孙焞，皆以道学为世名儒。其后有为点检者，自洛徙越之山阴；迨公七世矣。公父达，祖性中，曾祖齐贤，皆有闻于乡。公生十八年，选为郡庠弟子，以诗学知名。远近从之游者数十，往往取高第，跻显级；而公乃七试有司不偶。天顺年，诏求遗才可经济大用者，于是有司以公应诏；而公亦适当贡，遂卒业大学。成化某甲子，授广西南宁通判。时郡中久苦瑶患，方议发兵，人情汹汹。公至，请守得缓旬曰，稍图之。乃单骑入瑶峒，呼酋长与语。睹酋仓卒不暇集谋，相与就公问所由来。公曰："斯行为尔曹乞生，无他疑也。"因为具陈祸福，言辩爽慨。诸酋感动，顾谓其党曰：'何如？'皆曰："愿从使君言。"遂相率罗拜，定约而出。寻督诸军讨木头等峒，皆捷。大臣交章荐公可大用。庚子，擢同知平乐府事。平乐地皆崭山互掣，瑶凭险出没深翳，非时剽掠，居民如处阱中，动虑机触，不敢轻往来，农末俱废。闻公至，喜曰："南宁尹使君来，吾无恐耳己。"居月余，公从土著间行岩谷，尽得其形势。纵火悉焚林薄，瑶失藉，溃散。

公因尽筑城堡，要害据守。瑶来无所匿，从高巅远觇，叹息踟蹰而去。盖自是平乐遂为安土。居三年，屡以老请，辄为民所留。弘治改元，以庆贺赴京师，力求致仕以归。家居十四年，乃卒，得寿若干。

公性孝友淳笃，自其贫贱时，即委产三弟，拾取其遗。少壮衰老，虽盛暑急遽，未尝见其不以祗服。与物熙然无忤。至其莅官当事，奋毅敢直，析法绳理，势悍无所挠避。庶几古长者，而今亡矣。

先后娶陈氏、朱氏、殷氏，子骐，孙公贵、公荣。卒之又明年癸亥，将葬，骐以币状来姚请铭。某幼去其乡，闻公之为人，恨未尝从之游，铭固不辞也。公讳浦，字文渊，葬在郡东保山，合殷氏之兆。铭曰：

赫赫尹氏，望于宗周；源洙比颍，焞畅厥休。自洛徂越，公启其暗；君予之泽，十世未斩。笃敬忠信，蛮貊以行；一言之烈，雄于九军。岂惟威仪，式其党里；岂惟友睦，笃其昆弟。彼保之阳，维石岩岩；尹公之墓，今人所瞻。

徐昌国墓志 辛未

正德辛未三月丙寅，太学博士徐昌国卒，年三十三。士夫闻而哭之者皆曰："呜呼，是何促也。"或曰："孔门七十子，颜子最好学，而其年独不永，亦三十二而亡。"说者谓颜子好学，精力瘁焉。夫颜虽既竭吾才，然终日如愚，不改其乐也；此与世之谋声利，苦心焦劳，患得患失，逐逐终其身，耗劳其神气，奚啻百倍。而皆老死黄馘，此何以辨哉？天于美质，何生之甚寡而坏之特速也。夫鼪鼯以夜出，凉风至而玄鸟逝，岂非凡物之盛衰以时乎？夫嘉苗难植而易槁，芝荣不逾旬，蔓草剃而益繁，鸱枭魊蝮遍天下，而麟凤之出，间世一睹焉。商、周以降，清淑日浇而浊秽熏积，天地之气则有然矣，于昌国何疑焉。

始昌国与李梦阳、何景明数子友，相与砥砺于辞章，既殚力精思，杰然有立矣。一旦讽道书，若有所得，叹曰："弊精于无益，而忘其躯之毙也，可谓知乎？巧辞以希俗，而捐其亲之遗也，可谓仁乎？"于是习养生。有道士自西南来，昌国与语，悦之，遂究心玄虚，益与世泊，自谓长生可必至。正德庚午冬，阳明王守仁至京师。守仁故善数子，而亦尝没溺于仙释，昌国喜，驰往省，与论摄形化气之术。当是时，增城湛元明在坐，与昌国言不协，意沮去。异日复来，论如初。守仁笑而不应，因留宿，曰："吾授异人五金八石之秘，服之冲举可得也，子且谓何？"守仁复笑而不应。乃曰："吾隳黜吾昔而游心高玄，塞兑敛华而灵株是固，斯亦去之竞竞于世远矣。而子犹余拒然，何也？"守仁复笑而不应。于是默然者久之，曰："子以予为非耶？抑又有所秘耶？夫居有者，不足以超无；践器者，非所以融道。吾将去知故而宅于埃壒之表，子其语我乎？"守仁曰："谓吾为有秘，道固无形也；谓吾谓子非，子未吾是也。虽然，试言之。夫去有以超无，无将奚超矣？外器以融道，道器为偶矣。而固未尝超乎。而固未尝融乎。夫盈虚消息，皆命也；纤巨内外，皆性也；隐微寂感，皆心也。存心尽性，顺夫命而已矣，而奚所趋舍于其间乎？"昌国首肯，良久曰："冲举有诸？"守仁曰："尽鸢之性者，可以冲于天矣；尽鱼之性者，可以泳于川矣。"曰："然则有之。"曰："尽人之性者，可以知化育矣。"昌国俯而思，蹶然而起曰："命之矣。吾且为萌甲，吾且为流溆，子其煦然属我以阳春哉。"数日，复来谢曰："道果在是，而奚以外求。吾不遇子，几亡人矣。然吾疾且作，惧不足以致远，则何如？"守仁曰："悸乎？"曰："生，寄也；死，归也。何悸？"津津然既有志于斯，已而不见者逾月，忽有人来讣，昌国逝矣。王、湛二子驰往哭，尽哀，因商其家事。其长子伯虬言，昌国垂殁，整衽端坐，托徐子容以后事。子容泣，昌国笑曰："常事耳。"谓伯虬曰："墓铭其请诸阳明。"气益微，以指画伯虬掌，作"冥冥漠漠"四字，余遂不可辨，而神气不乱。

呜呼。吾未竟吾说以时昌国之及，而昌国乃止于是，吾则有憾焉。临殁之托，又何负之？昌国名祯卿，世姑苏人。始举进士，为大理评事。不能其职，于是以亲老求改便地为养。当事者目为好异，抑之；已而降为五经博士。故虽为京官数年，卒不获封其亲，以为憾。所著有《谈艺录》、古今诗文若干首，然皆非其至者。昌国之学凡三变，而卒乃有志于道。墓在虎丘西麓。铭曰：

惜也昌国。吾见其进，未见其至。早攻声词，中乃谢弃；脱淖垢浊，修形练气；守静致虚，恍若有际。道几朝闻，遽夕先逝。不足者命，有余者志。璞之未琢，岂方顽砺？隐埋山泽，有虹其气。后千百年，曷考斯志。

凌孺人杨氏墓志铭乙亥

古之葬者不封不树。葬之有铭，非古矣，然必其贤者也。然世之皆有铭也，亦非古矣，而妇人不特铭。妇人之特铭也，则又非古矣，然必其贤者也。贤而铭，虽妇人其可哉。是故非其人而铭之，君子不与也；铭之而非其实，君子不为也。吾于铭人之墓也，未尝敢以易；至于妇人，而加审焉，必有其证矣。凌孺人杨氏之铭也，曷证哉？证于其夫之状，证于其子之言，证于其乡人之所传，其贤者也。

孺人之夫为封监察御史凌公石岩讳云者也。石岩之状，谓孺人为通怀远将军之曾孙女，茂年十八而来归。姑舅爱之，族党称之，乡闾则之；不悉数其行，则贤可知矣。子金宪相，与同年，贤也；地官员外郎楷，又贤也；孺人之慈训存焉。相尝为予言孺人之贤，十余年矣，与今石岩之状同也。吾乡之士游业于通者以十数，称通之巨族以凌氏为最；凌氏之贤以石岩为最，则因及于孺人之内助。其所称举与今之状又同也。夫夫或溺誉焉，子或溢羡焉，吾乡人之言不要而实契，斯又何疑矣。

孺人之生以正统丁卯十二月九日，卒于正德癸酉十一月九日，寿盖六十七。男四：长即相；次棋，早卒；次即楷；次栻。女二。孙男八，女三。曾孙男一，女一。相将以乙亥正月内丙寅附葬孺人于祖茔之左，而格于其次，乃以石岩之状来请铭，且问葬。"合葬非古也，周公以来，未之有改也，先孺人附于祖茔之左，昭也，家君百岁后将合焉。葬左则疑于阳，虚右则疑于阴，若之何则可？"予曰："附也，则祖为之尊，左阳右阴也。阳兼阴而主变者也，阴从阳而主常者也。阳在左则居左，而在右则居右；阴在左则从左，而在右则从右。其虚右而从左乎？"于是孺人之葬虚右而从左。铭曰：

孺人之贤，予岂究知。知予若夫，乡议是符。如彼作室，则观其隅。彼昏懵懵谓予尽诬。狼山之西，祖茔是依。左藏右虚，孺人之居。

文橘庵墓志乙亥

高吾之丘兮，胡然其峛峛兮？乡人所培兮。高吾之木兮，胡然其赜赜兮？乡人所植兮。高吾之行兮，胡然其砥砥兮？乡人所履兮。阳明子曰："呜呼。兹橘庵文子之墓耶？"冀元亨曰："昔阳明子自贵移庐陵，道出辰、常间，遇文子于武陵溪上，与之语三夕而不辍，旬有五日而未能去。门人问曰：'夫子何意之深耶？'阳明子曰：'人也朴而理，直而虚，笃学审问，比耄而不衰。吾闻其莅官矣，执而恕，惠而节，其张叔之俦欤？吾闻其居乡矣，励行饬己，不言而俗化，其太丘之俦欤？呜呼。于今时为难得也矣。'别以其墓铭属，阳明子心许之而不诺。门人曰：'文子之是请也，殆犹未达欤？'阳明子曰：'达也。'曰：'达何以不诺也？'曰：'古之葬者不封不树，铭非古也。后世则有铭，既葬而后具，豫不可也。'曰：'然则恶在其为达矣？'曰：'死生之变大，而若人昼夜视之不以讳，非达欤？盖晋之末有陶潜者，尝自志其墓。'"文子既殁，其子棐棠、东集、杖葬之高吾之原。阳明子乃掇其所状而为之铭。

文子名澍，字汝霖，号橘庵。举进士，历官刑部郎中。出为重庆守。已而忤时贵，改思州，遂谢病去。文子之先为南昌人。曾祖均玉，始避地桃源。门人有闵廷圭者，为之行状，甚悉。

登仕郎马文重墓志铭丙子

沛汉台里有马翁者，长身而多知。涉书史，少喜谈兵，交四方之贤，指画山川道里弛张阖辟，自谓功业可掉臂取。尝登芒砀山，左右眺望，嘻吁慷慨；时人莫测也。中年从县司辟为掾，已得选，忽不惬，复遂弃去，授登仕郎。归与家人力耕，致饶富，辄以散其族党乡邻。葬死恤孤，赈水旱，修桥梁，惟恐有间。既老，乃益循饬。邑人望而尊之，以为大宾焉。年八十六，正德丙子四月三日无疾而卒。长子思仁，时为鸿胪司仪署丞，勤而有礼，予既素爱之。至是闻父丧，恸毁几绝；以状来请予铭，又哀而力，遂不能辞。按状，翁名珍，字文重。父某、祖某、曾某，皆有隐德。子男若干人，女若干人。以是年某月某日葬祖茔之侧。为之铭曰：

丰沛之间，自昔多魁。若汉之萧、曹，使不遇高祖，乘风云之会，固将老终其身于刀笔之间。世之怀奇不偶，无以自见于时，名湮没而不著者，何可胜数？若翁者，亦其人非耶？然考其为迹，亦异矣。呜呼。千里之足，困于伏枥；连城之珍，或混瓦砾。不琢其章，于璧何伤？不驾以骧，奚损于良？呜呼马翁，兹焉允臧。

明封刑部主事浩斋陆君墓碑志丙子

封君之葬也，子澄毁甚，失明，病不能事事，以问于阳明子曰："吾湖俗之葬也，咸竭资以盛宾主，至于毁家，不则以为俭其亲也。不肖孤则何费之敢靳。大惧疾之不任，遂底于颠殒，以重其不孝。敢请已之，如何？"阳明子曰："不亦善乎。棺椁衣衾之得为也者，君子不以俭其亲。徇湖俗之所尚，是以其亲遂非而导侈也。又况以殆其遗体乎？吾子已之，既葬而以礼告，人岂有非之者。将湖俗之变，必自吾子始矣。一举而三善，吾子其已之。"既而复以志墓之文请。阳明子辞之不得，则谓之曰："志墓非古也。古之葬者，不封不树。孔子之葬其亲也，自以为东西南北之人，不可以无识也，而封之，崇四尺。其于季札之葬，则为之识曰：'有吴延陵季子之墓'。后之志者，若是焉可矣。而内以诬其亲，外以诬于人，是故君子耻之。吾子志于贤圣之学，苟卒为贤圣之归，是使其亲为贤圣者之父也，志孰大焉。吾子曷已之？封君之存也，尝以其田二顷给吾党之贫者以资学，是于斯文为有襄也。而又重以吾子之好，无已，则如夫子之于札也乎？"因为之题其识墓之石，曰"皇明封刑部主事浩斋陆君之墓"，而书其事于石之阴。君讳璩，字文华，湖之归安人。墓在樊泽。子澄，举进士，方为刑部员外郎。澄之兄曰津。

谥襄惠两峰洪公墓志铭

特进光禄大夫柱国太子太保刑部尚书兼都察院左都御史致仕洪公，以嘉靖二年四月十九日薨，时年八十有一矣。讣闻，天子遣官九谕祭，锡谥襄惠，赐葬钱塘东穆坞之原。其嗣子澄将以明年乙酉月日举葬事，以币以状来请铭。

维洪氏世显于鄱阳。自宋太师忠宣公皓始赐第于钱塘西湖之葛岭，三子景伯、景严、景卢皆以名德相承，遂为钱塘望族。八世祖讳其一，仕宋，为浙东安抚使。元兴，避地上虞。曾祖讳荣甫。祖讳有恒。迨皇朝建国，乃复还家钱塘。有恒初名洪武昌，忌者上书言其名犯年号。高皇帝亲录之，曰："此朕兴之兆耳。"御书"有恒"易之。父讳薪，徽州街口批验所大使。自曾祖以下，皆以公贵，赠太子太保刑部尚书；妣皆赠一品夫人。公讳钟，字宣之。自幼歧嶷不凡。成化戊子，年二十六，以《易经》领乡荐。乙未举进士，授官刑部主事，谙习宪典。时相继为大司寇者皆耆德宿望，咸器重礼信之。委总诸司章奏，疑议大狱，取裁于公，声闻骤起。庚子，升员外郎，仍领诸司事。癸卯丁内艰。丙午起复，升郎中，寻虑囚山西。乙巳，江西、福建流贼甫定，公承命往审处之。归，言福建之武平、上杭、清流、永定，江西之安远、龙南，广东之程乡，皆流移混杂，习于斗争，以武力相尚，是以易哄而乱。譬若群豺虎而激怒之，欲其无相攫噬，难矣。宜及其平时令有司多立社学，以训诲其子弟，销其兵器，易之以诗书礼让，庶几潜化其奸宄。时以为知本之论。弘治己酉，升江西按察副使。癸丑，升四川按察使。所在发奸擿伏，无所挠避；而听决如流，庭无宿讼。由是横豪屏息，自土官宣慰使，皆懔懔奉约束。安氏世有马湖，恃力骄僭，为地方患。公从容画策去之，请吏于朝，遂以帖定，丙辰入觐，升江西右布政使。丁巳，转福建左布政使。著绩两省。戊午，升都察院右副都御史，巡抚顺天等府，兼整饬蓟州诸边备。时朵颜房势日猖獗，公以边备积弛，乃建议增筑边墙。自山海关界岭口西北至密云古北口黄花镇直抵居庸，延亘千余里，缮复城堡三百七十，悉城沿边诸县，官无浪费而民不知劳。自是缓急有赖。又奏减防秋官兵六千人，岁省挽输犒赏之费以数万。创建浮桥于通州，以利病涉。毁永平陶窑，以息军民横役之苦。夺民产及牧围草场之入于权贵者而悉还之。远近大悦，名称籍甚。然权贵人之扼势失利者，数短公于上，遂改云南巡抚，再改贵州。顷之，召还督理漕运，兼巡抚凤阳诸处。正德丁卯，升右都御史，仍董漕政。戊辰，命掌南京都察院事，寻升南京刑部尚书。己巳，改北京工部，复改刑部，兼都察院左都御史，加太子少保，赐玉带。庚午，特命出总川、陕、湖、河四省军务。时沔阳洞庭水寇丘仁、杨清等攻掠城邑，其锋甚锐，官军屡失利。公至，以计擒灭之。蓝五起蜀，与鄢老人等聚众往来，寇暴川、陕间，远近骚动。公涉历险阻，深入贼巢，运谋设奇，躬冒矢石，前后斩获招降以十数万，擒其渠酋二十八人，露布以闻。土官杨友、杨爱相仇激为变，众至三万余，流劫重庆、保宁诸州县。公随调兵剿平之，复其故业。朝廷七降敕奖励，赐白金麒麟服，进太子太保。公辞不获，则引年恳疏乞归。章七上，始允之。圣谕优奖，赐驰驿还，仍进光禄大夫，录其孙一人入胄监。

公既归，筑两峰书院于西湖之上，自号两峰居士。日与朋旧倘佯诗酒以为乐，如是者十有一年。嘉靖改元之壬午，朝廷念公寿耇，诏进公阶，特进光禄大夫柱国，赐玄纁羊酒，遣有司劳问。士夫之议者，咸以公先朝之老，抱负经济，年虽若迈而精力未衰，优之廊庙，足倚以为重，思复起公于家，而公已不可作矣。

公元娶郑氏，累赠一品夫人。继周氏、徐氏；又继魏氏，南京吏部尚书文靖公之女，女卒，赠一品夫人。二子魏出，长澄，乡进士，才识英敏，方向于用；次涛，荫授南京都察院都事，先卒。女二，侧出，长适漕运参将张奎；次适国子生李綦。孙男四，梗、楠、桥、檀。女七。墓合魏夫人之兆。铭曰：

桓桓襄惠，嶷然人杰。自其始仕，声闻已揭。于臬于藩。益弘以骞。略于西陲，实屏实垣。既荒南服，圻漕是督。亟命于南，亟召于北。司空司寇，邦宪是肃。帝曰司寇，尔总予师。寇贼奸宄，维尔予治。既搜既遏，豕毙狐逸。暨其成功，卒以老乞。天子曰俞，可长尔劬；西湖之湄，徉徉于于。圣化维新，聿怀旧臣。公已不作，维时之屯。天子曰咨，谥锡有跻。哀荣终始，其畴则如。穆坞之原，有郁其阡。诗此贞石，垂千万年。

赠翰林院编修湛公墓表壬申

呜呼。圣学晦而中行之士鲜矣。世方弇阿为工，方特为厉，纷纵倒置，孰定是非之归哉。盖公冶长在缧绁之中，仲尼明非其罪；匡章通国称不孝，孟子辩之；夫然后在所礼貌焉。刚狷振砺之士，独行违俗，为世所娼嫉，卒以倾废踣堕，又洗以非其罪者，可胜道哉。予读怡庵志而悲之。

怡庵湛公英者，广之增城人。介直方严，刻行砥俗，乡之善良咸服信取则，倚以扶弱御侮。然不辞色少贷人，面斥人过恶，至无所容。狡狯之徒动见矫拂，嫉视如仇，聚谋必覆公于恶，毋使抗吾为。公直行其心，不顾，竟为所构诬。愤，发病以死。公既死，其徒恶益行。乡之人遂皆谓湛公行义，顾报戾其施，而恶者自若，吾侪何以善为。后十余年，为奸者贯盈，剪灭浸尽，而公子若水求濂洛之学，为世名儒，举进士，官国史编修。

推原寻绎，公德益用表著。朝廷赠官如子，日显赫竦耀。乡人机与追嗟慕叹，为善之报何如？向特未定耳。呜呼。古有狷介特行之士，直志犯众恶，之死靡悔，湛公殆其人，非邪？向使得志立朝，当大节，其肯俯首为奸人仆役，呴濡喘息以薪缓须臾死？其不能矣。夫脂韦佞悦，亦何能缓急有毫毛之赖？为国者当何取哉？予悲斯人之不遇，而因重有所感也。昔者君子显微阐幽，以明世警瞆。信暴者无庸扬矣，彼恣然就抑，蒙溷垢而弗雪，其可以无表而出之。

节庵方公墓表乙酉

苏之昆山有节庵方翁麟者，始为士业举子，已而弃去，从其妻家朱氏居。朱故业商，其友曰："子乃去士而从商乎？"翁笑曰："子乌知士之不为商，而商之不为士乎？"其妻家劝之从事，遂为郡从事。其友曰："子又去士而从从事乎？"翁笑曰："子又乌知士之不为从事，而从事之不为士乎？"居久之，叹曰："吾愤世之碌碌者，刀锥利禄，而屑为此以矫俗振颓，乃今果不能为益也。"又复弃去。会岁歉，尽出其所有以赈饥乏。朝廷义其所为，荣之冠服，后复遥授建宁州吏目。翁视之萧然若无与，与其配朱竭力农耕植其家，以士业授二子鹏、凤，皆举进士，历官方面。翁既老。日与其乡土为诗酒会。乡人多能道其平生，皆磊落可异。顾太史九和云："吾尝见翁与其二子书，亹亹皆忠孝节义之言，出于流俗，类古之知道者。"阳明子曰："古者四民异业而同道，其尽心焉，一也。士以修治，农以具养，工以利器，商以通货，各就其资之所近，力之所及者而业焉，以求尽其心。其归要在于有益于生人之道，则一而已。士农以其尽心于修治具养者，而利器通货，犹其士与农也；工商以其尽心于利器通货者，而修治具养，犹其工与商也。故曰：四民异业而同道。盖昔舜叙九官，首稷而次契。垂工益、虞，先于夔、龙。商、周之代，伊尹耕于莘野，传说板筑于岩，胶鬲举于鱼盐，吕望钓于磻渭，百里奚处于市，孔子为乘田委吏，其诸仪封晨门荷蒉斫轮之徒，皆古之仁圣英贤，高洁不群之士。书传所称，可考而信也。自王道熄而学术乖，人失其心，交骛于利以相驱轶，于是始有歆士而卑农，荣宦游而耻工贾。夷考其实，射时罔利有甚焉。特异其名耳。极其所趋驾，浮辞诡辩以诬世惑众，比之具养器货之益，罪浮而实反不逮。吾观方翁'士商从事'之喻，隐然有当于古四民之义，若有激而云者。呜呼。斯义之亡也久矣。翁殆有所闻欤？抑其天质之美，而默有契也？吾于是而重有所感焉。吾尝获交于翁二子，皆颖然敦古道，敏志于学。其居官临民，务在济世及物，求尽其心。吾以是得其源流，故为之论著之云耳。"翁既殁，葬于邑西马鞍山之麓。配朱孺人，有贤行，合葬焉。乡人为表其墓，曰："明赠礼部主事节庵方公之墓"。呜呼。若公者其亦可表也矣。

湛贤母陈太孺人墓碑 甲戌

湛子之母卒于京师，葬于增城。阳明子迎而吊诸龙江之浒，已，湛子泣曰："若水之辱于吾子，盖人莫不闻。吾母殁而子无一言，人将以病子。"阳明子曰："名者，为之铭矣；表者，为之表矣。某何言。虽然，良亦无以纾吾情。吾闻太孺人之生七十有九，其在孀居者余四十年，端靖严洁如一日。既老，虽其至亲卑幼之请谒，见之未尝逾阈也，不亦贞乎。绩麻舂粲，教其子以显，尝使从白沙之门，曰：'宁学圣人而未至也'，不亦知乎。恤其庶姑与其庶叔，化厉为顺，抚孤与女，爱不违训，不亦慈乎。已膺封锡，禄养备至，而缊衣疏食，不改其初，不亦俭乎。贞知慈俭，老而弥坚，不亦贤乎。请著其石曰'湛贤母之墓'。"湛子拜泣而受之。既行，人曰："湛母之贤，信矣。若湛子之贤，则吾犹有疑焉。湛子始以其母之老，不试者十有三年，是也。复出而取上第，为美官，则何居？母亦老矣，又去其乡而迎养，既归复往，卒于旅，则何居？"阳明子曰："是乌足以疑湛子矣。夫湛子，纯孝人也，事亲以老于畎亩，其志也；其出而仕，母命之也；其迎之也，母欲之也；既归而复往，母泣而强之也。是能无从乎？无大拂于义，将东西南北之惟命。彼湛子者，亦岂以人之誉毁于外者，以易其爱亲之诚乎？"曰："湛子而是，则湛母非欤？"曰："乌足以非湛母矣。夫湛父之早世也，属其子曰：'必以显吾世。'故命之出者，行其夫之志也；就之养者，安其子之心也；强之往者，勉其子之忠，以卒其夫之愿也。昔者孟母断机以励其子，盖不归者几年，君子不以孟子为失养，孟母为非训。今湛母之心亦若此，而湛子之又未尝违乎养也。故湛母，贤母也；湛子，孝子也。然犹不免于世惑，吾虽欲无言也，可得乎？"

程守夫墓碑 甲申

吾友程守夫以弘治丁巳之春卒于京，去今嘉靖甲申二十有八年矣。呜呼。朋友之墓有宿草则勿哭，而吾于君，尚不能无潸然也。君之父味道公与家君为同年进士，相知甚厚，故吾与君有通家之谊。弘治壬子，又同举于乡，已而又同卒业于北雍，密迩居者四年有余。凡风雪之晨，花月之夕，山水郊园之游，无不与共。盖为时甚久而为迹甚密也，而未尝见君有愤词忤色，情日益笃，礼日以恭。其在家庭，雍雍于于，内外无间。交海内之士，无贵贱少长，咸敬而爱之。虽粗鄙暴悍，遇君未有不熏然而心醉者。当是时，予方驰骛于举业词章，以相矜高为事，虽知爱重君，而未尝知其

天资之难得也。其后君既殁，予亦入仕，往往以粗浮之气得罪于人。稍知
创艾，始思君为不可及。寻谪贵阳，独居幽寂穷苦之乡，困心衡虑，乃从
事于性情之学。方自苦其胜心之难克。而客气之易动；又见夫世之学者，
率多娼嫉险隘，不能去其有我之私，以共明天下之学，成天下之务，皆起
于胜心客气之为患也。于是愈益思君之美质，盖天然近道者，惜乎当时莫
有以圣贤之学启之。有启之者，其油然顺道，将如决水之赴壑矣。呜呼惜
哉。乃今稍见端绪，有足以启君者，而君已不可作也已。君之子国子生煃
致君临没之言，欲予与林君利瞻为之表志。林君既为之表，而君之葬已久，
志已无所及，则为书其墓之碑，聊以识吾之哀思。夫君者，不徒嬉游征逐
之好而已。君讳文楷，世居严之淳安，其详已具于墓表。

太傅王文恪公传丁亥

　　公讳鏊，字济之，王氏。其先自汴扈宋南渡。讳百八者，始居吴之洞
庭山。曾祖伯英。祖惟道。考光化，知县朝用。皆赠光禄大夫柱国少傅兼
太子太傅户部尚书武英殿大学士，妣三代皆一品夫人。公自幼颖悟不凡，
十六随父读书太学，太学诸生争传诵其文，一时先达名流咸屈年行求为友。
侍郎叶文庄、提学御史陈士贤，咸有重望于时，见而奇之，曰"天下士"。
于是名声动远迩。成化甲午，应天乡试第一，主司异其文，曰："苏子瞻之
流也。"录其论策，不易一字。乙未会试，复第一，入奉廷对，众望翕然。
执政忌其文，乃置一甲第三，时论以为屈。授翰林编修，闭门力学，避远
权势，若将浼焉。九载，升侍讲。宪庙《实录》成，升右谕德，寻荐为侍
讲学士兼日讲官。每进讲至天理人欲之辩，君子小人之用舍，必反覆规谕，
务尽启沃。方春，上游后苑，左右谏不听，公讲文王不敢盘于游田，上为

罢游。讲罢，常召所幸广戒之，曰："今日讲官所指，殆为若等好为之。"时东宫将出阁，大臣请选正人以端国本，首荐用公以本官兼谕德。寻升少詹事兼侍讲学士。既而吏部阙侍郎，又遂以为吏部。时北虏入寇，公上筹边八事，虽忤权幸，而卒多施行，公辅之，望日隆。于是灾异，内阁谢公引咎求退，遂举公以自代。武宗在亮暗，内侍八人，荒游乱政，台谏交章，中外汹汹。公协韩司徒率文武大臣伏阁以请，上大惊怒，有旨召公等。至左顺门，中官传谕甚厉，众相视莫敢发言。公曰："八人不去，乱本不除，天下何由而治。"议论侃侃，韩亦危言继之，中官语塞。一时国论倚以为重。然自是八人者竟分布要路，瑾入柄司礼，而韩公遂逐，内阁刘、谢二公亦去矣。诏补内阁缺，瑾意欲引冢宰焦，众议推公。瑾虽中忌而外难公论，遂与焦俱入阁。瑾方威钳士类，按索微瑕，辄枷械之，几死者累累。公呕言于瑾曰："士大夫可杀不可辱，今既辱之，又杀之，吾尚何颜于此。"由是类从宽释。瑾衔韩不已，必欲置之死，无敢言者；又欲以他事中内阁刘、谢二公；前后力救之，乃皆得免。大司马华容刘公以瑾旧怨，逮至京，将坐以激变土官岑氏罪死。公曰："岑氏未叛，何名为激变乎？"刘得减死。或恶石淙杨公于瑾，谓其筑边太费，屡以为言。公曰："杨有高才重望，为国修边，乃可以功为罪乎？"瑾议焚废后吴氏之丧以灭迹，曰："不可以成服。"公曰："服可以不成，葬不可以苟。"景泰汪妃薨，疑其礼。公曰："妃废不以罪，宜复其故号，葬以妃，祭以后。"皆从之。当是时，瑾权倾中外，虽意不在公，然见公开诚与言，初亦间听。及焦专事媕阿，议弥不协。而瑾骄悖日甚，毒流缙绅。公遏之不能得，居常戚然。瑾曰："王先生居高位，何自苦乃尔耶？"公日求去。瑾意愈咈，众虞祸且不测。公曰："吾义当去，不去乃祸耳。"瑾使伺公，无所得，且闻交赞亦绝，乃笑曰："过矣。"于是恳疏三上，许之。赐玺书、乘传、岁夫、月米以归。时方危公之求去，咸以为异数云。

公既归吴，屏谢纷嚣，悠然山水之间，究心理性，尚友千古。至其与人，清而不绝于俗，和而不渍于时；无贵贱少长，咸敬慕悦服，有所兴起。平生嗜欲澹然，吴中士夫所好尚珍赏观游之具，一无所人。惟喜文辞翰墨之事，至是亦皆脱落雕绘，出之自然。中年尝作《明理》《克己》二箴，以进德砥行。及充养既久，晚益纯明，心有著述，必有所发。其论性善云："欲知性之善乎，盍反而内观乎？寂然不动之中，而有至虚至灵者存焉。湛兮其非有也，宕兮其非无也；不堕于中边，不杂于声臭。当是时也，善且未形，而恶有所谓恶者哉？恶有所谓善恶混者哉？恶有所谓三品者哉？性，其犹监乎。鉴者，善应而不留。物来则应，物去则空，监何有焉。性，惟虚也，惟灵也，恶安从生？其生于蔽乎。气质者，性之所寓也，亦性之所由蔽也。气质异而性随之。譬之球焉，坠于澄渊则明，坠于浊水则昏，坠于污秽则秽。澄渊，上智也；浊水，凡庶也；污秽，下愚也。天地间膴塞充满，皆气也；气之灵，皆性也。人得气以生而灵随之，譬之月在天，物各随其分而受之。江湖淮海，此月也；池沼，此月也；沟渠，此月也；坑堑，亦此月也，岂必物物而授之。心者，月之魄也；性者，月之光也；情者，光之发于物者也。"其所论造，后儒多未之及。居闲十余年，海内士夫交章论荐不辍。及今上即位，始遣官优礼，岁时存问。将复起公，而公已没，时嘉靖三年三月十一日，寿七十五矣。赠太傅，谥文恪，祭葬有加礼。四子：延喆，中书舍人；延素，南京中军都督府都事；延陵，郡学生；延昭，尚幼。皆彬彬世其家。

史臣曰：世所谓完人，若震泽先生王公者，非邪？内裕伦常，无俯仰之憾；外际明良，极禄位声光之显。自为童子至于耆耋，自庙朝下逮闾巷至于偏隅，或师其文学，或慕其节行，或仰其德业；随所见异其称，莫或有瑕疵之者。所谓寿福康宁，攸好德而考终命，公殆无愧尔矣。无锡邵尚书国贤与公婿徐学士子容，皆文名冠一时，其称公之文规模昌黎，以及秦汉，纯而不流于弱，奇而不涉于怪，雄伟俊洁，体裁截然，振起一代之衰，得法于《孟子》；论辩多古人未发；诗萧散清逸，有王、岑风格；书法清劲自成，得晋、唐笔意；天下皆以为知言。阳明子曰："王公所深造，世或未之能尽也，然而言之亦难矣。著其'性善之说'，以微见其概，使后世之求公者以是观之。"

平茶寮碑 丁丑

正德丁丑，瑶寇大起，江、广、湖、郴之家骚然，且三四年矣。于是三省奉命会征。乃十月辛亥，予督江西之兵自南康入。甲寅，破横水、左溪诸巢，贼败奔。庚申，复连战，奔桶冈。十一月癸酉，攻桶冈，大战西山界。甲戌，又战，贼大溃。丁亥，尽殄之。凡破巢八十有四，擒斩三千余，俘三千六百有奇。释其胁从千有余众，归流亡，使复业。度地居民，凿山开道，以夷险阻。辛丑，师旋。于乎。兵惟凶器，不得已而后用。刻茶寮之石，匪以美成，重举事也。提督军务都御史王某书。

平浰头碑 丁丑

四省之寇，惟浰尤黠，拟官僭号，潜图孔亟。正德丁丑冬，崖、瑶既殄，益机险阴毒，以虞王师。我乃休士归农。戊寅正月癸卯，计擒其魁，遂进兵击其懈。丁未，破三浰，乘胜归北。大小三十余战，灭巢三十有八，俘斩三千余。三月丁未，回军。壶浆迎道，耕夫遍野，父老咸欢。农器不陈，于今五年；复我常业，还我室庐，伊谁之力？赫赫皇威，匪威曷凭？爰伐山石，用纪厥成。提督军务都御史王某书。

田州立碑丙戌

嘉靖丙戌夏，官兵伐田，随与思恩之人相比复煽，集军四省，汹汹连年，于时皇帝忧悯："元元容有无辜而死者乎？"乃命新建伯王守仁："曷往视师。其以德绥，勿以兵虔。"班师撤旅，信义大宣。诸夷感慕，旬日之间，自缚来归者，七万一千。悉放之还农，两省以安。昔有苗徂征，七旬来格；今未期月而蛮夷率服。绥之斯来，速于邮传，舞干之化，何以加焉。爰告思、田，毋忘帝德；爰勒山石，昭此赫赫。文武圣神，率土之滨，凡有血气，莫不尊亲。

田州石刻

田石平，田州宁民谣如此：田水萦，田山迎府治新向；千万世，巩皇明。嘉靖岁，戊子春，新建伯，王守仁，勒此石，告后人。

陈直夫南宫像赞

夫子称史鱼曰："直哉。邦有道如矢，邦无道如矢。"谓祝鮀、宋朝曰："非斯人，难免乎今之世矣。"予尝三复而悲之。直道之难行，而谄谀之易合也，岂一日哉。鱼之直，信乎后世，其在当时，不若朝与鮀之易容也，悲夫。

吾越直夫陈先生，严毅端洁，其正言直气，放荡佞谀之士，嫉视若仇。彼宁无知之，卒于己非便也。故先生举进士不久，辄致仕而归；屡荐复起，又不久辄退，以是也哉。然天下之言直者，必先生与焉。始予拜先生于钱清江上，欢然甚得。先生奚取于予？殆空谷之足音也。世日趋于下，先生而在，虽执鞭之事，吾亦为之。今既没矣，其子子钦以先生南宫图像请识一言。先生常尘视轩冕，岂一第之为荣。闻之子钦，盖初第时有以相遗者，受而存之。先生没，子钦始装潢，将藏诸庙，则又为子者宜尔也。诗曰：

有服襜襜，有冠翼翼；在彼周行，其容孔式。秉笏端弁，中温且栗。既醉以酒，既饱以德。彼何人斯？邦之司直。邦之司直；宜公宜孤。既来既徂，为冠为模。孰久其道，众听且乎。如江如河，其趋弥污。邦之司直，今也则亡。

三箴

呜呼小子，曾不知警。尧讵未圣？犹日兢兢。既坠于渊，犹恬履薄；既折尔股，犹迈奔蹶；人之冥顽，则畴与汝。不见瘫肿，砭乃斯愈？不见痿痹，剂乃斯起？人之毁诟，皆汝砭剂。汝曾不知，反以为怒。匪怒伊色，亦反其语；汝之冥顽，则畴之比。呜呼小子。告尔不一。既四十有五，而曾是不忆。

呜呼小子，慎尔出话。憸言维多，吉言维寡。多言何益？徒以取祸。德默而成，仁者言认。孰默而讥？孰切而病？誉人之善，过情犹耻；言人之非，罪曷有已？呜呼多言，亦惟汝心。汝心而存，将日钦钦；岂遑多言，上帝汝临。

呜呼小子，辞章之习，尔工何为。不以钓誉，不以蛊愚。佻彼优伶，尔视孔丑；覆蹈其术，尔颜不厚？日月逾迈，尔胡不恤？弃尔天命，昵尔仇贼；昔皇多士，亦胥兹溺。尔独不鉴，自抵伊哑。

南镇祷雨文 癸亥

惟神秉灵毓秀，作镇于南，实与五岳分服而治。维是扬州之域，咸赖神休，以生以养，凡其疾疫灾眚之不时，雨阳寒暑之弗莫，无有远近，莫不引颈企足，惟神是望。怨有归，功有底，神固不得而辞也。而况绍兴一郡，又神之宫墙辇毂之下乎？谓宜风雨节而寒暑当，民无疾而五谷昌，特先诸郡以露神惠。而乃入夏以来，亢阳为虐，连月弗雨，泉源告竭，黍苗荐槁，岁且不登，民将无食。农夫相与咨于野，商贾相与憾于市，行旅相与怨于途，守土之官帅其吏民奔走呼号。维是祈祷告请，亦无不至矣；而犹雨泽未应，旱烈益张，是岂吏之不职而贪墨者众欤？赋敛繁刻而狱讼冤滞欤？祀典有弗修欤？民怨有弗平欤？夫是数者，皆吏之谪，而民何咎之有？夫怒吏之不臧，而移其谪于民，又知神之所不忍也。不然，岂民之冥顽妄作者众，将奢淫暴殄以怒神威，神将罚而惩之欤？夫薄罚以示戒，神之威灵亦即彰矣。百姓震惧忧惶，请罪无所，遂弃而绝之，使无噍类，神之慈仁固应不为若是之甚也。夫民之所赖者神，神之食于兹土，亦非一日矣。今民不得已有求于神，而神无以应之，然则民将何恃？而神亦何以信于民乎？

某生长兹土，犹乡之人也。乡之人以某尝读书学道，缪以为是乡人之杰者，其有得于山川之秀为多，藉之以为吾愚民之不能自达者，通诚于山川之神，其宜有感。夫某非其人也，而冒有其名；人而冒以其名加我，我既不得而辞矣，又何敢独辞其责耶？是以冒昧辄为之请，固知明神亦有所不得而辞也。谨告。

瘗旅文戊辰

维正德四年秋月三日，有吏目云自京来者，不知其名氏；携一子一仆，将之任，过龙场，投宿土苗家。予从篱落间望见之，阴雨昏黑，欲就问讯北来事，不果。明早遣人觇之，已行矣。薄午有人自蜈蚣坡来，云一老人死坡下，傍两人哭之哀。予曰："此必吏目死矣。伤哉。"薄暮复有人来，云："城下死者二人，傍一人坐叹。"询其状，则其子又死矣。明日复有人来，云："见坡下积尸三焉。"则其仆又死矣。呜呼伤哉。念其暴骨无主，将二童子持畚锸，往瘗之，二童子有难色然。予曰："嘻。吾与尔犹彼也。"二童悯然涕下，请往；就其傍山麓为三坎埋之，又以只鸡饭三盂，嗟吁涕洟而告之。曰：

呜呼伤哉。系何人？系何人？吾龙场驿丞余姚王守仁也。吾与尔皆中土之产，吾不知尔郡邑，尔乌为乎来为兹山之鬼乎？古者重去其乡，游宦不逾千里。吾以窜逐而来此，宜也；尔亦何辜乎？闻尔官，吏目耳，俸不能五斗，尔率妻子躬耕，可有也，乌为乎以五斗而易尔七尺之躯？又不足，而益以尔子与仆乎？呜呼伤哉。尔诚恋兹五斗而来，则宜欣然就道，乌为乎吾昨望见尔容蹙然，盖不任其忧者？夫冲冒雾露，扳援崖壁，行万峰之顶，饥渴劳顿，筋骨疲惫，而又瘴厉侵其外，忧郁攻其中，其能以无死乎？吾固知尔之必死，然不谓若是其速，又不谓尔子尔仆亦遽尔奄忽也。皆尔自取，谓之何哉。吾念尔三骨之无依而来瘗尔，乃使吾有无穷之怆也，呜呼痛哉。纵不尔瘗，幽崖之狐成群，阴壑之虺如车轮，亦必能葬尔于腹，不致久暴露尔。尔既已无知，然吾何能为心乎？自吾去父母乡国而来此，二年矣，历瘴毒而苟能自全，以吾未尝一日之戚戚也。念悲伤若此，是吾为尔者重而自为者轻也。吾不宜复为尔悲矣。吾为尔歌，尔听之。歌曰：

连峰际天兮，飞鸟不通；游子怀乡兮，莫知西东。莫知西东兮，维天则同。异域殊方兮，环海之中；达观随寓兮，奚必予宫？魂兮魂兮，无悲以恫。

又歌以慰之，曰：

与尔皆乡土之离兮，蛮之人言语不相知兮。性命不可期，吾苟死于兹兮，率尔子仆来从予兮。吾与尔邀以嬉兮，骖紫彪而乘文螭兮，登望故乡而嘘唏兮。吾苟获生归兮，尔子尔仆尚尔随兮，无以无侣悲兮。道傍之冢累累兮，多中土之流离兮，相与呼啸而徘徊兮。飧风饮露，无尔饥兮；朝友麋鹿，暮猿与栖兮。尔安尔居兮，无为厉于兹墟兮。

祭郑朝朔文 甲戌

维正德九年，岁次甲戌，七月壬戌朔越十有六日丁丑，南京鸿胪寺卿王守仁驰奠于监察御史亡友郑朝朔之墓。

呜呼。"道之将行，其命也与。道之将废，其命也与。"呜呼朝朔。命实为之，将何如哉。将何如哉。辛未之冬，朝于京师，君为御史，余留铨司。君因世杰，谬予是资；予辞不获，抗颜以尸。君尝问予："圣学可至？"余曰："然哉。克念则是。"隐辞奥义，相与剖析；探本穷原，夜以继日。君喜谓予："昔迷今悟；昔陷多歧，今由大路。"呜呼绝学。几年于兹。孰沿就绎？君独奋而。古称豪杰，无文犹兴；有如君者，无愧斯称。当是之时，君疾已构；忍痛扶屏，精微日究。人或劝君："盍亦休只？"君曰："何哉？夕死可矣。"君遂疾告，我亦南行。君与世桀，访予阳明。君疾亦笃，遂留杭城。天不与道，善类云倾。呜呼痛哉。时予祖母，亦婴危疾；汤药自须，风江阻涉。君丧遂行，靡由一诀。扶榇而南，事在世杰；负恨负愧，予复何说。嗟予颛弱，实赖友朋；砥砺切磋，庶几有成。死者生者，索居离群。静言永怀，中心若焚。墓草再青，甫兹驰奠；遥望岭云，有泪如霰。呜呼哀哉。予复何言？尚飨。

祭浰头山神文 戊寅

维正德十三年戊寅，二月十五日甲申，提督军务都御史王某谨以刚鬣柔毛，昭告于浰头山川之神。

惟广谷大川，阜财兴物，以域民畜众。故古者诸侯祭封内山川，亦惟其有功于民。然地灵则人杰，人之无良，亦足以为山川之羞。兹土为盗贼所盘据且数十年，远近之称浰头者，皆曰："贼巢"，耻莫大焉，是岂山川之罪哉？虽然，清冽之井，粪秽而不除，久则同于而厕溷矣；丹凤之穴，鸱狐聚而不去，久则化为妖窟矣。粪秽之所，过者掩鼻；妖孽之窟，人将持刃燔燎，环而攻之。何者？其积聚招致使然也。诚使除其粪秽，刮剟涤荡，将不终朝而复其清冽；鸱狐逐而鸾凤归，妖孽之窟还为孕祥育瑞之所矣。今兹土之山川，亦何以异于是？

守仁奉天子明命，来镇西陲。愤浰贼之凶悖，民苦荼毒，无所控吁，故迩者计擒渠魁，提兵捣其巢穴。所向克捷，动获如志。斯固人怨神怒，天人顺应之理，将或兹土山川之神厌恶凶残，思欲洗其积辱，阴有以相协，假手于予。今驻兵于此弥月余旬，虽巢穴悉已扫荡，擒斩十且八九，然漏殄之徒，尚有潜逃，小民不能无怨于山川之神为之逋逃主萃渊薮也。今予提兵深入，岂独除民之害，亦为山川之神雷其耻。夫安旧染，弃新图，非中人之情，而况于鬼神乎？今此残徒，势穷力屈，亦方遣人投招，将顺而抚之，则虑其无革心之诚，复遗患于日后；逆而弗受，又恐其或出于诚心，杀之有不忍也。神其阴有以相协，使此残寇而果诚心邪，即阴佑其衷，俾尽携其党类，自缚来投，若水之赴壑，予将堤沿停畜之；如其设诈怀奸，即阴夺其魄，张我军威，风驰电扫，一鼓而歼之。兹惟下民之福，亦惟神明之休。坛而祀之，神亦永永无祚。惟神实鉴图之。尚飨。

祭徐曰仁文戊寅

呜呼痛哉，曰仁。吾复何言。尔言在吾耳，尔貌在吾目，尔志在吾心，吾终可奈何哉。记尔在湘中，还，尝语予以寿不能长久，予诘其故。云："尝游衡山，梦一老瞿昙抚曰仁背，谓曰：'子与颜子同德。'俄而曰：'亦与颜子同寿。'觉而疑之。"予曰："梦耳。子疑之，过也。"曰仁曰："此亦可奈何？但令得告疾早归林下，冀从事于先生之教，朝有所闻，夕死可矣。"呜呼。吾以为是固梦耳，孰谓乃今而竟如所梦邪。向之所云，其果梦邪？今之所传，其果真邪？今之所传，亦果梦邪？向之所梦，亦果妄邪？呜呼痛哉。

曰仁尝语予："道之不明，几百年矣。今幸有所见，而又卒无所成，不亦尤可痛乎？愿先生早归阳明之麓，与二三子讲明斯道，以诚身淑后。"予曰："吾志也。"自转官南赣，即欲过家，坚卧不出。曰仁曰："未可。纷纷之议方驰，先生且一行。爰与二三子姑为饘粥计，先生了事而归。"呜呼。孰谓曰仁而乃先止于是乎。吾今纵归阳明之麓，孰与予共此志矣。二三子又且离群而索居，吾言之，而孰听之？吾倡之，而孰和之？吾知之，而孰问之？吾疑之，而孰思之？呜呼。吾无与乐余生矣。吾已无所进，曰仁之进未量也。天而丧予也，则丧予矣，而又丧吾曰仁何哉？天胡酷且烈也。呜呼痛哉。朋友之中，能复有知予之深、信予之笃如曰仁者乎？夫道之不明也，由于不知不信。使吾道而非邪，则已矣；吾道而是邪，吾能无蕲于人之不予知予信乎？

自得曰仁讣，盖哽咽而不能食者两日。人皆劝予食。呜呼。吾有无穷之志，恐一旦遂死不克就，将以托之曰仁，而曰仁今则已矣。曰仁之志，吾知之，幸未即死，又忍使其无成乎？于是复强食。呜呼痛哉。吾今无复有意于人世矣。姑俟冬夏之交，兵革之役稍定，即拂袖而归阳明。二三子苟有予从者，尚与之切磋砥砺。务求如平日与曰仁之所云。纵举世不以予为然者，亦且乐而忘其死，惟百世以俟圣人而不惑耳。曰仁有知，其尚能启予之昏而警予之惰邪？呜呼痛哉。予复何言。

祭孙中丞文己卯

呜呼。弁阿苟容，生也何庸。慷慨激烈，死也何恫。勤劳施于国，而惠泽被于民，孰谓公之死而非生乎？守臣节以无亏，秉大义而不屈，孰谓公之归而非全乎？方逆焰之已炎，公盖力扑其燎原之势而不能；屡疏乞免，又不获请；则旁行曲成，冀缓其怒而徐为之图。盖公处事之权，而人或未之尽知也。比其当危临难，伏节申忠，之死靡回，然后见公守道之常，心迹如青天白日，而天下之人始洞然无疑矣。呜呼。逆藩之谋，积之十有余年，而败之旬日，岂守仁之智谋才力能及此乎？是固祖宗之德泽，朝廷之神武，而公之精忠愤烈，阴助默相于冥冥之中，是亦未可知也。公之子挟刃赴仇，奔走千里，至则逆贼已擒，遂得改殡正殓，扶公榇而还。父子之间，忠孝两无所怆矣，亦何憾哉。守仁于公，既亲且友，同举于乡，同官于部，今又同遭是难，岂偶然哉。灵舟将发，薄奠写哀，言有尽而意无穷。呜呼。

祭外舅介庵先生文辛巳

呜呼。自公之葬兹土，逮今二十有六年，乃始复一拜墓下。中间盛衰之感，死生之戚，险夷之变，聚散之情，可悲可愕，可扼腕而流涕者，何可胜道？呜呼伤哉。死者日以远，生者日以谢，而少者日以老矣。自今以往，其可悲可愕，可扼腕而流涕者，其又可胜道耶？二十六年而始获一拜，自今以往，获拜公之墓下者知复能几？呜呼伤哉。惟是公之子姓群然集于墓下，皆鸾停鹤峙，振羽翮而翱乎云霄未已也。所以报纯德而慰公于地下者，庶亦在兹已乎。某奉召北行，便道归省，甫中展谒，辄已告辞，言有尽而意无穷。顾瞻丘垅，岂胜凄断。尚飨。

祭文相文

呜呼。文相迈往直前之气，足以振颓靡而起退懦；通敏果决之才，足以应烦剧而解纷拏；激昂奋迅之谈，足以破支辞而折多口。此文相之所以超然特出乎等夷，而世之人亦方以是而称文相者也。然吾之所望于文相，则又宁止于是而已乎。与文相别数年矣，去岁始复一会于江浒。握手半日之谈，豁然遂破百年之惑，一何快也。吾方日望文相反其迈往直前之气，以内充其宽裕温厚之仁；敛其通敏果决之才，以自昭其文理密察之智；收其奋迅激昂之辩，以自全其发强刚毅之德；固将日趋于和平而大会于中正。斯乃圣贤之德之归矣，岂徒文章气节之士而已乎？惜乎，吾见其进而未见その止也。一疾奄逝，岂不痛哉。闻讣实欲渡江一恸，以舒永诀之哀。暑病且冗，欲往不能；临风长号，有泪如雨。呜呼文相，予复何言。

又祭徐曰仁文 甲申

呜呼曰仁。别我而逝兮，十年于今。葬兹丘兮，宿草几青。我思君兮一来寻，林木拱兮出日深，君不见兮，窅嵯峨之云岑。四方之英贤兮日来臻，君独胡为兮与鹤飞而猿吟？忆丽泽兮欹歆，奠椒醑兮松之阴，良知之说兮闻不闻？道无间于隐显兮，岂幽明而异心。我歌白云兮，谁同此音？

祭国子助教薛尚哲文 甲申

呜呼。良知之学不明于天下，几百年矣。世之学者，蔽于见闻习染，莫知天理之在吾心，而无假于外也。皆舍近求远，舍易求难，纷纭交骛，以私智相高，客气相竞，日陷于禽兽夷狄而不知。间有独觉其非而略知反求其本源者，则又群相诟笑，斥为异学。呜呼，可哀也已。

盖自十余年来，而海内同志之士稍知讲求于此，则亦如晨星之落落，乍明乍灭，未见其能光大也。潮阳在南海之滨，闻其间亦有特然知向之士，而未及与见。间有来相见者，则又去来无常。自君之弟尚谦始从予于留都，朝夕相与者三年。归以所闻于予者语君，君欣然乐听不厌，至忘寝食，脱然弃其旧业如敝屣。君素笃学高行，为乡邦子弟所宗依，尚谦自幼受业焉。至是闻尚谦之言，遂不知己之为兄，尚谦之为弟；己之尝为尚谦师，而尚谦之尝师于己也。尽使其群子弟偕来学于予，而君亦躬枉辱焉。非天下之大勇，能自胜其有我之私而果于徙义者，孰能与于此哉。自是其邑之士，若杨氏兄弟与诸后进之来者，源源以十数。海内同志之盛，莫有先于潮阳者，则实君之昆弟之为倡也。其有功于斯道，岂小小哉。

方将因藉毗赖，以共明此学，而君忽逝矣，其为同志之痛，何可言哉。虽然，君于斯道亦既有闻，则夕死无憾矣，其又奚悲乎？吾之所为长号涕夷而不能白已者，为吾道之失助焉耳。天也，可如何哉。

相望千里，靡由走哭；因风寄哀，言有尽而意无穷。呜呼，哀哉。

祭朱守忠文 甲申

呜呼。圣学之不明也久矣。予不自量，犯天下之诋笑，而冒非其任。恃以无恐者，谓海内之同志若守忠者，为之胥附先后，终将必有所济也。而自十余年来，若吾姚之徐曰仁，潮阳之郑朝朔、杨仕德，武陵之冀惟乾者，乃皆相继物故。其余诸同志之尚存足可倚赖者，又皆离群索居，不能朝夕相与以资切磋砥砺之益。今守忠又复弃我而逝，天其或者既无意于斯文已乎？何其善类之难合而易暌，善人之难成而易丧也。呜呼痛哉。

守忠之于斯道，既已识其大者，又能乐善不倦，旁招博采，引接同志而趋之同归于善，若饥渴之于饮食，视天下之务不啻其家事，每欲以身殉之。今兹之没也，实以驱贼山东，昼夜劳瘁，至殒其身而不顾。呜呼痛哉。

始守忠之赴山东也，过予而告别，云："节于先生之学，诚有终身几席之愿，顾事功之心犹有未能脱然者。先生将何以裁之？"予曰："君子之事，敬德修业而已。虽位天地、育万物，皆己进德之事，故德业之外无他事功矣。乃若不由天德，而求骋于功名事业之场，则亦希高慕外。后世高明之士，虽知向学，而未能不为才力所使者，犹不免焉。守忠既己心觉其非，固当不为所累矣。"呜呼，岂知竟以是而忘其身乎。

守忠之死，盖御灾捍患而死勤事，能为忠臣志士之所难能矣。而吾犹以是为憾者，痛吾道之失助，为海内同志之不幸焉耳。呜呼痛哉。灵輀云迈，一奠永诀；岂无良朋，孰知我心之悲。呜呼痛哉。

祭洪襄惠公文

呜呼。公以雄特之才，豪迈之气，际明良之会，致位公孤。勋业振于当时，声光被于远迩；功成身退，全节令终。若公真可谓有济时之具，而为一世之杰矣。悲夫，才之难成也。干云合抱，岂岁月所能致？任之栋梁，已不为不见用矣，又辍而置之闲散者十余年，不亦人可惜也乎。天岂以公有克肖之子，将敛其所未尽者而大发诸其后人也乎？公优游林下，以乐太平之盛；其没也，天子锡之祭葬，褒以美谥。生荣死哀，亦复何憾矣。而予独不能无悲且感者。方公之生，人皆知公之才美，而忌者抑之，使不得尽用，时之人顾亦概然视之，曾不知以为意。呜呼。岂知其没也，遂一仆而不可复起矣。老成典型，为世道计者，能无悲伤乎哉。

先君子素与于公，守仁虽晚，亦辱公之知爱。公子尝以公之墓铭见属，曾不能发扬盛美。兹公之葬，又不能奔走执绋，驰奠一觞。聊以寓其不尽之衷焉尔。呜呼哀哉。尚飨。

祭杨士鸣文 丙戌

呜呼士鸣。吾见其进也，而遽见其止耶。往年士德之殁，吾已谓天道之无知矣，今而士鸣又相继以逝，吾安所归咎乎？呜呼痛哉。

忠信明睿之资，一郡一邑之中不能一二见，而顾萃于一家之兄弟，又皆与闻斯道，以承千载之绝学，此岂也出于偶然者。固宜使之得志大行，发圣学之光辉，翼斯文于悠远。而乃栽培长养，则若彼其艰；而倾覆摧折，又如此其易。其果出于偶然，倏聚倏散，而天亦略无主宰于其间耶？呜呼痛哉。

潮郡在南海之涯，一郡耳。一郡之中，有薛氏之兄弟子侄，既足盛矣，而又有士鸣之昆季。其余聪明特达毅然任道之器，后先颉颃而起者以数十。其山川灵秀之气，殆不能若是其淑且厚，则亦宜有盈虚消息于其间矣乎？士鸣兄弟虽皆中道而逝，然今海内善类，孰不知南海之滨有杨士德、杨士鸣者为成德之士？如祥麟瑞凤。争一睹之为快，因而向风兴起者比比。则士鸣昆季之生，其潜启默相以有绩于斯道，岂其微哉。彼黄馘槁毙，与草木同腐者，又何可胜数。求如士鸣昆季一日之生以死，又安可得乎？呜呼。道无生死，无去来，士鸣则既闻道矣，其生也奚以喜？其死亦奚以悲。独吾党之失助而未及见斯道之大行也，则吾亦安能以无一恸乎。呜呼痛哉。

祭元山席尚书文 丁亥

呜呼元山。真可谓豪杰之士，社稷之臣矣。世方没溺于功利辞章，不复知有身心之学，而公独超然远览，知求绝学于千载之上；世方党同伐异，徇俗苟容，以钩声避毁，而公独卓然定见，惟是之从，盖有举世非之而不顾；世方植私好利，依违反覆，以垄断相与，而公独世道是忧。义之所存，冒孤危而必吐；心之所宜，经百折而不回。盖其所论虽或亦有动于气、激于忿，而其心事磊磊，则如青天白日，洞然可以信其无他。世方媢谗险，排胜己以嫉高明，而公独诚心乐善。求以伸人之才，而不自知其身之为屈，求以进贤于国，而不自知其怨谤之集于其身。盖所谓"断断休休，人之有技，若已有之者"。此大臣之盛德，自古以为难，非独近世之所未见也。呜呼。世固有有君而无臣，亦有有臣而无君者矣。以公之贤，而又遭逢主上之神圣，知公之深而信公之笃，不啻金石之固、胶漆之投，非所谓明良相逢，千载一时者欤？是何天意之不可测？其行之也，方若巨舰之遇顺风，而其倾之也，忽中流而折樯舵；其植之也，方尔枝叶之敷荣，而摧之也，遂根株而蹶拔。其果无意于斯世斯人也乎？呜呼痛哉。呜呼痛哉。

某之不肖，屡屡辱公过情之荐，自度终不能有济于时，而徒以为公知人之累，每切私怀惭愧。又忆往年与公论学于贵州，受公之知实深。近年以来，觉稍有所进，思得与公一面，少叙其愚以来质正，斯亦千古之一快；而公今复已矣。呜呼痛哉。

闻公之讣，不能奔哭；千里设位，一恸割心。自今以往，进吾不能有益于君国，退将益修吾学，期终不负知己之报而已矣。呜呼痛哉。言有尽而意无穷，呜呼痛哉。

祭吴东湖文丁亥

呜呼吴公。吾不可得而见之矣。公之才如干将、莫邪，随其所试，皆迎刃而解；公之志如长川逝河，信其所趣，虽百折不回；公之节如坚松古柏，必岁寒而后见；公之学如深林邃谷，必穷探而始知。自其筮仕，迄于退休，扬历中外，几于四十年，而天下皆以为未能尽公之才；登陟崇显，至于大司空，而天下皆以为未能行公之志。虽未尝捐躯丧元，而天下信其有成仁死义之勇；虽未尝讲学论道，而天下知其有避邪卫正之心。呜呼。若公者，真可谓一世豪杰，无所待而兴者矣。

某与公未获倾盖，而向慕滋切；未获识公之面，而久已知公之心。公于某，其教爱勤惓，不特篇章之稠叠，而过情推引，亦复荐剡之频烦。长愧菲薄，何以承公之教？而惧其终不免为知人之累也。今兹承乏是土而来，正可登堂请谢，论心求益，而公则避我长逝已一年矣。呜呼伤哉。幸与公并生斯世，而复终身不及一面，茫茫天壤，竟成千古之神交，岂不痛哉。薄奠一觞，以哭我私；公神有知，尚来格斯。

祭永顺宝靖土兵文 戊子

维湖广永顺、宝靖二司之土兵，多有物战于南宁诸处者。嘉靖七年六月十五日乙卯，钦差总制四省军务尚书左都御史新建伯王委南宁府知府蒋山卿等告于南宁府城隍之神，使号召诸物故者之魂魄，以牛二、羊四、豕四，祭而告之曰：

呜呼。诸湖兵壮士，伤哉。尔等皆勤国事而来死于兹土，山溪阻绝，不能一旦归见其父母妻子，旅魂飘遥于异城，无所依倚，呜呼痛哉。三年之间，两次调发，使尔络绎奔走于道途，不获顾其家室，竟死客乡，此我等上官之罪也，复何言哉。复何言哉。古者不得已而后用兵，先王不忍一夫不获其所，况忍群驱无辜之赤子而填之于沟壑？且兵之为患，非独锋镝死伤之酷而已也。所过之地，皆为荆棘；所住之处，遂成涂炭。民之毒苦，伤心惨目，可尽言乎？迩者思、田之役，予所以必欲招抚之者，非但以思、田之人无可剿之罪，于义在所当抚，亦正不欲无故而驱尔等于兵刃之下也。而尔等竟又以疾病物故于此，则岂非命耶？呜呼伤哉。人孰无死，岂必穷乡绝域能死人乎？今人不出户庭，或饮食伤多，或逸欲过节，医治不痊，亦死矣。今尔等之死，乃因驱驰国事，捍患御侮而死，盖得其死所矣。古人之固有愿以马革裹尸，不愿死于妇人女子之手者。若尔等之死，真无愧于马革裹尸之言矣。呜呼壮士。尔死何憾乎？

今尔等徒侣，皆已班师去矣。尔等游魂漂泊，正可随之西归。尔等尚知之乎？尔等其收尔游魂，敛尔精魄，驾风逐雾，随尔徒侣去归其乡。依尔祖宗之坟墓，以栖尔魂；享尔妻子之蒸尝，以庇尔后。尔等徒侣或有征调之役，则尔等尚鼓尔生前义勇之气，以阴助尔徒侣立功报国，为民除患。岂不生为壮烈之夫，而没为忠义之士也乎。

予因疾作，不能亲临祭所，一哭尔等，以舒予伤感之怀。临文凄怆，涕下沾臆。今委知府布告予衷，尔等有灵，尚知之乎？呜呼伤哉。

祭军牙六纛之神文戊子

惟神秉扬神武，三军司命。今制度聿新，威灵丕振。伏惟仰镇国家，缉定祸乱，平服蛮夷，以永无穷之休。尚飨。

祭南海文戊子

天下之水，萃于南海；利济四方，涵儒万类。自有天地，厥功为大。今皇圣明，露降河清。我实受命，南荒以平。阴阳表里，维海效灵。乃陈牲帛，厥用告成。尚飨。

祭六世祖广东参议性常府君文戊子

于惟我祖，效节于高皇之世；肇禋兹士，岁久沦芜。无宁有司之不遑，实我子孙门祚衰微，弗克灵承显扬。盖冥迷昏隔者八九十年，言念怆恻，子孙之心，亦徒有之。

恭惟我祖晦迹长遁，迫而出仕，务尽其忠，岂曰有身没之祀？父死于忠，子殚其孝，各安其心，白刃不见，又知有一祀之荣乎？顾表扬忠孝，树之风声，实良有司修举国典，以宣流王化之盛美，我祖之烈，因以复彰。见人心之不泯，我子孙亦藉是获申其怆郁，永有无穷之休焉。及兹庙成，而末孙某适获来蒸，事若有不偶然者。我祖之道，其殆自兹而昌乎。

某承上命，来抚是方。上无补于君国，下无益于生民，循例省绩，实怀多惭。至于心之不敢以不自尽，则亦求无忝于我祖而已矣。承事之余，敢告不忘。以五世祖秘湖渔隐先生彦达府君配。尚飨。

卷二十　续编

阳明先生传及阳明先生弟子录序

梁启超

阳明先生，百世之师，去今未远，而谱传存世者，殊不足以餍吾侪望。集中所附《年谱》，诸本虽有异同，率皆以李卓吾所编次为蓝本。卓吾之杂驳诞诡，天下共见。故谱中神话盈幅，尊先生而适以诬之。若乃事为之牵牵大者，则泰半以为粗迹而不厝意也。梨洲《明儒学案》，千古绝作。其书固以发明王学为职志，然详于言论，略于行事，盖体例然也。其王门著籍弟子，搜采虽勤，湮没者亦且不少。余姚邵念鲁廷采，尝作《阳明王子传》、《王门弟子传》，号称《博洽》，未得见，不识视梨洲何如？且不知其书今尚存焉否也？

居恒服膺孟子知人论世之义，以谓欲治一家之学，必先审知其人身世之所经历，盖百家皆然，况于阳明先生者，以知行合一为教，其表见于事为者，正其学术精诣所醇化也。综其出处进退之节，观其临大事所以因应者之条理本末，然后其人格之全部，乃跃如与吾侪相接，此必非徒记载语录之所能尽也。

铁山斯传，网罗至博，而别裁至严。其最难能者，于赣、闽治盗及宸濠、思、田诸役。情节至繁赜纷乱者，一一鉤稽爬梳，而行以极廉锐术飞荡之文，使读者如与先生相对，释然见大儒之精义入神以致用者如是也。其弟子传，则掇拾丛残于佚集方志。用力之艰，什伯梨洲，而发潜之效过之。盖二书成，而姚江坠绪复续于今日矣。

抑吾尤有望于铁山者。吾生平最喜王白田《朱子年谱》，以谓欲治朱学，此其梯航。彼盖于言论及行事两致重焉。铁山斯传，正史中传体也，不得不务谨严，于先生之问学与年俱进者，虽见其概而未之尽也。更依白田例重定一《年谱》，以论学语之精要者入焉。弟子著籍、岁月有可考者，皆从而次之，得彼与斯传并行，则诵法姚江者，执卷以求，如历阶而升也。铁山倘有意乎？民国十二年三月新会梁启超。

阳明先生全录引

王春复

阳明先生承绝学之后，慨然发明良知之旨，以风示学者，四方从游之士所至以百数。其时武宗之末，开府赣州，狡兔跳梁，经营荡涤，师旅之兴，无日休息，然百姓按堵无患，士之相继行其发明者，于兹为独盛。今上方三十年，春复受命来守是邦，南野欧阳公受以全书，曰："赣无先生文集，缺非细故也。"且有意于愚之一言，而命胡生直、俞生献可来校，愚亦谋所以为梓木之费，董生聪者承而独任焉。未几，愚以尤去。又及而服除，再补董生之梓，然后告成，南野公又奄然没矣。嗟乎。先生之后，主盟斯文者公也，而尚加意于春复之不肖，既心许之矣。为之引曰：天下之言学者，知与理而已矣。知本乎心，理散于物，二者判然而内外不相干涉，学者之大患也。昔者孟子著"皆备"之训，程氏明"一体"之义，其言要约而易从，然学者尚不能反观而内省，学之难明也久矣。夫颜子叹高坚，子贡饮江河，使无夫子善诱之教，其亦终于高坚、江河焉已也。然则，学者之于高坚江河焉，无足怪也。先生良知之言，开示祥明，独立标准，所谓"皆备"与"一体"之意了然于其中，而无待于勉强附会，使天下学者皆在知而不在物，在内而不在外，在本而不在末，在致一而不在万殊，以入无纪。盖尝论之：乾道正性命，而物则之义著焉；蒸民立尔极，而秉彝之道昭焉。秉之为言，孰也。言心为天地万物之主，皆能孰之而不乱，此物则之大者也。故顺天地万物之理则心安，不顺天地万物之理则心有不安，安与不安之际，其名曰"知"，出之可以酬酢万变，与乾道同其变化而不穷，知其小乎哉？人之患在乎心役于物而非役乎物者也，故常谓物为大而心为小，故常有不安之心。夫以其常役于物，而致其常有不安之心，不能反其不安之故，而求诸物以自济，此知之所以常困，而用之所以有穷。愚则曰：心以主宰为则，能自为主而已矣。能自为主者不役于物者也，不役于物故能理万物，如君者不役于民故能理万民，此理之自然，无足多者。孟子所以先立乎其大，程氏所以独戒用智而自私也。不明乎此，愈劳愈远，故曰学者之于高坚江河焉，无足怪也。先生立言立功，皆得于凝定致一之余，况乎赣之人思其业而家祀之，书又可以无传也。信乎。然董生欲梓是书，初不量其有余力，可谓好者。呜呼。好如董生者少矣。嘉靖三十五年正月朔，赣州府知府，晋江后学王春复书。

阳明先生全录序

谈恺

予筮仕印知有阳明先生，同年戚南玄数过予，述先生之言所谓致良知者，予闻而疑之；复言其徒相与立会讲学，促予同事。予谓先生之学具在圣经，今之学者不患不能言，患不能行尔。予不敏，请以先生之言见之于行，因谢不往。既而得先生文录读之，有曰："为名与为利虽清浊不同，然其利心则一。"又曰："心体本自弘毅，不弘者蔽之也，不毅者累之也，故烛理明则私欲自不能蔽累，私欲不能蔽累则自无不弘毅矣。"至哉斯言。真可师法。于是私淑之心油然而生。时在民曹有为先生之言者，议论高明，多自文录中来，夷考其行，则先生之所不齿者，予固而益疑。先生有言："世之讲学有二，有讲之以口耳者，有讲之以身心者。"噫。此所谓讲之以口耳者非耶？予仕至虔台，瞻先生遗像肃然起敬，检诸故牒，得乡约诸法，下有司行之，岁余四境宁谧，翕然向风，真先生之遗教也。既迁两广，亦先生旧游之地，素称弗靖，予师先生之意，以文告晓之，以恩德怀之，不得已而加之以兵。功甫成，得致仕归养。过虔州，董生聪梓先生全集成，请予为序，予虽未及先生之门，知先生久矣，能无言乎？夫人之当大任者，蕴之为道德，笔之为文章，措之为事业，人皆能言之，而全者寡矣，先生真践实履，循道据德，其发于文章，如《安边务疏》，如《与安宣慰书》，如江西、两广诸疏，经济之略于是乎见，岂特文词艺焉而已哉？其举业之学，如《山东甲子试录》，宇宙间可多得耶？其在虔州，有闽广之捷，有横水、桶冈之捷，有浰头之捷，其大者擒宸濠、定江西；其在两广，平田州，平思恩，征断藤峡，征八寨，经行之地，家祀而人祝之，先生事业旷世所希见者。世之为先生之言者，徒以口耳相高，道德何如，文章何如，事业何如，甚有假此以务名利者。昔子夏之学流为庄周，程氏之学流为异端，吾惧其言之不止，为先生之罪人者众也。先大父中丞公与文僖公为同年，董生聪文僖公之曾孙也，于予有通家之谊，觏其梓先生全集，是知所向方者。其曰《正录》、曰《外录》、曰《别录》，钱子德洪所订正，盖专以讲学知先生者。以予鄙见，当如先生之言，但以年月为先后可也，海内同志或有知予言者。嘉靖丁巳六月庚子，锡山谈恺书于白沙舟中。

阳明先生集略序

陈九川

圣人之学，尽性而已矣。性也，孝道心也。其本体寂然而无倚也，谓之中；粹然而不二也，谓之一；炯然而不昧也，谓之知。故虞廷之执中，孔门之致知，一也。本体无纤毫之翳，则知几其神，知之至也，是谓允执厥中，是谓一以贯之。夫子自谓无不知而作，又非多学而识之，则致知之教，跃如也。颜氏有不善未尝不知，知之未尝复行。复其性也，此致知之传也。曾、思慎独知微之显其源，一也，而时固有倚闻见以为知者，孟子始发良知之训。指其发见于孩提者，为天下之达道，而曰大人者，不失其赤子之心者也。孔门之统，其不在兹乎？及其没，而斯学不传，道术遂为天下裂。千有余年，濂溪、明道始明无欲大公之学，庶几致中之绪矣。象山、慈湖寻继其微而未粹，其后日以支离横溃，以义外之裔，篡一贯之宗，遂涂天下之耳目而人丧其心矣。间有稍觉其非者，而力莫之能挽也。垂四百年，而先师阳明先生出，始慨然有兴起之志。披群言，历二氏，炼于艰险，而后反之洞然，直悟致知之宗，乃表章之而不作。天下之毒于积习，盖已沦肌肤而洽骨髓。方群怪而力攻之，而先生开物善世之诚，谆谆不容已者，固忘其身之危而莫之救也。于是浸以党蒸，鼓动有志之士，稍稍云集而河饮，若鼓镛钟于百仞之阁，而群悟方警也，若脱其桁杨接榰，而得周还揖让于其庭也。其于诐邪之习，盖未尝深辟而自不能为祟。圣门良知之学，久而灿然复著于天下，而人始知有其心若长风卷阴曀而共睹天日也。昔人推尊孟子，以为功不在禹下，若先生汛扫廓清之功，岂直不下于孟子哉？非夫精神气魄迥盖千古，其孰能至于此。其文章勋业，皆从此出，辟之风雨霜露庶物露生，无非教也。全集近已行矣，学者从其所爱慕感触，皆可因而入焉。故先生虽往矣，闻而兴者未艾也，固益可念良知之玄同施诸后世而无朝夕，而先生之神，流行于天地之间者，岂非直与风霆同其鼓舞，有不可得而测者哉？邑侯应君象川，以意摘其要略，请梓之以传。谓川也尝亲炙于先生者，过而使序之。顾惟不类，未之有得也，曷足以发哉？惟及门以来，窃见先生之学，虽已夙悟天端，其精诣默成，盖有日新而岁盛者。读其书者，以其年考之，亦可以见其进德之迹矣。至于本体之莹徹圆融渊微精睿，所以通神明之德，官天地之化，立生民之极，而会群圣之楷者，则浩浩乎莫得而窥其际也。世之君子，未尝灼见先生之道，乃欲以私智悬断其所至，不亦远乎？夫良知之无圣凡夫。人于孩提信之矣，而卒与圣悬隔者，岂有他哉？卑者昏于嗜欲，高者蔽于见闻，而莫之致焉耳。先师夫既已开之矣，犹有疑良知不足以尽天下之变，而必外求以裨之者，是不信其目而自障之，伥伥然索险夷于杖也，是意见之重为蔽也，则集中指点，虽灿若日星，其能入乎？苟无先横意见，易气以观之，固宜不待更端而跃然开悟矣，则若兹摘刻者，不既多矣乎？应侯名云鸑，象山人。

中华传世藏书

王阳明全集

《王阳明全集》原典

南赣乡约后语

邹守益

此中丞阳明王公参酌蓝田乡约以协和南赣山谷之民也。呜呼。蓝田通都大邑、名卿世族也，公以世族大邑之法望于村童野叟，其仁矣乎。民之秉彝，好是懿德，不以村童野叟异于通都大邑、名卿世族也。凡吾民之受告谕者，仰体我公协和之仁，以厥身果于为善也，如饥之求食、渴之求饮；其不果于为不善也，如食之不可以鸟喙，而饮之不可以酖酒也；则于秉彝之德，尚其不爽，而三代之风可庶几乎。父兄子弟，曾有饥而弗食、渴而弗饮者乎？曾有充饥以野葛者乎？止渴以酖酒者乎？身之死则知重之，心之死则不知重，其亦弗思焉耳矣。易曰："善不积不足以成名，恶不积不足以灭身。"小人以小善为无益而弗为也，以小恶为无伤而弗去也，故恶积而不可掩，罪大而不可解。呜呼，吾民盍相与敬思之。

跋阳明先生与双江公书

罗洪先

阳明先生与双江公书，在嘉靖丙戌。又二年，先生遂有南康之变。是时公犹未执弟子礼，而先生尽以近日所独得者，切切语之，惟恐不尽吐露，斯其付托责望之重可知矣。夫万物一体之义，自孔门仁字发之，至宋明道始为敷绎，其后西铭一篇，程门极其称羡。自是止以文义视之，微先生，则孔门一脉几于绝矣。故尝以为先生一体之说，虽谓之发千古之秘亦可也。

公珍重是书，既勒诸石，乃以原稿付谢生经，以其责望，岂无意乎？

刻阳明先生与晋溪司马书序

宋仪望

　　予尝聆人论阳明王先生提师镇虔时，深为大司马晋溪王公所知，诸所题奏，辄为议覆，以是卒能剿平诸峒，四省赖以宁息。其后宸濠反，江西传檄两京，一时大臣多惶惧失色。司马王公独曰："王伯安据上游，濠何能为？"未几逆濠果就擒，如司马公言。世尝以此高两王公。顾今所刻阳明文集，其与晋溪司马书不少概见，何也？绵衣戴君伯常雅慕二先生之为人，乃购于司马公仲子，得所与书，凡十五篇，亟缮其本，仍以王公在虔题奏诸疏，问为论说，以究二公之用心，并刻以传，翌日出以示予，且以叙见属予。

明代太湖石大石权

因叹：当正德末年，阉寺擅权，纲纪倒置，一时文武大臣，多偷安取容，濠、庶人虐焰搆搧，谋动肘腋。方其率师渡江，中外汹惧，朝廷仓卒下诏亲征。其所任信，皆比昵寺人。外有逆藩之举，内有肘腋之虞，谋国诸臣，忧疑莫定。于其时，藉我王公慷慨誓师，以数郡之兵，克复豫章，而逆濠卒以就擒，卒之江彬诸人，亦竟畏惧遥顾，不敢肆其无厌之心。后之议者，徒知先生擒逆濠之为功，至于保固乘舆，计安社稷，屹然措天下于泰山之安，其功或未能尽知也。今读公与晋溪书，率言虔镇事，其所措注设施，晋溪盖知公之心非特为虔镇计也。嗟乎。二公之谋国若此，岂非所谓不出俎豆而折冲千里者欤。予故乐为之述，俾后之知二公者，庶几得其用心一二焉。

刻阳明先生与晋溪书后跋

王祯

右书一十五首，乃我师敬所先生旧所手录。阳明先生在南赣时，上司马晋溪公而与之商确一方戎务，以共底厥绩者也。夫晋溪、阳明二公，均具王佐之才，古社稷之臣，当朝人物之选也。其德业闻望，炳人心目，奚止此书之所建白与所许可已哉？而我师所录惟是，诚以贤才难得，而为天下用才者尤难，功不易成，而重社稷之功，能终始成就者，尤不易也。阳明先生以千古豪杰之才，从事于南赣军戎之务者数载。向非晋溪公握本兵于内，重厥功而专委任，则未必不为疑忌者中阻，安能得竟其志以底于有成哉？是故阳明之功，大司马王公之功也。阳明先生之功，人皆知之。而晋溪公用贤不及宰辅休休之量，实人所未知者。我师秉烛湘舟，阅书读之，不能不有感于衷，而怀仰于二公相知相遇之殷也。是以惧其泯没，而命祯刻之，且以传之同好，兼之有闻晋溪公而典之望，以属后之人，吾师诚心二公之心，于此书有深契焉。而又以信天下之人之心无弗同也。然则兹刻也，岂直以彰二公之美盛而已邪？其意自有在也。祯不敏，幸夙承于吾师之教，敢厕数语而志之末简。嘉靖甲子夏，门人南昌王祯顿首书。

刻阳明先生手柬小序

王宗沐

余舟行次湘江，于箧中检尝手录阳明先生与晋溪公柬一帙，秉烛读之，因废书而叹。嗟乎。古人建立功名，信不易哉。阳明先生以千古天挺之才，早膺阃寄，然犹藉晋溪公乃得就。观其往来札中所云，是先生恃有知己处中，言听计从，以故得安其身而毕其志。先生往见之疏中，览者亦以为叙奏之常格固当，而岂知其中诚然委曲如是也。事不能背时而独立，功不得违势而独彰。故鸿毛遇风而巨鱼纵壑者，顺也；登高传呼而建瓴下水者，据也。嗟乎。古之豪杰，率以不遇知己，不知而不用，或用之而未尽，或尽之而终谗。当其中轴见疑，孤远势隔，则书生竖子一言，而白黑立变，罪不可逭，其何功之图哉。是可叹也。余尝从缙绅后，见道晋溪公者，不及其实，过晋中，颇揽镜其平生行事奏疏，固已倾心焉。今观其虚心专己，用一人以安国家，可谓社稷之臣，即阳明先生亦称其有王佐之才。余惧其泯没，因寄友人王宗敬于婺州，使刻以传同好。后世其无有闻晋溪公而兴者耶？则是稿似微而不可忽也。王公名琼，晋之太原人。阳明先生名守仁，越之余姚人云。时嘉靖癸亥三月，临海王宗沐书于湘江舟中。

重刻阳明王先生手柬后语

陈文烛

国朝文儒以功业显者，辄称新建王公云。方公抚南赣时，所上司马王公书，凡十五章。嗟乎。士为知己者用，又为知己者死。即新建公多才，赖司马公居中，知而用之，乃得尽其力以成厥功，不然，祷金滕而草宪令，昔之圣贤尚避居而难忧，况远臣乎？每观后世处功名之际，遭谗被废，有伤心流涕者。此太史公传管夷吾，不多其功而多鲍叔能知人也，其旨微矣。往季癸亥，中丞王公得前书读之，慨然有志于新建公之为人，梓于婺州。顷抚淮，命烛校而新之。主上以大计寄公，又公卿师师如也。则所称知己以建无穷之业，奚啻一司马公已邪？语曰：千金之裘，非一狐之腋也。三代之际，非一士之知也。窃于今日交有望焉。新建公名守仁，余姚人。司马公名琼，太原人。中丞公名宗沐，临海人。明隆庆壬申王正既望，汉阴后学陈文烛顿首拜撰。

跋王阳明先生家书

朱彝尊

王子逸仲，出阳明先生平浰贼后家书见示，定乱之顷，不矜不伐，意在气休，足以见先生之学力未尝与人争功能也。故世儒言性理，以先生学术未纯，动加诋毁。然微先生，则宁藩之变，危及社稷，靖难前事，可为寒心，乃吴人伍袁萃倡邪说，诬先生潜通叛藩，曲学阿世之士，从而传会之，其亦不仁甚矣。嗟嗟悲夫。今之从政者患得患失，克如先生功成不居，第思乞休，几人哉？览先生家书，可兴感也。

王文成公文选序

钟惺

经云："敷奏以言。"盖谓人之所性所学，无以自见，故托言而敷奏焉。然有言之则是，而考其行事则非者，岂其言不足以尽其人耶？非然也，殆所言者之观察未审耳。夫人之立言，莫不假辞仁义，抗声道德，以窃附于君子之高，而苟非所有，则虽同一理，同一解，而精神词气，已流为其人之所至。何也？盖言者，性命之流露，而学问之精华也。学问杂则议论不纯，性命乖则言词多戾，有非袭取者之能相掩也。古之立言者不一家，相如之词赋，班、史之著述，固文人也，而文人之无论，即如申、韩之刑名，管、晏之经国，以及老、庄之寓言，岂不以圣人贤者自视，而或流为惨刻，推王佐得乎？等而上之，子舆氏愿学孔子者也，亦步亦趋，直承道统，而一间之未达，终属圭角之不融，宁可强哉？子舆氏犹不可强，况其下焉者乎？近之立言者，稍陟韩、欧之境，辄号才人，略窥朱、程之绪，便称儒者，而试求其言之合道否也，不矫为气节之偏，则溺于闻见之陋，不遁入玄虚之域，则陷于邪僻之私，曾得以浮词改听哉？独阳明先生之为言也，学继千秋之大，识开自性之真，辞旨蔼粹，气象光昭，出之简易而具足精微，博极才华而不离本体，自奏议而序、记、诗、赋，以及公移、批答，无精粗大小，皆有一段圣贤义理于其中，使人读之而想见其忠孝焉，仁恕焉，才能与道德焉，此岂有他术而侥幸致此哉？盖学问真，性命正，故发之言为真文章，见之用为真经济，垂之训为真名理，可以维风，可以持世，而无愧乎君子之言焉耳。使实有未至，而徒以盗袭为工，亦安能不矫不溺，不遁不陷，而醇正精详，有如是哉？李温陵平生崛强，至此亦帖然服膺，良有以也。世之论文者，动则曰某宋文也何如，某汉文也何如，某战国之文也又何如，不知文何时代之可争，亦惟所性所学者何如耳。予僭评此文，非谓先生之言待予言而明，盖欲使听言者读先生之言，而知立言者之言可饰，而所性所学不可饰也。一人之所性所学可饰，而千圣之所性所学不可饰也，斯不失圣经"敷奏"意矣。竟陵后学钟惺书。

重刻阳明先生文粹序

赵贞吉

　　初编《阳明文粹》而刊之者，都御史宋阳山氏也。今重刻于扶风者，佥事带川梁君也。梁君名许，昔为御史，请从祀王先生。今复刊其书，二君子皆以一日之长视予，宿知予之不能藏其狂言也。序曰：

　　是编多录与闽论意指异者，盖王先生学入理界最初之论，故能廓摧理路之础，而晓然示人以行也。嗟乎。吾生有知，即知诵说先生之言。见世之儒生，始骇王先生之异而攻之，中喜王先生之为异而助之衍，终羡王先生之持异，乃欲驾其说。于是王氏之学又若自异矣。

　　有童子闻予言之，进曰："闻之天下无二道．圣人无两心，学奚贵异哉？"予曰："嘻。小子何知？夫学未至于圣人之地，而假名言以修心，其势不容于不异也。昔闽、洛之儒异唐、汉矣，唐、汉之儒异邹、鲁矣。三千、七十之流，各持其异入孔门，而欲争之；皆丧其名言，而如愚以归。故曰：'虽欲从之，未由也已。'然后异者合，而道术一矣。此曷故耶？以得圣人为之依归也。是故圣人者，群言之家而道之岸也。夫众车离丽驰于康庄，而前却之异者，策使之也；众舟沿溯于广津，而洄突之异者，柑使之也；众言淆乱于名言，而喧聒于是非这异者，见使之也。至若行者抵家，则并车释之矣，何有于策？渡者抵岸，则并舟释之矣，何有于柑？学者而至于圣人之门，则并其名言丧矣，何有于见？故知圣人者，以自度为家也，不令己与人异也；以度人为岸也，不令人与己异也。如使闽、浙二大儒遇孔子而事之，必有以塞其异之源，而不令其末之流也。"

童子曰："丈夫何以知之？"曰："予尝观夫子答问群弟子，而知道术之可一也。"噫。希矣。可易言哉。班固曰："仲尼没而微言绝，七十子逝而大义乖，于是百家之异论又竞起，遂至不可胜究矣。"孟子舆折以雄辩，而不能熄也；庄子休和以天籁，而不能齐也。使后生者不幸，而不睹古人之纯全，纷纷藉藉以至于今，悲夫。

书阳明先生语略后

邹元标

予尝读《传习录》，以先生之学在是书，近而知先生之自得不尽在是书也。盖当时格物之说浸淫宇宙，先生力排其说，约之于内，其后末学遂以心为内者纷纷矣，与遂外者何无先后间耶？且当时先生随人立教，因病设方，此为中下人说法，而所接引上根人，则本"天津证道"一语尽之，学者当直言无疑可也。嗟乎。先生当时所造就者济济，今吾吉豪杰岳立，然未有作人如先生者，予于先生不无遐思。

阳明先生道学钞序

李贽

  温陵李贽曰：余旧录有先生《年谱》，以先生书多不便携持，故取谱之繁者删之，而录其节要，庶可挟之以行游也。虽知其未妥，要以见先生之书而已。今岁庚子元日，余约方时化、汪本钶、马逢阳及山西刘用相，暂辍《易》，过吴明贡，拟定此日共适吾适，决不开口言《易》。而明贡书屋有《王先生全书》，既已开卷，如何释手？况彼己均一旅人，主者爱我，焚香煮茶，寂无人声，余不起于坐，遂尽读之。于是乃敢断以先生之书为足继夫子之后，盖逆知其从读《易》来也。故余于《易》因之稿甫就，即令汪本钶校录先生《全书》，而余专一手钞《年谱》。以谱先生者，须得长康点睛手，他人不能代也。钞未三十叶，工部尚书晋川刘公以漕务巡河，直抵江际，遣使迎余。余暂搁笔，起随使者冒雨登舟，促膝未谈，顺风扬帆，已到金山之下矣。嗟嗟。余久不见公，见公固甚喜，然使余辍案上之纸墨，废欲竟之全钞，亦终不欢耳。于是遣人为我取书。今书与谱抵济上，亦遂成矣。大参公黄与参、念东公于尚宝见其书与其谱，喜曰："阳明先生真足继夫子之后，大有功来学也。况是钞仅八卷，百十有余篇乎，可以朝夕不离，行坐与参矣。参究是钞者，事可立辨，心无不竭于艰难祸患也。何有是处上、处下、处常、处变之寂，上乘好手，宜共序而梓行之，以嘉惠后世之君子乃可。"晋川公曰："然余于江陵首内阁日，承乏督两浙学政，特存其书院祠宇，不敢毁矣。"

阳明传信录小引

刘宗周

　　暇日读《阳明先生集》，摘其要语，得三卷。首《语录》，录先生与门弟子论学诸书，存学则也；次《文录》，录先生赠遗杂著，存教法也；又次《传习录》，录诸门弟子所口授于先生之为言学、言教者，存宗旨也。

　　先生之学，始出词章，继逃佛、老，终乃求之《六经》，而一变至道。世未有善学如先生者也，是谓学则。先生教人吃紧在去人欲而存天理，进之以知行合一之说，其要归于致良知，虽累千百言，不出此三言为转注，凡以使学者截去之，绕寻向上去而已，世未有善教如先生者也，是谓教法。而先生之言良知也，近本之孔、孟之说，远边之精一之传，盖自程、朱一线中绝，而后补偏救弊，契圣归宗，未有若先生之深切著明者也，是谓宗旨。则后之学先生者，从可知已。不学其所悟而学其所悔，舍天理而求良知，阴以叛孔、孟之道而不顾，又其弊也。说知说行，先后两截，言悟言参，转增学虑，吾不知于先生之道为何如。间尝求其故而不得，意者先生因病立方，时时权实互用，后人不得其解，未免转增离歧乎？

　　宗周因于手抄之余，有可以发明先生之蕴者，僭存一二管窥，以质所疑，既得藉手以就正于有道，庶几有善学先生者出，而先生之道传之久而无弊也，因题之曰"传信"云。时崇祯岁在己卯秋七月望后二日，后学刘宗周书于朱氏山房之解吟轩。

阳明近溪语要序

钱谦益

自有宋之儒者高树坛宇，击排佛学，而李屏山之徒力相撑柱，耶律湛然张大其说，以谓可箴江左书生膏肓之病，而中原学士大夫有斯疾者，亦可以发药。于是聪明才辩之士，往往游意于别传，而所谓儒门淡泊收拾不住者，即于吾儒见之矣。

吾尝读柳子厚之书，其称浮图之说，推离还源，合于生而静者，以为不背于孔子。其称大鉴之道，始以性善，终以性善，不假耘锄者，以为不背于孟子。然后恍然有得于儒释门庭之外。涉猎先儒之书，而夷考其行事，其持身之严，任道之笃，以毗尼按之，殆亦儒门之律师也。

周元公、朱文公皆扣击于禅人而有悟焉。朱子《齐居》之诗曰："了此无为法，身心同晏如。"彼其所得，固已超然于语言文字，亦岂落宗门之后？五花开后，狂禅澜倒，扫末流之尘迹，修儒行为箴砭，阖现之间，亦有时节因缘在焉，其微权固未可以语人也。本朝之谈学者，新会之主静，河津之藏密，固已别具手眼。

至于阳明、近溪，旷世而作，剖性命之微言，发儒先之秘密，如泉之涌地，如风之袭物，开遮纵夺，无地不可。人至是而始信儒者之所藏，固如是其富有日新，迨两公而始启其扃鐍，数其珍宝耳。李习之年廿有九参药山，退而著《复性书》，或疑其以儒而盗佛，是所谓疑东邻之井，盗西邻之水者乎？疑阳明、近溪之盗佛也，亦若是已矣。滇南陶仲璞，撮两家语录之精要者，刻而传之，而使余叙其首。余为之序曰：

此非两家之书，而儒释参同之书，可以止屏山之诤，而息漠然之讥者也。若夫以佛合孔，以禅合孟，则非余之言，而柳子之言也。

崇祯壬午涂月，虞山钱谦益叙。

王阳明集要三种序

严复

丙午长夏，方君苣南、魏君蕃实重刊《阳明集要三种》成，诿复为之序。自念如复不肖，何足以序阳明之书？故虽勉应之，未有以报也。冬日邂逅江上，魏君又以为言，且曰："非得序，无以出书。"既辞不获，则曰："嗟乎。阳明之书，不待序也。"

夫阳明之学，主致良知。而以知行合一、必有事焉为其功夫之节目。其言既详尽矣，又因缘际会以功业显。终明之世，驯至于昭代，常为学者宗师。近世异学争鸣，一知半解之士，方怀鄙薄程、朱氏之意；甚或谓吾国之积弱，以洛、闽学术为之因。独阳明之学，简径捷易，高明往往喜之。又谓日本维新数巨公，皆以王学为向导，则于是相与偃尔加崇拜焉。然则阳明之学，世固考之详而信之笃矣，何假不肖更序其书也哉。

虽然，吾于是书，因亦有心知其意，而不随众人为议论者，可为天下正告也。盖吾国所谓学，自晚周、秦、汉以来，大经不离言词文字而已。求其仰观俯察，近取诸身，远取诸物，如西人所谓学于自然者，不多遘也。夫言词文学者，古人之言词文字也，乃专以是为学，故极其弊，为支离，为逐末，既拘于墟而束于教矣。而课其所得，或求诸吾心而不必安，或放诸四海而不必准。如是者，转不若屏除耳目之用，收视返听，归而求诸方寸之中，辄恍然而有遇。此达摩所以有廓然无圣之言，朱子晚年所以恨盲废之不早，而阳明居夷之后，亦专以先立乎其大者教人也。

惟善为学者不然。学于言词文字，以收前人之所以得者矣，乃学于自然。自然何？内之身心，外之事变，精察微验，而所得或超于向者言词文字外也。则思想日精，而人群相为生养之乐利，乃由吾之新知而益备焉。此天演之所以进化，而世所以无退转之文明也。知者，人心之所同具也；理者，必物对待而后形焉者也。是故吾心之所觉，必证诸物之见象而后得其符。火之必然，理欤？顾使王子生于燧人氏之前，将焦燔烹饪之宜，未必求诸其一心而遂得也。王子尝谓："吾心即理，而天下无心外之物矣。"又喻之曰："若事父，非于父而得孝之理也；如事君，非于君而得忠之理也。"是言也，盖用孟子万物皆备之说而过，不自知其言之有蔽也。今夫水湍石砀，而砰訇作焉，求其声于水与石者，皆无当也；观于二者之冲击，而声之所以然，得矣。故伦理者，以对待而后形者也。使六合旷然，无一物以接于吾心。当此之时，心且不可见，安得所谓理者哉？是则不佞所窃，愿为阳明诤友者矣。虽然，王子悲天悯人之意，所见于答聂某之第一书者，真不佞所低徊流连，翕然无间言者也。世安得如斯人者出，以当今日之世变乎。

魏君待吾言亟，则拉杂率臆，书以邮之。

刻阳明先生文粹序

宋仪望

阳明先生文粹若干卷，始刻于河东书院。盖余企诸人士相与讲先生之学，故集而编之云。或曰："先生之文灿如日星，流若江河，子既锓刻其集布之矣，兹编之选则何居焉？"予曰："道有体要，学有先后。先生之学以致良知为要，而其所谓文章功业云云，是特其绪余耳，非学者所汲汲也。故余推本先生之学，取其序《大学古本》《或问》等篇，他如门人所刻《传习录》、答诸君子论学等书，要皆直吐胸中所见，砭人膏肓，启人蔽锢，尽发千古圣贤不传之秘，窃以为士而有志于学圣人者，则舍此何适矣。""若是，则《传习录》乃门弟子所撰记，故集不载，今子亦类而编之，何也？"曰："先生之学，著为文辞，吐为述答，实则一而已，而又焉往而非先生之文也。"曰："先生录中所云致良知一语，则以为超然独悟，岂吾夫子之学，固犹有歉于此耶？"曰："善乎而之问之也。昔者闻之，上古之时，人舍淳朴，上下涵浸于斯道而不自知，是以宓羲氏始书八卦，而未有文字。自尧舜有'精一'、'执中'之训，而万世心学之传无有余蕴矣。乃成汤、文、武、周公数圣人者，其于斯道又各自有所至，书传所载可考而知也。及至周末，圣人之学大坏，学者各以所见为学，纷纷藉藉，流于异端而不自知者不可胜纪，于是吾夫子始与群弟子相与讲明正学。今考其指归，大抵一以求仁为至。夫仁者以天地万物为一体，欲立立人，欲达达人，心之本体固如此耳，外是即功业如伍伯，要不免于失其本心。然当时传夫子之学者，惟颜、曾氏与子思、孟子数人而已。是故曰'忠恕'，曰'慎独'，曰'集义养气'，是数子之学又各自有所得，要之莫非所以求仁也，是又数子之所以善学孔子也。呜呼。观乎此则可以论先生之学矣。先生之学求仁而已矣，求仁之要致良知而已矣。何者？心一而已，自其全体而言谓之仁，自其全体之明觉而言谓之知，是故舍致知则无学矣。孟子云：'智譬则巧，圣譬则力。'致良知以学圣，巧之至也。呜呼。此非达天德者其孰能知之。若是，则子于先生之学奚若？"曰："吾吉有三君子，皆先生门人，而予从而受学焉，学而未能，是则先生之罪人也。"

王文成公文选叙

陶珽

古文人之宦游其地也，风波所不免，而往往留一段风雅之事，令人思慕焉。予官武昌九阅月而劳人被逐，宜矣。第念君臣政事之外，无一风雅事可述，几为黄鹤白云所笑，独于竟陵得吾友锺伯敬所评《公穀》《国策》《国语》《前后汉》《三国史》暨《通鉴纂》《衍义纂》《昌黎选》《东坡选》《宋名家选》《明文选》与夫《王文成选》诸遗书一十八种，归途展玩，差为快耳。古今之书不知凡几，而古今之评又不知凡几，独沾沾于是，无乃陋乎？不知天下之事岂容拣择而尽取之，亦随所遇、随所感，而偶托之以为名可耳。不然，则古今之白云黄鹤亦不知凡几矣。因谋之梓，聊以见予斯役也，虽不得于君，未始不得于友，虽不得于政事，未始不得于文章，或亦可解嘲于古文人也已。兹阳明之刻成，故述其意于首。崇祯癸酉春二月，黄岩陶珽稺专文题。

阳明先生要书序

叶绍颙

夫揖让而却莱夷，此洙泗经济之为兆也。自汉、唐、宋而降，学术事功歧而为两，故李、郭有再造之勋，而不传其闻道，周、程绍既绝之学，而疑记于空谈。若夫开拓万古之心胸、推倒一世之豪杰，发千里未发之秘，以显真儒之作用，至阳明先生亦宇宙一开辟也。余自束发时，即沉潜先生之书，考正较异，匪朝伊夕。一日，京邸与陈几亭言于衡时事，感慨于斯人之不作，几亭出其枕中鸿宝，则丹铅先生之集，大约同者什九，异者什一，不觉狂呼剧欢，遂参互而合并之，命曰《阳明要书》。几亭渊学邃识，潜心经世，吾党畏友，所谓登先生之堂而入先生之室者，余自幸或不至门外汉。未几，余有省方粤东之命，遄辔豫章，吊览于樟树沅子间，想见先生集义誓师，一战歼逆，至于功成阽危杌，龃龉忠、泰辈，几身不能保，为之慷慨流涕。再循历于章贡、岭西，访先生歌吟习礼之堂，征剿防守之略，目识心维，庶几与先生身亲遇之。夫诵其诗、读其书，不如论其世也，古人岂欺我哉？先生之集，南昌、赣州皆有刻，繁乱寡要，余因出所携，命梓之以公同志。因是以慨世之生圣贤也不易，而其知圣贤也实难。以先生勤王定乱之功，其显明较著者，当时诬蔑索衅，若门人冀元亨辈，至备受考掠，捐命狱底，何况良知实开千古极则之宗，寻测声响之儒，其惊惑也尤甚。夫犬有嗥雪者，以其非恒所见也，夫非恒所见而攻之，其于先生之学也不亦宜乎。崇祯乙亥上元日，后学吴江叶绍颙书于广城公署。

阳明先生要书后序

叶方蔼

古来道学之宗、功名之士、文苑之家各居其胜，欲从道学显功名，从功名著文苑，触处拈提，辄标上乘，非心光独湛、悟门特辟者，能几其万一乎？通往哲于有明，若阳明王文成公，洵哉其兼擅矣。公以甲第起家，其歼逆定变，不动声色，而智略通神，功高蹈险，终酬上爵，且以良知启后学之阶梯，发儒先之秘奥，内圣外王之学，三百年来谁同屈指？吾世父度绳先生，才擅雕龙，艺林山斗，尝下帷武塘，一时英彦俱入金兰谱中，而几亭陈先生尤称切磋，同阐阳明之教，佩服沉酣，析理毫末。自释褐后，揽辔皇华，巡方东粤，秘之枕中。维时刘香蠢动，播乱兴戈，世父皂纛甫临，肤功遂奏，宁不于兹得力哉？爰梓其集，流传遐域，使九疑五岭之外，性学揭于中天，而熏习于寮寀士大夫者，靡不知有阳明矣。因追忆先文茌亦尝建牙两广，重镇岩关，懋昭丕绩，与世父先后符揆，流辉史册，此天也，非人也。世父历官司驭、司宰以及廷尉，清廉恭俭，有若次孙、子尼；周密知变，有若子雍、伯山；务宽无冤，有若仲孙、本德；随职称职，追配古人，益信鼓舞感化于阳明者，即称登堂入室，岂虚语耶？知几早退，乞休林泉，三径惟二仲高踪，训习惟膝前珠玉，出其慧锋智刃，探般若根源，翻玄要窠臼，能令经纶学术、法苑禅机镕成一片，具此无量鸿裁，非小子所能窥测其涯涘也。蔼谬以驽质滥厕木天，金匮石渠之藏不能搜读，而圣朝方崇正学，于先儒诸书参求恐后，乃从兄素游远道以要书见贻，熏沐开卷，云雾顿披，庄诵数过，不啻冰鉴当前、钳锤在侧，便觉痛痒相关，鍼鍼透合。仰阳明之真实践履，即知世父之亲切循持。小子不敏，请随后尘，聊缀数言，质之海内云。顺治辛丑壮月，后学鹿城叶方蔼拜撰。

阳明先生集抄序

李腾芳

　　予观先生之始学也，当有志于辞章矣，与何景明、徐昌国辈相先驰骤。尝有志于事功矣，因石英、王勇之乱间出居庸关逐蕃人骑射，又每于宾宴布果核列障势为戏。尝有志于养生矣，在洪都入铁柱宫与道士趺坐，又游九华山参蔡蓬头及筑室阳明洞中行道引术。尝有志于节义矣，抗疏救戴诜等忤逆瑾，几杖杀之。夫是数者，在他人有其一己足以名于天下、列于后世，况兼之乎？不知此正道之障，而先生结习之累也。天启先生，居龙场万山中，忧患内煎，瘴毒外攻，从者尽死，先生亦自分必死，叹曰："吾他念已空，独生死未忘耳。"镵石榔以自誓而俟命焉。当是时，平生之所罩思竭能，以为贤于人而足以垂于世，若文章、事功、节义者，都如画水印空，无一有用。而日前先生迫切烧眉剟心，不足为喻，以是逼拶之极，不觉中夜画然开悟，洞见此心，如暗室得烛，一切藏物皆可探数，又如贫者得珠，此珠原在衣里。乃唱格致之说，唱知行合一之说，最后指出良知二字，益简益明。其言有曰："此理沉埋数百年，只为宋儒从知解上入，认识神为性体，故闻见日侈，翳道益深，辟之有人冒别姓坟墓为祖墓者，何以为辨，只得开圹，将子孙滴血，真伪无可逃矣。我此良知二字，实千古圣贤相传一点滴骨血也。"又尝语人曰："此学更无有他，只是这些子。"又曰："连这些子亦无放处，今经变后，始有良知之说。"又曰："这些子看得彻，随他千言万语，是非真假，到此便明。合得的便是，合不得的便非，如佛家说心印相似，真是试金石、指南针。"观此，则先生之悟可知矣。而俗儒不识，阒然只以为禅。夫先生所谓良知者，谓自心光明本体。此心之光明，是知；此知之湛寂，是心。心体湛寂，非知非不知，知不足以言之也，故谓之良知。若有知，则有不知矣．非善非不善，善不足以言之也，故谓之至善。若有善，则有不善矣。非静非动，静不足以言之也，故谓静亦定动亦定，若有静，则有动矣。无体无用，体即是用，用即是体。无终无始，终既不灭，始亦不生。无凡无圣，吾儒圣贤诸佛菩萨皆同此心，皆同此知，凡夫盗贼禽兽亦同此心，亦同此知。其有凡有圣，有知有不知，有善有不善，以至于起灭动静者，皆意也，非心也。三代以下，儒者多错认意以为心，自意以上一层思量忖度所不及，则以为空虚寂灭，不复研究，一语及之，则斥以为外道。故先生曰："辟之厅堂，三间共为一室，儒者见佛氏则割左边一间与之，见老氏则割右边一间与之，而己则自处中间。"究竟所谓中间者，亦非真正圣人之中间也。呜呼。岂不可悲也哉。然先生在当时，未常讳言二氏。有曰："二氏与吾儒毫厘之差。"又曰："二氏自私自利，推其意，盖亦有所不得已耳。"以今观先生与人讲格物一条，其说甚祥，抑亦多就中下人说，盖恐人锢于旧见，说愈高则愈不解。故王汝中云："心无善无恶，意亦无善无恶。知亦无善无恶，物亦无善无恶。"先生以为此但可接上根人，我之宗旨，毕竟是无善无恶心之体，有善有恶意之用，知善知恶是良知，为善去恶是格物。杨慈湖曰：诚正格物，孔子无此语，颜曾孟子亦无此语。孟子曰："仁，人心也，未尝于心之外起，故作意也。"孟子曰："而勿正心，岂于心之外又欲诚意，诚意之外又欲致知，致知之外又欲格物哉？"先生曰："慈湖不为无见，但只在无声无臭上见也。"先生之意盖如此，所以只言心外无理，将物理归到心上。比时学者尚信不及，以至于今日，亦不过腾口说耳。夫千古圣学，只是一心，先生良知之说，只是说此一心。但先生能与人说，不能剖此心以与人。而人各有心，即先生剖其心以与之，于人何与？故人必自见其心，然后可以见先生之心与吾无二，见先生之心与吾无二，而后知先生之说质诸圣人而不惑。不然，则一部四书，如大学之心之身，中庸之性之中，论语之仁，孟子之义，何者不可拈出以为讲说之题目？而先生良知之语，亦只讲家门面招牌而已矣。就使一一依先生，说得吻合，发得精彩，又何益哉？若果能自见其心，自证自信，自说自行，则亦直无借于先生之残膏剩馥矣。予抄先生之书，既以分为内外二篇，而其实先生之学，则一以贯之。故自南赣以后，日在兵间料敌制变，彷佛古之名将。然于人，则兵为诡道，而于先生，则良知自然之用也。故郡邑簿书之吏皆可假以逮麾先驱；而脱鍪陷阵，即与僮厮隶之肩肩者焉。韩信所谓驱市人□战，惟先生有之。先生常言用兵胜负，不必卜之，临阵只在此心动与不动耳。有人自谓能制心不动者，先生笑曰："此心当对敌时且要制动，又谁与发谋出虑？"其与宁王战于湖上，前军失利，先生正讲学时，出见谍者，退而就坐．神色自若，徐论诸军以火攻之具。申告三四，听者皆如不闻。彼其人皆有大名于时者，而皆忙失乃尔，因是盖有以见先生之不同于孟子，而神明化裁，百虑一致，直接夫孔子一贯之传。且可以验此心之妙，只一真，无内外二三，只一常，无造次颠沛。虽寂然不动，然感而遂通，虽感而遂通，然寂然不动耳。若曰：人之材智实有不同，有此心不能不动，亦可以临事当难者，则孟子所谓北宫黝、孟施舍之不如耳，岂可以语于圣贤？若又曰：虽能不动心，亦未必可以临事当难，则柳子所谓捧土揭木，坐之堂上，蒙以绂冕，翼以徒隶，岂有补于万民之劳苦者哉？包仪甫大夫捐俸锓先生书，命题其端。予实蔑然无知，弟以此本抄自予，故不得辞。

阳明先生要书序

陈龙正

余沉潜绌绎于文成之书者累年，恍乎登其堂而聆其謦欬也。惜其书乱而少次，繁而反晦，剖类多而滋混，欲使人人读而取益焉，乃纂为《要书》。既成，为之言曰：孟子而后，圣贤负大经济者少矣，惟濂溪、明道有致太平之才。诸葛孔明而后，豪杰之识大本原者少矣，惟阳明先生终身在事功中，终身以修德讲学为事。奏成功者，学助之也；居成功者，学为之也。观圣贤者观其用，曾谓用如先生，而尚非豁然闻道者耶？致良知之宗，其言本于不虑，其旨本于诲由，非直以不虑为良，以不虑而有别为良，至矣，莫可訾矣。贻訾者独在无善无恶，然先生实有所见而云，盖曰善本无善也，犹元公曰太极本无极也，欲人不倚善也，岂顾令不为善哉？承无极者，以体贴天理，以主敬，故百世而弥光；承无善者，以玩光景，轻行谊，资文过，则不再传而裂尔。因其徒之失真，使后人致憾于提宗之未慎，先生之灵其恫已夫。夫先生大悟者也，存诚者也，后人疑其教而因疑其学，疑其学而终慕其猷略与文章，至于慕其猷略文章而先生微矣。天下无不悟而能诚，无不诚而能神，观先生之身也，口也，手也，耳目也，兵革钱穀也，潜鱼棲鸟也，画堂貂冠也，炎风毒雾也，无不神也，皆心所为也，则驱策指引之间，先生亦恶乎往而不彰？儒者致用，无逾先生。然先生正君心者，念念苍生者，体仁也者，致天下之太平也者，非任智也者，非定方隅之祸乱也者，则犹是精才而粗用，大才而小用，全才而偏用，畴谓讲学封侯，遂惊为儒生不世之遭矣乎。故天下艳先生之才与功，而识者更致惜其遇；天下传先生之悟，而善学者以为不如法其身也。先生口谈无善，身则无须臾不为善，夫惟孳孳为善，庶可以谈无善矣。呜呼。三代而下，圣贤而奇才，豪杰而好学，微斯人吾谁与归？假以数年，未之或知也。彼且云，尧舜以上善无尽。崇祯壬申五月丁巳，后学嘉善陈龙正序。

阳明先生要书序例

陈龙正

一曰论世。先生口薄程朱，其行已也，则大节肃如，高风洒如也。其于《大学》，几凿其序矣，然实负《大学》同体之仁。盖其过，往往不在行事而在立言，不在制心而在设教，今心则乌乎可见，而行亦已往矣。教言独炳，故守正者往往触目而见瑕，若追遍其心之所存，与实按其行事，则固命世之真儒，不可议也。以是而尊先生，斯为能尊，以尊之之心，偶抉其寸瑕，则亦出于大公已矣，视浮慕犹胜焉，而况曰排诋者乎？今有人于此，于人伦笃也，于用世则克有济也。于知人则不爽也，独宗阳明之教，遂可谓非正学乎？今有人于此，多欲以薄五伦，无实心以荷世事，无虚衷以鉴君子小人，独排阳明而崇程朱之说，遂可谓正士乎？则是听其言，不必观其行矣。故愚于阳明，无论其世以读其书，毋敢苟同，毋敢妄议。尊阳明者，我其罪人与？排阳明者，我其党人与？惟心是安，惟后世是辅，不他顾矣。

二曰统类。钱氏定《传习录》外，则有《文录》，有《外集》，有《别录》，有《续编》，名目纷纠，义例杂出。据云：纯于讲学明道者为《正录》，悔前之遗为《外集》。及观其正，皆书也，其外，皆诗与传誌也。岂书皆悟后之秘，而诗、传、志皆未透之说哉？且所悔悟者，惟为论学前后有醇驳。若诗与书，总属酬应之文，与人事相发，虽大悟之后，岂得过事而遗事？专以心性为说，随事而指之，触境而点之，不离人情物变，道在其中，此则悟后之不同耳。必以酬应为外，岂先生学无内外之意耶？又论学之书，虽在初年，列入《正录》；诗与传志，虽在晚年，亦入《外集》；是不论悟与未悟，醇与不醇，始终以体类分正外也，尤自失其初旨矣。至曰《别录》以究其施，似以抚世经纶，又居酬应词章之下，果何说焉？今悉彚而採之，统之以类，就类则编以年，无年者阙之，庶几脉络分明，首尾融贯，读者不为多歧所眩，不为翻阅所困，而先生之全体大用，可以入目而秩如，徐思而自得焉尔。

　　三曰除繁。词寡而理达，语约而味长，此学人之笔也，《论语》而后，不多见矣。句节而气弥〓，字减而意益明，左马以来，惟弇州近之。凡书疏一经翦裁，辄成古雅，此文人之笔也。余读阳明书序传记等文，大抵以明悉为主，不假锻炼。而奏疏文移等作，更为时体所拘，或一篇而前后重复，或一事而再四述陈，想在当日，不得不然。其徒之编集，则未可谓能继师志矣。愚尝谓凡书一概混传，与不传无异，何则？众厌而罕观，则世不被是书之泽，而作者之神没也。先生尝曰："圣人删述，惟欲减除，后人惟欲添上。"又尝欲删并所作，

明代紫砂执壶

汇成一书，悉焚其余。且曰："得诸贤有笔力者，商议任之。"又因黄勉之刻王信伯遗言，谓之曰："凡刻古人文字，要在发明此学，其间有执著处，去之为佳。"先生雅志盖如此，余虽不敢删汇其篇次，遇一二烦复者，各以鄙意，与之节文，要使集无复篇，篇无复语，苟非切要，不复爱惜文辞，庶几体先生之心于既逝。若夫传习二录，亦去复，亦去缓，顾不芟其所非，正欲瑕瑜并留，见哲人入道之有渐，息足之无期尔。

　　四曰表微。起圣人者，子夏、子贡之俦，而独颜氏子为非助。先生解之曰："得他人一难，圣人倍发精神，故问诘者真能助圣人者也。"今观先生之门，助者少，悦者多，惟或者有静中穷搜色利名根一问，而先生严诛至再，盖此乃克己之要，实践之微，而其人阴挠坏之，欲不严诛，不可得也，岂顾拒其助哉？倘于时有穷奥探真，即言中以得言外，即意中以发意外，则先生之悦乐，必有油然其生者矣。期躬行，不期口说，期心得，不期面从，志果出于大同，见何嫌于小异。余去先生百有余岁，直见其微于

数世之上，乃敢效起助于数世之下，或同或异，总以阐之，不敢强同于先生也，则知先生必不以异斥我矣。和而不同，事亦然，学亦然，同堂亦然，异世亦然。

小序

一 传习录

自徐曰仁有《传习录》，而陆澄、薛侃继之，今之上卷是也。其后陈九川辈，又各有记；钱绪山又为之补遗，总名《传习续录》，今之下卷是也。中卷则答顾东桥等七书，其末附以《训蒙条教》。愚谓上下二卷，皆其弟子自记请政与所闻答问之词，大都切于明道，故宜冠之集首。若书剳虽以论学，然论学者，非止此七书也，何义而独入《传习》乎？今以七书移入二卷书剳中，《训蒙大意》移入五卷文移中，各从其类，而于《传习录》原本所载，有漫无关系者，有彼此并记，意同事同而词微别者，间删一二条，其论学答间纯否概存，仍为上下二卷。

二 书

自顾东桥至聂文蔚，共七书，原系南元善所次《传习录》中卷，今移入书类。然使一概以年为序，则全没南氏之遗，故取七书冠之篇端，其后则随年鳞次。至于答东桥书第七条，乃钱氏所称拔本塞源之论，尤诸书之统宗匮源处，实千年以来未开之眼，宜潜心熟玩焉。

三 诗

事必从年，言必分体，分体则年不得而拘也。孔子删《诗》，《风》与《小雅》，则因时之先后为次序，此就分体之中，为之从年者也。然《豳风》犹居变之末焉，《大雅》则《笃公刘》置于《文王》诸篇之后，《颂》则周鲁居商之前，此就分体之中，别起志义，不必从年者也。先生于书序等文，自标年月，其门人尊守之过，亦以时序编次其诗词，而不复分体。设在古先，何异《风》淆于《雅》，《雅》杂于《颂》乎哉？今为别正之，而于各体之中，自序年月。其格韵，则不汉不魏，不晋不五朝，不唐不宋，自成阳明之诗尔。若夫悟境之微，襟期之旷，经纶之巨，时于诗焉露之，当其得意，为性理吟，为风花雪月吟，为梁父吟，一往辄似焉，学也。金山二咏，十龄有奇，凌跨千秋，生而神灵，殆谓是与。

四 奏疏

谏难行，为不逊于君志；言难听，为不便于寮友：古今之同患也。先生言事于三朝，多所嘉纳，而格心之功未奏，何哉？格君有微机，不赖谏章，赖觍颜，赖造膝。弘治间，先生官仅郎署，未得日见君。嘉靖初，奉召旋阻，负重于外，皆无亲炙论道之便，献书无益，智者不为，故先生往往寓道于事，寓谏于言，未尝有显谏之迹也。使先生得面天子，长源之婉切，敬与之忠恳，必能兼之。一正君而国定，岂独边隅之镇靖而已耶？近古称名奏议者，宣公而外，有马周，有欧阳修。然不过才士文人耳。以濂洛之道，而才足以施之，文足以阐之，兼长擅绝，颉颃宣公，则于奏疏具其大端矣。

五 文移

事益于百姓，宜行矣；言益于百姓，宜宣矣；文益于百姓，宜传矣。官养民，民事官，相为一体，苟有物焉益于官最切者，岂非益于民最切者与？先生事业绚烂，冠乎近儒，欲识先生之学难，欲考先生之语言设施易；全读先生之书难，且按先生之历任文移易。通徹上下之志，文移有之；厝置常变之方，文移有之；则谓良知之学，具在文移，亦何不可之有？或云：是卷且便于独行，使筮仕者读而悦之，或从而仿其一二，则亦阳明一二分之政事也。未也，随事而师之，见阳明政事之全者，不知其几也。未也，风以动之，天下皆阳明之政事可也。未也，日习善言，日举善事，心从而日进于纯。何流之非源焉？何倒之非顺焉？从政者，皆阳明先生之学之人也，其毋曰文移尔也，而末之，而少之。

六 策序

典鲁试事时，先生未四十也，语道语经济，皆非其至者，存以见其升高行远之自。诸序开阖奇正，无所不备，要归于道，非复文人之文。

七 记说题跋杂著

筮仕也，所记大抵经济之事也；居夷也，所记皆超俗忘困之高致也。其记明伦、记尊经、记学，则纯乎道矣。夫道一而已矣，是故言虽变化，靡不同条而共贯。读杂著终篇，见良知之鼓舞一世，遍乎声聩，呜呼盛哉。

八　墓表祭文

呜呼。诔墓之讥，久矣其难免矣。志道之君子，惟坚辞而不为，然致其求而复坚拒焉，抑又难矣。何以不致其求，必也先免文人之号，则先生其庶乎？先生墓文甚少，余仅存其有益生人一篇，表死者而旨在生人，以为从是非之心入道，而必从恻隐之心成德，真悟者盖如此。至于祷明神，吊寒鬼，视世俗罪奠之恒辞，迥然别观，又其智足以通重泉，仁足以泣空山者与。夙究心于死生之说，晚而识夫鬼神之情状。

阳明先生集要序

施邦曜

自古称不朽之业有三，曰：立德、立功、立言。然果如是之画为三等，如玄黄黑白之殊类乎？非也。盖人未尝生而有功，生而有言，惟此德命于天，率于性，明此者谓之精，诚此者谓之一。惟明故诚，惟精故一，是谓圣贤之学。学至于诚，则有以立天下之本；一，则有以尽天下之变。德也者，功从此讬根，言从此受响者也。惟学之入德未至，即身奏一匡之绩，只成杂霸之勋名；即文起八代之衰，终属词章之小乘。故上下古今，伊、周之后无功，《六经》之外无言。非无功与言也，德之未至，即功与言不足称也。先生从学绝道丧之日，独悟良知之妙蕴，上接"精一"之心传，就不睹不闻之中，裕经纶参赞之用，举世所谓殊猷伟烈，微言奥论，不必分役其心而已。实有其理，将见富有日新，自然应时而发。战乱定变，人所视为非常之原者，先生唾手立办，使世食其功，而绝不见抢攘之迹，斯名世之大业也。创义竖词，人所称独擅制作之林者，先生未尝遇而问焉，不外日用之雅言，而备悉夫继往开来之绪，斯羽翼之真传也。德立而功与言一以贯之，此先生之独成其不朽哉。世于先生之学，未能窥其蕴奥，故慕先生之功，若赫然可喜；诵先生之言，若淡然无奇。譬适沧茫者，不望斗杓为准，与波上下，东西南北，揣摩向往，无一或是，而先生之为先生自若。人惟学先生之学，试升其堂焉，入其室焉，而后知先生之不可及也。后知不可及者，之其则不远也。性命之中，人人具有一先生焉。人人具有一先生，而竟无一人能为先生，先生于是乎独成其不朽矣。余以蚵蚾之质，仰羡蟾蜍之宫，每读先生之书，不啻饥以当食，渴以当饮，出王与俱。然行役不常，苦其帙之繁而难携也，因纂其切要者，分为三帙。首理学，次经济，又次文章。便储之行笈，时佩服不离，亦以见先生不朽之业有所独重云。同邑后学施邦曜顿首撰。

阳明先生图谱序

王宗沐

昔者孔子之没也，游、夏门人以有若貌似孔子，欲以所事孔子事之，而曾子独以为不可，曰："江汉以濯之，秋阳以暴之，皜皜乎不可尚已。"盖深言之也。本体之在人，流贯圆莹，昭明灵变，所谓建于天地而彻于古今者，一刻未尝息，一毫不可污，其斯以为皜皜也。孔子之所以为孔子，全是而已。如徒以其貌也，则涂之人有肖者焉。至语其心则不极于皜皜者，不可以语精，而况于形乎？心无似者也。曾子之称孔子也，不道其绥来动和之所为用，而指其光辉洁白之所以妙。盖自颜子而后惟曾子得其深，此曾子、游、夏之辩也。虽然，余尝思之矣，曾子盖亦有未尽者。三千笃信，沦浃肌髓，一旦泰山颓坏，众志予然，如孺子之丧慈母，无所依归，其学不皆曾子。苟一有所存焉，亦足以收其将散之心，而值其未废之教。故余尝谓："项氏梁籍之强，用兵如神，业已破秦，乃从民间求收竖怀王立之，彼安所资哉？楚人思故主，从其心而立之。怀王不足以兴楚，而足以系楚，系则由以兴，游、夏之意，何以异此？"

阳明王先生，天挺间出，少志圣贤，出入二氏，晚悟正脉，的然以良知为入门，盖有见于皜皜者。故自髫年，以比白首，凡所作用，以其学取力焉。忠挠权嬖，志竖拂抑，崎岖甲兵，以及临民处变，染翰吐词，靡不精解融彻，而功业理学，盖宇宙百世师矣。当时及门之士，相与依据尊信，不啻三千之徒。今没才三十年，学亦稍稍失指趣。高弟安成东廓邹公辈，相与给图勒石，取先生平生经历之所及与功用之大，谱而载焉。嗟夫。皜皜之体，人人同具，先生悟而用之，则凡后之求先生者，于心足矣。而公犹为是非独思其师，亦以著教也，所谓系而待其兴焉者也。据其渐则觉其进，考其终则见其成，而其中之备尝辛苦艰难，仅得悟于百死一生之际者，学之道，良在于兹而独载其事耶。

余少慕先生，十四岁游会稽，而先生已没。两官先生旧游之地，凡事先生者，皆问而得概焉，然不若披图而遍之为尤详也。以余之尤有待于是，则后世可知，而邹公之意远矣。公遣金生应祥来请余序，为道曾子之未尽者，以明公旨焉。嘉靖丁巳冬十有一月，长至赐进士出身，中顺大夫江西按察司副使，奉敕再提督学政，临海后学王宗沐书。

重刻大学古本序

聂豹

《大学》古本之传久矣，而世之学士乃复致疑于格物之说，辨焉而不释，何也？予始受学于阳明先生，骇而疑之，犹夫人也。已而反求诸身心日用之间，参诸程、朱合一之训，涣然若有所觉，而纷纷之疑亡矣。

盖《大学》之道，惟在于止至善也。曾子曰："君子有大道，必忠信以得之。"朱子释"至善"云："盖有以尽天理之极，而无一毫人欲之私。"释"忠信"云："盖至此而天理存亡之几决矣。"是数言者，真有以契夫"精一""执中"之旨，而古之欲明明德于天下者，舍是无以用其力也。

是故知止之功，诚意而已矣。知者，意之体；意者，知之所发也；知之所发，莫非物也。如曰"好恶"，曰"忿懥、恐惧、好乐、忧患"；曰"亲爱、贱恶、畏敬、哀矜、傲惰"；曰"孝、弟、慈"；曰"老老、长长、恤孤"；曰"理财、用人，洁矩与不能洁矩"之类，是皆所谓"物"也。圣人不过于物，好恶之必自慊也，忿懥、恐惧、好乐、忧患之得其正也，亲爱、贱恶、畏敬、哀矜、傲惰之协于则也，孝、弟、慈之成教于国也，老老、长长、幼幼，推而至于理财、用人、洁矩以通天下之情也，夫是之谓"格物"也。

程子谓："格，至也；物，事也。事皆有理，至其理。乃格物也。"又曰："致知在格物，非由外铄我也，我固有之也。因物有迁，则天理灭矣。"故圣人欲格之，何其明白易简，一以贯之，而无遗也哉。而世之论格物者，必谓博极乎事物之理，信如是，则孔子之求仁，孟子之集义，中庸之慎独，顾皆不及乎格物矣。而《大学》于入门之初，乃先驱人外性以求知，其于天理存亡之几，疑若无所与焉者也。无乃厌圣学之明白简易，而欲率之以烦苦者之所为乎？

　　呜呼。阳明逝矣，其有功于圣学，古本之复其一也。予故重刻于闽，以存告朔之羊云。

跋古本大学问

邹守益

　　圣学之明，其在《大学》乎。圣学之不明，其在《大学》乎。古者自小子至于成人，初无二教，故曰"蒙以养正，圣功也"；自天子至于庶人，初无二学，故曰"一是皆以修身为本"。后世歧小学、大学为二，而谓帝王经纶之业与韦布章句异。呜呼。圣人之教天下也，将望其为经纶乎？将望其为章句乎？古今学术之同异，执是可以稽矣。古者洒扫应封，造次颠沛，参前倚衡，无往非格物之功，故求诸吾身而自足；后世钻研于书策，摹拟于事为，考索于鸟兽草木，以一物不知为耻，故求诸万物而愈不足。求诸吾身而足者，执规矩以出方圆也；求诸万物而愈不足者，揣方圆以测规矩也。絜矩以平天下，天下之大道也，而其目曰：所恶于上，无以使下；所恶于下，无以事上。千变万化，只在自家好恶上理会。呜呼。修己以敬，可以安百姓；戒慎恐惧，可以位育；扩充四端，可以保四海；夫非守约施博之要乎。圣学之篇，要在一者无欲，无欲则静虚动直；定性之教，以大公顺应天地圣人之常，其于《大学》之功，同邪异邪？阳明先师恐《大学》之失其传也，既述古本以息群疑，复为问答以阐古本之蕴，读者虚心以求之，沂濂洛以达孔孟，其为同为异，必有能辨之者。

初刻大学古本后跋

王时槐

　　大学古本刻成，有疑者曰：'《大学》自平治逆推之至于致知，皆由末而反本也。学至于致知尽矣，而又云'在格物'，阳明先生谓格其事之不正以归于正，则是复求之于外矣，不亦支离琐屑而失其归一之旨乎？"时槐曰："此正见孔门大中至正之学所以异于二氏也。假令推本极于致知而不言格物，则其弊将有遗物而沦空者矣。夫物者何？即意、心、身、家、国、天下是也。格者何？即诚、正、修、齐、治、平是也。故曰：'物有本末，格物者格此本末之物，皆正其不正，以归于正也。'诚正以修身格其物之本也。自修身达之齐、治、平，格其物之末也。故曰：'修身为本，本乱末治者否，知本是谓知至言，致知在格物者如此。'下文祥释诚、正、修、齐、治、平，正祥言格物之事也。夫舍诚、正、修、齐、治、平，则知无可致之实矣。舍致知，则诚、正、修、齐、治、平无从出之原矣。物无内外者也，格之之功无内外者也，知周万物亦无内外者也。举要言之，犹曰古之欲平、治、齐、修、正、诚者，先致其知，而致知即在于诚、正、修、齐、治、平云耳。此体用一原，显微无间之圣学，复何疑焉。"曰："然则阳明先生独重致知者何？"曰："《大学》言致知在格物，不言先格其物，则八条目之统于知也，甚明矣。夫知者吾性之真明，命物而不命于物者也。故以知格物则可，以物先知则不可；谓知不遗物则可，谓外知以格物则不可。物有本末，知者贯本末而一之者也。易称'乾知大始'，'乾以易知'。盖天之明命首出，庶物而能发育万物者。此孔门法天之学之本旨，宜阳明先生独重而专揭之也。彼二氏遗物而沦空，同不能达知之用；俗学昧本而逐末，又不能全知之体。惟致吾良知而实践于事物，是之谓圣学。"曰："近世儒者，深避宋儒在物为理之说，而曰'理在心不在物'，是果阳明先生之本旨欤？"曰："为此说者，既未悟阳明先生之旨，且不达宋儒之说矣。夫宋儒之所谓物者，非但指山川、草木、鸟兽而言，即吾人之意念、思备皆物也。物无内外，理无内外，则谓理在物可也。阳明先生之所谓心者，亦非专指方寸之情识而言，盖《虞廷》所谓道心，《大学》所谓天之明命此心弥宇宙，贯古今，通天地万物为一者也。心无内外，理无内外，则谓理在心亦可也。要之心体而物用，可言体用，不可言内外，而谓理在此，不在彼，过矣。惟阳明先生病宋学末流之弊，稍辨正之，而后学不悟，遂执内为心，外为物，理在内不在外，于是有弃伦物，苟言动毁名检，而自以为知道者。其或不然，则以内心应外物，终未免歧而二之，而圣门体用致一之学益晦。阳明先生发明格致，虑远说详，学者能深悟此理，始可以会大学心法于言语之外矣。"疑者退，因僭附其说于卷末，求正于四方有道者。

刻大学古本跋

王时槐

《大学》一书，本出于《戴记》，汉郑玄注，唐孔颖达疏，传之千百年，未有疑其缺误者也。至宋程明道先生，取诸《戴记》中而表章之，稍疑错误，乃移"淇澳"至"没世不忘"于"絜矩之道"之下。伊川先生因之，犹以为未尽也，复以"此谓知本"为衍文，移"听讼"一条于"未之有也"之下，而结以"此谓知之至也"一语，继之以《康诰》"克明德"至"止于信"，以加于《诚意章》之上。朱子又以为未定也，乃分经文十传更置之，且疑其缺文，复补缀之，则今儒生所诵习之章句是也。格物之说，郑玄训"格"为"来","物"为"事"。明道先生云:"物来则知起,物各付物,不役其知,则意诚不动。"伊川先生以"格"为"穷至","物"为"物理"。司马温公云:"扞御外物,而知至道。"孔周翰云:"扞去外诱,而本然之善自明。"江德功以"格"为"执法度以齐物"。宋深之以"格"为"及己及人"。李孝述以"格"为"擦磨此心而出其明"。朱子独宗伊川之说,则今章句之所注者是也。阳明先生云:"古本未尝缺误也,当依其旧,格之训正,物之训事,本非隐语也。不必他释。然世之学者蔽于诵习之久,信今文而疑古文,信以物为理,而疑以物为事,无亦为先入之言,坚主于中者之遇也。夫文义固不暇论,且身、家、国、天下之本,有不在于吾心者乎? 谓之曰心,有何形状,非以其虚灵之知乎? 此知之良,根诸秉彝,万古不能易,即千经万典皆从此知流出,家国天下皆从此知运用。纵使先儒以大学之文先后更置不一,乃吾心之良知决不因文字之更置而有改异。凡为学者,安得舍吾心之良知以为学乎? 世儒执议论之异而不自信,此心之必不容异者,则尤惑之甚者矣。"阳明先生《大学古本》有自序,有傍注,近世刻者,附以先生《大学问》,及邹文庄公后语跋二篇。庐陵钱侯欲重刻,以惠诸生,属时槐校阅,乃复摘先生集中数条,及邹文庄、罗文恭二公集中语,有足发明者,并刻入之。读者诚毋泥于先入,惟切己反求虚心,以绎其旨,当自信其秉彝之良,而契孔、曾心法于千载之上矣。

跋客座私祝

张元忭

此阳明先生出山绝笔也。先生奉命赴两广,功成而身殒,车不复返矣。濒行书此,以诫子弟,告士友,唯谆谆于德业之相劝,过失之相规,则其平时所以修于身，教于家者，为何如也。且当西征劻勷之秋，而从容挥翰，遒劲庄严，所谓造次必于是者，先生之所养，亦从可窥矣。嗟乎。后之谈良知云者，其说愈玄，而其义愈晦。至于善之当迁，过之当改，辄以为浅近而忽之。行背其言，志役于气，才临小利害，便觉仓皇。视先生此刻，试自省焉，有不惕然警赧然愧者乎。忭佩服先生之训，如临左右常张之客座间，凡见者亡不瞻对徘徊，起高山之仰永。春季金部启东甫，请重刻之，以惠同好。忭敬书数语于后，以见先生之学，急于伦理，切于身心，非徒虚知虚见云尔。

续编一

德洪茸师《文录》，始刻于姑苏，再刻于越，再刻于天真，行诸四方久矣。同志又以遗文见寄，俾续刻之。洪念昔茸师录，同门已病太繁，兹录若可缓者。既而伏读三四，中多简书默迹，皆寻常应酬、琐屑细务之言，然而道理昭察，仁爱恻怛，有物各付物之意。此师无行不与，四时行而百物生，言虽近而旨实远也。且师没既久，表仪日隔，苟得一纸一墨，如亲面觌。况当今师学大明，四方学者徒喜领悟之易，而未究其躬践之实，或有离伦彝日用、乐悬虚妙顿以为得者，读此能无省然激衷！此吾师中行之证也，而又奚以太繁为病邪？同门唐子尧臣佥宪吾浙，尝谋刻未遂。今年九月，虬峰谢君来按吾浙，刻师《全书》，检所未录尽刻之，凡五卷，题曰《文录续编》。师胤子王正亿尝录《阳明先生家乘》凡三卷，今更名《世德纪》，并刻于《全书》末卷云。隆庆壬申一阳日，德洪百拜识。

大学问

吾师接初见之士，必借《学》《庸》首章以指示圣学之全功，使知从入之路。师征思田，将发，先授《大学问》，德洪受而录之。

"《大学》者，昔儒以为大人之学矣。敢问大人之学何以在于'明明德'乎？"

明代疆域图

阳明子曰："大人者，以天地万物为一体者也，其视天下犹一家，中国犹一人焉。若夫间形骸而分尔我者，小人矣。大人之能以天地万物为一体也，非意之也，其心之仁本若是，其与天地万物而为一也。岂惟大人，虽小人之心亦莫不然，彼顾自小之耳。是故见孺子之入井，而必有怵惕恻隐之心焉，是其仁之与孺子而为一体也；孺子犹同类者也，见鸟兽之哀鸣觳觫，而必有不忍之心焉，是其仁之与鸟兽而为一体也；鸟兽犹有知觉者也，见草木之摧折而必有悯恤之心焉，是其仁之与草木而为一体也；草木犹有生意者也，见瓦石之毁坏而必有顾惜之心焉，是其仁之与瓦石而为一体也：是其一体之仁也，虽小人之心亦必有之。是乃根于天命之性，而自然灵昭不昧者也，是故谓之'明德'。小人之心既已分隔隘陋矣，而其一体之仁犹能不昧若此者，是其未动于欲，而未蔽于私之时也。及其动于欲，蔽于私，而利害相攻，忿怒相激，则将戕物圮类，无所不为，其甚至有骨肉相残者，而一体之仁亡矣。是故苟无私欲之蔽，则虽小人之心，而其一体之仁犹大人也；一有私欲之蔽，则虽大人之心，而其分隔隘陋犹小人矣。故夫为大人之学者，亦惟去其私欲之蔽，以自明其明德，复其天地万物一体之本然而已耳，非能于本体之外而有所增益之也。"

曰："然则何以在'亲民'乎？"

曰："明明德者，立其天地万物一体之体也。亲民者，达其天地万物一体之用也。故明明德必在于亲民，而亲民乃所以明其明德也。是故亲吾之父，以及人之父，以及天下人之父，而后吾之仁实与吾之父、人之父与天下人之父而为一体矣；实与之为一体，而后孝之明德始明矣！亲吾之兄，以及人之兄，以及天下人之兄，而后吾之仁实与吾之兄、人之兄与天下人之兄而为一体矣；实与之为一体，而后弟之明德始明矣！君臣也，夫妇也，朋友也，以至于山川鬼神鸟兽草木也，莫不实有以亲之，以达吾一体之仁，然后吾之明德始无不明，而真能以天地万物为一体矣。夫是之谓明明德于天下，是之谓家齐国治而天下平，是之谓尽性。"

曰："然则又乌在其为'止至善'乎？"

曰："至善者，明德、亲民之极则也。天命之性，粹然至善，其灵昭不昧者，此其至善之发见，是乃明德之本体，而即所谓良知也。至善之发现，是而是焉，非而非焉，轻重厚薄，随感随应，变动不居，而亦莫不自有天然之中，是乃民彝物则之极，而不容少有议拟增损于其间也。少有拟议增损于其间，则是私意小智，而非至善之谓矣。自非慎独之至、惟精惟一者，其孰能与于此乎？后之人惟其不知至善之在吾心，而用其私智以揣摸测度于其外，以为事事物物各有定理也，是以昧其是非之则，支离决裂，人欲肆而天理亡，明德、亲民之学遂大乱于天下。盖昔之人固有欲明其明德者矣，然惟不知止于至善，而骛其私心于过高，是以失之虚罔空寂，而无有乎家国天下之施，则二氏之流是矣。固有欲亲其民者矣，然惟不知止于至善，而溺其私心于卑琐，是以失之权谋智术，而无有乎仁爱恻怛之诚，则五伯功利之徒是矣。是皆不知止于至善之过也。故止至善之于明德、亲民也，犹之规矩之于方圆也，尺度之于长短也，权衡之于轻重也。故方圆而不止于规矩，爽其则矣；长短而不止于尺度，乘其剂矣；轻重而不止于权衡，失其准矣；明明德、亲民而不止于至善，亡其本矣。故止于至善以亲民，而明其明德，是之谓大人之学。"

曰："'知止而后有定，定而后能静，静而后能安，安而后能虑，虑而后能得'，其说何也？"

曰："人惟不知至善之在吾心，而求之于其外，以为事事物物皆有定理也，而求至善于事事物物之中，是以支离决裂，错杂纷纭，而莫知有一定之向。今焉既知至善之在吾心，而不假于外求，则志有定向，而无支离决裂、错杂纷纭之患矣。无支离决裂、错杂纷纭之患，则心不妄动而能静矣。心不妄动而能静，则其日用之间，从容闲暇，而能安矣。能安，则凡念之发，一事之感，其为至善乎？其非至善乎？吾心之良知自有以详审精察之，而能虑矣。能虑，则择之无不精，处之无不当，而至善于是乎可得矣。"

曰："'物有本末'，先儒以明德为本，新民为末，两物而内外相对也。'事有终始'，先儒以知止为始，能得为终，一事而首尾相因也。如子之说，以新民为亲民，则本末之说，亦有所未然欤？"

曰："终始之说，大略是矣。即以新民为亲民，而曰明德为本，亲民为末，其说亦未为不可，但不当分本末为两物耳。夫木之干，谓之本，木之稍，谓之末，惟其一物也，是以谓之本末。若曰两物，则既为两物矣，又何可以言本末乎？新民之意，既与亲民不同，则明德之功，自与新民为二。若知明明德以亲其民，而亲民以明其明德，则民德亲民焉可析而为两乎？先儒之说，是盖不知明德亲民之本为一事，而认以为两事，是以虽知本末之当为一物，而亦不得不分为两物也。"

曰："古之欲明明德于天下者，以至于先修其身，以吾子明德亲民之说通之，亦既可得而知矣。敢问欲修其身，以至于致知在格物，其功夫次第，又何如其用力钦？"

曰："此正详言明德、亲民、止至善之功也。盖身、心、意、知、物者，是其功夫所用之条理，虽亦各有其所，而其实只是一物。格、致、诚、正、修者，是其条理所用之功夫，虽亦皆有其名，而其实只是一事。何谓身？心之形体运用之谓也。何谓心？身之灵明主宰之谓也。何谓修身？为善而去恶之谓也。吾身自能为善而去恶乎？必其灵明主宰者欲为善而去恶，然后其形体运用者始能为善而去恶也。故欲修其身者，必在于先正其心也。然心之本体则性也。性无不善，则心之本体本无不正也。何从而用其正之之功乎？盖心之本体本无不正，自其意念发动，而后有不正。故欲正其心者，必就其意念之所发而正之，凡其发一念而善也，好之真如好好色；发一念而恶也，恶之真如恶恶臭；则意无不诚，而心可正矣。然意之所发，有善有恶，不有以明其善恶之分，亦将真妄错杂，虽欲诚之，不可得而诚矣。故欲诚其意者，必在于致知焉。致者，至也，如'云丧致乎哀'之'致'。《易》言'知至至之'，'知至'者，知也；'至之'者，致也。'致知'云者，非若后儒所谓充广其知识之谓也，致吾心之良知焉耳。良知者，孟子所谓'是非之心，人皆有之'者也。是非之心，不待虑而知，不待学而能，是故谓之良知。是乃天命之性，吾心之本体，自然灵昭明觉者也。凡意念之发，吾心之良知无有不自知者。其善钦，惟吾心之良知自知之；

其不善欤，亦惟吾心之良知自知之；是皆无所与于他人者也。故虽小人之为不善，既已无所不至，然其见君子，则必厌然掩其不善，而著其善者，是亦可以见其良知之有不容于自昧者也。今欲别善恶以诚其意，惟在致其良知之所知焉尔。何则？意念之发，吾心之良知既知其为善矣，使其不能诚有以好之，而复背而去之，则是以善为恶，而自昧其知善之良知矣。意念之所发，吾之良知既知其为不善矣，使其不能诚有以恶之，而复蹈而为之，则是以恶为善，而自昧其知恶之良知矣。若是，则虽曰知之，犹不知也，意其可得而诚乎！今于良知之善恶者，无不诚好而诚恶之，则不自欺其良知而意可诚也已。然欲致其良知，亦岂影响恍惚而悬空无实之谓乎？是必实有其事矣。故致知必在于格物。物者，事也，凡意之所发，必有其事，意所在之事谓之物。格者，正也，正其不正，以归于正之谓也。正其不正者，去恶之谓也。归于正者，为善之谓也。夫是之谓格。《书》言'格于上下'，'格于文祖'，'格其非心'，格物之格，实兼其义也。良知所知之善，虽诚欲好之矣，苟不即其意之所在之物而实有以为之，则是物有未格，而好之之意犹为未诚也。良知所知之恶，虽诚欲恶之矣，苟不即其意之所在之物而实有以去之，则是物有未格，而恶之之意犹为未诚也。今焉于其良知所知之善者，即其意之所在之物而实为之，无有乎不尽。于其良知所知之恶者，即其意之所在之物而实去之，无有乎不尽。然后物无不格，而吾良知之所知者无有亏缺障蔽，而得以极其至矣。夫然后吾心快然无复余憾而自谦矣，夫然后意之所发者，始无自欺而可以谓之诚矣。故曰：'物格而后知至，知至而后意诚，意诚而后心正，心正而后身修。'盖其功夫条理，虽有先后次序之可言，而其体之惟一，实无先后次序之可分。其条理功夫虽无先后次序之可分，而其用之惟精，固有纤毫不可得而缺焉者。此格致诚正之说所以阐尧、舜之正传而为孔氏之心印也。"

德洪曰：《大学问》者，师门之教典也。学者初及门，必先以此意授，使人闻言之下，即得此心之知，无出于民彝物则之中，致知之功，不外乎修齐治平之内。学者果能实地用功，一番听受，一番亲切。师常曰："吾此意思，有能直下承当，只此修为，直造圣域。参之经典，无不吻合，不必求之多闻多识之中也。"门人有请录成书者。曰："此须诸君口口相传，若笔之于书，使人作一文字看过，无益矣。"嘉靖丁亥八月，师起征思田，将发，门人复请。师许之。录既就，以书贻洪曰："《大学或问》数条，非不顾共学之士尽闻斯义，顾恐藉寇兵而赍盗粮，是以未欲轻出。"盖当时尚有持异说以混正学者，师故云。然师既没，音容日远，吾党各以己见立说。学者稍见本体，即好为径超顿悟之说，无复有省身克己之功。谓"一见本体，超圣可以跂足"，视师门诚意格物、为善去恶之旨，皆相鄙以为第一义。简略事为，言行无顾，甚者荡灭礼教，犹自以为得圣门之最上乘。噫！亦已过矣。自便径约，而不知已沦入佛氏寂灭之教，莫之觉也。古人立言，不过为学者示下学之功，而上达之机，待人自悟而有得，言语知解，非所及也。《大学》之教，自孟氏而后，不得其传者几千年矣。赖良知之明，千载一日，复大明于今日。兹未及一传，而纷错若此，又何望于后世耶？是篇邹子谦之尝附刻于《大学》古本，兹收录《续编》之首。使学者开卷读之，思吾师之教平易切实，而圣智神化之机，固已跃然，不必更为别说，匪徒惑人，只以自误，无益也。